本书由开明慈善基金会学大教育集团个性化教育专项基金赞助出版

全国教育科学"十三五"规划2019年度教育部重点课题:"基于落实学生核心素养的高中化学课堂教学目标设计与实施的研究"(课题批准号DHA190442)课题研究及其辐射与推广成果

"三级立体生态"课程建设与实施

主　　编 ｜ 田树林

执行主编 ｜ 赵玉泉

光明日报出版社

图书在版编目（CIP）数据

"三级立体生态"课程建设与实施 / 田树林主编

. —— 北京：光明日报出版社，2022.1

ISBN 978 - 7 - 5194 - 6332 - 8

Ⅰ.①三… Ⅱ.①田… Ⅲ.①中学—课程建设—教学研究 Ⅳ.① G632.3

中国版本图书馆 CIP 数据核字（2021）第 186539 号

"三级立体生态"课程建设与实施
SANJI LITI SHENGTAI KECHENG JIANSHE YU SHISHI

主　　编：田树林	执行主编：赵玉泉
责任编辑：王　娟	责任校对：叶梦佳
封面设计：中联华文	责任印制：曹　净

出版发行：光明日报出版社

地　　址：北京市西城区永安路 106 号，100050

电　　话：010-63169890（咨询），010-63131930（邮购）

传　　真：010-63131930

网　　址：http://book.gmw.cn

E - mail：gmrbcbs@gmw.cn

法律顾问：北京市兰台律师事务所龚柳方律师

印　　刷：三河市华东印刷有限公司

装　　订：三河市华东印刷有限公司

本书如有破损、缺页、装订错误，请与本社联系调换，电话：010-63131930

开　　本：170mm × 240mm

字　　数：385 千字　　　　　印　　张：25

版　　次：2022 年 1 月第 1 版　　印　　次：2022 年 1 月第 1 次印刷

书　　号：ISBN 978 - 7 - 5194 - 6332 - 8

定　　价：95.00 元

编　委　会

内容简介

本书较全面地介绍了北京市第八十中学特色的"三级立体生态"课程建设与实施情况，共分为三章：

第一章主要介绍了学校的发展历程、发展目标、办学思想和教育理念，力图带领各位读者走进北京市第八十中学，了解其六十五载岁月辉煌，展示其世界一流学校、学生、职员、教师和干部的"画像"，深谙其"一人一天地，一木一自然——让生命因教育而精彩"的办学思想以及生态教育理念的丰富内涵。旨在为广大读者更好地理解学校特色的"三级立体生态"课程建设与实施背景。

第二章主要内容包括学校特色的"三级立体生态"课程建设指导思想、基本理念以及"三级立体生态"课程结构、体系；系统构建了学校特色的全学科（14个学科）的"三级立体生态"课程群，并简单介绍了学校特色的高中阶段"优良50+5有"阅读课程。

第三章主要介绍了学校特色的"三级立体生态"课程实施情况，主要包括课堂教学改革——创造性提出"以学生为主体'新大课堂观'下实施'三维度四水平'课堂教学目标"的基本方法和"三步二反馈"实施流程，形成了学校特色的"三生和谐"课堂；创生了学校特色的"三生和谐"课堂教学文化，建构了"三链融合、三位一体"的特色课堂教学结构，提出了特色课堂教学观念——七观"合一"；建构了基于"项目教学"的实践教学新范式和融合信息技术的新型教与学模式以及学生发展指导。特别是对"三生和谐"课堂教学文化的创新与发展，是2019年7月被立项为全国教育科学"十三五"规划2019年度教育部的重点课题："基于落实学生核心素养的高中化学课堂教学目标设计与实施的研究"（课题批准号DHA190442）课题研究成果及其辐射与推广而成。

序

实现学校全面而有特色的高质量发展，不仅需要有特色的课程做支撑，而且要有特色的课堂教学来实施，更需要有特色的课堂教学文化来引领。

北京市第八十中学发展得如何？课程建设与实施得怎么样？特色又在何处？在建校65周年之际，我们进行了概要梳理。本书将带您走进北京市第八十中学，去深入了解其特色的课程建设与实施的基本情况。

普通高中新课程实施以来，学校特别重视新课程的建设与实施工作，通过聘请知名专家指导、开展校本专项课题研究，逐步建设并不断完善了学校特色的"三级立体"课程结构，在建校60周年（2016年）之际学校又正式提出"生态教育理念"，历经最近五年的不断发展与创新，已经完成了对学校特色的"三级立体"课程结构的重新整合与提升。如今在建校65周年之际，将学校特色的"三级立体生态"课程结构、体系以及全部学科的"三级立体生态"课程群展现给大家，以飨读者。

任何"特色"都必须建立在"本色"基础之上。尤其是课堂教学改革，必须首先基于调研发现课堂教学中的真问题，然后再基于研究真解决课堂教学中的问题，并在改革创新中才能真正形成自己的特色。2007年北京市普通高中全面进入新课改实施阶段，新课改的最大亮点之一就是提出了"三维度"课程目标的概念，但基于对新课程的学习研究与调研，发现课堂教学中对"三维度"课堂教学目标设计与实施存在两个突出问题：一是目标的维度不融合；二是目标的难度不清晰，从而导致"三维度"课堂教学目标不能有效达成，这是关乎新课改目标在课堂教学这一课程实施"主渠道""深水区"能否"落地"的问题。

直面问题，2013年和2014年连续两年，学校积极主动请来美国马扎诺等教育专家，举办了"私人订制"式的以课堂教学目标设计与实施为核心的集体化理论培训与个性化实践指导。2014年7月，朝阳区教育科学"十二五"规划第二批课题：基于新课程理念的"三维度"和马扎诺理论的"四水平"高中化学课堂教学目标设计与实施的研究（课题编号：BDC1252076），作为我校特级教师专项研究课题获批立项；2015年5月，"'三维度四水平'中学化学课堂教学目标设计与实施的行动研究"作为我校一个"特级教师工作室"研究课题顺利通过，经过深入的研究与实践，启迪我们借鉴马扎诺的"四水平"学习目标理论^①以有效解决上述问题，即将中国新课程理念的"三维度"和美国马扎诺理论的"四水平"有机融合起来，作为课堂教学目标设计的理论依据（理论创新），创造性提出"三维度四水平"课堂教学目标的概念（全新概念）、设计思路与表述形式，以及以学生为主体"新大课堂观"实施"三维度四水平"课堂教学目标的基本方法和"三步二反馈"实施流程，并将相关研究成果由高中化学学科辐射、推广到全校所有学科并成为常态，从而形成了学校特色的课堂——"三生和谐"课堂。

2015年6月，北京市教育科学"十二五"规划校本研究专项课题"北京市第八十中学'三生和谐'课堂教学行动研究"（课题编号：BBA15026）获批立项，经过深入的研究与实践取得了很好的理论与实践成果（2019年4月，结题鉴定等级为良，证书编号19056），创生了学校特色的"三生和谐"课堂教学文化；2017年7月，"三生和谐"课堂教学文化项目被评为朝阳区第一批学校文化特色品牌金牌项目。从此，学校步入了以课堂教学文化引领课堂教学改革与发展的新阶段。

《关于全面深化课程改革　落实立德树人根本任务的意见》中指出："要研究制定学生发展核心素养体系和学业质量标准。要深入回答'培养什么人、怎样培养人'的问题。要求各级各类学校要从实际情况和学生特点出发，把核心素养和学业质量要求落实到各学科教学中。"2018年年初，正式颁布的《普通高中课程方案（2017年版）》，包括2020年修订版中均明确提出学生核心素养，包括理想信念、社会责任感、科学文化素养、终身学习能力、自主发展能力和沟通合作能力等六个维度（六大核心素养），从国家层面明确回答

---

① [美]罗伯特·J.马扎诺，黛布拉·J.皮克林，塔米·赫夫尔鲍尔著；邵钦瑜，冯蕾译.学习目标、形成性评估与高效课堂[M].北京：中国书籍出版社，2012.

了"培养什么人"的问题；在各学科课程标准（2017年版），包括2020年修订版中同样都明确提出了各学科核心素养，那么，如何在落实"学科核心素养"的同时有效落实"学生核心素养"，解决"怎样培养人"的问题已成为当今广大教师面对的一个重要研究课题。为此，学校又依托高中化学学科，研究在高中化学课堂教学这一课程实施"主渠道""深水区"中如何在落实"高中化学学科核心素养"[包括"宏观辨识与微观探析""变化观念与平衡思想""证据推理与模型认知""科学探究与创新意识""科学态度与社会责任"五个维度（五大核心素养）]的同时有效落实"学生核心素养"，开展基于落实学生核心素养的高中化学课堂教学目标设计与实施（"牛鼻子"）的研究："基于核心素养的'六维度'和马扎诺理论的'四水平'高中化学课堂教学目标设计与实施的研究"，2017年5月，被立项为朝阳区教育科学"十三五"规划第一批立项课题（编号：BY1351021），并于2020年6月，圆满完成课题研究准予结题（证书号：150）；"基于落实学生核心素养的高中化学课堂教学目标设计与实施的研究"，2019年7月，被立项为全国教育科学"十三五"规划2019年度教育部重点课题（课题批准号DHA190442）；从此又开始走上对"三生和谐"课堂教学文化的创新与发展之路，本书就是该课题研究及其辐射与推广成果[①]的展现，相信会给广大读者一定的启迪。

新时代教育理念可谓日新月异，各种教育教学模式也如雨后春笋般涌现出来，特别是外来的各种教育思想让人目不暇接，如"翻转课堂""STEAM""项目教学"等，虽说都有可借鉴之处，但绝不可以完全照搬，采取"拿来主义"的做法，必须密切结合自身学校、教师、学生的实际，将外来的东西本土化，只有这样才会有生命力和可持续性。比如，对于"项目教学"，在厘清"项目教学"的本源内涵、应用发展和基本特点的基础上，借鉴和使用"项目教学"的理念，构建了基于"项目教学"的普通高中化学实践教学设计原则、实施流程和评价标准[②]，并推而广之形成了具有学校特色的基于"项目教学"的实践教学新范式。

---

① 本书是全国教育科学"十三五"规划2019年度教育部重点课题（课题批准号DHA190442）："基于落实学生核心素养的高中化学课堂教学目标设计与实施的研究"课题研究及其辐射与推广成果。

② 赵玉泉，于乃佳.基于"项目教学"的普通高中化学实践教学[J].中学化学教学参考，2019（2）：12-14.

随着现代教育手段的飞速发展，特别是信息技术手段在教育教学中的广泛应用，大大改变了教与学的方式，也对每位教师的信息技术素养提出了更高要求。2015年，学校开展了全员（包括职员在内）信息技术素养提升工程，大大提升了教师专业化发展——TPACK："整合技术的学科教学知识"（Technological Pedagogical And Content Knowledge，简称 TPACK）。七个维度：TK、PK、CK；TPK、TCK、PCK；TPACK。以课题研究为引领，开展了"以信息技术为支撑实现教学供给侧结构性改革"的校本专项课题研究。自2016年起，每年5月举办一届信息技术与学科教学深度融合教学展示研讨活动，快速促进了信息技术与教学的深度融合。以转变学生学习方式为核心，建设"学生自主学习交流平台"，有力地促进了学生学习方式的快速转变，培养了学生自主与终身学习的能力。以信息技术现代化引领学校现代化发展已成为全校共识，基于教学改革、融合信息技术的新型教与学模式不断涌现出来。

随着新高考综合改革的逐步深入，2017年北京市全面进入新高考模式，分类分层走班制教学、学生发展指导课程势在必行。如何抓住改革新契机促进师生同发展？我们必须在教育之路上"守本"、在改革之途中"培根"、在创新之举下"铸魂"。

"行有道，达天下"，改革之"道"是一条"守本""培根""铸魂"之路，路永远在脚下，要脚踏实地走自己的路……

田树林

北京市第八十中学校长、正高级教师、生物特级教师

目 录
CONTENTS

第一章

走进北京市第八十中学

第一节　发展历程

北京市第八十中学于1956年在北京朝阳门外白家庄正式建校招生。1978年学校被北京市人民政府认定为"北京市重点中学"和"北京市对外开放单位"。2001年，学校办学规模进一步扩大，望京校区建成并投入使用，从此开始了一校两址办学。自2002年起，学校每年接收20名西藏学生入校学习，同年，经北京市教委批准，成立了北京市第八十中学国际部；学校不断与美国、澳大利亚、德国、韩国、日本、加拿大等国家的中学进行了合作与交流，建立了友好互访关系，便于为我校中国学生提供出国游学、与外国友好校互访和与世界发达国家合作开展冬令营及夏令营等活动。2003年学校被认定为"北京市示范性普通高中""国家级体育传统项目学校"。2010年，学校与牛津大学合作建立教师国际教育培训基地，学校每年都会派出大量优秀教师出国访问、进修、参加国际会议或与世界先进国家的学校进行科研合作、探讨教育问题、交流先进办学经验等；同年学校被批准为国家高中特色建设项目实验校、北京市高中特色建设项目实验校，成为首批推进国家教育体制改革高中特色试验项目学校之一。2011年，经北京市教委批准创建"科学创新实验班"、中英高中课程项目班和中美高中课程项目班。2012年，学校被北京市教委批准为高中课程实验校。

2021年9月，北京市第八十中学北校区（温榆河）正式启用，从此开启了一校三址办学的新纪元，目前学校共有105个教学班，其中高中有51个教学班，初中有54个教学班（含国际部）。学校共有3045名学生，其中高中有1466名学生，初中有1579名学生，国际部有84名外籍留学生。全校在岗在编教职工有416人，专任教师382人，其中有特级教师44人、区级及以上学科带头人及骨干教师177人；正高级教师7人、高级教师161人，硕士以上学历教师129人。

在"一人一天地，一木一自然——让生命因教育而精彩"办学思想的指导下，近几年来，学校取得了很多可喜的成果，先后荣获全国教育科研先进单位、全国科技教育创新十佳学校、全国田径传统项目学校、全国艺术教育先进单位、中华人民共和国教育部现代教育技术实验学校、全国青少年校园冰雪体育传统特色学校、北京市德育先进校、北京市培养后备体育人才基地学校、全面实施素质教育规范管理先进校、实施素质教育成绩突出学校、北京市科技活动示范校、北京市校园环境示范校、北京市教育信息化工作先进单位、北京市教育外事工作先进单位、北京市翱翔计划信息技术领域基地校、北京市中小学科技教育示范学校等称号，同时还拥有北京市学生金帆艺术团（管乐团、舞蹈团、民族管弦乐团）、北京市学生金奥运动队（田径）、北京市学生金鹏科技团（机器人分团、电子与信息分团）、北京市学生金帆书画院（美术）"七金"；学校的教育教学质量不断攀升，自2017年起，高考一本上线率已经连续5年达100%，学校真正走上了全面而有特色的高质量发展的快车道，形成了五育并举、"七金"伴学的高质量教育格局。

正值中国共产党建党100周年之际，我校也迎来了建校65周年华诞。中国共产党不忘初心一心为民，铸一百周年伟业，小康尽乾坤；北京八十中牢记使命忠心向党，育六十五载英才，桃李满天下。

第二节　发展目标

秉承"勤奋、求实、创造、奉献"的校训，着力建设好干部、教师和职员三支队伍，确保了学生发展目标和学校发展目标的实现。

一、干部发展目标

建设一支具备"大局意识、合作品格、服务情怀、坚韧作风"四大德行的干部队伍。

（一）大局意识

大局意识就是要始终将学生成长、教师发展和学校进步作为工作的出发点和目标，以尊重和服从师生和学校利益为根本。

（二）合作品格

合作品格就是要有强烈的使命与业绩意识。一方面，要心存敬畏，不辜负组织与教职工的信任，要有在职一任、发展一方的责任感和使命感；另一方面，又要将自己置身于组织团队之中，宽容协作、合作进取，追求学校的整体发展和成效，把握好自己的角色和责任，不越位、不缺位、不推诿，全心全意支持上级、平级、下级的工作。大局为重、诚恳合作、善于沟通是管理者必备的基本品格和能力。

（三）服务情怀

服务情怀就是要遵循办学思想、办学理念，沿着办学目标，牢固树立以人为本的服务情怀，全心全意为师生、家长和社会服务，具有为师生发展搭建平台的奉献精神，用优质高效服务、科学规范管理推进学校工作，促进学校发展。

（四）坚韧作风

坚韧作风就是要有科学的决策力和扎实的执行力。在各项工作过程中能够民主决策、洞观全局、全面协调、克服困难并独立解决实际问题，能够知难而进创造性地落实计划，具有反馈、总结、提高等的工作能力。具有忠实于学校工作的目标，有百折不挠、克服困难完成任务的勇气、能力和艺术。

二、教师发展目标

建设一支具备"正身育德、宽容大爱、严谨治教、恒学善研"四大品格的教师队伍。

（一）正身育德

正身育德就是要求以践行社会主义核心价值观为先导，树立高尚的道德情操和精神追求，不为功利所惑，不为虚名而躁，志存高远、献身教育，锤炼作为人师的高尚人格和优良品德，努力做受学生爱戴、令家长尊敬和信任的教师；以智启智，以德育德，循循善诱，能够真正成为学生的良师益友和人生表率，成为学生健康成长的指导者和人生道路的引路人。

（二）宽容大爱

宽容大爱就是要善于根据中学生正处于价值观形成的关键时期，是成人的关键时期的特点，使得每个学生的状况各有千秋，发展也各有差异的特性。作为教师，就应当自觉地抛开个人喜好，认真地研究和发现每个学生身上的优点，关注每个学生的状况，尊重学生作为人的差异发展，宽容学生身上存在的所有不足，爱护每一个学生，欣赏和鼓励每个学生不同程度的进步与提高。

（三）严谨治教

严谨治教就是能够以强烈的使命感、责任心和严谨性来兢兢业业地对待教育教学中的每一项工作、每一门课程、每一次授课和每一个学生，既要精于学科教学，又要长于学生研究，以勤业、敬业、乐业之心去追求教育创新的美好境界。

（四）恒学善研

恒学善研就是能够崇尚科学研究精神，树立终身学习理念，加强教育研究意识与能力，不断提高教育教学质量和教书育人水平；以蓬勃的创新精神积极探索教育教学的创新模式，在工作中善于研究、在研究中改进教学，努力改革教学内容、方法、手段，注重培育学生的主动精神，鼓励学生的创造性思维，引导学生在挖掘兴趣和潜能的基础上全面发展。

三、职员发展目标

建设一支具备"服务育人、勤奋善行、爱岗奉献、求实创造"四大品行的职员队伍。

（一）服务育人

服务育人就是以学生成长所需要的良好的物质环境、培养创新人才所需要构建的学校育人环境为工作的出发点和归宿。能够提供优质保障服务是对学校职员工作最基本的要求，尤其是新时期，全面、快捷、高效的服务尤为重要。职员工作要理清思路，明确方向，服从大局，一切行动服从指挥，始终围绕教育教学中心工作和任务目标，用优质高效服务手段、科学规范管理方法实现管理育人、服务育人之功效。

（二）勤奋善行

勤奋善行就是要为一线教育教学提供有效保障、为广大师生提供优质服务，特别需要勤勤恳恳、任劳任怨，默默无闻、甘于寂寞，勇挑重担、敢于担当。在工作中要有所为，有所不为。学会善待教师、善待学生、善待环境、善待工作、善于学习、善于提升、善于合作、善于创新。

（三）爱岗奉献

爱岗奉献就是要热爱本职岗位、热爱团队、热爱学校，遵守学校各项规章制度，履行岗位职责，自觉维护学校和团队利益。"勿以恶小而为之，勿以善小而不为"，在工作中要精益求精、兢兢业业、一丝不苟、肯于奉献，以主人翁精神积极主动地做好本职工作。

（四）求实创造

求实创造就是基于职员工作琐碎复杂的特点，做到诚实守信做人、科学精神做事、开拓创新工作。努力做到一切从实际出发、实事求是、讲求实效，以诚相待、热情友善。在平凡工作中做出不平凡的工作业绩，不断超越自我、追求卓越，恒学善研、创造性地做好本职工作，岗位成才，实现个人发展和学校发展的完美统一。

四、学生发展目标

学校以把学生培养成"有理想、负责任、会学习、善合作的具有中国灵魂和国际视野的创新型人才"为育人目标，就是要培养"能与世界沟通的开放型人才、能与科学对话的创新型人才、能与社会适应的综合型人才"，就是要实现学生有差异的全面、和谐、可持续发展。

具体来说，就是要突出体现以下几个特征，即八十中学子形象。

（一）有理想

有理想就是能够把个人发展与祖国发展结合起来，就是让每一个生命有生长的目标，让他们从小就对自己的人生和未来有一个远大的志向和情怀，就好像一颗种子，它的目标就是长出它最美好的状态。积极认识自我，能够根据社会的需要与自己的兴趣优势确定崇高远大的理想，并将理想转化为具体的生活和学习的目标，为实现目标而坚持不懈、持之以恒。重点培养学生践行社会主义核心价值观的自觉性以及科学精神和人文精神。

（二）负责任

负责任就是能够把个人价值与社会责任结合起来，对社会、对国家、对他人、对家人、对自己拥有强烈的责任意识和使命意识，并将这种责任感和使命感转化为积极的服务和奉献精神，以主人翁的精神将自身投入到社会发展、祖国建设、造福人类、关爱集体、和谐家庭、尊重自我等一切当中去，勇于实践，不做精神贵族，从中收获成就感和荣誉感。负责任的最高表现就是乐于服务他人、奉献社会。重点培养学生的综合实践能力和适应社会的能力。

（三）会学习

会学习就是从思维的规律上，让孩子真正懂得学习的方法和乐趣，让孩子拥有认识世界、认识生命、认识自己的能力。例如，能够培养自己对于各种知识的兴趣，能够根据自己的实际确定适合自己的学习目标，能够形成适合自己的学习习惯，能够在学习中质疑并主动进行探究，能够促进自身可持续地发展与提高。会学习的核心是形成自主学习和发展能力。也就是让一颗种子懂得如何获得成长的动力。重点培养学生的自主学习能力和思维能力（尤其是批判性思维能力和创新思维能力）。

（四）善合作

善合作就是要让每一个孩子对于世界有一个整体的认知，画出一个相对完整的人生坐标，不仅意识到自己在整个团队中的位置，更意识到自己在这个位置上的责任；不仅意识到自己的唯一性，更要认识到自己的唯一性与团队的多样性并存。例如，在家庭中能与家人合作，在学校能与老师和同学合作；在合作中善于倾听，善于发现同伴的优点，善于友好地表达自己，善于学习和吸纳别人，善于将自己对生活的体验与人分享、体会到奉献他人和服务社会所带来的幸福感，善于结交朋友，合理安排生活。也就是让一棵树去认识森林。重点培养学生的交际能力与合作能力，具有团队合作交流与共事能力是学生会生活的核心。

（五）中国灵魂和国际视野

中国灵魂和国际视野就是要立足中国、接轨国际，具有民族性与世界性，使中国学生在植根深厚的中华优秀文化和健康的民族情感的基础上成长为引领未来的国际化人才，使留学生能够认同中华优秀文化而成长为促进未来世界和谐发展共同进步的有机力量，铸造"中国灵魂"，培育"世界眼光"。

（六）创新型人才

创新型人才就是让每一个孩子拥有他自己的生命特色，让每一个生命，成为他自己，成为属于他的独特姿态。重点是发现、唤醒学生的学科特长或创新潜质，并在一定的文化环境中去激活及培养学生的实践能力和创造能力。

五、学校发展目标

把学校发展成为"研究型、示范性、国际化、现代化的国内外知名学校"作为学校发展目标。

（一）研究型

研究型就是指学校能够建立起研究机制，坚持对学生的终身发展及教师的专业发展实施与评价，以探究为核心的多样化教与学方式的变革，初中教育与高中教育、国内教育与国际教育、高中教育与大学教育的接轨和整合等核心问题进行持续探索与研究，促成全校上下对教育的深入思考和深刻理解，不断完善育人体系，让学校里的每一个生命因教育而精彩，并为学校办学的示范性奠定基础。

（二）示范性

示范性就是指学校通过对核心问题的探索、研究和实践，推陈出新、创出特色。以合作和研讨的方式，全方位地在全市乃至全国同类学校中持续性地发挥素质教育的表率和创新型人才培养的示范辐射作用。挖掘、整合、拓展学校办学中的优势，以优势带动发展，以优势孕育优势，形成具有辐射作用的各种优势团队，并形成学校的优势群。

（三）国际化

国际化就是在办学规模扩大化与合作化、师资专业化、课程系统化和评价多样化等基础上，加强中外教育思想、办学模式、课程教材诸多方面的交流，帮助教师在扩大全球视野的基础上确立科学的国际教育观和学生观，培养中外师生的国际交往理解能力和文化辨识包容能力；"铸造中华魂，培养国际人"，使中国学生在植根深厚的中华优秀文化和健康的民族情感的基础上成长为引领未来的国际化人才，使留学生能够认同中华优秀文化而成长为促进未来世界和谐发展共同进步的有生力量，创生出学校国际教育品牌。

（四）现代化

现代化首先就是要努力提高学校教育思想观念和教育教学机制的现代化，在促进办学条件和教育教学手段现代化的同时，积极推行教育民主，尊重学生与教师个体的多样性和学生与教师发展的自主性，为师生创设个性发展的平台，进而实现人的现代化。

为促进教育公平、扩大优质教育资源覆盖面，采用集团办学策略整体带动区域教育水平提升。北京市第八十中学以望京校区、白家庄校区为核心，向东辐射"北京市第八十中学管庄分校""北京市第八十中学北皋分校""北京市第八十中学嘉源分校"；向南辐射"北京市第八十中学睿德分校""北京市第八十中学睿实分校""北京市第八十中学小红门分校""北京市第八十中学牌坊分校"；向西辐射"北京市第八十中学枣营分校"；向北辐射"北京市第八十中学实验学校温榆河分校""北京市第八十中学实验学校康营分校"；向中辐射"北京八十学校"。以"城乡教育一体化""义务教育学区化综合改革""一校一策""城乡办学共同体"等政策支持项目为突破口，以北京市第八十中学的办学思想为指导，以现代信息数字化技术为手段，以远程网络教育、网络备课、网络教学、分层资源建设指导为服务平台，整体推进集团办学水平向前发展，切实扩充朝阳区优质资源总量。

北京市第八十中学现已形成十二年一贯制的由十二所学校组成的教育集团（如图1-1）。

优势教育资源辐射贵、云、豫、冀、湘五省九校，先后与贵州省贵阳市第三实验中学、贵州省罗甸县第一中学、贵州罗甸县民族中学、河南省淅川县第一高级中学、云南省昆明市外国语学校、昆明市安宁中学、河北省安新县第二中学、河北省承德市第二中学以及湖南省芷江第一中学等建立了友好学校关系（如图1-2）。

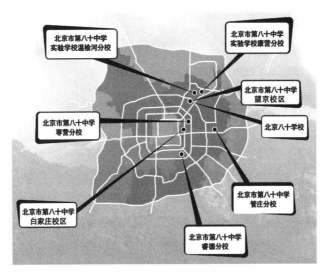

图 1-1 部分教育集团校

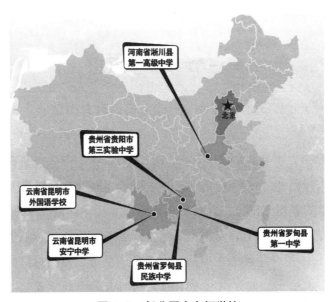

图 1-2 部分国内友好学校

大力发展国际友好校建设，与德、美、英等12个国家的14所学校建立了友好及合作关系（如图1-3）。

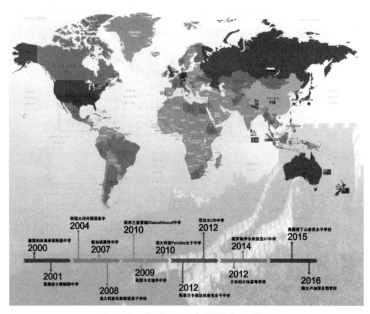

图 1-3 部分国际友好及合作学校

实现了将学校建设成"研究型、示范性、国际化、现代化的国内外知名学校"的办学目标。

第三节 办学思想

"一人一天地，一木一自然——让生命因教育而精彩"是我校的办学思想。

秉承"勤奋，求实，创造，奉献"的校训，八十中人一直在追求更加鲜明、符合时代特色和人才培养规律的办学特色。面对社会对人才需求的多样化和学校办学的多样化机制，面对原本具有多元智慧和富有个性的万千学生，"每一个学生都平等地享有自身潜力最大发展的权利"越来越成为八十中师生的共识，"让每一位学生都能在最适合自己潜力的方向获得最好的发展"成了学校教育的最大追求。如何将八十中师生的追求凝练成学校的办学思想？作为一名生物特级教师的田树林校长，将自己从大自然中收获的对生命本质的认识及对生命的尊重和敬畏，结合八十中办学多年的追求，提炼出了"一人一天地，一木一自然——让生命因教育而精彩"的办学思想。

"如果一颗种子，获得最自然的生态环境，那么就一定能长出它最自然的样子。它可以长成参天大树，可以开出灿烂的花朵，也可以长成不规则的树杈，成就别样的美。但是，不管怎样，都是它最自然的样子，确切地说，就是成了它自己，这就是它的唯一性，这就是它的传奇。而每一个唯一，每一个传奇，就构成了大自然的多样性，构成了天下大美。所谓'一花一世界，一叶一菩提'，生命充满差异和创造。"

"在我看来，每一个孩子都是一颗种子，都是一个生命的奇迹。学校的教育，不仅仅是给孩子什么，而更多的是给孩子创造一个和谐的生态环境，让孩子发现自己有什么，让孩子的生命基因得到正确而充分的表达，让孩子生命中原本就有的真善美得到激荡，让孩子的生命活力得到最自然的释放。尊重、保护孩子的天性，发展孩子的个性，让每一个孩子成为他自己，让每一个孩子，成为他在这个世界上不可替代的'这一个'，呈现生命的多样性和丰富性，这就是学校的作用。"

"我们平时总说，要教育学生服务社会，而真正能够服务社会、为社会所用的，正是每一个人的独特性。所以，我认为，只有让孩子的天性得到最自然的表达和发展，他们才有可能真正地去服务社会，并且在服务社会的过程中完成他的自我实现，也才可能成为真正意义上的人才。只有这样，才能不辜负生命本身的传奇，才能获得生命的尊严，成为一个幸福的人。"

"在我看来，教育不仅仅是职业、事业，更是生命前行的最好途径。我相信教育不仅仅是所有学生，也应该是所有教师生命发展、生命价值提升和精神生命创造的最好途径。把'生命'还给教育，凸显生命的灵动和个性的张扬，让学校成为既是一个孩子们通过学习发现自我的天地，更是一个老师们分享教育与人生智慧的平台。孩子们在学，老师们也在学，孩子们学习认识世界、认识自我，老师们学习认识孩子、认识教育，只有这样，教育生态才真的被赋予生命力，充满流动感，动态的平衡才真正形成，教育真正成为生命的'栖息地'。让学校里的每一个生命因教育而精彩——这是我的教育信仰。"

"一人一天地，一木一自然——让生命因教育而精彩"不仅作为北京市第八十中学的办学思想，也是学校的教育观和人才观。"一人一天地，一木一自然"更是一种人与人之间和谐相处的方式。尊重与发扬学生的个性，尊重与发扬老师的个性，让"尊重、包容、理解、欣赏"成为八十中学学生与学生之间、学生与老师之间、师生与领导之间的相处方式。

第四节　教育理念

2016年，正值北京市第八十中学建校六十周年之际，《北京市第八十中学生态教育规划纲要》（2016—2025）正式颁布，也标志着"生态教育"理念开始在学校生根。生态教育是学校教育发展的哲学命题，既是学校的办学思想的体现，也是学校的育人模式的创新，更是学校办学模式创新、课程与教学改革、教师队伍建设等方面的行动纲领。

一、生态教育提出的背景

人类社会的教育形态（特别是学校形态）也与人类社会不同的文明进程的演变总体保持一致。即人类社会走过的原始文明→农业文明→工业文明三个阶段，教育也完成了从非形式化教育→形式化教育→制度化教育的转变。制度化教育总体上反映的是工业文明框架下的教育思维与制度设计，伴随着国家建设生态文明社会形态的诞生，制度化教育将如何突破？学校教育将向何方变革？将是未来相当长一段时间的教育探索的主线。

任何时代，教育都遵循两条基本的规律和使命：适应并促进人的发展，适应并促进社会的发展。"适应"并"促进"人的身心发展和社会发展既是教育应遵循的基本规律，也是教育应承担的基本使命。并且根据全面发展人的学说和价值统一学说，人的发展和社会的发展是发展和价值的两个方面，不可片面认识和分割。因此，教育面临一个新时代的使命——如何促进生态文明的未来社会？学校教育自身贯穿生态文明的要求，从而培养适应并促进生态文明发展的人？

生态教育是在实现国家"两个一百年"奋斗目标和中华民族伟大复兴中国梦的大背景下提出的，是为了在学校全面落实培育和践行社会主义核心价值观和学生发展核心素养的培养，落实党的十八大把"立德树人"作为教育改革与发展的根本任务的具体体现，使学校发展适应国家教育改革与发展新常态，更好地传承学校"勤奋，求实，创造，奉献"的校训，坚持"一人一天地，一木一自然——让生命因教育而精彩"的办学思想。

二、生态教育的内涵与价值

生态教育（Ecological Education）是人类为了实现可持续发展和创建生态文明社会的需要，而将生态学思想、理念、原理、原则与方法融入现代基础教育的生态学过程。

生态教育给传统教育带来全新的教育理念，那就是将人与生态共同体作为教育研究的基本对象，将这一共同体和谐的可持续性发展作为教育研究根基，并赋予教育应当担当的自然使命和社会使命。

生态教育是教育生命观、多样性、可持续性等教育思想的集中表达。生态教育的核心是尊重教育主体的生命性，尊重教育的多样性，促进教育的可持续性，提高教育的集约性和效能性。生态教育是对教育本真的回归和教育最高效能的追求。

生态教育就是在基础教育陷入迷茫中发出的呼唤。焕发生命的活力，把班级还给学生，让班级充满成长气息；把教育还给教师，让教育充满智慧和挑战；把精神成长的主动权还给师生，让校园充满勃勃生机。

教育的原点问题是什么？就是关于生命教育的问题。除了鲜明的社会性之外，还有鲜活的生命在跳动。人的生命是教育的基石，生命教育才是教育思考的原点。在一定意义上说，教育直面人的生命，只有人的生命质量的提高才使教育有真正的社会意义。因此，教育是以人为本的社会中体现生命关怀的一种事业。对教育本真的还原与对教师角色意义的还原，是在茫茫沙漠中开辟的一方绿洲。

生态教育的每一个场景都应成为积极的生命流程中的驿站。认识生命，人存在于社会的唯一载体；珍爱生命，每个人的生命只有一次；敬畏生命，人类尊严与自信的本体；欣赏生命，谱写青春与活力的印记；善待生命，科学与幸福生活的旅程。内在于生命教育情境的教师和学生之间的诘难问疑、对话交流，唤醒彼此心中的眷念与期待，带着理想和憧憬，带着对生活的热爱与柔情，走出课堂，走出校门，走向更广阔、更丰富和更多样的生活世界。

生态教育要求学校要真正树立以人为本的思想，将可持续发展的知识、意识和行动纳入学校课程、教学、管理和评价中，培养适应和促进生态文明社会所需要的未来人才；要将生态文明的基本理念渗透到学校的课程、教学、管理和评价各个环节中，实现学校自身的生态变革，这既是未来社会对学校教育的变革要求，也是师生全面健康发展的必然要求。

生态教育是增强生态意识，塑造生态文明的根本途径；生态教育可以为实现人的可持续发展提供精神资源；生态教育就是要催发、成全、守护人的灵犀与韵致。"一人一天地，一木一自然"，当我们教育工作者秉承这一理念之时，课堂因之而生机勃勃，生命因之而流光溢彩；生态教育状况和质量是衡量一个国家文明程度的重要标志。

三、生态教育理念下的课程与课堂

生态教育理念下需要我们重构课程与课堂生态。

（一）生态课程建设

1. 生态课程建设的内涵

生态课程是指要把学校课程建成"课程生态园"，满足生命发展需求。课程关乎学生的全面发展、个性发展、学习兴趣、潜能释放。根据学生身心发展和个性发展的不同需求，构建多元融合的校本课程即"课程生态园"，以"必修选修、模块设计"为格局，以"多元开放、自主选择、走班上课"为形式，形成"国家课程校本化、育人活动课程化、选修课程社团化"的课程建设理念。

2. 生态课程建设的目标

全力推进"一体多翼"的学校课程特色建设。"一体"即以拔尖创新人才培养为主体；"多翼"即以张景中科学创新实验班、王选创新实验班、拔尖创新人才培养实验班、科学创新人才培养实验班、"2+4"学制探索实验班等项目班的课程建设、生态课程设置、国际教育课程等为支撑，努力培养"多元优质发展"的"阳光学子"，彰显学校的办学特色，推动教育教学质量全面提升。

（二）生态课堂建设

1.生态课堂建设的内涵

生态课堂是立足于生命视野对教育的一种重新认识和理解。它以生命为教育的基点，认为教育就是要遵循生命的特性，不断地为生命的生长创造条件，促进生命的完善，提升生命的价值。学校教育的目的在于促进学生的发展，在于培养德智体美全面发展的社会主义事业的建设者和接班人。任何教育教学活动无视或偏离了学生的发展，也就失去了存在的意义与价值。"生命发展"需要有良好的生态环境，发展需要从"整体"去观照。

生态课堂的核心是"生命"和"生长"，生命的天性就是生长发展，生长是人的生命的本性，生长是生命的权利，是生命的目标。生命生长就是生命在良好课堂生态中的生生不息和蓬勃向上。因此，生态课堂就是提升生命价值，激活生命发展能量。生态课堂是生态课程理论基础中生命观、发展观和生态观的教学论诠释，是对传统课堂结构和合理性的超越。

2.生态课堂建设的原则

（1）生态课堂环境观

学校师生都是环境中的人，环境对生命生长的重要性毋庸置疑，整体的生命生长需要依赖优化环境的涵养。因此，构建一个符合生命生长的生态环境是生态课堂的前提。生态课堂环境是一种动态和谐的自然和人工互补的生态系统，系统中的因素包括生物因素和非生物因素。

（2）理解、交往，动态生成的过程观

构建生态课堂要秉持理解、交往，动态生成的课堂过程观。理解是生命生长的基础。只有理解才能使课程和知识与学生的人生历程和经验真正地联系起来。理解是从人生已有的生活经验和精神世界出发的。交往是生命生长的方式。在课堂中的生命生长不同于日常情境中的生长。课堂是历经千百年人类理性的选择结果，是自为的优化了的"环境"。动态生成是生命生长教学的本质。生命是动态的，生长是动态的，教学没有理由不是动态的。课堂中教师、学生和交往都是在时间的流变中。一切人的目的性活动都需要在流变中矫正、聚焦，然后达成。动态生成性是对机械线性教学过程的超越，是对生命生长规律的重新认识，是对课堂计划和变化、预设和生成的辩证理解。

（3）民主、效率的管理观

课堂是人为的、优化的生命生长环境，是人类理性指导下的制度化产物。它之所以合理性存在，是因为它满足了人们对效率的追求。课堂的效率是以课堂制度做保障的。课堂制度是课堂行为规范的总称。它包括有形的课堂物质成分与无形的课堂价值成分，实现了观念和物质的合一。它将课堂内各要素、各行为联结，整合为一个有序的整体，保证课堂高效率的运转。

（4）整体发展性评价观

评价是一种重要的制度，既有课堂层面的，也有学校层面及学区和国家层面的。评价的导向作用是显而易见的，需要评价的各种主体(评价者和被评价者)在民主的基础上制定。生命生长生态课堂的评价秉持发展性课堂评价模式。

3.生态课堂建设的目标

（1）实现由关注知识转变为对生命的关注，突出学生主体，注重体验参与、自主探究学习。

（2）构建"情境体验、平等对话、合作探究、自主建构"的充满活力、多元互动的绿色生命健康课堂文化。

（3）形成基于"自主探究、合作交流、互动提升、拓展实践"的学习方式，并与学科特点相结合的若干分化模式。

（4）实现"建构知识、提升能力、丰富情感"的生命生长核心理念主渠道。

第二章

"三级立体生态"课程建设

第一节　课程建设指导思想

一是以立德树人为根本任务，全面贯彻党的教育方针，坚持德、智、体、美、劳五育并举为指导思想。

二是以核心素养为主要抓手，全面落实国家课程方案和课程标准，以实现每一位学生全面而有个性的发展为指导思想。

三是以全面实现学校"一人一天地，一木一自然——让生命因教育而精彩"的办学思想为具体指导。

第二节　课程建设基本理念

一、围绕一个核心

以学校育人目标——"培养有理想、负责任、会学习、善合作的具有中国灵魂和国际视野的创新型人才"为课程建设的出发点和归宿，整体构建学校课程框架。

二、定位三维目标

建设有利于促进学生、教师和学校共同发展的课程建设三维目标，如图2-1。

三、遵循生态教育理念

课程是学校和学生之间最亲密、最直接的结合点。遵循生态教育理念，创造有生命的大自然，课程设置是学校最核心的基础。国家的课程方案和各学科课程标准都直指教育的本质，直指生命的本质，关键是如何在每一个具体的教育环境中落地扎根。通过学习，唤起学生生命的本真；通过学习，让学生爱上这个世界。对学生个体生命的尊重，才是所谓爱学生的大前提，而只为了考试和分数的爱是狭隘的。所以，要从课程设置入手，对学校的教育生态进行全面改造。要通过课程设置，将这个美好的世界，告诉给学生，将生命的趣味与学生分享，只有爱生命、爱世界，这种爱的力量才是学生唤醒自己生命潜能最强大的动力；只有这样的爱，才能焕发出孩子的生命本性，让他们用自己最美好的状态，与这个世界呼应。

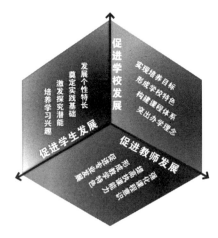

图 2-1　课程建设三维目标

第三节　　"三级立体生态"课程结构

早在北京市正式实施（2007年9月）第八轮高中新课改前，学校就开始谋划"三级立体"课程结构：以聘请北师大裴娣娜教授等相关专家为引领，以建设"重基础、高质量地整合基础必修必选类课程""多样化、可选择的多元拓展延伸类课程和实践应用类课程""有特色、重自主的自主特长发展类课程"为建构课程结构的三个基本原则，以学生自主选择课程程度不同的三级立体分层为特点。具有学校特色的"三级立体"课程结构，历经十几年的不断完善，尤其是生态教育理念提出后，从生态教育的视角，对学校已经建构的"三级立体"课程结构进行了重新审视，特别注重融合生态教育理念，同时基于落实学生核心素养，重构了学校课程结构——"三级立体生态"课程结构，如图2-2。

图2-2 "三级立体生态"课程结构

在"三级立体生态"课程结构图上,我们可以看到国家必修课程在我们的整体课程结构中的基础性地位,也可以看到我们不同的课程的针对性,有些是针对创新能力,有些是针对学习能力,有些是针对责任感的培养,有些是针对理想教育的。

第四节 "三级立体生态"课程体系

一、建设路径

以国家课程为主线,根据学校的实际情况和学生发展的具体需求,我们打破学科间的壁垒,复原知识的立体关联的本质,我们打破校园的围墙,复原生存状态的本真,实施了六大系列的课程整合与拓展的课程建设路径,包括国家课程的校本化整合、中西方课程整合、高中与大学课程整合、课内与课外整合、校内外资源整合、小课堂与社会大课堂整合等,如图2-3。

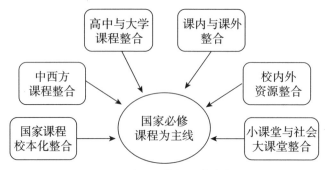

图2-3 六大系列的课程整合与拓展

这样，我们把狭隘的课堂，从教室扩大到整个校园，从校园延伸到社会，从书本勾连到活生生的世界，并确保课程的思想性、基础性、选择性、时代性、整合性和实践性等基本特征。让学生真正处于一个生机勃勃的教育生态环境里。

二、结构体系

我们构建了学校六大领域的校本课程体系，分别是科学探究与创新类学习领域、人文与艺术素养类学习领域、体育与身心健康类学习领域、学科竞赛与学科拓展类学习领域、德育与生活体验类学习领域、国际与民族理解类学习领域，一共有200多门校本特色课程（如图2-4）。

三、培植"三级立体生态"课程树

坚持课程立校，以国家必修必选课程为根基，培植了两棵根深、枝繁、叶茂并不断生长的"三级立体生态"课程树，如图2-5。

内容上能利用不同教学资源，体现学校办学宗旨和文化理念，符合学校育人特色；实践中能满足不同的学生需求，激发学生进一步学习的积极性。

四、构建全学科的"三级立体生态"课程群

对于课程群的研究最早源自高校，随着基础教育课程改革的实施，此概念也逐渐进入基础教育课程研究领域。从文献来看，当前学术界对课程群的概念界定大致分成两种类型。

校本课程

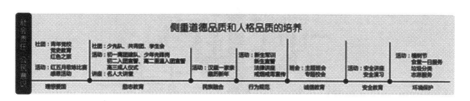

图2-4 六大领域的校本课程体系

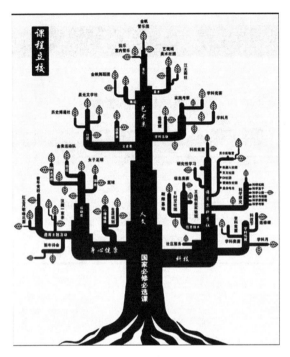

图2-5-1 "三级立体生态"课程树1

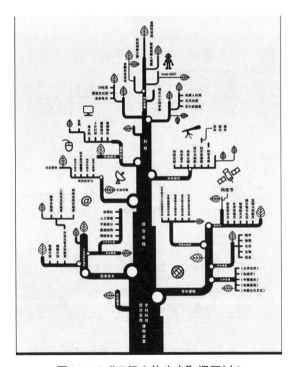

图2-5-2 "三级立体生态"课程树2

第一种类型强调，课程群是根据逻辑性和相关性对既有课程进行横向联合，注重课程之间的统整或融合。"课程群是为完善同一施教对象的认知结构，而将本专业或跨专业培养方案中若干门在知识、方法、问题等方面有逻辑联系的课程加以整合而成的课程体系"①；"课程群是指以现代教育理念为基础，以各种先进的教育技术为平台，对教学中相互影响、相互依靠的相关课程进行统一规划、设计和构建的课程体系"②。在这种类型的课程群概念界定中，各课程之间没有主次之分，教育者对各课程进行横向统整或融合是为了克服分科课程撕裂学生的经验整体性所带来的问题。

第二种类型强调，课程群以某个课程为基础或焦点，再加上其他相关课程组成的课程群体。如有人认为，"所谓课程群，是以一门以上的单门课程为基础，由三门以上的性质相关或相近的单门课程组成的一个结构合理、层次清晰，课程间相互连接、相互配合、相互照应的连环式的课程群体"③；"这种课程群的构成一般由属于同类的三门以上课程组成，各课程教学内容虽相对独立，但课程与课程间紧密关联，各门课程的实践环节或技能培养是连贯的、递进的"④。在这种类型的课程群概念界定中，各课程之间是有主次之分的。其他相关课程的存在是为了丰富学生的体验，但其立足点是促进基础课程或焦点课程的实施，完善学生在基础课程或焦点课程上的知识结构和能力结构。

课程群建设仁者见仁、智者见智，更需要与时俱进地不断完善。以落实学科核心素养和学生核心素养为核心，依据学校办学思想和育人目标，构建了满足学生多样化发展需求的全学科的"三级立体生态"课程群。

（一）语文学科"三级立体生态"课程群建设

教研组长：贾小林

1. 建设理念

语文课程的基本理念与使命，在于坚持立德树人，增强文化自信，充分发挥语文课程的育人功能；同时以语文学科四大核心素养为本，推进课程深

---

① 李慧仙. 论高校课程群建设 [J]. 江苏高教，2006（6）.

② 王嘉才等. 课程集群化建设的研究与实践 [J]. 北京理工大学学报（社会科学版），2001（2）.

③ 吴开亮. 关于高师院校课程群建设的探讨 [J]. 江苏高教，1999（6）.

④ 周葳. 学校顶层设计下的特色课程群建设 [J]. 教学月刊（中学版），2015（11）.

层次的变革。语文学科课程群的建设，是对这一理念、使命的解读与实践，是对课程标准中"学习任务群"的相关要求的应用性阐释，是对"学习任务群"网络之间融通交汇的具象性表达。总体而言，课程群建设的价值导向在于增强课程的科学性，促进课程的综合性，体现课程的实践性，提高课程的参与性。

2.建设目标

基于语言建构与运用、思维发展与提升、审美鉴赏与创造、文化传承与理解四类学科核心素养及其内在的逻辑关联，同时综合学校"三级立体生态"课程结构理念和学校课程群建设整体方向，以培养学生蕴含自主性、选择性和创造性等多层次的学科能力为目标，可将语文学科不同层次的建设目标做出如下概括：

（1）达到对言语充分的理解与准确的生成；

（2）运用言语做到准确流畅的交流与表达；

（3）通过语言鉴赏，培养社会化与个性化统一的言语品质。

3.课程群体系与结构

根据课程标准中对课程结构的具体要求，结合学校规划与教师实际，可将课程群划分为不同的层次：

（1）必修层次

强化语言技能、培养阅读意识、筑牢表达能力、注重文化参与必修课程注重基础的语言积累与梳理，同时培养基本的阅读表达与交流能力。这一阶段，学生的主要任务在于多方面增进语文积累，丰富精神世界、生活经历和情感体验，发展多类型的写作、交流、沟通能力。

（2）选择性必修层次

深入语言积累、着眼名著研习、拓展阅读总量、丰富文化视野选择性必修课程关注传统文化探究与古今中外的名家名作初步研习，整体感知其内容，把握主要观点倾向，拓宽文化视野和思维空间，提高文化修养。

（3）选修层次

把握语言本源、挖掘作家作品、探索文化交融、体验语文魅力选修课程作为对必修与选择性必修的补充，层次更为深入，聚焦汉字汉语、文化话题、作家作品和学术论著等的专题研讨，要求学生对知名作品常读常新，获得新的体验和发现，同时注意在生活和跨学科的学习中学语文、用语文，在学习运用的过程中提高表达和交流能力。

（4）整本书阅读层次

扩大阅读空间、锻造阅读习惯、发展思维品质、促进系统建构整本书阅读类课程，意在进一步丰富学生的阅读范围，培养终身阅读的习惯，打破"读书就是读课文"的固有观点；同时注重发展学生思维品质，掌握阅读方法，系统性促进阅读方法的建构。

（5）交叉融合发展层次

整合教学资源、打破学科壁垒、聚焦学生潜力、培植学术萌芽为语文课程群体系的最高层次。本系列课程观照不同学科之间的整合，通过综合多类教学资源与教师资源，深度挖掘学生潜力，有目的地为学生今后的学术道路奠定基础。

最终，构建出以培育创新型人才为导向的语文学科"五层生态"课程群体系（如图2-6）和"五层立体生态"课程群结构（如图2-7）。

图2-6 语文学科"五层生态"课程群体系

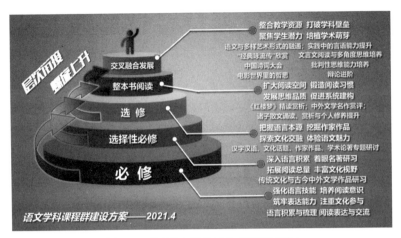

图2-7 "五层立体生态"课程群结构

（二）数学学科"三级立体生态"课程群建设

教研组长：王贵军

1. 指导思想

一是以立德树人为根本任务，以学生发展核心素养为指导，以培养全面发展的和谐人为核心，以中学数学课程标准为依据。通过基于落实"数学抽象、逻辑推理、数学建模、直观想象、数学运算和数据分析"数学学科六大核心素养的教学，帮助学生形成必备品格和关键能力。

二是以国家课程为主线，根据学校的实际情况和学生发展的具体需求，打破学科间的壁垒，复原知识的立体关联的本质，打破校园的围墙，复原生存状态的本真来构建。

三是以学校"三级立体生态"课程结构为指导，构建数学学科"三级立体生态"课程群。

2. 建设目标

在学校"三级立体生态"课程建设的基本思想指导下，为了使学生适应未来社会的需要做好准备，通过数学学科"三级立体生态"课程群的重新设计与构建，发展学生"沟通""思考"以及"个人与社会"的三大核心竞争力。核心竞争力的立体框架（如图2-8）。

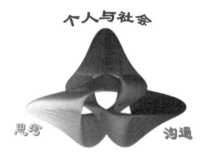

图2-8 核心竞争力的立体框架

沟通：沟通能力包括与他人互动相关的知识、技能、流程和观点。学生在数学问题的交流中传递和交换信息、分享经验和思想，在数学问题的探究、解决中寻求合作，追求共同的目标以及实现共同目标的技能、策略和良好的品格。沟通能力是找到满足感、完成目标和获得喜悦的基础。能够有效沟通的人会更加自如地获取、发展、转化思想和信息，并与他人建立联系以分享思想。能够有效合作的人会认识到如何将他人的观点、策略与自己的观点相结合来增强集体的理解和影响，并努力实现共同的目标。

思考：思考是思维的一种探索活动，思考能力则是在思维过程中产生的一种具有积极性和创造性的作用力。思维能力涵盖了与智力发展相关的知识、技能和过程。思维能力需要特定的思维技能以及思维习惯和元认知意识，这在数学的学习中体现得尤其充分。数学的学习离不开思考，学生在不断地思考中产生新颖和创新的思想和观念，在反思中不断完善自己的思维。有创造力思维的人会好奇、豁达，在学习中具有惊奇和喜悦的感觉，表现出发散思维的意愿以及对复杂性的适应；有创新思维的人机智、灵活，会反思现有的思想和观念，善于发挥想象力、创造力，并且愿意冒险超越现有知识；具有批判性和反思性思维的人，善于理性思考和调查研究，愿意质疑和挑战自己和他人的思想、观念和假设，并能通过观察比较、反思所收到的信息，发现问题、思考问题的目标，分析问题的解决方法，完善他们的思维。

个人与社会：个人和社会能力是与学生作为个人以及作为其社区和社会成员在世界上的身份有关的一组能力。个人和社会能力涵盖了学生个人成长，了解和关心自己和他人，以及在世界上找到并实现自己的目标所需要的东西，包括个人意识和责任、积极的个人和文化认同、社会意识和责任感。在与他人和社会的接触中，学生会遇到各种艰难险阻，他们要能够持之以恒并理性地认识自我，学会关爱他人，承担责任，学会理解和欣赏，形成正确的人生观、价值观和世界观。

如果把每一位学生比作一棵棵形态各异的小树，我们希望通过数学学科"三级立体生态"课程群下的各种课程的实施，给学生提供交流、合作、探究、实验、反思的机会。针对具体的课程内容，基于数学技术 GeoGebra 平台，构建模型，对模型进行探索，从几何与代数两个方面揭示数学本质，认识数学结构，形成数学思想，促进学生数学学习与理解。重新建构的丰富多彩的数学课程，就像雨后的甘露，浇灌着一棵棵稚嫩的树苗，他们在各具特色的各类数学课程中汲取养分，掌握基础知识、基本技能、基本思想和基本活动经验。在成长的过程中，这些树苗会不可避免地出现这样或那样的问题，我们通过课程的引导，为这些树苗"施肥、除草、修葺"，让他们绿意盎然，勃发生机，他们将不断提高从数学角度发现和提出问题的能力、分析和解决问题的能力，在提升六大数学核心素养的同时，逐渐会用数学眼光观察世界、用数学思维思考世界、用数学语言表达世界，真正成为能够承载未来担当的参天大树（如图2-9）。

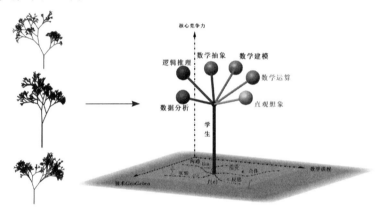

图 2-9 学生成长立体树

3. 体系建构

在学校"三级立体生态"课程理念指导下，数学学科"三级立体生态"课程群将静态的课程内容动态化、可视化，以核心竞争力为中心目标，通过基于概念和能力驱动的方法来支持更深入的学习，将整个课程划分为基础类课程、发展类课程和创新类课程。基础类课程为主要以教材学习内容为载体的课程。发展类课程为主要以教师或学生研发的拓广、探索类问题为素材的课程。创新类课程是基于技术平台构建模型通过实验探究开发的课程。在保证共同基础的前提下，为不同发展方向的学生提供有选择的课程，发展核心竞争力，为学生终身发展奠定基础，形成了"一核三层"的数学学科课程群（如图2-10）。

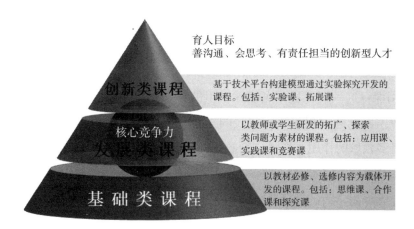

育人目标
善沟通、会思考、有责任担当的创新型人才

基于技术平台构建模型通过实验探究开发的课程。包括：实验课、拓展课

以教师或学生研发的拓广、探索类问题为素材的课程。包括：应用课、实践课和竞赛课

以教材必修、选修内容为载体开发的课程。包括：思维课、合作课和探究课

图 2-10 三级立体数学课程群

其中基础类课程包括思维课、合作课和探究课；发展类课程包括应用课、实践课和竞赛课；创新类课程包括实验课、拓展课等，每一类课程都有明确的学习目标。这些课程，形成了"一核八翼"的数学学科课程群（如图2-11）。

思维课：重点培养学生的计算思维、创新思维以及批判性和反思性思维，通过特定的概念和内容的学习，让学生学会有逻辑地思考问题，能够在比较复杂的情境中把握事物之间的关联，把握事物发展的脉络，形成重论据、有条理、合乎逻辑的思维品质和理性精神，会反思现有的思想和观念，并且愿意冒险去做新的尝试。

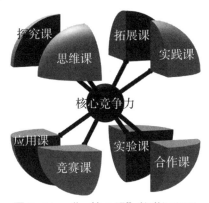

图 2-11 "一核八翼"数学课程群

合作课：重点培养学生的沟通合作能力，通过特定的主题或活动，如"调查与分析"，让学生学会如何包容他人的意见和观点，并共同达成目标。

探究课：这一类课程围绕教材中的"探究与发现"栏目中的问题，或者教师和学生提出的具体的数学问题开展自主探究、合作研究并最终解决问题，提升学生发现问题、提出问题的能力，培养学生的探究能力和创新精神。

应用课：这一类课程重点培养学生的数学建模能力，让学生学会用数学模型解决实际问题，积累数学实践的经验，认识数学模型在科学、社会、工程技术诸多领域的作用，增强创新意识和科学精神。

竞赛课：这一类课程主要为在数学学习方面表现尤为突出的学生提供进一步提升的可能，为国家储备拔尖创新人才。

实践课：这一类课程强调数学与生活以及其他学科的联系，通过开设"物理与数学""数学与计算机"等选修课程，扩展学生视野，提升学生的综合素质，培养学生的实践能力。

实验课：重点培养学生的动手动脑能力，主要借助 GeoGebra 平台，以"做"为支架开展实验活动，如"随机模拟""回归分析"等，帮助学生认识数学本质、建构知识体系、掌握数学方法、形成理性思维。

拓展课：通过开设"大学先修""强基计划"和"数学文化"等选修课程，重点培养学生的高阶能力，为更高层次的学生进一步深造奠定坚实的基础。

"一核三层"的数学学科课程群和"一核八翼"的数学学科课程群最终形成了"一核三层八翼"的数学学科"三级立体生态"课程群结构。

4.建设途径

（1）通过整合国家课程构建课程群

数学课程群的建设，是基于我校学生的实际情况，将国家课程进行整合、重构来进行的。我们将教材中的必修、选择性必修以及选修内容从全新的视角重新构建，更加重视学科大概念，课程内容更加结构化，让数学课程在培养学生的社会责任感、创新精神以及实践能力等方面发挥更大的作用。

（2）技术与教学的融合构建课程群

同时，在数学课程群的建设过程中，我们特别重视技术与教学的有机融合。GeoGebra 是一个开源平台，简单易学，它通过其图形、代数和电子表格为数学对象提供了动态链接的多种表示，使学生能够将数学可视化、动态化，是开展数学实验的有力工具，课程群中很多课程，如实验课、探究课、实践课等都是基于该平台创设的，这些课程在学生形成理性思维、科学精神和促进智力发展等方面意义重大。

（3）自主研发校本课程构建课程群

基于学生发展自主研发校本课程，也是构建数学课程群的主要途径之一。学生核心素养的发展始终是第一要务，我们根据学生的不同发展需求，研发了丰富多彩的校本课程，如合作课、竞赛课、实践课、强基课以及大学选修课等。学生可以根据自己的兴趣选报课程，有兴趣、有能力的学生也可以和教师一起研发课程。研发的校本教材《GeoGebra 与数学实验》由清华大学出版社出版发行，现已在全国第八次印刷发行。

5. 实施与评价

"三级立体生态"理念指导下的"三级立体数学课程群"在数学组全面展开，所有教师学习了相关理论书籍，参加了相关的技术培训，在高一、高二、高三年级循序渐进地展开，例如，实验课从最开始的教师示范、学生模仿，逐渐过渡到教师指导下半开放式的数学实验，到最后根据自己的不同认知水平，学生可以结合学习内容自主设计数学实验，甚至可以提出自己的问题设计自己的数学实验，进行数学研究。每一类课程都按照学习目标有序展开。

数学课程群建设的评价主要包括过程性评价和阶段性评价，关注学生在数学实验体系下数学学科核心素养应该达到的水平，并依据国家数学课程标准中的各类水平的关键表现重构、细化学业质量评价的标准，使之与数学课程群结构中的三大核心竞争力更加对接，增强了对教学和评价的指导性。

（三）英语学科"三级立体生态"课程群建设

教研组长：吕寅梅、林斌（代理组长）

1. 建设理念

自从最新一轮普通高中英语新课程实验以来，在这十多年里，学校的英语课程体系逐步完善，极大地推动了学校基础英语教育的进步。然而21世纪要求我国学生具有国际视野和全球意识；党和国家要求落实立德树人这一根本任务，培养德智体美劳全面发展的社会主义建设者和接班人，以上这些均给英语课程带来挑战，对课程改革提出了新的更高的要求。

首先让我们看一下我们面临的各种挑战，知己知彼，才能找到应对的方法和解决的措施。

（1）课程实施中存在的问题而带来的挑战，这里面包括以学生为中心、促进学生自主学习的高中英语教学实践，开展基于项目的学习，开展科学、合理的评价。

（2）时代发展带来的挑战。

（3）学科核心素养、立德树人带来的挑战。

图 2-12 英语学科核心素养的四大要素

英语学科核心素养由语言能力、文化意识、思维品质和学习能力这四大要素构成（如图2-12），我们目前的课程建设的理论依据就是围绕着英语核心素养进行的。它是英语学科育人价值的集中体现，是学生通过英语课程学习而逐步形成和提升的适应信息时代、知识社会和全球化时代需要和个人终身发展需要的正确价值观、必备品格和关键能力。它们是相互渗透、融合互动、协调发展的综合素养，是英语学科立德树人的育人目标，也是高中英语教育成效和学生英语学业质量的评价标准。

在高中英语课程的学习中，一方面，可以促进学生自身心智、情感、态度和价值观的发展，提高其综合人文素质；另一方面，掌握一门国际通用语言可以为了解外国先进的文化、科学、技术，进行国际交流创造条件。同时，英语课程在促进高中学生的人格塑造、情感发展、价值观形成和综合素质的提高方面发挥了积极的作用。英语课程的开设同提高整个民族的素质联系起来，对促进对外交流和增强国力具有重要意义。英语课程对促进人生的发展具有重要意义，对促进国家的发展也具有重要意义，这一理念已经在社会各界达成共识。

因此，学校英语学科"三级立体生态"课程群建设的依据有：

（1）以普通高中课程方案为依据，构建多元的英语课程结构。

（2）从课程发展现状出发，调整课程结构与要求，实现减负增效。

（3）构建与课程目标一致的课程内容和教学方式。

2. 建设目标

高中英语课程的总目标是使学生在义务教育阶段英语学习的基础上，进一步培养学生的综合语言运用能力。综合语言运用能力的形成建立在语言技能、语言知识、情感态度、学习策略和文化意识等要素整合发展的基础上。外语学习不只是语言知识的学习，也不只是语言技能的掌握，而是以上五种要素的整合发展。正是这五种要素的有机结合和互相促进，实现工具性和人文性的统一，才能使学生掌握综合语言的运用能力。英语教学的中心明显地转移到了学以致用、技能训练等方面，从关注语言转向关注人的教育，强调对学生的终身学习能力的培养，初步纠正了过去以语法翻译为主的教学手段。作为学生学习和教师教学的重要内容和手段，通过课程改革，教材也更加符合高中学生的生活精力、心理特点和兴趣爱好，在语言知识、语言技能、情感态度、学习策略和文化意识等方面都有涉及，以促进学生的全面发展。

因此，英语学科"三级立体生态"课程群建设目标是：

（1）要达到工具性与人文性的统一；

（2）实现必修课与选修课相结合的课程设置模式；

（3）实现培养学生的综合语言运用能力的目标；

（4）能够优化学习方式，提高学生的自主学习能力；

（5）能够关注学生情感态度的发展；

（6）强调学生学习策略的培养；

（7）提倡终结性评价与形成性评价相结合；

（8）实现培养学生的综合语言运用能力的目标。

3. 体系与结构

高中英语课程是在初中英语课程基础上的延伸，仍是基础教育的一部分，应该为高中学生的升学、就业和终身发展打好坚实的基础，使他们具备作为21世纪公民应有的基本英语素养。在强调高中英语课程基础性的同时，还必须针对高中学生的生理和心理发展的特点，要有利于他们的个性和潜能的发展，能满足他们不同的发展需求。为此，高中英语课程就必须具有可选择性。而课程的多样化——既有必修课程又有选修课程，则是实现课程的可选择性的必要条件。多样化的课程既反映了社会对人才的不同需要，也可满足学生多样化发展的需求。高中英语课程使学生在多种选择中学会认识自我、学会自主选择、学会规划人生、学会自主发展。北京市第八十中学英语学科"三级立体生态"课程群结构与体系如图2-13。

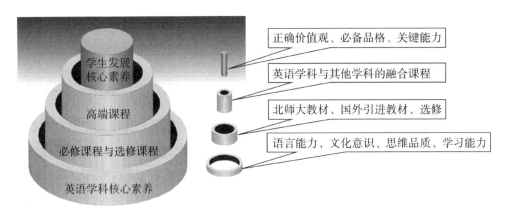

图2-13 英语学科"三级立体生态"课程群结构与体系

值得一提的是，我们并未满足于以上课程的设置，针对学校和学生的特点，学校还为学生提高的搭建更加广阔的舞台，让他们运用所学的知识，充分展示自己的能力，建设英语学科与其他学科相融合的课程。例如，我们可以与外教合作，鼓励学生去到北京各大风景名胜，充当文化传播的使者，为外国游客讲解本地的历史文化。这既锻炼了他们的英语表达运用能力，也让他们的社会经验得以丰富。我们还可以与地理学科合作，让学生把地理学科里学到的知识与英语有机地结合，创作出我们学校自己的校本英语旅游手册，让他们的英语学习得到更大的升华。

4. 特色实施

针对"2+4"学制班级，在其课程班建设上，就大胆地进行了实验。把新加坡教材"New Headway"最新版引进课堂，这个班级的学生综合素质很高，通过学习国外教材，让他们开阔了视野，接触了更为纯正地道的英语，为今后的高中英语学习打下了坚实的基础。"2+4"学制班还利用早读以及课堂上引进国外视听材料，如 TED，这些材料的难度系数提高了，让学生面对更高的挑战，不仅逐渐提高他们的综合运用语言的能力，而且为学生未来的发展打下坚实的基础。

基于信息技术的英语教育不再只是建立英语教学网站和提供网络学习资源，而是提供智能化的在线学习平台或在线学习空间。智能化的在线学习平台与一般意义的网络资源有一个重要的区别：在线学习平台具有很强的交互性，它不仅能够为学习者提供反馈信息，与学习者进行智能化的交互，而且能够为教师、学生、管理者、研究者提供交流的空间。英语学科是非常适于这种网络学习的，这是一个非常有效的手段和方式。通过应用信息技术，把传统英语教学中应该做的事且已经在做的事情做得更好、更有效。另外，还可以借助信息技术做一些以前做不了的事情。例如，通过云计算、大数据、智能化的语言识别，及时、准确了解学生的学习情况，了解学生在语言能力发展方面的进步与不足，同时为学习者提供实时的反馈。

（四）思想政治学科"三级立体生态"课程群建设

教研组长：于静

1. 建设依据

（1）习近平总书记关于思想政治课座谈会的讲话

习近平总书记在全国教育大会上强调，要在党的坚强领导下，全面贯彻党的教育方针，坚持马克思主义指导地位，坚持中国特色社会主义教育发展道路，坚持社会主义办学方向，立足基本国情，遵循教育规律，坚持改革创新，以凝聚人心、完善人格、开发人力、培育人才、造福人民为工作目标，培养德智体美劳全面发展的社会主义建设者和接班人，加快推进教育现代化、建设教育强国、办好人民满意的教育。

习近平总书记在全国思想政治理论课教师座谈会上指出："思政课教师，要给学生心灵埋下真善美的种子，引导学生扣好人生第一粒扣子。""办好思想政治理论课关键在教师，关键在发挥教师的积极性、主动性、创造性。""推动思想政治理论课改革创新，要不断增强思政课的思想性、理论性和亲和力、针对性。""把思政小课堂同社会大课堂结合起来，教育引导学生立鸿鹄志，做奋斗者。"

（2）《普通高中思想政治课程标准》

高中思想政治课程是落实立德树人根本任务的关键课程，以培育社会主义核心价值观为目的，是帮助学生确立正确的政治方向、提高思想政治学科核心素养、增强社会理解和参与能力的综合性、活动型学科课程。

高中思想政治课程紧密结合社会实践，讲授马克思主义基本原理，讲授马克思主义中国化成果，特别是习近平新时代中国特色社会主义思想，引导学生经历自主思考、合作探究的学习过程，理解中国特色社会主义进入新时代的历史方位，了解新时代中国特色社会主义政治、经济、文化、社会、生态文明建设和党的建设进程，培育政治认同、科学精神、法治意识和公共参与等核心素养，逐步树立共产主义远大理想和中国特色社会主义共同理想，坚定中国特色社会主义道路自信、理论自信、制度自信、文化自信，基本形成正确的世界观、人生观、价值观。高中思想政治课程具有学科内容的综合性、学校德育工作的引领性和课程实施的实践性等特征，它与初中道德与法治、高校思想政治理论等课程相互衔接，与时事政治教育相互补充，与高中其他学科教学和相关德育工作相互配合，共同承担思想政治教育立德树人的任务。

（3）《中国高考评价体系》（如图2-14）

图2-14　中国高考评价体系

《中国高考评价体系》由"一核""四层""四翼"组成。

"一核"是高考的核心功能，即"立德树人、服务选才、引导教学"，回答"为什么考"的问题；

"四层"为高考的考查内容，即"核心价值、学科素养、关键能力、必备知识"，回答"考什么"的问题；

"四翼"为高考的考查要求，即"基础性、综合性、应用性、创新性"，回答"怎么考"的问题。

①基础性。要求学生掌握符合高校人才选拔要求、社会生活实践需要、终身发展需要的基础知识、基本技能。考试命题要加强对基本概念、基本原理和思想方法的考查，引导学生重视基础，将所学知识和方法内化为自身的能力。

②综合性。要求学生能够综合运用思想政治学科的知识和思想方法，多角度观察、思考，发现、分析和解决问题。考试命题突出考查不同知识间的内在联系和不同能力的综合运用，注重知识的完整性和能力的复合性，引导学生学会整合知识，发展复合能力。

③应用性。要求学生能够观察现象、主动灵活地应用所学知识分析和解决实际问题，学以致用，具备较强的公共参与能力和社会实践能力。考试命题要通过设置新颖的问题情境，将学科内容与国家经济社会发展、生产生活实际等紧密联系起来，引导学生关心国家大事、关注时代主题，培养和发展理论联系实际的能力。

④创新性。要求学生具有独立思考的能力，善于质疑，敢于批判，勇于创新，在回答问题时能够提出自己的观点和结论。考试命题要增强情境与设问的开放性和探究性，允许学生根据自己的理解，从不同角度加以探讨，对同一问题或现象得出不同的结论，引导学生独立思考、批判创新，培养批判思维和创新思维能力。

（4）学生、教师、学科、学校四位一体的发展需求（如图2-15）

图2-15 学生、教师、学科、学校四位一体的发展需求

①学生发展需要。高中生在身体发育、生理、心理发展水平上都较初中时有极大的变化，许多社会现象也相对集中地体现在这一时期。他们自我意识增强、独立思考和处理事务能力不断发展，但是面对高中学习深度和难度的大跨度变化，面对社会的复杂问题，容易出现学习困惑、情感困惑和一些认知困惑，通过学习，助力学生树立正确的三观，帮助学生们客观理性地认识、分析社会现象，引导学生发现问题、分析问题、思考问题，在不断启发中让学生水到渠成得出结论，从而引导学生立鸿鹄志，做奋斗者。

②教师发展需要。习近平总书记提出"讲好思想政治课关键在教师"，把思想政治课程办得越来越好，是时代赋予新时代思想政治课教师的光荣责任。这要求教师必须不断提升专业化水平，讲好中国故事，传播好中国声音，阐释好中国特色。因此，思想政治课教师发展需要政治要强、情怀要深、思维要新、视野要广、自律要严、人格要正。要努力提升专业理念与师德维度、专业知识与专业能力。

③学科自身要求。习近平总书记强调思想政治课要增强思想性、理论性和亲和力、针对性。要坚持政治性和学理性相统一、要坚持价值性和知识性相统一、要坚持建设性和批判性相统一、要坚持理论性和实践性相统一、要坚持统一性和多样性相统一、要坚持主导性和主体性相统一、要坚持灌输性和启发性相统一、要坚持显性教育和隐性教育相统一。坚持"八个相统一"的新要求，是当前和今后思想政治课顺利开展的正确途径。

④学校课程建设。学校的改革与发展，始终要以"三个面向"为指针，全面贯彻党的教育方针，依法办学，探索有中国特色和首都特色的社会主义基础教育高中办学模式。以人为本，以德治校，以质求发展，以多样性为特征，以培养创造性为核心，为学生的终生学习和终生发展打下坚实的高中阶段的基础。

（5）课程任务

铸魂育人，培育担当民族复兴大任的时代新人。

2.建设目标

（1）落实核心素养

①政治认同

我国公民的政治认同，就是拥护中国共产党的领导，坚持和发展中国特色社会主义，认同中华人民共和国、中华民族、中华文化，弘扬和践行社会主义核心价值观。

②科学精神

我国公民的科学精神，就是在认识世界和改造世界的过程中表现出来的一种精神取向，即坚持马克思主义的科学世界观和方法论，能够对个人成长、社会进步、国家发展和人类文明做出正确的价值判断和行为选择。

③法治意识

我国公民的法治意识，就是尊法、学法、守法、用法，自觉参加社会主义法治国家建设。

④公共参与

我国公民的公共参与，就是有序参与公共事务，勇于承担社会责任，积极行使人民当家作主的政治权利。

（2）培育关键能力

①辨识与判断

辨识与判断在认知领域属于基础层次，是指知识记忆基础上的再认再现和简单迁移。思想政治学科要求：辨识政治、经济、文化等社会现象，判断其性质，概括其特点，并与学科的理论和观点相印证。发展辨识与判断能力，要求掌握扎实的知识基础，面对具体事物、现象时能够分辨其属性、类别和特征。

②分析与综合

分析与综合是思维过程的基本环节，一切思维活动，从简单到复杂，从概念形成到创造性思维，都离不开分析与综合。分析是把事物的整体分解成各个部分、方面或个别特征的思维过程；综合是把事物的各个部分、方面、各种特征结合起来进行考虑的思维过程。思想政治学科要求运用科学的思维方法，从不同角度分析社会现象和问题，正确理解党的路线方针政策，综合形成整体性认识。分析与综合在人的认识过程中有不同作用，通过分析，可以进一步认识事物的基本结构、属性和特征，把握问题的情境、条件和任务，使认识深化；通过综合，可以全面完整地认识事物，认识事物间的联系和规律，整体地把握问题的情境、条件与任务的关系，为问题解决打下基础。

③推理与论证

推理与论证能力包含推理、论证两个能力分项。逻辑学上，推理是思维的基本形式之一，是由一个或几个已知的判断（前提）推出新判断（结论）的过程，有直接推理、间接推理等；论证是指引用论据来证明论题真实性的论述过程，是由论据推出论题时所使用的推理形式。思想政治学科要求遵循逻辑思维的要求，运用各种推理方法得出正确结论，避免推理错误；运用所学的基本原理和恰当的论据，对观点、论断进行有说服力的论证和阐释。发展推理与论证能力，可以引导学生正确地进行思考，准确、有条理地表达思想；可以用来检查和发现逻辑错误，辨别是非。

④探究与建构

探究与建构是指在新的问题情境中通过观察分析，发现问题，运用学科概念、原理、方法和理论等，探寻解决问题的方法途径，形成问题答案或者新结论的过程。思想政治学科要求灵活运用学科知识、能力、方法研究问题，提炼和形成具有新意的观点，提出解决问题的合理可行的思路、对策和方法，具有把学到的知识应用于新的情境、解决实际问题的能力。探究与建构能力在认知层次上是较高水平的要求。

⑤反思与评价

反思与评价是指通过批判性思维方法对一定的事实、现象、观点等进行价值判断和综合评价。它不是凭借直观的感受或观察的现象做出评判，而是要在慎思明辨的基础上，理性深刻地对事物的本质做出有说服力的价值判断，它要求综合内在与外在的各种要素，做出符合客观事实的推断。思想政治学科要求以建设性批判的态度，对社会现象、社会问题等进行独立思考，批驳错误观点，做出正确价值判断和评价。反思与评价属于认知领域的高层次要求。

3.课程群结构

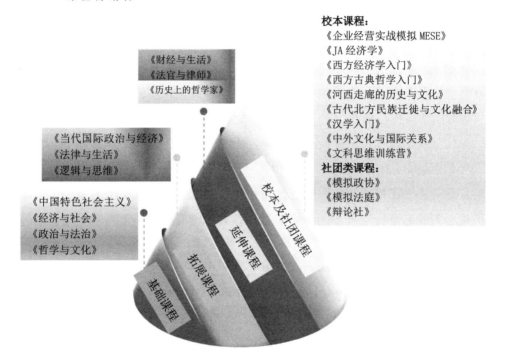

图 2-16 思想政治学科"三级立体生态"课程群结构

（1）基础课程：国家必修课程

《中国特色社会主义》：本模块采用社会发展史的思路，体现理论逻辑与历史逻辑的辩证统一。通过本模块的学习，学生能站在中国特色社会主义进入新时代的历史方位，找到社会发展史学习的落脚点；通过社会发展史的学习，筑牢唯物史观的理论基石，理解中国特色社会主义进入新时代在世界社会主义发展史、人类社会发展史上的重大意义。

《经济与社会》：本模块依据习近平新时代中国特色社会主义经济思想的基本原理，讲述我国社会主义基本经济制度，解析社会主义市场经济的基本特征，阐释指导我国经济社会发展的新理念，帮助学生理解全面深化改革的意义，提升在新时代参与社会主义现代化建设的能力。

《政治与法治》：本模块以党的领导、人民当家作主、依法治国有机统一为主线，讲述党的领导是人民当家作主和依法治国的根本保证，人民当家作主是社会主义民主政治的本质特征，依法治国是党领导人民治理国家的基本方式。这些内容是奠定学生政治立场与法治思维的基础。

《哲学与文化》：本模块阐明马克思主义哲学是科学的世界观和方法论，讲述辩证唯物主义和历史唯物主义基本观点，坚持实践的观点、历史的观点、辩证的观点、发展的观点，在实践中认识真理、检验真理、发展真理；讲述社会生活及个人成长中价值判断、行为选择和文化自信的意义；为培育学生思想政治学科核心素养，奠定世界观、人生观和价值观基础。

（2）拓展课程：选择性必修课程

《当代国际政治与经济》：本模块是课程标准新设置的选择性必修课程模块，是对必修课程相关内容的延伸与拓展，对进一步发展学生的思想政治学科核心素养起着特别重要的作用。通过各具特色的国家、世界多极化、经济全球化、国际组织四个主题，引导学生"放眼看世界"，有助于引导学生在拓展国际视野的过程中，坚持总体国家安全观，坚定不移地走中国特色社会主义道路，积极贡献中国智慧和力量，推动构建人类命运共同体。

《法律与生活》：本模块旨在落实和推进青少年法治教育，通过民事权利与义务、家庭与婚姻、就业与创业、社会争议解决四个主题，为学生提供日常生活中所需的法律常识，可以进一步提高学生的思想政治学科核心素养，增强其法治意识。只有不断增强青少年学生的法治意识，推动青少年学生成为社会主义法治的忠实崇尚者、自觉遵守者、坚定捍卫者，引导青少年学生依法行使权利、履行义务、维护公平正义，才能促进整个法治社会和法治国家的建设。

《逻辑与思维》：本模块通过科学思维的训练，引导学生掌握科学思维的基本要求，把握逻辑思维和论证思维的方法，提高创新思维的能力，学会运用科学思维探索世界、认识世界。

通过学习，学生能够遵循逻辑思维的要求，把握逻辑思维和辩证思维的方法，提高创新思维的能力，提升自己的思维品质；在学会运用科学思维观察和理解社会、更好地胜任各领域工作的过程中，培养科学精神和创新精神，进一步提高自身的思想政治素养。

（3）延伸课程：选修课程

《财经与生活》：本课程模块目的是帮助学生在中国特色社会主义新时代，更好地立足于社会主义市场经济运行和社会主义现代化建设的需要，了解经济生活的基本概念和原理，提升学生正确理解和积极参与经济生活的能力，帮助学生进一步树立正确的财富观与人生观，坚持公正、法治的价值取向，践行敬业、诚信的价值准则。

《法官与律师》：本课程模块目的是帮助学生更多地了解法官和律师这两种有代表性的法律职业的不同职责和共同使命；理解法官和律师对于维护公平正义、推动社会进步、满足人民美好生活需要的作用；在建设社会主义法治国家的实践中，不断增强法治意识，进一步提高法治思维和用法、护法能力。

《历史上的哲学家》：本课程模块目的是帮助学生更多地了解中外历史上唯物主义与唯心主义哲学流派的代表人物及其核心思想；通过对不同哲学观点进行比较、鉴别和评价，看到哲学的时代价值及其对历史进程的影响；每一个时代的理论思维都是历史的产物，学习哲学史可以帮助我们提高理论思维水平，更加自觉地理解和掌握马克思主义哲学原理。

（4）校本及社团课程

《企业经营实战模拟 MESE》：通过案例讨论法探究影响企业经营决策的各种因素，从最普通的日常生活切入，介绍有关衣食住行、购车买房、劳动就业、旅游休闲等问题的经济学视角，做一名智慧的"经济人"。

《JA 经济学》：是针对高中学生开发的介绍经济学基本原理和知识的一门课程，它涉及宏观经济学和微观经济学的一些基础知识。由 12 至 15 次课组成。该课程将通过互动的教学方式让学生模拟企业决策，体验和理解经济学概念，了解宏微观经济变量对企业经营决策的影响。该课程的学生可以参加每年一度的商业挑战赛，为他们提供相互学习和交流的平台，目的是激发学生潜能、培养品格和传授知识技能，三者同等重要。还会根据学生的年龄特点，为学生开发系统性的课程及丰富多彩的活动，致力于提高青少年在就业准备、创新创业、金融理财和可持续发展方面的综合素质，培养他们的品格、创造力和领导力，激励和帮助他们在全球经济中获得成功。

《西方经济学入门》：本课程分为《西方经济学原理》和《企业经营决策》两部分。通过学习获得一种看待各种社会现象和问题的全新的视野，学习和掌握以供给和需求分析为主要内容的、重要的经济分析工具，对自己遇到的任何社会现象给予理智的经济学分析，初步具备"经济人"的思维方式和视野。

《西方古典哲学入门》：通过了解西法哲学家及代表思想，激发学生对哲学的兴趣，使学生了解西方哲学史上著名哲学家地生平及思想，使学生了解人类思想发展的基本轨迹。初步具备哲学思维的能力，初步辨别真正哲学的能力。

《河西走廊的历史与文化》及《古代北方民族迁徙与文化融合》：通过对高二同学暑期社会实践——西部之旅的回顾与反思，探究中国古代发生在中国西部——主要是宁夏、甘肃和新疆的民族迁徙与文化融合的重大事件，加深学生对我们统一多民族国家的感情与认识。教学方式以教师讲授、学生讲授、师生合作及生生合作研究为主。

《汉学入门》：通过神形兼备（了解中国人的精神及外在特征）、文武双全（学习中国人的两个文化符号：书法和太极拳）、知行合一（了解中国民族的历史和生活方式、生产方式）等课程内容，培育了解中国的历史与文化、掌握并运用中国文化，以中国文化为骄傲的有文化自信的中国人。

《中外文化与国际关系》：学生通过本选修课，了解中外文化，开阔国际视野；在此基础上以文化为切口，探究国际关系，从而增强文化自信与政治认同。

《文科思维训练营》：用高考中的经济学题目进行考查，让学生了解高考的水平、特点；引导学生将考点还原为教材中的知识点；引导学生学会自学，理解教材内容，整体把握教材；教师引导学生阅读教材，并解释其中的难点；教师讲解现实经济问题，并还原教材知识；做题训练，让学生遇到问题，并在解决问题中提高能力。

《模拟政协》社团：通过模拟提案、模拟协商等活动展开，引导学生了解人民政协理论知识，体验社会主义协商民主实践，增强政治认同，立德树人。

《模拟法庭》社团：通过参观庭审、模拟庭审、专家座谈、法律宣讲、志愿服务等主要活动，引导学生学习法律知识，提升思辨能力；增强法律意识，体验法律公正；感悟法治社会，弘扬法治精神。

《辩论社》社团：旨在培养广大学生的逻辑思维、辩证思维、语言表达和应变等各方面的能力，全面提高综合素质，展现辩论风采，开阔眼界、拓宽视野、广博学识。

思想政治学科课程基于学生发展需要、教师发展需要、学科课程要求和学校课程建设的基础上，以国家必修课程、选择性必修课程、选修课程为引领，针对我校学生的发展的特点，通过校本课程及社团课程，进一步进行引领和提升，为创新人才的培养贡献力量，为思想课的育人目标实现而努力。

（五）历史学科"三级立体生态"课程群建设

教研组长：张韬

1.建设思路

第一，基于落实学校"三级立体生态"课程结构建设和学校的办学思想。

第二，基于学科自身的要求也就是学科育人的要求和课程标准的要求。学科的本质与核心价值是育人，历史学科的人文性、教化性使其具有学科育人的天然优势，新课程标准提出："以立德树人为历史课程的根本任务。"叶澜教授提出："要实现现有学科的育人价值，首先要认真地分析本学科对于学生而言独特的发展价值。"新课程标准明确高中历史教育的基本功能是人文教育功能，而"人文素养"教育又以"历史意识"和"文化素质"为基础。白寿彝先生指出，历史教育是讲做人的道理；瞿林东教授认为，"人文"的特点是历史感同时代感的结合，不仅反映在人对自身价值的认识上，更反映在人对社会责任的认识上。普通高中历史课程标准（2017版，2020修订）进一步明确了普通高中教育的定位：我国普通高中教育是在义务教育基础上进一步提高国民素质、面向大众的基础教育，任务是促进学生全面而有个性的发展，为学生适应社会生活、高等教育和职业发展做准备，为学生的终身发展奠定基础。普通高中的培养目标是进一步提升学生综合素质，着力发展核心素养，使学生具有理想信念和社会责任感，具有科学文化素养和终身学习能力，具有自主发展能力和沟通合作能力；再就是凝练学科核心素养：中国学生发展核心素养是党的教育方针的具体化、细化。为建立核心素养与课程教学的内在联系，充分挖掘各学科课程教学对全面贯彻党的教育方针、落实立德树人根本任务、发展素质教育的独特育人价值，各学科基于学科本质凝练本学科的核心素养，明确学生学习该学科课程后应达成的正确价值观、必备品格和关键能力，对知识与技能、过程与方法、情感态度与价值观三维目标进行整合。

第三，基于学生发展的需要。学校历史学科课程群建设能够涵养学生历史思维，核心目标是培养具有历史思维、全面发展的和谐人。

第四，基于教师开课条件。学校历史组教师特点是专家型教师，老师们注重专业学习发展，专注于历史学科研究，具有教育情怀和教学改进的内驱力。历史学科组的课程建设带动了教师专业成长，"研究着教"提升了教师队伍的理论素养和实践智慧。在教育综合改革与评价制度改革的推动下，在学校"三级立体生态"课程的实施过程中，历史组教师们的研究视角逐渐从本学科的教学内容、教学方法、教学手段、教学模式转向了关注学生的"学"，甚至突破了对本学科学生学习内容、方法、规律的研究，进而拓展到学生整体性的学习需求，找到了学科建设的新基点。

2.课程群结构

历史学科课程群结构是以国家必修课程为基础；以选择性必修国家课程为拓展；以国家选修课程的校本化实施为延伸；以史、地、政、文跨学科融合为融通；体现出"四级立体生态"的结构特征（如图2-17），利于涵养学生的历史思维和培养全面发展的和谐人。

图 2-17　历史学科课程群结构

3.课程群系列

国家必修课程《中外历史纲要》是核心焦点课程，这是高考要求的必备知识；选择性必修课程《国家制度与社会治理》《经济与社会生活》《文化交流与传播》是递进拓展课程，这是高考要求的关键能力；选修课程中的课标选修课程《史学入门与史料研读》《项目式史学阅读课程》《中学历史论文写作课程》《文史阅读能力培养课程》《文物中国课程》《博物中国课程》是延伸专业课程，这是高考要求的历史思维；融通统整课程《历史与艺术课程》《历史与社会课程》《历史与科技课程》《大学先修课程》目标是培养全面发展的和谐人。

从历史学科与其他相近或相关学科出发，深入挖掘历史学科的外延，加强历史学科课程群的建设。这一方面体现在某一学科的具体知识在历史学习中的应用，如历史与地理的结合、历史与国学的结合、世界史学习与英语的结合、历史与经济学的结合等。另一方面体现在某一学科为历史学习提供相应的方法或技能，如语文的阅读理解能力提升史料阅读和理解的能力、数学的逻辑推理能力提升理性思维等。这体现高中阶段历史学科课程群建设的价值所在。历史学科课程群系列如图2-18。

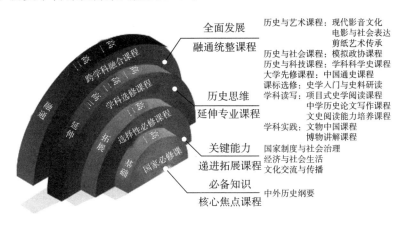

图 2-18 历史学科课程群系列

（六）地理学科"三级立体生态"课程群建设

教研组长：杜文红

1.建设理念

地理学科是一门研究地球表层自然要素、人文要素及其相互关系的科学，地理学本身具有综合性、地域性、开放性、实践性的特点。遵照学校提出的学科课程群的总体构想，结合地理学科的特点，地理学科的课程群构建应以"一人一天地、一木一自然"的办学理念为引导，坚持以学生为主体，以生活为基础，重视观察、感悟、体验和实践，构建开放式、实践性，具有显著学校特色的地理学科课程群。

《普通高中地理课程标准》（2017年版2020年修订）提出，高中阶段，学生需要具备的地理学科核心素养是人地协调观、区域认知、综合思维、地理实践力（如图2-19）。因此，地理学科课程群的建设应以培养学生的核心素养为出发点和落脚点，引导学生从地理的视角思考问题，关注自然与社会，理解其形成的地理背景，发展学生的地理思维，形成学生的地理眼光，增强学生的生存能力，提升学生的生活品位，使学生逐步形成人地协调与可持续发展的观念，为培养具有地理素养的公民打下基础。

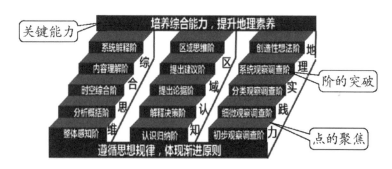

图2-19 地理学科核心素养示意

地理学科课程群的建设还应着眼于学生创新意识和实践能力的培养，充分重视校内外课程资源的开发利用，构建开放的地理课程，着力拓宽学习空间，倡导多样的地理学习方式，培养学生形成正确的人地观和可持续发展的观念。

2.建设目的

地理学科课程群建设一方面可以促进高中地理学科构建互补课程体系，避免原有课程间的重复，体现地理学科群内一门课程对另一门课程的承接意义，并使学习地理学科的学生更好地把握一门课程与其他课程以及整个课程群的关系；另一方面也有利于促进我校地理学科教师的专业发展。课程群为教师提供了相互交流与探讨的平台，增强参与课程群建设的教师的团队意识、协作意识，从而实现地理学科课程教学的改革与创新，增强任课教师的教科研能力。

通过地理学科课程群的建设，实现提高教学质量和提高学生的地理素养的目的，使得课程的功能更加完善，课程的结构更加系统化和多元化，进而达到落实课程标准的目的。

3.课程群结构

根据《普通高中地理课程标准》（2017年版2020年修订）、地理学科核心素养以及我校地理学科特色目标，我校地理学科课程体系设置必修课程、选择性必修课程为基础的国家课程和选修课程、项目课程和竞赛课程为特色的拓展课程，依据高中学生地理知识及地理素养的认知和发展规律，从高一年级、高二年级两个学年段进行课程布局，构建地理学科课程群，其结构如图2-20。

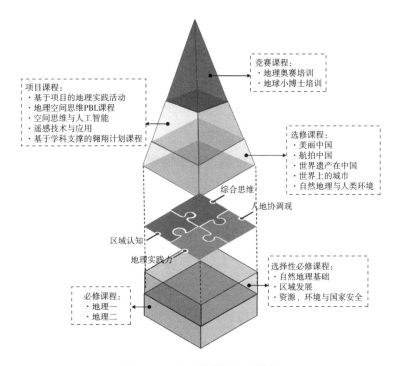

图2-20 地理学科课程群结构

（1）必修课程

以人教版（2019）必修1自然地理和必修2人文地理两本国家基础课程为基础，对学生的基本地理素养进行培养。本部分的教学任务放在高一阶段完成。教学设计力求围绕教育目标，有针对性地、有计划地挖掘学习内容，落实课程标准要求学生掌握的地理基本知识和核心素养。本部分的目标是学生通过高中地理会考。

（2）选择性必修课程

以人教版（2019）选择性必修1自然地理基础、选择性必修2区域发展和选择性必修3资源、环境和国家安全为基础，对选考地理的学生进行更加深入的地理思维的培养。本部分的教学任务放在高二阶段完成，目标是学生通过该阶段的学习，基本具备扎实的地理知识和地理思维。

必修课程和选择性必修课程为国家课程，其目的是通过整合高中五本教材资源，结合深度学习和单元教学的优势，设计主题活动，渗透对学生学科核心素养（人地协调观、区域认知、综合思维和地理实践力）的培养。在此基础上，基于我校的地理学科特色和资源，地理组开设了地理学家的拓展课程。

（3）选修课程

主要包括《美丽中国》《航拍中国》《世界遗产在中国》《世界上的城市》等。通识选修课面向全体学生开放，引导学生去理解地理的趣味性和挑战性，感受地理学的美，培养学生学习地理的兴趣，形成对自然的人文关怀，更好地适应生活，欣赏生活，规划生活，认识地理对于未来进一步学习的作用，能够面对纷繁复杂的生活实践，不断保持健康积极的生活态度。

（4）项目课程

基于项目的地理实践活动、地理空间思维PBL课程、空间思维与人工智能、遥感技术与应用、自然地理与人类环境等。本部分的课程主要针对的是对地理学科感兴趣，且把地理作为选考学科的学生。通过设置明确的问题和障碍，引导学生将多学科的理论知识与实际生活紧密结合起来，开展探究性学习，充分理解中学阶段各学科知识之间的内在联系，激发学习兴趣，培养学生的自主探究、合作意识。

如项目式学习小组探究活动的课程，与北京师范大学合作，开展以地理实践力培养为理念的项目式学习（PBL）。通过课程的开展，我们把对生活现象的观察，能更加深入地进行科学化的研究，对课堂知识进行了拓展，特别是延伸了课堂的空间。选题主要从新课标和地理核心素养出发，既联系了新课标，通过选修课加强对课标学习的延伸，又充分体现了地理核心素养的培养。

（5）竞赛课程

地理奥赛培训、地球小博士培训等。本课程是针对对地理学科有极大兴趣且学有余力愿意钻研的学生而开设的课程。以高中地理学科的大型赛事为依托，对学生进行专门的辅导和培训，提升我校地理学科在地理学科大赛中的获奖学生比例，以及我校地理学科在全市的高中教育中的影响力。

（七）物理学科"三级立体生态"课程群建设

教研组长：韩叙虹

1. 建设目标

（1）学科定位

物理学是自然科学领域的一门基础学科，研究自然界物质的基本结构、相互作用和运动规律。物理学基于观察与实验，建构理想模型，应用数学等工具，通过科学推理和论证，形成系统的理论体系和研究方法。

通过物理课程的学习，要达到三个层面：帮助学生从物理学的视角认识自然、理解自然，建构关于自然界的物理图景；引导学生经历科学探究过程，学会科学研究方法，养成科学思维习惯，增强创新意识和实践能力；引领学生认识科学的本质以及科学—技术—社会—环境（STSE）的关系，形成科学态度、科学世界观和价值观，为做有责任感的社会公民奠定基础。

（2）课程理念

①注重体现物理学科本质，培养学生物理学科核心素养。

②注重课程的基础性和选择性，满足学生终身发展的需求。

③注重课程的时代性，关注科技进步和社会发展需求。

④注重学生自主学习，提倡教学方式多样化。

⑤注重过程评价，促进学生核心素养的发展。

（3）课程目标

立足学校实际，围绕学校特色，以"学生"为中心，从进阶学习理论出发，以知识为载体，以实验为基础，以思维为主线，提升学生的物理核心素养为总目标。以拓展延伸型课程、发展研究类课程为突破口，以能力培养为导向，使学生掌握终身发展和应对社会挑战必备的基础知识和方法，激发好奇心和求知欲，培养学生的科学态度和社会责任感，激发潜能，提升学生的科学探究能力、科学思维能力、自主合作学习能力、实践能力和创新能力。

2. 课程群结构

在学校的"三级立体生态"课程结构框架下，我校物理组根据自身的教学传统和学科特色，以国家必修必选类课程为基础，开发建设拓展延伸类、发展研究类课程，努力开发"科学思维""实验探究""科学探索""衔接"四大特色课程群，建立相应的"玲珑塔"式的课程结构（图2-21），以更好地满足学生个性化发展的需求。

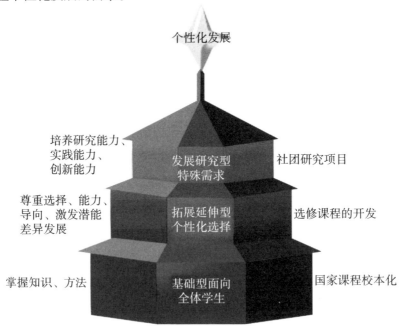

个性化发展

培养研究能力、
实践能力、
创新能力

发展研究型
特殊需求

社团研究项目

尊重选择、能力、
导向、激发潜能
差异发展

拓展延伸型
个性化选择

选修课程的开发

掌握知识、方法

基础型面向
全体学生

国家课程校本化

图2-21　物理学科"三级立体生态"课程群结构

3. 课程群体系

物理学习是建立在对物理知识、技能、方法的掌握和探究兴趣的基础之上的。在物理课程群体系的建设上,按照基础类课程、拓展延伸类课程、自主研究类课程三个层级立体分层建构。

基础类课程:面向全体学生,注重物理学科核心知识和思想方法。通过对国家基础课程的校本化实施,激发兴趣,联系生产、生活实际,了解知识,形成物理学习和探究的基本方法、技能等。

拓展延伸类课程:学生自主选择。重视物理学科特色,"知物明理""实验"与"思维"兼具,如模型的建构和应用、物理思维能力的提升等,强调物理学的视角解决问题;物理与人文科学或其他学科的交叉和拓宽,如物理学史、数理方法等;走进科技馆、大学实验室,以满足学生科学研究和个性化需求。对基础类课程的拓展延伸,强化物理知识的形成过程和迁移应用过程并渗透科学精神、科学方法的教育,进一步提升物理知识、方法的建构和探究能力,提高物理思维的品质。

发展研究类课程:面向具有学术潜质或特殊需求的学生开展定向学习。向大学延伸,开设大学先修课程;注重研究水平和创新意识,为拔尖人才创设成长空间,如物理竞赛、强基课程;突出物理思想、物理方法在物理研究中的应用,如青年物理学家项目、科技社团等,及时吸收现代物理发展的新成果,加深对科学、技术、社会三者之间关系的认识,以提升研究能力、实践能力和创新能力。

4. 建设途径

物理学科课程群建设途径主要有四种:一是学科组就国家基础课程进行融通整合,实施国家必修必选课程校本化;二是学科组自主研发选修特色课程;三是与高校或社会某专属机构联合开发选修课程;四是与兄弟学校联合开发选修课程。

由于物理学习要强化对物理知识建构、方法内化、探究能力和思维能力的提升,物理学科选修课程的开发要立足于六个要素:知识与经验、策略与反思、意志与进取、实践与活动、协作与交往、批判与创新。要系统地构建物理选修课程体系,以促进学生学习力的提升,使学生的物理观念、实验探究能力、科学思维、科学态度与责任感等物理核心素养得到全面的提升。

5.物理选修课程特色课程群

我校物理组开发的物理选修课程特色课程群，强调以"实验"为基础，以"思维"为主线，激发学生学习物理的兴趣和好奇心，突出能力导向，激发潜能，形成了"科学思维""实验探究""科学探索""衔接"四大特色课程群，共开设了19门选修课程，如图2-22所示，基本涵盖了三个立体层级。

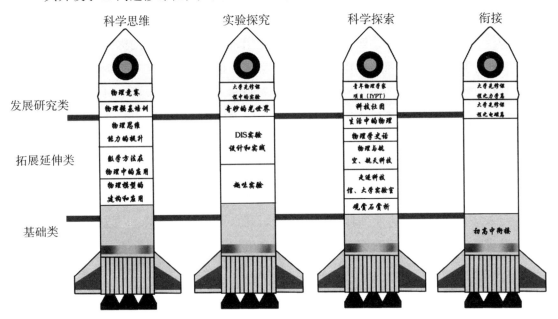

图 2-22 物理学科选修课程特色课程群

6.实施与评价

（1）国家基础必修选修课程校本化实施（如图2-23）

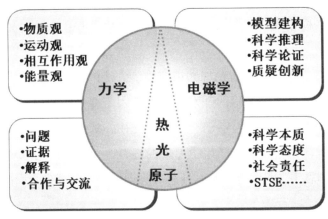

图 2-23 国家基础必修选修课程校本化实施

调整知识顺序，对教材中的部分内容做调整和整合，落实大概念教学。如上完必修1和必修2之后，接下来就学习选择性必修中的动量、振动和波的内容，从而完成对整个力学内容的学习。

以学习进阶理论为指导，挖掘教材，对教材做二次开发和整合，拓展知识的宽度和深度，设计、开展大单元教学。同时，基于学科特点和学生的认知规律，还凝练出数理方法、物理模型建构、理论论证等主题，进行专题教学。

拓展实验的空间，运用学校先进的实验室资源，将教材中的实验进行整合和拓展，如趣味实验、DIS实验的设计和研究等。

编写《物理作业本》，运用导学案的教学方式，实现高效课堂。

（2）物理选修课程的实施

①以兴趣为基点，以科技为纽带，注重课程资源的生活化和应用性

本着"物理源自生活，又高于生活"的思想，尽可能调动学生学习物理的兴趣和热情，将物理知识融入生产、生活实际，如《趣味实验》《生活中的物理》《观赏石的赏析》等课程，将理论和生活紧密地联系在一起。引领学生关注现代科技，培养学生的科学素养和实践能力，如开设的《走进科技馆、大学实验室》《物理与航空、航天科技》《青年物理学家项目（IYPT）》《大学先修课程中的实验》《科技社团》等课程。

②物理选修课程教学内容充分体现层次性

基础类、拓展延伸类课程按内容的难易程度在高一、高二年级分别安排。而发展研究类课程中，除特长类的，如强基培训、物理竞赛是从高一开始安排而贯穿整个高中阶段外，其他课程都从高二开始安排。

③建设专用实验室，提高物理选修课的教学质量

物理选修特色课程群的建设需要实验支撑，我校在原有实验室的基础上，以提高学生的实验能力、探究能力、创新能力为宗旨，又新建了两个专用实验室——光学主题实验室、力学航空航天主题实验室，满足学生的学习需求，以促进学生个性化的发展。

（3）构建"以学论教"的多维度评价和管理体系

基于"分层分类走班教学"的各个教学班的学生基础、学习能力和学习

潜力的差异，构建"以学论教"的多维度评价体系（课程评价将结合过程性评价、终结性评价、自评、互评等多维度进行评价）。特别强调要将评价过程与教学过程整合，充分发挥评价的诊断、反馈、激励和改进的功能，让评价成为师生共同改进教与学的有效手段。

必修课程的学分认定的评价指标由模块修习过程和模块考试成绩两项构成。而选修课程的评价结果分三档：优秀（不高于50%）、合格、不合格（没有比例要求），被评为优秀与合格的学生可获得相应的学分。

（八）化学学科"三级立体生态"课程群建设

教研组长：吴卫东

1. 指导思想

以立德树人为根本任务，以学生发展核心素养为指导，在学校"三级立体生态"课程理念指导下建立化学学科课程群。以有利于学生主动构建自身发展所需的化学基础知识和基本技能，有利于发展化学五大核心素养，增强创新精神和实践能力，有利于学生形成科学的自然观和严谨求实的科学态度，逐步树立可持续发展的思想为指导。课程强调学生的主体性与选择性，为不同需要的学生提供多样的、可供选择的课程，为不同发展方向的学生的未来发展打下良好基础，使不同学生具备认识世界、改造世界、保护世界能力。

2. 建设理念

立足于学生适应现代生活和未来发展的需要，着眼于提高21世纪公民的科学素养，努力开发课程资源，拓展学生选择空间，适应学生个性化发展，激励每一个学生走向成功。结合人类探索物质及其变化的历史与化学科学发展的趋势，引导学生进一步学习化学的基本原理和基本方法，形成科学的世界观，培养学生的社会责任感、参与意识、决策能力、创新精神和实践能力；在课程建设与实施过程中引导教师不断反思，促进教师的专业发展。

3. 建设路径

依托国家课程的必修模块和选择性必修模块，以进一步提高学生的化学学科素养为宗旨，着眼于学生未来的发展，体现思想性、时代性、基础性、选择性和关联性，兼顾学生志趣和潜能的差异和发展的需要。帮助学生形成可持续发展的观念，强化终身学习的意识，更好地体现化学课程的时代特色。

通过与国家课程相互衔接、相互补充的校本课程，为不同需要的学生提供多样的、可供选择的课程，为不同发展方向的学生的未来发展打下良好基础。

4. 课程群结构

通过国家课程与校本课程的相互衔接、相互补充，形成"一核两翼"的化学学科课程群结构（如图2-24）。

图2-24 "一核两翼"的化学学科课程群结构

国家课程：高中化学课程由若干课程模块构成。其中，必修包括两个模块；选择性必修三个模块，是必修课程的进一步拓展和延伸。

体验课程：精细化工产品制作（社团）、实验、《化学工艺流程》（选修课）课程，让学生体验科学探究的过程，形成科学的自然观和严谨求实的科学态度，增强创新精神和实践能力，提升学生的社会责任感，树立可持续发展的思想。

拓展课程：通过开设《大学先修》《化学史》等选修课程，结合人类探索物质及其变化的历史与化学科学发展的趋势，引导学生进一步学习化学的基本原理和基本方法，形成科学的世界观，培养学生的社会责任感、参与意识、决策能力、创新精神和实践能力。重点培养学生的高阶能力，使学生主动构建自身发展所需的化学基础知识和基本技能，为将来从事与化学相关的工作打下坚实基础。

各课程模块之间的关系如图2-25。

5. 实施与评价

实施过程中尊重和满足学生的发展需要，指导学生根据不同课程模块的特点，自主选择课程模块，合理选择教学策略和教学方式，联系生产、生活实际，拓宽学生的视野，突出化学学科特征，更好地发挥实验的教育功能，重视探究学习活动，发展学生的科学探究能力。

化学课程群建设的评价，是依据国家化学课程标准中的各类水平的关键表现重构、细化学业质量评价的标准，主要包括过程性评价和阶段性评价，评价的内容包括对化学知识与观念的评价、化学思维与方法评价、科学探究与实践能力评价、科学态度与价值观评价。关注学生化学学科核心素养达到的水平，并使之与化学课程群结构中的三体系对接，增强对教学和评价的指导性。

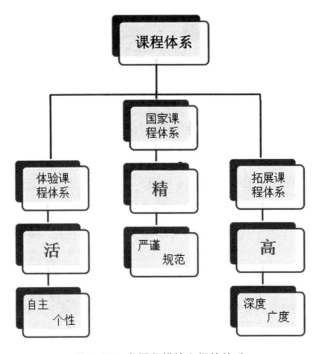

图 2-25　各课程模块之间的关系

（九）生物学学科"三级立体生态"课程群建设

教研组长：姚亭秀

21世纪需要培养什么样的人以及如何培养人，是世界各国教育实践都在思考的重要问题。2014年3月30日，我国教育部印发了《关于全面深化课程改革，落实立德树人根本任务的意见》的文件，文件指出，"教育部将组织研究提出各学段学生发展核心素养体系，明确学生应具备的适应终身发展和社会发展需要的必备品格和关键能力，突出强调个人修养、社会关爱、家国情怀，更加注重自主发展、合作参与、创新实践"。2016 年，《中国学生发展核心素养》框架发布，预示着指向核心素养培养目标的确立，同时，也成为我国各级学校教育需要实现的共同目标。

在此背景下，生物学课程以提高学生生物学学科核心素养为宗旨，帮助学生树立社会主义核心价值观、落实立德树人根本任务。生物学学科核心素养包括生命观念、科学思维、科学探究和社会责任。其中"生命观念"是指对观察到的生命现象及相互关系或特性进行解释后的抽象，是人们经过实证后的观点，是能够理解或解释生物学相关事件和现象的意识、观念和思想方法。"科学思维"是指尊重事实和证据，崇尚严谨和务实的求知态度，运用科学的思维方法认识事物、解决实际问题的思维习惯和能力。"科学探究"是指能够发现现实世界中的生物学问题，针对特定的生物学现象，进行观察、提问、实验设计、方案实施以及对结果的交流与讨论的能力。"社会责任"是指基于生物学的认识，参与个人与社会事物的讨论，做出理性的解释和判断，解决生产生活问题的担当和能力。

在实现核心素养培养目标的过程中，课程目标、课程内容、课程实施与评价承载着重要使命。我校生物学学科课程群建设以理论研究和实践探索为主要路径，围绕课程的内涵理解、目标定位、资源开发、实施评价等方面展开，目前取得了一定的成果，在促进学生全面发展与个性发展的同时，也成为学校发展的重要手段。

1. 课程群建构策略

《普通高中生物学课程标准》对课程目标的概述如下：学生通过高中生物课程的学习，能认识到生物学在坚持人与自然和谐共处、促进科技发展、社会进步和提高人类生活质量等方面的重要贡献；树立生命观念，能够运用这些观念认识生命现象，探索生命规律；形成科学思维的习惯，能够运用已有的生物学知识、证据和逻辑对生物学议题进行思考或展开讨论；掌握科学探究的思路和方法，形成合作精神，善于从实践的层面探讨或尝试解决现实生活问题；具有开展生物学实践活动的意愿和社会责任感，在面对现实世界的挑战时，能充分利用生物学知识主动宣传引导，愿意承担抵制毒品和不良生活习惯等社会责任，为继续学习和走向社会打下认识和实践的基础。

在课标设定的课程目标基础上，我组秉承学校"一人一天地，一木一自然"的育人理念，坚持以学生发展为本、突出学校特色、切实落实为未来而教。以学生发展为本，是课程建设的出发点和落脚点，也是新时代社会主义教育事业的根和魂。在课程实施过程中，激发和培养学生的创新精神和实践能力，注重教学过程中学生主体地位的体现和发挥，注重对学生学习状态和情感体验的关注，强调尊重学生人格和个性发展，鼓励发现、探究、质疑，让学生主动学习和学会学习。同时，立足独特的学校环境，借学校特有的区域、教师等资源，开发、设计、管理和实施有鲜明地域色彩的课程，丰富国家课程的同时，因地制宜地进行课程创新，提高办学效能、创立学科特色。第三，切实落实为未来而教。习近平总书记在北京大学师生座谈会上提出："培养社会发展所需要的人，说具体了，就是培养社会发展、知识积累、文化传承、国家存续、制度运行所要求的人。"可见，教育需要有超前意识和未来性，课程的设置会为收获明天的人才打下坚实的伏笔。因此，今天的课程，要随着时代的进步不断调整和更新，积极反映科学前沿的成果与动向，让学生及时感知、体验、了解、认识、掌握、合理地应用新科技。

基于以上思考，结合我校学生情况及师资团队情况，确立生物学学科课程群建构塔（如图2-26）。

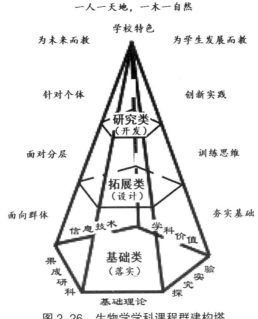

图2-26　生物学学科课程群建构塔

课程群以生物学实验教学及学术研究成果与高中生物学教学相整合为突破口，加强信息技术整合，实施科学、技术和社会相结合的教育，丰富教学内容、拓宽教育内涵、体现学科价值，将生物学教学提升到一个更高的层次，顺应当代形势和科技发展的方向。

2. 课程群结构

生物课标中呈现了高中生物学课程结构（如图2-27）。其中，必修课程是全体高中学生必须学习的课程，选择性必修课程是选考生物的学生选择学习的课程，选修课程是学生自主选择学习的课程。

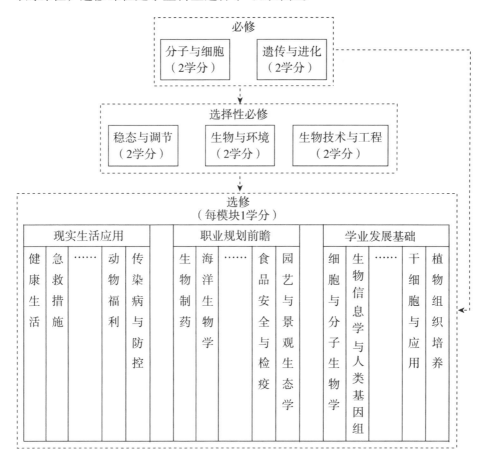

图2-27　生物课标准中呈现的高中生物学课程结构

依据课程方案，结合我校办学思想、发展目标、育人理念以及教师队伍结构、整体素质和教学条件，我校生物组开设以下课程（表2-1）。

表 2-1 生物组开设课程表

课程类别	年级	课程内容	学生活动举例
必修（人教版）（4学分）	高一	必修1分子与细胞 必修2遗传与进化	模型建构：真核细胞三维结构 调查分析：伴性遗传
选择性必修（人教版）（6学分）	高二	选择性必修1稳态与调节 选择性必修2生物与环境 选择性必修3生物技术与工程	搜集：神经调节发现史 调查：入侵生物 制作：泡菜、果酒、果醋 辩论：生物技术安全性与伦理问题
特色课程	高一	科技文献阅读	阅读：科技文
		库布齐沙漠治理现状研究报告	检索：文献
		免疫与肿瘤	宣传：疾病的预防
		社会热点中的生物之道	阐释：抗"疫"的理论基础
		生活中的遗传之道	分析：遗传现象
		生物竞赛	拓展
		植物组织培养	组培：金线莲、月季、非洲紫罗兰等
		走进微生物	观察与鉴定：土壤中的线虫
	高二	生物科技前沿	关联：技术与科学
		生物探究实验	实验：教材基础实验拓展
		种子萌发调节初探	探索：植物激素对种子萌发的影响
		生物竞赛	拓展

上述课程中，必修课是现代生物学的核心内容，与社会和个人生活关系密切，是后续学习发展所必需的基础，对提高全体高中生的生物学学科核心素养具有不可或缺的作用。选择性必修课程的内容是学生未来职业与专业发展的基础，有助于学生进一步加深对生物学大概念的理解，拓展生物科学与

技术视野，提高实践和探究能力。特色课程包括为学有余力的学生设计的拓展课程以及针对我校学生特点和地域资源开设的校本课程，旨在满足学生多样化兴趣和发展需要，以期为学生进一步学习和职业规划奠定基础。

每门课程如同一朵花上的花瓣，瓣瓣不同却瓣瓣同心，由其组成的课程群，如一朵绽放的丁香花，为我国培养高素质人才助力（如图2-28）。

图 2-28　生物学学科课程群

3. 课程群评价

课程考核是引导学生继续学习、检查教学效果、保证教学质量的重要环节，也是体现教学课程要求的重要标志。我们对课程的评价，采取以下框架模式（如表2-2）。

表 2-2　课程评价模式表

评价主体	评价对象	评价目的
学科组	课程方案	诊断、甄别、筛选
同伴教师	课程实施	提供反馈信息
教师自我	课程实施效果	改进、提高、完善
学生	课程实施效果	筛选、反馈

具体评价时，主要考察以下几个维度（如表2-3）。

表 2-3 评价内容表

序号	内容
1	课程目标与国家教育方针政策的关系
2	课程对学校教育哲学、价值追求的体现程度、形式及效果
3	课程在促进学生发展方面的体现程度、形式及效果
4	课程设计的层次性，如何适应不同学生的不同学习需求
5	课程内容的专业性、基础性、科学性、启发性、实践性
6	课程中新技术、新观点、新思想的含量
7	课程的可操作性、系统性、方法性
8	学生对课程的认同感

当需要提供包含多个内容类型（如科技文本阅读问题、设计实验方案、科普小文写作）的学习反馈时，将评语集中在学生正确的部分上。通过就正确部分的追问，吸引他们关注学习过程中哪些是有优势的，帮助学生确保看到这些部分。再从这里出发，提出关于他们可能被卡住或忽略的问题，并提供"脚手架"支持他们走向下一步。通过精准的典型错误分析，保持学生对学习本身的关注，并愿意把时间花在成长和进步上。

面对具有多个解决方案的学习任务时，采用低门槛、高天花板任务或开放式任务，允许学生找到多个切入点，培养一种没有标准答案的平等文化，助力于班级中的学生都可以在学习任务进程中做出宝贵的贡献。

（十）通用技术学科"三级立体生态"课程群建设

教研组长：何斌

1. 建设理念

基于落实学科核心素养和学生核心素养，依据学校办学思想与育人目标和学校整体"三级立体生态"课程群建设要求，我们构建了可选择性强、纵向延伸、横向交叉、满足不同学生学习需求的通用技术学科的课程群。通用技术是以设计学习和操作学习为主要特征的高中国家必修课程，该课程在初中与劳动技术课相衔接，在大学与工科相衔接。通用技术课程有助于提高学生的创新设计能力和动手实践能力，强化学生手脑并用与知行合一，提高解决技术问题的综合能力。

2. 建设目标

基于技术意识、工程思维、创新设计、图样表达、物化能力这五个通用技术学科核心素养及其内在的逻辑关联，同时综合学校"三级立体生态"课程结构理念和学校课程群建设整体方向，可将通用技术学科不同层次的建设目标做出如下概括：

（1）面对全体学生开设基础类国家课程，即《技术与设计1》和《技术与设计2》，提高全体学生的学科核心素养。

（2）面对有理工科倾向的学生开设拓展类选修课，包括对国家课程中的选修课程进行校本化和自己开发的校本选修课程，如《3D打印》《激光切割》《轻松发明》《电子技术》等，拓宽学生视野，让学生接触前沿科技，着力提高学生的创新设计能力和动手实践能力，使学生掌握技术中的某一领域的一般思想方法。

（3）面向拔尖人才开设研究类社团竞赛课程，通过项目研究、竞赛辅导、社团学习等多种途径开展专题学习。

（4）面向个性发展的学生开设参观访问、高端培养、研究性学习等活动课程，让学生在科学家、工程师身边进行学习，不仅仅学习技术，还要学习科学家、工程师严谨细致的工匠精神，落实立德树人这一教育的根本任务。

3. 课程群特征

（1）形成了与学校培养目标对接的中学技术课程创新人才培养的课程目标

我们的课程目标就是在认真实施国家课标和北京市技术学科指导意见的基础上，结合我校学生的学习需求，开发适合他们的校本课程，注重课程的选择性、综合性、个性化和信息化，提高学生学科核心素养，提升创新思维、完善创新人格、激发创新行为。图2-29左侧一列是我校的学生培养目标，我们将与技术课程特点结合，对应细化为我校技术课程的创新人才培养目标放在中间一列，每一条又对应体现创新人才的特质在最右侧一列。

我校 学生培养目标	我校中学技术课程 创新人才培养目标	创新人才特质
有理想	初步发展学生职业理想、树立正确技术观、有求 知欲和创造欲	创新人格
负责任	养成积极、负责任、安全地 使用技术的行为习惯	创新行为
会学习	掌握技术思想方法，知识的整合、 应用及物化能力，具有发现问题、 创造性想象、批判性思维及问题解决能力	创新思维
善合作	不怕困难、敢质疑又有合作精神、 协作能力和宽容的处世态度	创新人格

图2-29　我校技术课程创新人才培养的目标

（2）构建多元化可选择的通用技术课程结构

我们构建并实施了覆盖"必修＋选修＋竞赛＋活动"的"四位一体"可选择性强的多元课程结构，如图2-39所示，它的特点是纵向延伸、横向交叉，是多层次、系统化、开放式、个性化的，不同学习兴趣和不同创新能力层次的学生都能找到适合自己发展的课程。

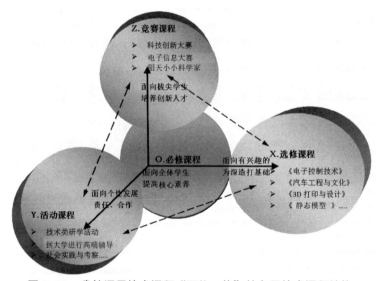

图2-30　我校通用技术课程"四位一体"的多元技术课程结构

必修课程是国家课程标准规定的国家必修课程，按指定国家教材进行教学，主要是完成基本知识、基本技能的掌握。课程面向全体学生，是整个课程体系的基本要求。目前执行的国家必修课程共2门，每周2节课，按行政班实施。

兴趣课程是学生在必修基础上的进阶课程，是学生根据自己爱好选择的兴趣课程，体现选择性特点，重在培养学生创新思维。目前开发选修课共7门，每周2节课，按学生兴趣走班实施。

竞赛课程是针对高端竞赛进行辅导，如青少年科技创新大赛、金鹏科技论坛、未来工程师、电子信息创新大赛等。目前开发竞赛课程共4门，校内每周2节课，按学生兴趣组班实施。

活动课程将立德树人融入技术课程，让学生利用周末和暑假到大学实验室参加高端辅导研修项目。

（3）课程内容注重初高中与大学系统化、现代化和多学科整合化

在教学内容上，我们注重初高中不同年级技术课程设置的科学性和连续性。例如，初高中都讲工程制图，初中倾向于空间思维培养，而高中倾向于工程思维培养。

此外，注重中学技术课程与大学工科课程内容的衔接。如，我们开设了《电路仿真基础》《模拟飞行基础》等特色校本课程。培养创新人才就要让学生们了解前沿科技，我们根据当代科技发展趋势和我校学生的兴趣、视野和能力，及时地补充了《3D打印》《激光切割》等教学内容，不但激发了学生兴趣，还拉近了当代科技与学生的距离，有效拓宽了学生的视野，提高了他们的创新思维。

多学科整合解决综合现实问题是提高创新人才解决问题能力的重要途径。我们开发了一系列应用多学科知识的技术设计项目。如结合生物学科的雨燕鸟舍项目、结合物理学科的木制游标卡尺项目、结合工程的桥梁承重项目、结合节能教育的太阳能制作项目等（如图2-31），深化了学生对科学课程、工程常识、节能环保的理解，还能手脑并用，提高了学生的创新能力。

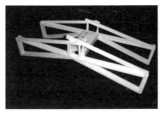

图2-31 教师开发的多学科渗透的学生动手制作项目

（4）课程实施采取"四式"方式

为了因材施教培养创新人才，我们采用课堂教学项目式、实践环境开放式、灵活学习在线式、高端培养双导师式，形成了包括校本教材24本、微课程100余节、优秀教学设计20余篇在内的一整套教学资源（如图2-32）。

图 2-32　我们开发的部分校本教材及教师们制作的微课

①课堂教学项目式（如图2-33）

长期使用填鸭式的教学方式不适合用于培养创新人才。而技术课程的特点恰恰是动手实践，把知识、技能和情感态度价值观等教学目标融入项目的设计和制作中来是高效教学的方法。项目式的基本特点是以制作项目为载体，以"创设情境—学习构建—实践体验—评价延伸"为基本模式，使学生在教师的指导下亲自经历设计制作一个项目的全过程，学生在"做"中学习掌握教学内容，解决在处理项目中遇到的困难，提高了兴趣，调动了积极性。项目式教学以学生发展为中心、以解决问题为导向、充分运用探究式、讨论式等教学方法，注重对学生自主研究、合作探究和实践能力的培养。它改变了以往"教师讲，学生听"的被动教学模式，创造了学生主动参与、自主协作、探索创新的新型教学模式，有力地引导了学生的创新行为。

图 2-33　教师采用项目式上课

②实践环境开放式

培养创新人才要给予他们个性发展和技术尝试的空间，我们建立了开放实验室制度，每天中午都安排教师为学生自发前来进行创新设计制作提供帮助，从时间和空间上保障学生有良好的创新实践环境，有利于引导学生的创新行为。

培养创新人才需要多种开放的实践环境来拓宽学生的技术视野，而不能仅局限于课堂。我们成立了学生技术创新社团——"爱迪生"发明社、3D打印社、电子创客社，爱好技术创新的学生们可以在社团内找到志同道合的朋友。我们还面向全校组织"发明创新月"等课外活动（如图2-34）。

图2-34　课外开放性技术创新活动课程

③灵活学习在线式

培养创新人才要因材施教，信息化手段可以帮助我们实现。我们将微课程和文字资料等学习资源上传到网上，学生课前学习简单知识概念，课上进行高层次的设计讨论和制作，提高了创新思维的力度。学生的学习更加灵活和个性化，学有余力的学生看一遍就可以继续了解更多学习资源，学习吃力的学生可以随时随地进行反复观看，加强理解，消除了空间障碍，使每个学生都能达成学习目标。此外，平台还可以实现网上讨论、作业提交、调查反馈、检测统计、监控进度等功能。我们先后运用魔灯平台和鲲鹏在线学习平台在24个班级的必修、选修和研学课中实施了在线学习，教师录制微课100余节，取得了非常好的教学效果（如图2-35）。

图2-35　基于魔灯（moodle）平台建立的各类技术课程

④高端培养双导师式

培养早期创新人才必须让学有余力的学生尽早参与科研和接触社会。所谓双导师，即由校内老师和校外专家组成，校内老师负责学生日常跟踪培养，校外专家负责带领学生利用暑假和休息日到高等院校、科研院所和实践基地等进行专题学习（如图2-36），学生在科学家和工程师身边学习他们"严谨、执着、坚韧、质疑、敏锐、合作"等创新人格。四年来，我校共聘请校外导师43人次，已经有两百余名学生在双导师式下学习，为他们升入重点工科院校继续深造，成为未来的创新人才打下了坚实的基础。

图2-36　学生在双导师式下到中科院、清华等技术创新实验室学习

（5）课程采用重视过程性评价的方式，激发学生创新行为

技术课程的特点是实践和创新，单一的终结性评价和笔试并不能全面地考查学生。课程更需要考查学生在发现问题、方案设计、绘制图纸、模型制作中所体现出的创新人格、创新思维和创新行为。为此，我们为每个实践项

目设计了过程评价表和整个学期的学分认定表，关注学生的创新思维过程、创新人格的显现过程，记录学生的创新行为。表2-4中的学分认定表中终结性笔试评价仅占30%。过程性评价中的70分里，我们细化了创新人格、创新思维、创新行为在过程评价中的具体表现，使其更具可操作性和可测评性。

表 2-4 通用技术课程必修模块学分认定表

项目	过程性评价						终结	特长加分项	
	创新人格		创新思维		创新行为			笔试	表达	特长
细目	发现问题	合作态度	独特的方案设计	精细的图纸	桥梁项目	学科整合项目	太阳能项目	卷面成绩	研学论文	科技竞赛
分数										
比例	20%		20%		30%			30%	+20%	+20%

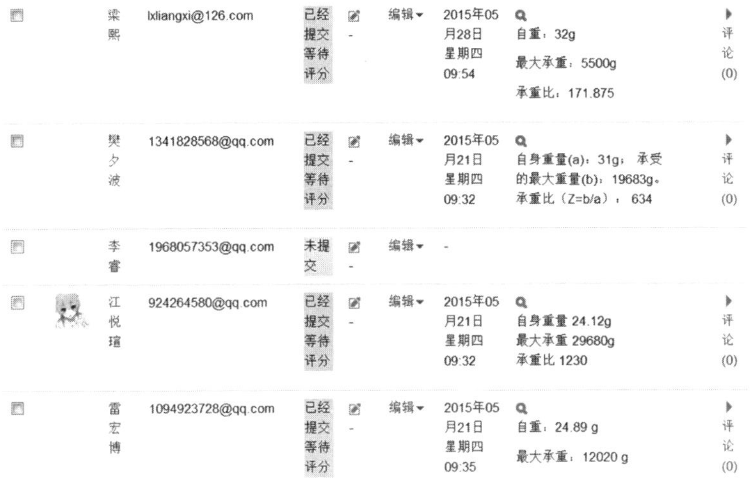

图 2-37 在魔灯（moodle）平台上可以看到每个学生提交作业的过程记录

（十一）艺术（美术）学科"三级立体生态"课程群建设

负责人：徐德义

1.建设目标

普通高中美术课程的根本任务是立德树人，以美育人，培育健康审美观念，陶冶高尚情操；认识文明成果，坚定文化自信，树立正确的文化观；激发想象力和创造力，培养创新精神，促进学生全面而有个性地发展。同时，帮助他们适应社会生活，为其接受高等教育、职业发展做准备。充分发挥美术学科独特的育人功能，引导学生通过观察、感知、体验、思考、探究、创造和评价等具有美术学科特点的学习活动，形成美术学科核心素养，促进全面发展。

落实美术学科课程标准，遵循教育规律，不断更新教育理念，完善教学方法，培养学生自主学习能力、合作探究能力和创新创造的能力，实现核心素养的培养目标，培养具有美术特长的社会主义事业接班人（如图2-38）。

2.课程群结构

北京市第八十中学课程结构设计坚持以学校育人目标为课程建设的出发点和归宿；以国家课程方案、课程标准以及学校办学思想、生态教育理念为指导；以建设"重基础、高质量地整合基础必修必选类课程""多样化、可选择的多元拓展延伸类课程和实践应用类课程""有特色、重自主的自主特长发展类课程"为课程体系建构的基本思想；通过学生自主选择课程程度不同体现出三级立体分层的课程结构特点。

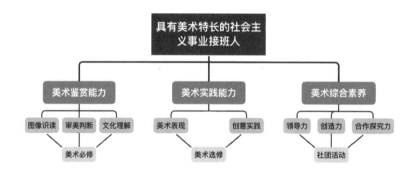

图2-38　课程群建设目标

美术学科课程结构是在学校"三级立体生态"课程结构和体系基础上，将美术必修、选修和社团活动三级立体化，构建美育生态课程。美术鉴赏必修课程面向高一全体学生，主要培养学生图像识读能力、审美判断能力和文化理解能力。美术模块选修课程面向高二全体学生，重点培养学生美术表现能力和创意实践能力。美术社团课程面向高一高二高三部分学生，全面提升学生美术学科五大核心素养能力，在培养美术特长的同时为美术高校培养美术人才。美术学科"三级立体生态"课程群结构如图2-39。

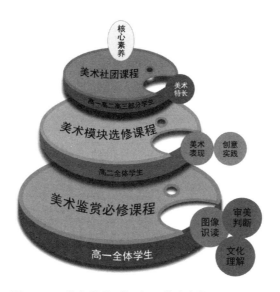

图2-39 美术学科"三级立体生态"课程群结构

3.课程群体系建构与实施

（1）美术必修课程群体系建构与实施

①美术必修课程群体系建构

美术必修课程群体系主要是按照美术鉴赏的课程内容进行建构的，主要包括绘画系列、雕塑系列、建筑系列、民间美术系列和中国现代美术系列五大系列（如图2-40）。其中绘画系列、雕塑系列和建筑系列都是从中国古今和西方古今相对应进行建构的。民间美术系列主要是对中国民间的剪纸、泥塑、皮影、年画、染织等历史发展和特色进行建构，立足传统文化的传承和创新。在实施中，课程内容根据学生的兴趣爱好灵活设置，给学生充分的选择空间，增强学生的学习动力。

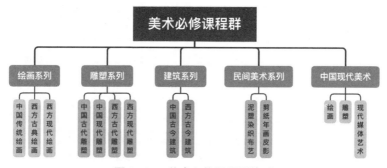

图2-40 美术必修课程群体系

②美术必修课程群体系实施

A."菜单式"选课

"菜单式"选课就是指打破单一课程内容局限，学生可根据个人兴趣自主选择学习内容，或由教师根据学生特长布置教学任务，因材施教。课程内容涵盖古今中外各类美术名家名作鉴赏和绘画、书法、摄影、摄像、设计等技能学习与实践。学生根据美术鉴赏内容自选研究领域，组内头脑风暴确立单元主题。

B."动态式"教学

动态式教学法是基于建构主义而设计的一种教学方法。是以"提出问题——自主探究——交流讨论——解决问题"为主线，以学生自主探究活动为主。

美术鉴赏课偏重理论学习，学生会感到枯燥乏味，课堂教学的设计直接影响教学效果。为调动学生学习内驱力，采取了一系列的教学改革与实践。在美术学科核心素养指导下，美术鉴赏课采取项目式教学、任务驱动法，探索实践学科融合的教学模式。

采用任务驱动教学法，围绕学生自己或教师设置的问题，通过自主、合作和探究展开学习并解决问题。再以档案袋评价法，强化过程性评价，学生将学习过程记录在教师分发的美术学习图册中，也可以自己设计制作学习过程档案袋，包括电子档案袋。最终各组学生互动分享。在过程中促使学生自觉发现问题，相互合作解决问题。

新版高中美术教材中现代媒体艺术被纳入选择性必修，随着社会的发展，读图时代的到来，摄影、摄像已经占据了人们生活的各个领域，几乎家家都有相机、手机，这些都为摄影、摄像实践的开展奠定了基础，也为开展现代媒体艺术课程创造了良好的外部条件。

将摄影、摄像与美术其他类别相结合，充分发挥了现代媒体艺术的特性，取得了非常好的教学效果。如以校园风景摄影作品为素材创作素描风景、橡皮章、电脑绘画、制作动画等，这样既能保证作品的原创性又能让摄影成为一种常态行为，有助于摄影的良性发展。目前，根据以校园、北京为主题的摄影作品创作的绘画作品曾做过展览，并得到各界专家领导的肯定。再如，我们拍摄的两部视频作品《舌尖上的八十》也是表现校园题材的作品，很多同学都是看到这两部作品来考八十中学的。

采用美术鉴赏动态教学后，真正达到了教学生学的目的，有效地培养学生图像识读、美术表现、审美判断、创意实践和文化理解等能力，达成美术学科核心素养的育人目标。

（2）美术模块选修课程群体系建构与实施

①美术模块选修课程群体系建构

学校拥有200多平方米的超大美术教室，这为学生提供了充分自由的学习空间，有绘画区、书法工作台、手工制作台、设计工作台、烘焙操作台、板绘区、阅览区等供学生选择使用。此外还配有专业影棚，供学生学习拍摄知识与技能，艺术长廊成为学生作品展示的理想空间。选修课开设的内容包括绘画、书法、摄影、微电影。美术模块选修课程群体系如图2-41。

图2-41 美术模块选修课程群体系

②美术模块选修课程群体系实施

在美术选修模块的教学中，以实践为主，重在培养学生美术表现和创意实践能力，在课程中锻炼创新思维和综合实践能力。同时教师要引导学生发现和表现生活中的美，并融入传统文化和社会主义核心价值观，以爱校、爱国和对生活的热爱为表达核心，用美的作品表达情感，传扬正能量。

（3）美术社团课程群体系建构与实施

美术社团的建设是三级美术课程体系中的重要环节，美术鉴赏是面向全体学生的普及教育，美术选修是培养兴趣、挖掘潜能，而社团则是培养美术特长，培养艺术院校的后备军和社会主义建设的艺术工作者。

①美术社团课程群体系建构

社团既是美术必修和选修课程的延续，也是促进学生个性发展和美术特长培养的重要途径。美术模块社团课程群体系如图2-42。

我校2009年创办"艺视域美术社团"，旗下包括"80影像社""画堂春美术社"，之后又发展了"服装社""折子话剧社"和"画堂墨香书法社"。其中"80影像社""画堂春美术社"是影响力最大、成果最显著的两大分社。"80影像社"创建之初主要以摄影为课程内容，视频的拍摄与制作是近几年发展起来的，因为社团宣传的需要和某些学生对视频拍摄的热爱，我们拍摄制作了一些视频作品，在这个过程中收获颇多。不论摄影还是视频的拍摄，都已成为时下非常流行的时尚，我们将紧跟时代发展，引领学生用现代媒体艺术手段记录身边的美好事物，传播正能量。"画堂春美术社"开设的内容包括美术高考基础绘画、漫画、板绘、水彩画、国画等，基础绘画主要包括速写、素描、色彩。

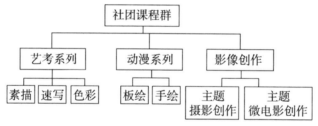

图 2-42　美术社团课程群体系

②美术社团课程群体系实施

社团的成员是因为共同的兴趣和爱好而走到一起，在集体活动中，大家相互合作、交流经验，彼此欣赏和鼓励，技能上得到了提高，也增强了自信心，认识到自己的兴趣和特长，从而对自己未来的职业、理想都有所规划。第一届的影像社社长，在高一时就明确了考取国际名校导演专业的目标，经过三年的努力，最终考入了伦敦艺术大学。

社团中有指导老师，也设立社长和各部门部长，但是在策划、开展各项活动时，强调的是各有所长、各司其职，大家是志同道合的伙伴，是一家人，绝不能以领导的姿态去命令他人，而要用个人魅力去团结社员，让社员发自内心地愿意跟随自己，越来越热爱这个团队，把它当成在学校的家。作为干部的成员更是要全心全意为社员服务，大家齐心协力，共同带领社团向前发展。在这个过程中，逐渐培养了学生们认真负责、合作、奉献，善于沟通、交流等优秀的品质，成为德才兼备的人。

在社团管理中实行"导师制"，导师负责带领新社员熟悉社团规章制度、了解社团发展历程、学习相关领域专业知识与技能、物色接班人等，导师制能够让新社员尽快地融入社团，并能够增进社员间的友谊，对社团的整体发展起到积极的促进作用。各部门分工明确，职责清晰明确（如图2-43）。

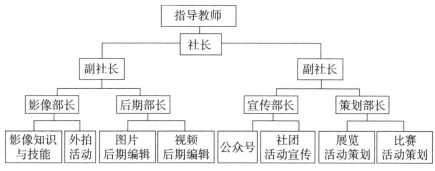

图 2-43　各部门分工与职责

4. 课程评价

建立不同课程的评价量表，通过自评、互评以及教师评价，客观地呈现学生学习的效果，为今后的教学改进提供数据支撑。

（1）美术鉴赏课程评价

表 2-5　美术鉴赏学习评价量表

序号	评价内容	分值	自评	互评	教师评价
1	考勤	5			
2	课堂纪律	5			
3	组内分工、协作情况	30			
4	学习效率、学习深度和广度	30			
5	作业完成质量	30			
平均分					

（2）美术选修课程评价

表2-6 美术选修学习评价量表

序号	评价内容	分值	自评	互评	教师评价
1	考勤	5			
2	项目内容及难易程度	10			
3	学习效率、学习深度和广度	25			
4	独立研究能力和与他人合作能力	30			
5	最终成果完成质量	30			
平均分					

（3）美术社团课程评价

表2-7 美术社团学习评价量表

序号	评价内容	分值	自评	互评	教师评价
1	考勤	5			
2	项目内容及难易程度	10			
3	学习效率、学习深度和广度	25			
4	独立研究能力和与他人合作能力	30			
5	领导力能、组织能力和策划能力等	30			
6	最终成果完成质量	30			
平均分					

通过一系列的课程创新，学校的美术课程特色越来越突出，曾多次向国内外同行和专家们展示汇报，得到大家的肯定。多次开展市区级研究课、公开课和专题讲座，相互交流，虚心听取意见，不断反思以寻求更大的提升。

社团课程的意义和影响是深远的，有的同学从此热爱艺术，热衷摄影和微电影，爱上表演和主持。我校并没有招收美术特长生，但在艺术类高考中，社团的成员依然取得了十分优异的成绩。2009年以来，共有20余位社员考入清华美院、中央美院、中央戏剧学院、北京电影学院、中国传媒大学、人民大学、帕森斯艺术学院、伦敦艺术大学、芝加哥大学等名牌大学的艺术系，足以展现我校美术高端人才培养的水平和能力。2013年被评为朝阳区朝花美术团和摄影团，2014年被评为北京市朝阳区金帆书画院基地校。2016年加入杨广馨特级教师工作站，成为朝阳区书法艺术教育基地校。社团多次获朝阳最具人气社团、精品社团、优秀中学生社团等荣誉称号。2015年"画堂春美术社"被评为"全国优秀中学生国学社团"。近5年学生获奖人数百余人，其中包括国际级、国家级和市区级各级美术大赛，其中三届全国文艺展演获绘画、书法和摄影一等奖。

为向社会各界展示我们社团的风姿，我们曾在798艺术区、新世界百货、时代美术馆、山水美术馆、炎黄艺术馆等地举办各主题的书画—摄影展，各级领导和社会各界专家给予了很高的评价和肯定，每次活动各媒体都进行了全方位的报道，社团的影响力也在一次次活动中不断扩大。

为了更好地宣传和展示社员风采，我们已自编并自己设计印制了四期影像社社刊《艺·视域社刊》，它得到了校领导和一些校外专家的支持与帮助，著名摄影师姜平、赵大督、姚璐等都曾为社刊题词，对我们的社团寄予了很大的期望。社刊内容丰富而实用，展现了大家的劳动成果，向世人充分介绍了影像社的发展历程、取得的成绩，社员获奖作品及活动介绍。它已渐渐成为我们宣传的一扇窗，让更多的人关注我们的成长。

通过十二年的奋斗，北京市第八十中学艺视域美术社团终于在2021年被评为"北京市金帆书画院美术摄影团"，这是社团最高级别的荣誉。

美术学科包罗万象，更涉及其他学科领域，使学科融合成为教学必然。我校为适应新时代美育要求，开设了多个美术类别，并不断与时俱进，开发新课，满足学生需求。美术学科三级分层立体课程已初见成效，不论是硬件条件的改善、课程内容的多样性还是课程实施的效果，都以培养学生核心素养发展为中心，实现立德树人、以美育人的育人目标。

（十二）体育与健康学科"三级立体生态"课程群建设

教研组长：徐永陵

2012年，北京市第八十中学积极响应上级号召，在田树林校长的带领下开展体育自主排课，保证全校学生每天一节体育课（1小时）的课程改革。在开展过程中鼓励学生自主选择课程，并将这一课程贯穿在学生的三年体育课程中，这一方法增强了学生的锻炼兴趣，也为学生的终身体育锻炼打下了良好的基础，在改革的推行过程中我们总结了很多经验，并肯定了这项改革的道路是正确的，我们将不遗余力地将改革开展下去。

1. 建设目标

爱好体育，参加各种体育运动，基本形成终身体育的意识和习惯，能测试和评价自身体质健康状况，制定简单的运动处方，并具有一定欣赏体育的能力。让大部分体育骨干能基本胜任比赛中裁判的角色。

提高自己的运动能力，掌握常见运动损伤的预防和简易的处理方法。

根据自己的能力设置体育学习目标，选择学习项目，通过体育活动改善心理状况，形成良好的人际关系，养成积极乐观的生活态度，运用适宜的方法调节自己的情绪。在运动中体验乐趣和成功的快乐，正确处理竞争和合作的关系，表现良好的体育道德和体育精神。

根据高中学生的学习、生活及生理、心理特点，引导学生养成规范、有益的体育活动习惯，切实提高每天一小时体育活动的质量，形成健康、快乐、文明、和谐的学校体育氛围。

2. 课程群结构

根据学生个人条件和特点，遵循学校"三级立体生态"课程结构构建体育与健康学科"三级立体生态"课程群结构（如图2-44）。

图2-44　体育与健康学科"三级立体生态"课程群结构

（1）基础必修类课程

基础必修类课程是对身体健康、体质一般、体育基础一般的学生开设的。主要任务是使学生掌握系统的体育基本知识、技能，全面发展学生的身体，以达到增强体质、促进健康的目的。

（2）专项提高选修类课程

专项提高选修类课程主要是针对在某项运动上，有一定爱好和兴趣的学生开设的。主要任务是在全面锻炼身体的基础上，选择自己感兴趣的运动项目来进行专门训练，从而提高运动技术水平。

（3）特长训练课程

特长训练课程主要是在专项提高课程的基础之上，选出一部分技能水平突出、身体素质较好、兴趣爱好较强烈的学生，进行特定的专业化训练。并且专业水平较高的学生可以入选校队代表学校参加省市级乃至全国性比赛，为自己和学校夺得荣誉，必要时还可以通过高水平特招或体育普招的方式考入大学。

3. 体系建设

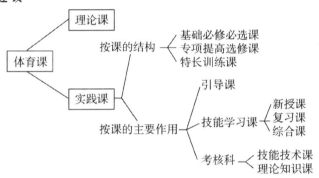

图2-45 体育与健康学科"三级立体生态"课程群体系

（1）体育与健康新课程开设的内容

表2-8 第一学年

上学期	下学期
1.学生自选模块 2.基本体操、田径 3.体能模块	1.学生自选模块 2.基本体操、球类 3.体能模块 4.游泳必修（各模块轮换）

表2-9 第二学年

上学期	下学期
1. 学生自选模块 2. 基本体操 3. 体能模块 4. 游泳必修（各模块轮换）	1. 学生自选模块 2. 基本体操、球类 3. 体能模块 4. 游泳必修（各模块轮换）

表2-10 第三学年

上学期	下学期
1. 学生自选模块 2. 体操、篮球 3. 体能模块	1. 学生自选模块 2. 基本体操、篮球 3. 体能模块

4. 组织形式

实行六个行政班六个教师同时上课、男女分班的体育与健康选项教学组织形式，具体的班级搭配由教学处根据班级男女生的人数排定。

每一次选择教学内容根据学生选报人数选六项，每班人数在30~40名以内。一般情况下，每一学生前三次选项不能重复。第一次选项内容为篮球、排球、乒乓球。

选项教学的每一内容分不同的模块内容，具体的模块教学内容根据学校基本情况统一制定，以后学生选择高层次的模块学习内容必须以学习过低层次的模块学习内容为基础。

由于我校规模较大，同节体育课场地、器材冲突等体育组可以解决，所以可由学校教学处根据体育教学的基本特点直接排定。不同选项内容教学班的任课教师以每位教师的个人意愿为主。

5. 实施策略

（1）学生选课

①预设项目课程

每学年开学前，根据教师、场地、需求确定将要开设的体育与健康项目课程，包括田径、足球、篮球、羽毛球、网球、乒乓球、排球、健美操、舞蹈、游泳、跆拳道、轮滑、腰旗橄榄球、武术、毽羽球共十五个课程项目。

②培训及下发统计问卷

在开学后的第二周（前两周为统一上课），安排教师为学生讲解高中体育课选课方式以及学分、考核制度。各专项教师介绍开展课程的授课形式、考核方式、基础要求（借鉴社团的形式，宣传自己开设的课程项目，给学生以指引）。下发调查问卷，每名学生可以填报三个项目，并可以自己提出一项额外项目，利用三天时间回收统计问卷，开设相应的体育与健康课程，安排授课教师。学校高一学生共计约530人，其中第一志愿选择羽毛球、游泳、乒乓球、篮球的人数最多，分别达到60人以上，选择腰旗橄榄球、毽羽球、武术的人较少，分别在10人以下。根据第二、第三志愿，进行平均调控，最终开设了田径、足球、篮球、羽毛球、网球、乒乓球、排球、健美操、舞蹈、游泳、跆拳道、轮滑共12个项目课程，16个模块。

③项目分组、讲解、调换

利用一节课的时间进行分组，授课教师进行本专项课的三年计划介绍、课堂要求、学生要求、器材要求（如轮滑、羽毛球等所需的专业器材），再给学生一周的适应时间，可以进行一次小范围调换，以便做到每位学生精准选择，确保在以后三年的时间里尽量不调换课。

（2）教学效果

课改已进行多年，实践表明，学生和教师已经适应新的课程安排和教学形式，大家表现出了积极的状态和乐观的态度。

①课间操

课程改革后，课间操由一周五次改变为一周一次，并与升旗仪式一同安排在周一，时间为一小时。课间操的次数减少，并不意味着质量的降低。首先，数量的减少，学生的抵触心理相对降低；其次，体育课程的改革，一名教师要跟随本专项学生开展三年的教学任务，这样方便学生的管理及情感培养，如果有学生在课间操中表现不好，直接由授课教师进行教育，责任到人更利于集体活动的管理，如果一个专项出现课间操问题较多，那授课教师将停止该专项教学，进行课间操的练习。在周一的课间操中安排巡查教师，加大监管力度，发现问题及时记录，并告知负责教师。学校课间操管理主要遵循的就是责任到人、严格管理两项原则，这样就可以保障学生在课间操中达到较好的锻炼效果。

②专项课程的设置

授课教师根据项目为学生制订三年的发展计划，让学生能够在三年中较好地掌握一项运动项目，并能够为学生终身体育运动提供基础。课程安排：每周一课间操，周二至周五每天一节一小时的专项课程，具体课程由教师安排，但要保障每个学期能够学习一项非专项课程，在三年里完成专项教学以及六项其他课程，主要包括田径、体操及校本课程，学生在最终能够达成一专多能，其中游泳课是学校特色的校本课程之一，游泳课程是否完成直接与学生体育与健康学科总评价挂钩。专项课程在教学过程中要体现出特点，提高教学目标，让学生能够精通本运动的技术、裁判、内涵，并具有良好的体能积累。

③专项课程的开展

授课时间由四十分钟延长至一小时，起初学生和教师都非常不适应，教师在课程编排上较难掌握，学生在体力以及注意力上易出现问题。以篮球课为例，一小时的高密度篮球练习，使很多身体条件好的男生都难以适应，出现疲劳的状态，在适应两周后，学生的体力已基本恢复，已经能够跟上教学进度；田径教学在一学期完成学生的体能储备，主要以耐久跑以及力量练习为主。以跆拳道为例，每节课10分钟的耐久跑（在跑动中加入技术动作，如前踢腿、后踢腿、交叉步等），在刚开始时对学生的刺激很大，女生最高心跳达到201次/分钟，普遍达到180~190次/分钟。这个数值表明这10分钟的运动负荷对于学生较强，在这种高强度下进行了两个月的练习，学生心率基本维持在180次/分钟左右，有的学生维持在170次/分钟以下，心率降低说明学生的身体素质、心肺功能得到了提高。在其他课程中也表现出了良好的态势，由于课程的多样化，以及自主选择，在课堂教学上学生十分投入，参与积极性高。

④学生体质

经过一学期的教学我们可以看到，一天一小时的体育课对于学生的体能锻炼起到了积极作用。在授课教师的带领下，学生的技术、技能逐年明显提高，表2-11为2020届学生体质监测数据。

表2-11 2020届学生体质监测

统计范围	2020届高一	2020届高二	2020届高三
总人数	494	473	478
优秀	9.11%	14.62%	16.53%
良好	58.10%	57.26%	65.55%
及格	15.99%	14.59%	15.48%
不及格	16.80%	13.53%	5.44%

由表2-11我们可以看出，2020届学生的体质监测优良率较高，这与每天一小时体育课起到的良好作用密不可分。

6. 评价

（1）学生学习评价

①体育与健康课程的学分认定

A. 宣传和说明学分在体育学科中的分配情况，并就具体学分分配情况做具体解释，让每一个学生明确每一个体育学分是怎么获得的。

B. 指导学生进行体育学分选择，保证每个学生在三年体育与健康学习中修满11+1个学分（每学分18课时）共计216学时的体育与健康课程，其中3个必修学分（健康教育专题、田径拓展、游泳项目），其余9个选修选择项目学分根据学校所开设的项目分别让学生进行自选。

C. 学生获得体育课程学分并达到考核基本要求是学生毕业的必要条件之一。

D. 学分认定的内容、方法：

模块学业成绩 = 模块考核成绩（70%）+ 课堂表现（20%）+ 出勤（10%）

说明：

a. 在某一模块学习中缺席次数超过应到次数的1/3或旷课次数超过应到次数的1/10，模块学业成绩均视作不及格，模块考核不予补考，不给予学分。

b. 各模块考核内容及具体要求在各模块教学计划中说明。

c. 课堂表现包括学习态度、情意表现与合作精神等。

d. 除 a 外模块学业成绩合格者均给予 1 学分。

e. 除 a 外模块考核每一学生均有两次补考机会，具体时间由任课教师确定。

②学生体质健康测试

A. 测试的内容：根据标准要求每学年第一学期期中确定。

B. 测试时间：体育课外以年级为单位统一测试。

C. 成绩的确定：可以与体育课测试成绩比较取好的填入。

D. 学期、学年体育与健康课程学习成绩。

学期体育与健康课成绩 = 出勤（10%）+ 课堂表现（10%）+ 模块考核成绩（40%）+ 身体素质（40%）

说明：

a. 一学期中缺席次数超过应到次数的 1/3 或旷课次数超过应到次数的 1/10，该学期体育与健康成绩均不予评定。

b. 课堂表现包括学习态度、情意表现与合作精神等。

c. 模块考核成绩是指该学期所有模块考核成绩的平均成绩。

d. 身体素质测试耐久跑每学期一次，短跑、跳跃、投掷、力量等一学期各选不到 1—2 个项目，评分标准参照学生体质健康标准。

学年体育与健康课成绩 =（第一学期体育与健康成绩）/2+（第一学期体育与健康成绩）/2

学年体育综合成绩 = 学年体育与健康课成绩（60%）+《学生体质健康标准》（40%）（优秀 85、良好 75、及格 60、不及格 55 以下）

（2）教师教学评价

教师教学评价是课程评价的重要内容。科学合理地对教师的体育与健康教学活动过程和结果进行评价，是推进新课程实施、提高教学质量的重要手段。评价的内容包括教师完成各方面工作的数量、质量和价值的评定。《高中体育与健康课程标准》要求的教师教学评价从两方面进行综合评价。

教师专业素质评价包括：教师职业道德、教学能力、教育科研能力。

课堂教学评价包括提倡更为民主的方式，着重评价教师教学的有效性，以促进教师的进步和发展。评价的内容包括教学目标的制定、教学内容的选择与设计、课堂的结构组织和教学的方式方法；对学生学习氛围的创设和学生学习方式与方法的指导；教师的教学素养、特色和教学目标的实现程度等。

评价的形式：教师教学评价主要采用教师自我评价和学生评价的形式进行，同时也可采用同行评价、领导评价等多种形式。评价时可根据《高中体育与健康新课程标准》的要求和实际情况，做到定量与定性相结合。

7. 保障措施

（1）充分利用学校现有体育资源，加大对体育的投入

根据学校现有的体育资源，按照《高中体育与健康新课程标准》的基本要求，合理利用学校现有体育资源，教学处、总务处会同体育组对学校的体育资源进行统计汇总，对不合理的体育资源进行整改，对教学必需的紧缺资源进行补充，逐步使我校体育资源的配置达到《高中体育与健康课程标准》的基本要求。

（2）切实做好教师培训工作

严格按照上级有关部门的要求，积极为我校体育教师参加各种学习、培训创造条件。体育教研组要组织教师学习教学理论和体育专项业务的探讨，努力使学校现有的体育教师向多专业发展，适应高中体育与健康选项教学的需要。

（3）加强校本教研，充分发挥教研组的作用

加强学校体育与健康学科教研组建设，努力做好体育与健康新课程实施的各项工作。建立跨年级的、以选项教学内容为依据的专项备课组，教师按照自己的专长任课积极探究选项教学的特点，根据我校的具体特点选择、编写具有学校特色的教材，详细制订好各选项教学内容的具体模块教学计划。同时探索新的教学方法和新的突破口，努力实践体育与健康新课改。

（4）切实做好体育与健康课程改革实验的资料积累等工作

我校体育与健康课程改革实验工作有计划、有步骤地进行，需要不断地总结和完善。在努力实践体育与健康新课程改革实验的同时，要重视对相关实践资料的积累和总结，以利于今后实验工作的具体开展。

（十三）综合实践活动（研究性学习）学科"三级立体生态"课程群建设

负责人：赵胜楠（科技办公室主任）

1. 指导思想

一是核心素养理念下的高中研究性学习课程是高中课程多样化的重要途径，是高中教育转变课程结构和培养模式的突破口，也是培育学生核心素养的最重要抓手，研究性学习已成为基础教育课程的一个重要部分。

二是根据学校的实际情况和学生发展的具体需求，认真落实教育部颁布的2017年版2020年修订的《普通高中课程方案》和《中小学综合实践活动课程指导纲要》。

三是以学校"三级立体生态"课程结构为指导，构建研究性学习"三级立体生态"课程群。

2. 建设目标

《中小学综合实践活动课程指导纲要》总目标是，学生能从个体生活、社会生活以及与大自然的接触中获得丰富的实践经验，形成并逐步提升对自然、社会和自我之内在联系的整体认识，具有价值体认、责任担当、问题解决、创意物化等方面的意识和能力。其中高中阶段目标是价值体认、责任担当、问题解决、创意物化。

此外，在学校办学思想"一人一天地，一木一自然——让生命因教育而精彩"，育人目标"有理想、强体魄、会学习、善合作"的指导下，在学校"三级立体生态"课程建设的基本思想引领下，为了使学生适应未来社会的需要做好准备，通过研学性学习"三级立体生态"课程群的重新设计与构建，确立了课程群建设目标为发展学生核心素养、培育和践行社会主义核心价值观、发现和认识自我、优秀的领导力、有效促进教学相长、促进心理健康发展六个方面，如图2-46。

图 2-46 研究性学习学科"三级立体生态"课程群建设目标

发展学生核心素养：2016 年，北京师范大学课题组发布了《中国学生发展核心素养》，将核心素养界定为学生应该具备的、能够适应终身发展和社会发展需要的关键能力和必备品格，以培养"全面发展的人"为核心，分为文化基础、自主发展和社会参与三个方面。至此，培养学生的核心素养被置于深化课程改革、落实立德树人任务的基础地位。研究性学习是进一步推进基础教育课程改革和落实核心素养培养的重要途径。研究性学习作为一种"实践式的教育模式""体验式的行走课堂"，不同于传统的室外教学活动，其倡导的"体验式、合作式、探究式"的学习方式，强调引发学生"主动学习愿望"与"积极参与意识"，产生积极主动学习行为，能触及学生的心灵深处。让学生在学习与旅行的生活共同体中，朋辈群体相依，获得社会文化生活基础，增强生存能力和社会责任感，提高实践能力和创造能力，提升学生核心素养。

为此，必须通过制定相关政策及细则，开发研究性学习课程体系，在课程的性质与定位、课程基本理念、课程目标、课程结构、课程内容、课程实施、课程评价等方面进行一些有益的探索。建设研究性学习实践基地，健全研究性学习评价标准等运行机制，才能确保研究性学习顺利开展，有效促进学生核心素养的发展。

培育和践行社会主义核心价值观：中学生是祖国未来的建设者和接班人，他们的核心价值观状况如何，直接关系到中华民族的整体素质，关系到国家前途和民族命运，关系到革命前辈开创的社会主义事业是否后继有人的大问题。研究性学习课程的开放性为社会主义核心价值观教育提供丰富情境。研学主要围绕问题的提出和解决来组织学习活动。一方面，研学的内容是综合开放的，它可能是某学科的，也可能是多学科综合交叉的。研学的课题来源于自然现象、社会热点、学科知识、日常生活等各个方面。丰富的课题内容为社会主义核心价值观教育的开展提供了丰富的载体。立足研学能为社会主义核心价值观教育具体化提供丰富的情境素材，有效推动社会主义核心价值观进教材、进课堂、进学生头脑。另一方面，研学的形式是开放的。其研究视角、研究目标、研究过程、研究方法、研究手段、研究成果等可以各不相同，形式的开放使社会主义核心价值观教育具有很大的灵活性，为学习者、指导者发挥个性特长和才能提供了广阔的空间，从而形成一个开放多元的学习过程。

发现和认识自我：在国家颁布的《基础教育课程改革纲要》中要求转变学生的学习方式，由"学会"转变为"会学"。在强化"学会学习""终身学习""可持续发展"的今天，要真正实现上述要求，就必须重视学生反思能力的培养，而研学是培养学生反思能力的有效途径。采用学生自评、小组互评、师生互评等方式，引发学生反思，从中发现和认识自我，进而也提高了学生分析问题的能力，培养了学习的积极性和主动性。

优秀的领导力：领导力是当代发达国家教育领域最关注的素质之一，也是我国21世纪中学生核心素养的重要组成部分。在人才培养层面，学生领导力，尤其是中学生的领导力，已成为基础教育学生培养方面的重要指标。以中学生领导力的内涵为切入口，分析中学生领导力的结构，将中学生领导力主要划分为规划发展能力、资源利用能力以及人员激励能力。研究性学习课程的全部教学环节、实践环节等，全方位实现了对学生领导力的培养和锻炼。大部分课题是需要小组合作完成的，学生在小组合作过程中，体验了团队合作，培养了集体意识，磨炼了组织管理能力。

有效促进教学相长：在研究性学习课程中，教师的身份发生转变，由以前的教授者变为指导者、参与者、合作者等。教师和学生在研学课程中更像是伙伴和朋友、合伙人、联合创始人，他们为了同一个目标和愿景而付出智慧和行动，在一起研讨交流，不断调整研究方向。师生之间相互促进，共同成长。在教学活动当中，教育者与受教育者是处于平等和谐的关系，并不是受教育者在单方面地接受教育者传递的知识，教育者也应当不断地从受教育者身上得到反馈，并提高自己的知识能力与体验。

促进心理健康发展：学生参与研究性学习，能够获得亲身参与研究探索的体验，能够锻炼发现问题和解决问题的能力，能够增长收集、分析和利用信息的能力，能够学会分享与合作，能够培养科学态度和科学道德，能够增强对社会的责任心和使命感。学生参加研究性学习活动，还会对自己的心理产生一系列积极的影响，能够提高学生的心理素质，充分开发学生的潜能，培养学生乐观向上的心理品质，促进学生人格的健全发展。

3. 体系建构

在学校"三级立体生态"课程理念指导下，研究性学习的"三级立体生态"课程群将整个课程划分为课堂必修课程、研学旅行课程和科研课程（如图 2-47）。在保证共同基础的前提下，为不同发展方向、不同能力和兴趣的学生提供有选择的课程。

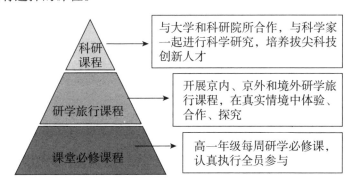

图 2-47　研究性学习"三级立体生态"课程群

（1）课堂必修课程

根据教育部颁布的《普通高中课程方案》和《中小学综合实践活动课程指导纲要》，研究性学习为高中必修课程，共六个学分。学校切实保证了研学活动时间，在开足规定课时总数的前提下，根据具体活动需要，把课时的集中使用与分散使用有机结合起来。要根据学生活动主题的特点和需要，灵活安排、有效使用研学活动时间。学校给予学生广阔的探究时空环境，保证学生活动的连续性和长期性。妥善协调课内与课外的关系，合理安排时间并拓展学生的活动空间与学习场域。

（2）研学旅行课程

2016年11月教育部联合11个部委出台了《关于推进中小学生研学旅行的意见》（以下简称《意见》），《意见》明确提出中小学研学旅行的总目标是让广大中小学生在研学旅行中感受祖国大好河山，感受中华传统美德，感受革命光荣历史，感受改革开放伟大成就，增强对坚定"四个自信"的理解与认同。同时，学会动手动脑，学会生存生活，学会做人做事，促进身心健康、体魄强健、意志坚强，促进形成正确的世界观、人生观、价值观，培养他们成为德智体美全面发展的社会主义建设者和接班人。根据《意见》，我们将核心素养的三个方面六个维度融入进去，并且结合高中学段的学生特点制定课程目标。如我校高中生思维的独立性和批判性得到更高发展，能从本质上分析问题，并且常常能提出一些新的设想和见解；高中生自我意识进一步发展，能够独立自主地按照一定的目标和准则来评价自己的品质和能力。

①形成了完整的课程体系

与有些学校的"夏令营"和"游学"不同的是，我们开发了一个系统的课程，和在校内的学科课程一样，只不过这一课程实施的时间是在寒暑假，上课地点是在校外。它包括课程目标、课程内容、课程实施与课程评价这些应该具备的要素，并且也有相应的教材——研学手册。而且，它也不仅仅是一次两次"活动"，而是纳入正常的延续的课程实施。从2017年寒假开始，一直延续下去。

表2-12　2017-2020年研学线路

2017年寒假	中国（海南—西安—苏州、杭州）—英国
2017年暑假	中国（漠河）—日本—澳洲—英国—中国（长白山）
2018年寒假	澳洲—日本（北海道—东京）—中国（海南）—欧洲—中国（苏州、杭州—西安）—英国—美国
2018年暑假	中国（甘肃—青海—贵州）—美国—日本—中国（漠河—上海—长白山—宁波—绍兴）
2019年寒假	美国—日本—欧洲—澳洲—英国—中国（西安—苏州、杭州—云南—桂林—广州—深圳—海南—上海）
2019年暑假	中国（漠河—江西—长白山—青岛—南京）—北欧—中国（珠海、香港、澳门—贵州—重庆）
2020年寒假	海南（注：海南研学于2020年1月进行，后因疫情取消寒假研学活动）

A. 课程目标系统化、层次化

首先，将核心素养作为研学旅行课程总目标的价值趋向。其次，在相关的主题活动中，以研究的问题为导向，充分体现学科核心素养发展目标。最后，在每一次具体的活动中，将核心素养作为价值取向，构建知识与能力、过程与方法、情感态度与价值观三个维度多个层次目标。因为研学旅行课程承担着与学校学科课程互补的作用，因此，在设计研学旅行活动时根据不同研学地点也有着鲜明的学科特色。人文主题中会涉及语文、英语、历史等学科；艺术主题则与音乐、美术学科关系紧密；社会职业体验则涉及政治、社会实践等学科；科技与工程类更多与数学、物理、生物、地理、信息技术、通用技术等这些理工类学科紧密相关。课程设计者可以根据研学目的地的相关资源设计不同学科的课程内容与活动，以开阔学生视野，形成文化意识，发展创新能力，形成实事求是的科学态度。其实，由于研学基地资源的丰富性，更多情况下研学活动的设计是多学科交叉在一起的。

B. 课程内容主题化、结构化

根据研学主题设计课程内容，为了让研学主题、研学基地与课程活动匹配得更加清晰，下面以一张图表（表2-13）呈现出来。

表2-13 研学主题、研学基地和活动、核心素养对应表

类别	主题	研学基地和活动	核心素养
人文社科类	文学、历史与艺术	参观地方人文、历史、艺术相关古迹，了解相关历史和人物故事。 参观地方人文、历史相关的博物馆，了解相关历史和文化。 参观地方艺术相关的场馆或活动，实地欣赏艺术作品，根据场馆特色设置相关艺术品制作体验式活动。 与非物质文化遗产传承人交流，体验非物质文化遗产制作。 品尝地方美食小吃，体验美食制作，了解美食背后的历史故事。	人文底蕴责任担当
	社会机构与职业体验	参观地方有代表性企业或事业机构，了解社会机构功能和运作机制。 体验不同职业，了解不同职业和学科的关联。 在指定场所或基地参加社会实践活动，体验志愿者生活。 了解地方历史上以及现实社会中各行各业楷模的成长故事。	健康生活责任担当

续表

科技工程类	科学与技术	参观地方动物园与植物园，现场学习动物、植物知识。 参观地方自然历史博物馆，学习自然和生命进化相关知识。 参观地方科技馆，根据场馆现有的资源开展科技研究或体验活动。 浏览地方特色的户外场地（山川、湖泊、湿地、草原等），围绕特定自然资源开展学科或跨学科的探究活动。 走访地方科研所及大学，聆听科技讲座并利用资源开展科技实验。 参观前沿科技公司，了解技术在生活中的运用。	科学精神 学会学习 实践创新
	工程场景与原理的探索	实地考察古建筑或现代建筑，感受不同建筑的工程基础和美感。 实地考察水利工程，了解水利工程的学科原理。 实地考察了解桥梁建筑原理，制作桥梁模型。	科学精神 学会学习 实践创新

C.课程学习团队化、自主化

学校在开展研学旅行时，通过组建学生团队完成主题任务的方式来推动学习发生，鼓励学生积极动手实践、获得直观体验、培养实践能力。学生选择研学线路后，自主查阅文献资料，提出自己感兴趣的问题，然后根据这些问题进行分组。之后，他们自主制订研学活动的计划、讨论研究问题，自主分配任务，最终合作完成一篇论文。

在研学旅行过程中更能充分发挥学生的自主性，导师只起到一个引领的作用，主要任务都是由学生自行分组合作、分工完成的。在科研院所内的小课题更是体现了项目式学习的过程，学生在真实的情境中为了解决某一个问题，组建团队相互合作，采取不同的方式和角度加以探究。最后在进行课题汇报时不仅仅是一个结果的答辩，而是包含了整个解决问题的过程。他们的收获更在于解决问题的过程中发展出来的技巧和能力。

D.课程评价多元化、综合化

研学旅行课程实施过程中与结束后，我们开展了相应的评估活动，以检测是否达到课程预期的目标。研学旅行课程的评价是过程性评价和总结性评价的结合，也是对学生评价与对课程设计者评价的结合。过程性评价主要评价学生在学习过程中的体验和收获是否达到教师对学生的预期，针对不同研学时段、不同研学任务开展；总结性评价是对研学的最终效果和质量进行综合评价，总结性评价让研学参与者对研学旅行课程设计与实施的整体及各方面（衣、食、住、行、研、学、游等）进行评价。研学旅行课程的评价者和被评价者主要是参与课程的教师和学生（需要的话，家长也可以参加）。上述主要是针对课程设计的评价，对学生的评价则以他们的手册完成质量、论文的研究价值及书写程度还有过程中解决问题的能力为标准进行评价。

②开发了指导性和可操作性强的研学手册

教材是研学旅行课程校本化建设的重要标准。为适应课程开设常规化、规范化的要求，我校组织相关学科领域的骨干教师成立研学旅行校本教材开发小组，在专家引导下，反复修改，形成了学生研学手册，分为研学行程手册和研学课题手册。行程手册包括行程介绍、分组情况、各研学基地的介绍以及在每个研学基地当场就必须完成的一个个小的研学任务，还有每日的学习总结。研学课题手册是针对行前就定好的课题而设计的需要完成的相关探究过程，学生可以将行程中有关这一课题的实验探究过程和数据，调查研究过程和结果以及搜集来的资料记录在上面。学生在行程结束后整理研学过程中搜集的资料和数据，根据这些过程性的探究收获完成选定课题的论文，开学后上交。

两本手册有交叉性，比如在研学的活动中涉及与已选定课题相关的内容，这时研学的任务就是对自己课题的辅助，算是课题研究的过程之一。

两本手册更多的是互补性，行程手册像在校的即时课堂，当堂作业当堂完成；课题手册是对课堂所学知识和技能的一个整理，然后再进一步阐述自己的思想。

③确立了一批高层次的研学旅行科研基地

为适应我校学生创造思维活跃、科研意识强烈的特点，我校的研学旅行除了选择自然与人文景点的参观外，还与多所全国知名的科研院所或研究基地达成合作（表2-14），力求给学生提供最优越的学习资源和环境。在研学旅行中以专家讲座以及专题研究型学习等模式开展学生对科技的学习，另外，还利用现有资源开展各类实验，从多方面提升学生的思维能力。

表2-14 合作的科研院所和科研基地

地点	科研院所或基地	活动
上海	①上海光源 ②中科院上海分院	①参观科学工程，聆听专家讲座。 ②开展课题研究活动，完成汇报答辩。
厦门	中科院厦门城市环境所	学习垃圾分类的作用，进行水质检测实验。
广西	①广西药用植物园 ②崇左渠楠白头叶猴自然保护区 ③北海红树林保护区	①调查药用植物资源。 ②中医药学、药用植物学工作过程。 ③调查白头叶猴的种群结构。深入崇左渠楠溶洞，对里面形成的堆积物种类、分布、规模进行调查和分析。 ④调查和检测广西北海红树林的群落生态。调查红树林底栖生物。
海南	①中科院遗传发育所南繁基地 ②海南航天工程育种研发中心	①聆听科普讲座，认识并了解常见的各种农作物及相关性状。 ②开展课题研究活动并总结汇报。 ③了解航天育种技术。
苏杭	①中科大苏州研究院 ②中科院纳米研究所	①聆听专家讲座。 ②聆听专家讲座，分小组动手实验。
广州深圳	①中科院华南植物园 ②中科院地球与化学研究所 ③中科院南海海洋研究所 ④中科院先进技术研究院	①课题研究。 ②实验探究。 ③聆听专家讲座，体验出海打捞、海上渔排、社会调查等活动，走进实验室进行水文分析测试，制作海洋生物标本。 ④与博士研究生交流互动，了解高新技术对于我国国防科技的发展应用。

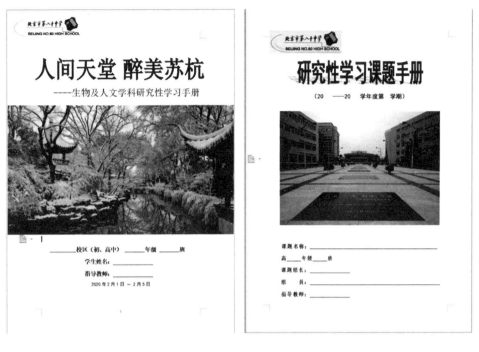

图 2-48 研学行程手册封面图和研学课题手册封面图

在整个学习和探究过程中，学生都是由各领域的专家带领和指导的，有大学教授、博士研究生还有各院所研究员等。相对于学科老师而言，他们的专业度更高，而且也为学生以后进入大学选定专业以及以后的职业生涯规划打下了基础。

④效果与反思

我校研学旅行课程于2017年寒假进入第一次实施阶段，从2017年寒假到2020年寒假已经进行了4年，参加的学生共计2000人。研学旅行课程的记录已经纳入学分管理体系和综合素质评价体系，相当于成了高中学生的一门"必修课"。此外，这一课程模式在八十中学的其他分校还展开过经验交流，各分校都在借鉴我校的研学旅行课程设计。

A.学生核心素养明显提高

学生在真实、完整、综合的学习过程中，怀着强烈的好奇心和求知欲，围绕特定主题，充分调动已有的认知和实践经验，积极运用掌握的资源，进行深度学习，主动探索未知世界，求取真知，获得成长。在每一学年的研学旅行前后，我们都会对学生进行有关核心素养方面的调查，以形成对比，看这门课程在发展学生核心素养上是否取得成效。调查表明，学生的核心素养确实在各方面得以提高。如表所示：

B. 学生研学成果丰硕

研学成效还体现在学生的作品上（如图2-49），主要包括学生的研学旅行日志、随笔报告、摄影作品、视频录像、绘画创作、诗词歌赋、戏曲小品、合唱吟诵、学术论文等。这些作品不仅体现了学生表达能力与写作能力的提高，也意味着他们对研学途中风土人情的感受，对祖国甚至世界历史文化的理解。

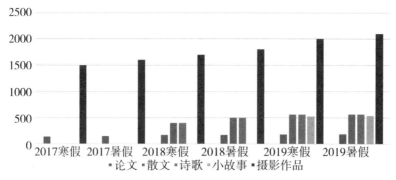

图 2-49　2017—2019 年学生研学旅行作品的类型和数量

我校会以研学汇报的形式让学生展示自己的作品，优秀作品也会在校内进行展览，并且将学生的散文与诗歌出版成集。学生的优秀作品不仅在校内得以展出，在北京市也收获了很多奖项。

C. 团队成员的课程意识、课程开发与实施能力得到了较大提升

研学教师通过四年的研究与实施，课程开发与实施的理论水平得到了提升。课题组成员充分认识到研学旅行课程的性质、地位和作用，自觉转换角色，大家认识到，研学旅行蕴含了学习方式和育人模式的变革。发展学生核心素养的校本课程对其素质的要求显然更高，研学旅行要求教师能够创设与现实生活紧密关联、具有真实性的问题情境，让学生基于现实问题开展"体验式、合作式、探究式"的实践学习，这种强调"实践体验"的教育模式本身就是对传统教学的"颠覆和变革"。学校在设计和开展研学旅行校本课程的过程中，以"重视实践体验"为基本原则，在行程安排、活动部署、教学内

容、教学方式的选择上都贯穿"重体验性""重实践性"的特色，尽可能调动学生内在情感、态度、价值观的参与，尽可能改变学生传统的认知方式，尽可能创造"主动探索，获取知识"的学习场域，尽可能增加学生对社会生活的体验，尽可能满足学生群体性组织的需求，尽可能提供学生与社会、学校、家庭的交往机会，不断促进个体与社会及其自身文化的交融，推动"个体社会化""个体个性化"的发展进程。研学旅行导师和教师应该发挥"脚手架"的作用，为学生提供学习的场景、时间、资源、工具、方法等外在条件。

（3）科研课程

八十中是"朝阳区科技教育示范校""北京市科技教育示范校"和"北京市金鹏科技团机器人分团""北京市金鹏科技团电子与信息分团""翱翔计划基地校""北京青少年科技俱乐部会员单位""后备人才早期培养计划基地校""全国十佳科技教育创新学校""英才计划基地校"等。其中后备人才早期培养计划、英才计划、拔尖人才计划、科技俱乐部这四个项目在众多科学家的倡议和支持下，市科协充分利用中央在京科研所的资源优势，大力发现和培养有志于科学研究的优秀青少年，建设科技人才后备梯队。主要面向本市高中一年级学生，遴选其中学有余力并有志于科学探索者，为他们提供与杰出科学专家和现代高新科技零距离接触的机会，从接触中自由选择一个感兴趣的小课题作为载体，在以导师为首的科研团组指导下，利用周末和寒暑假期间，接受科学思想和科学精神的熏陶，掌握初步的科学实验方法，培养务实求真的科学态度，提高自身的科学素养以及创新思维和科学实践的能力。八十中每年会选拔推荐四十多名同学参与此项活动。

如今在科研院的大力支持下，参与的实验室已达140余个，导师达150余人。各项"计划"的实施，在北京丰富的科技资源与青少年从事科学研究和探索的热烈愿望之间搭建了桥梁，促进了青少年创新思维、实验技能、问辩能力、团队协作等各方面综合素质的提高，从"计划"中走出的学生，大部分被国家重点高校录取，很多人在国外知名大学继续深造，还有一部分青少年已成了优秀的科研人员，为国家的科技事业发展贡献着自己的力量。

4.实施与评价

"三级立体生态"理念指导下的研学学科"三级立体生态"课程群在综合

实践教研组全面展开，所有教师学习了相关理论文献，参加了相关的培训指导，在高一年级有序开展。"评价"也是研究性学习活动的重要组成部分，它贯穿研究性学习活动的始终，评价的内容与方式必须充分关注学习态度，重视学习的过程与方法，重视交流与合作，重视动手实践。学校的研究性学习评价非常多样化，一是要评价学生的学习态度，如学生参加活动的次数、认真程度、行为表现等；二是要评价学生的合作精神，如是否乐于与同伴合作开展活动、活动中是否认真倾听他人意见；三是要评价学生的创新精神，如是否善于观察、乐于发现、敢于质疑；四是要评价学生的学习能力，如学生采集和处理信息、数据的能力；另外，学校在研学评价时也体现了主体多元化，评价的主体有教师、学生、家长以及与活动相关的人。因为研究性学习活动是以学生为主体，强调学生亲历实践、重视体验的课程，所以要特别重视学生的自我评价和学生间的互评。通过评价提高他们辨别是非、自我教育的能力。

（十四）劳动学科"三级立体生态"课程群建设

负责人：赵玉泉；建设者：杜文红、何斌、姚亭秀

1.建设目标

在认知层面，要懂得劳动的重要意义，懂得劳动创造幸福、创造世界，劳动最光荣；在情感层面，要热爱劳动、尊重劳动、尊重劳动人民、珍惜劳动成果、以劳动为乐；在能力层面，要学会有关劳动的技能，比较熟练地使用工具，具有劳动的本领；在行为层面，劳动应成为学生的行为习惯，逐渐成为一种行为模式[①]。

强化劳动观念、弘扬劳动精神。培养学生勤俭节约、勤奋求实、创造奉献（八十中学校训）的劳动精神。

让劳动教育在各个层面同时展开，统筹兼顾，并注重互相融通，整体推进，逐步深入，这样才能实现劳动教育的目标，与德智体美各育协同，落实立德树人的根本任务。通过劳动学科课程群建设促进五育融合。充分发挥劳动学科课程所具有的立德、益智、健体、育美和尚劳的综合育人价值。

---

① 成尚荣．价值体认：劳动教育的核心 [N]．中国教育报，2019-06-05．

通过劳动课程与多学科课程融合，实现劳动教育与学科核心素养的密切结合。

2. 课程群结构

劳动教育的核心应该是价值体认，即让学生在劳动教育的各个层面体验、探究劳动的价值，并使之内化为价值观。因为，有什么样的价值体认，就会有什么样的劳动教育，也就会有什么样的劳动状况；价值体认，影响并决定着劳动的意义，影响并决定着学生劳动的自觉水平，也必定影响并决定着劳动教育的境界。把劳动教育的核心置于价值体认，既是一种坚守，也是一种超越，是情感、态度、价值观的升华，是对劳动偏狭于某一方面或止于表层的超越。

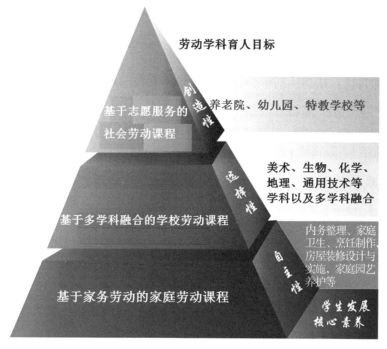

图 2-50 劳动学科"三级立体生态"课程群结构

苏霍姆林斯基指出，劳动教育的最终目的并非仅仅培养劳动者。他说："人生育人，而劳动则把人造成真正的人。""每天劳动不止，让心灵如天天耕地的犁耙光洁如镜"，通过普通而平凡的劳动"登上人类尊严的最高阶梯"。苏霍姆林斯基正是紧紧围绕价值体认进行劳动教育，用价值体认将劳动教育的各个层面融合起来，促使劳动教育走向深处，走向审美境界，让劳动成为学生终身发展最宝贵的财富。

遵循学校"三级立体生态"课程结构建构的理念，劳动学科课程群将从家庭—学校—社会三个空间去设计，建构劳动学科"三级立体生态"课程群结构（如图2-50）。

3. 基于多学科融合的学校劳动课程体系

（1）美术学科：认识美、爱好美和创造美

课堂教学：园林设计的基本理念和园林相地、布局、造景等理论知识。

课内实践：学生充当花园设计师的角色，亲自参与设计并绘制"八十中学校园西花园"设计图。

课外实践：实地考察花园负责区域，并讨论"八十中学校园西花园"设计是否可行。

（2）生物学科：生物多样性的理解和把握

认知目标：认识生活中常见的园林植物和校园中85%以上的植物，了解每种植物的生活环境。

技能目标：完成1—2种花卉的种植过程，熟悉它们的栽培过程；掌握水培植物方法。

情感目标：树立正确的生态观、环境观；体验劳动的艰辛，感受收获喜悦。

（3）化学学科

校园西花园劳作区：让学生学习化肥、农药的使用，了解化肥、农药类型、施用方法和注意事项等。

喷泉养鱼区：鱼饲料营养价值的化学分析；通过饲料喂养实验，观察鱼类生长情况等，了解不同饲料的作用。

水质的检验：水质采样方法及方案设计，学会用简易方法检测水质。

（4）地理学科实践活动设计方案

探究活动一：了解校园植被

调查方法：①查阅资料，了解每种树木生长所需的环境，如气温、湿度、光照、土壤等；②查阅当地气温、土壤等信息；③将每种树木所需的环境条件与当地环境条件比较，并结合经验把所有树种分为"当地树种"和"引进树种"两类；④针对"引进树种"和"当地树种"两类树木的生长状况探究原因；⑤对校园绿化提出合理化建议；⑥绘制校园植被分布图。

探究活动二：校园土壤观察

通过野外观察或运用土壤标本，说明土壤的主要形成因素，突出地理实践力的培养。

环节一：筛选课题研究主题以及查阅资料，了解相关研究方法；

环节二：选取校内采样地点，并进行实验（融合化学学科）；

环节三：实验并获取相关数据，填写下表2-15。

表2-15　校园土壤观察数据表

采样地	食堂前树下	篮球场边草地	国际部小松树下	…
采样深度				
环境描述				
土壤颜色				
pH值				
松紧度				
湿度				
渗水性				
滚球实验				

环节四：分析数据，制作图表，阐述小尺度区域（校园环境）土壤性质与环境关系。

（5）通用技术学科

通用技术学科的选择性必修课程共有4个系列、11个模块。其中，"技术与生活"系列3个模块，分别为"现代家政技术""服装及其设计""智能家居应用设计"；"技术与工程"系列3个模块，分别为"工程设计基础""电子控制技术""机器人设计与制作"；"技术与职业"系列2个模块，分别为"技术与职业探索""职业技术基础"；"技术与创造"系列3个模块，分别为"创造力开发与技术发明""产品三维设计与制造""科技人文融合创新专题"。系列之间、系列中各模块之间均为并列关系（如图2-51），便于学生自主选择。

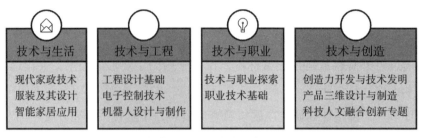

图2-51　通用技术选择性必修模块四个系列及其包含的模块

4.实施与评价（如表2-16）

表2-16　课程实施与评价表

课程名称	实施与评价主体	年级
基于家务劳动的家庭劳动课程	本人家庭成员	2学分，在课外时间进行，高中三年不少于40小时
基于多学科融合的学校劳动课程	学科教师	2学分，平时表现评价、学段综合评价、劳动素养检测
基于社会服务的社会劳动课程	教育处 班主任	2学分，在课外时间进行，高中三年不少于40小时

此外，学校还提出了高中阶段"优良50+5有"的课程学习要求：

●学生在以优良成绩完成高中学业的基础上，至少读50本好书，这些书要涉猎6个以上领域。在每个领域中：

●有一本乐于精读的经典代表作；

●有一本乐于持续阅读的期刊；

●有一个痴迷、喜爱的研究领域并乐于不断进行探究的活动；

●有一项文体特长，能每天坚持三十分钟演练，力争在学校此项活动中成为骨干；

●有一项为他人服务的持续实践活动；并能享受其中的自豪与快乐。

这样，我们就从兴趣出发，把每一个兴趣当成孩子们了解生命、了解世界的大门。我们就从兴趣升华到对学生进行生命教育的大格局。通过这些课程设置与实施全面实现我们的育人目标。

第三章

"三级立体生态"课程实施

第一节　课堂教学改革

无论是课程改革还是高考综合改革，只有在课堂教学这一实现改革目标的"主阵地""深水区"真正落地，才真正标志着改革的成功，否则，再好的改革方案也如同是"水中月""镜中花"，只能停留在美好蓝图上而不能成功。因此，紧紧围绕课堂教学落实改革目标，让改革目标在课堂教学这一"主阵地""深水区"生新根、发新芽，才会有生命生长的活力。因此，学校不仅重视新课程的建设，更加高度重视新课程的实施，在开齐开足国家课程的基础之上合理安排校本课程。

《基础教育课程改革纲要》提出了基础教育课程改革的六项具体目标，其中首要一项就是："改变课程过于注重知识传授的倾向，强调形成积极主动的学习态度，使获得基础知识与基本技能的过程同时成为学会学习和形成正确价值观的过程。"对此我们可以诠释三点：一是"改变课程过于注重知识传授的倾向"，并不是否定应该注重知识传授，而是要改变"过"的问题，落实"双基"传授依然是重要的课程目标之一，当然并不是唯一；二是"强调形成积极主动的学习态度"，就是要学生由学习的被动接受者变为积极主动的建构者；三是"使获得基础知识与基本技能（'知识与技能'目标）的过程同时成为学会学习（'过程与方法'目标）和形成正确价值观（'情感态度与价值观'目标）的过程"，其实就是要求"三维度"课程目标的有机融合，要由传统的过于注重"双基"一维度转变为"三维度"融合的目标，这也是新一轮（第八轮）课程改革最大亮点之一：提出了"三维度"课程目标的新概念。显然，课堂教学目标设计与实施理念已经悄然地发生了新的变革。

自2004年秋季起，普通高中新课程改革开始正式进入课堂教学这一"深水区",但并不是"浑水区",那就是清醒地认识到:要紧紧地围绕如何科学设计与实施"三维度"课堂教学目标来进行课堂教学改革,因为课堂教学目标是课堂教学之"本",如何达成课堂教学目标是课堂教学之"道","本立而道生"。钟启泉教授说:"课堂教学改革必须从变革教学设计做起,从推进'三维目标链'的教学设计做起。"这给我们进行课堂教学改革指明了道路和方向。那么,课堂教学的"三维度"目标该如何设计?又怎样才能够形成"三维目标链"呢?又该如何推进"三维目标链"的教学设计与实施呢?

一、基于调研发现课堂教学中的真问题

爱因斯坦说过:发现问题比解决问题更重要。而能够发现自身的问题就更重要,因为这是自我改进与提升的前提。基于对新课程的学习研究与调研发现课堂教学中对"三维度"课堂教学目标设计与实施存在两个突出问题:一是目标的维度不融合,表现在三维度"彼此孤立""各自为政",不仅使得"过程与方法""情感态度与价值观"目标缺乏实现的载体,而且因为缺失"过程与方法""情感态度与价值观",使得"知识与技能"目标的落实成为机械记忆与训练的过程;二是目标的难度不清晰,表现在对目标难度"缺乏界定""混乱堆砌",不知道哪些目标学生自主、合作学习就可以达成,哪些目标必须通过师生合作、生生合作与探究才能实现,在课堂上落实教学目标时"眉毛胡子一把抓",既不利于培养学生各种学习能力,又不能突出重点突破难点,更难以达成较高水平目标,课堂教学效益低下;从而导致"三维度"课堂教学目标不能有效达成,这是关乎新课改目标在课堂教学这一课程实施"主渠道""深水区"能否"落地"的问题。

二、基于研究真解决课堂教学中的问题

(一)理论上解决于中美教学理论的融合

直面问题、抓住机遇,学校积极主动请进来美国马扎诺等教育专家,举办了"私人订制"式的以课堂教学目标设计与实施为核心的集体化理论培训与个性化实践指导,启迪我们借鉴马扎诺的"四水平"学习目标理论[①]以有效

---

① [美]罗伯特·J.马扎诺,黛布拉·J.皮克林,塔米·赫夫尔鲍尔著;邵钦瑜,冯蕾译.学习目标、形成性评估与高效课堂[M].北京:中国书籍出版社,2012.

解决上述问题，即将中国新课程理念的"三维度"和美国马扎诺理论的"四水平"有机融合起来，作为课堂教学目标设计的理论依据（理论创新），创造性提出"三维度四水平"课堂教学目标的概念（全新概念），主张以"知识与技能"目标为载体去融合"过程与方法""情感态度与价值观"目标，并将高度融合的"三维度"目标划分为四个难度水平，将教学目标划分为四个难度水平，从低到高分别为：水平1——提取目标（包括识别、回忆和执行三种类型），水平2——理解目标（包括整合和象征两种类型），水平3——分析目标（包括配对、归类、概括、分析错误和具体说明五种类型），水平4——运用目标（包括决策、实验、调研和解决问题四种类型）。这样设计出来的教学目标既维度融合又难度分明，我们称之为"三维度四水平"课堂教学目标。之所以可以借鉴马扎诺"四水平"学习目标理论用于课堂教学目标设计，一方面是由于教学目标与学习目标应该是高度一致的；另一方面是由于"知识与技能"这一维度目标在"三维度"教学目标中的基础地位和载体性作用所决定的。这样，理论上就很好地解决了"三维度"课堂教学目标设计与实施存在的"维度不融合"和"难度不清晰"两个突出问题。那么，实践中如何设计与实施呢？

（二）实践上解决于专项课题研究的引领

早在2008年，就开展了省级教育科学研究"十一五"规划立项课题："高中化学新课程实施与师生教学活动方式转变的研究"，以及中国化学会化学教育委员会基础教育"十一五"规划重点课题："在探究活动中进行实验设计与创新的行动研究"，并取得一定研究成果；在此基础上又开展了北京市朝阳区教育科学"十二五"规划立项课题："基于新课程理念的'三维度'和马扎诺理论的'四水平'高中化学课堂教学目标设计与实施的研究"，又取得了一定研究成果。同时，将相关研究成果由高中化学学科推广到全校所有学科，并形成常态。

1. 建构出"三维度四水平"课堂教学目标的设计思路与方法

"三维度四水平"教学目标设计的基础就是"知识与技能"（这是一线教师最熟悉的），关键是对于"知识与技能"中所蕴含教育价值的挖掘和难度水平的界定（这对一线教师还是很大的挑战！），这显然还要密切结合学生的实际水平。"三维度四水平"课堂教学目标设计思路与方法（如图3-1）。

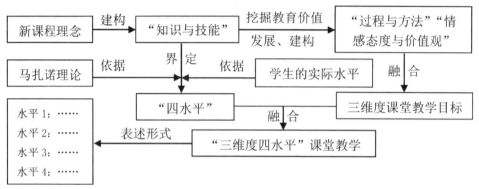

图3-1 三维度四水平课堂教学目标设计思路与方法

"课时教学目标的叙写，一般包括四个要素：行为主体、行为动词、行为条件和表现程度（也有用'标准'的）。"一般可采用的表述格式为："学生将能够……"

2.实施了"三维度四水平"课堂教学目标的设计策略

"三维度四水平"课堂教学目标设计的理论依据很"骨感"，但实践起来却很"丰满"，全面实施亦非易事。因此，可以采取两步走策略，第一步先设计三维度课堂教学目标，第二步再将三维度课堂教学目标进行四水平界定。三维度课堂教学目标的设计可以采用直接法，即直接挖掘"知识与技能"中所蕴含的教育价值，并以此发展、建构其他二维度教学目标，从而直接得到三维度课堂教学目标（如图3-1）。由于不同类型的知识与技能其教育价值是不同的，所以，可采用将学科知识与技能进一步细化为不同类型，再按类型具体实施的策略。这对教师要求很高，很多教师是难以做到的。因此，另一种常用方法是——间接法（借鉴法），即充分借鉴（不是照抄照搬）课程标准、教师教学用书中设计的目标，捋清各类目标之间的关系，逐步构建出最终所需的针对性三维度课堂教学目标（如图3-2）。

值得说明的是，将普适性三维度课堂教学目标最终具体化融合为"三维度四水平"课堂教学目标时，必须密切结合学生"三方面"实际——"过去已有的""现在欲达到的""未来发展需要的"，设计出针对性强的、有效的"三维度四水平"课堂教学目标。

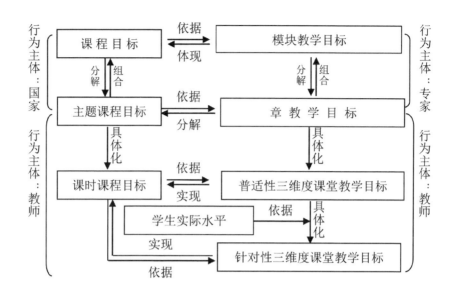

图 3-2 借鉴法设计三维度课堂教学目标的流程

学生实际是教学目标设计中最为活跃的特殊因素,因此,这就决定了即便是同一位任课教师、同一教学内容,由于不同的学生实际其教学目标设计也应该有所不同。更何况教学目标除了预设的之外还有生成的,即教学目标具有灵活性,教师可根据教学实际情况及时进行调整,这是教师对教学资源进行重新整合和再创造的过程,也是教师教学智慧的体现。此外,课堂教学目标还具有时代性,受时代政治、思想、科技、文化、价值观等影响,因此必须与时俱进!

3. 设计出"三维度四水平"课堂教学目标的实施方法

课堂教学目标既是课堂教学设计的起点也是归宿,因为,整个课堂教学过程中学生(个人或小组)和教师的活动与任务的设计,都是紧紧围绕如何达成课堂教学目标的逻辑来进行的,这正是体现"以目标为本"的"三生和谐"课堂教学的基本观点。所以说,课堂教学目标的变革不仅是课堂教学改革的基础,也是核心与关键。那么,在课堂教学中如何达成"三维度四水平"课堂教学目标呢?基于以下两点思考:

一是基于"三维度四水平"的课堂教学目标,正是"三维度"课堂教学目标按照"四水平"形成的一个完整的进阶式的"三维目标链"(如图3-3所示），其完全符合学生的认知与思维规律，必将有利于学生思维能力进阶式发展。因此，"三维度四水平"课堂教学目标链的形成必然使课堂教学设计与实施变得精彩。

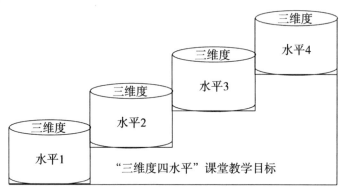

图 3-3　一个完整的进阶式的"三维目标链"

二是基于课堂教学的一个"三不同"公理：课堂教学目标的难度水平不同，决定了达成不同难度水平的课堂教学目标需要完成的活动与任务不同，应该采用的教与学的方式/方法不同。

因此，将"三维度四水平"课堂教学目标应用于教学实践，一般来讲，水平1和部分水平2的目标（"多少"与学生个体实际水平密切相关，具有动态变化性），学生通过课前个人或小组自主学习是可以达成的，称之为课前目标；部分水平2和水平3的目标学生通过课上集体自主、合作、交流学习也是可以达成的，部分水平3和水平4的目标则要课上通过师生合作、生生合作共同探究来达成，而最后部分水平4的目标，尤其是具有一定研究性、实践性等超越课上能够完成的活动与任务的目标（有无，具有动态变化性），则需要通过课后实践学习来达成。即"三维度四水平"课堂教学目标可以分解为学生课前—课上—课后学习目标，并形成与"三维度四水平"课堂教学目标链恰好对应的学生"课前—课上—课后"学习目标链，以及以主要学习方式为代表形成的"自主—合作与探究—实践"学习方式链，从而形成了教学目标链、学习目标链、学习方式链"三链融合、三位一体"的特色教学结构（如图3-4）。这种特色教学结构突破了传统的课堂观，将课堂在空间维度上扩展到教室外甚至学校外，在时间维度上从课上45分钟延伸到课前和课后，在活动维度上由教师满堂灌转变为学生自主、合作、探究和实践学习。从而确立起教学目标、学习目标和学习方式三位一体的"新大课堂观";提炼出以学生为主体"新大课堂观"下,实施"三维度四水平"课堂教学目标的课堂教学基本方法(如图3-5)。

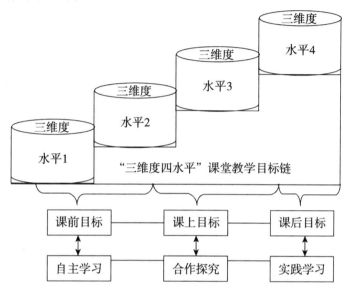

图 3-4 "三维度四水平"课堂教学目标链
课前—课上—课后学习目标链 自主—合作与探究—实践学习方式链

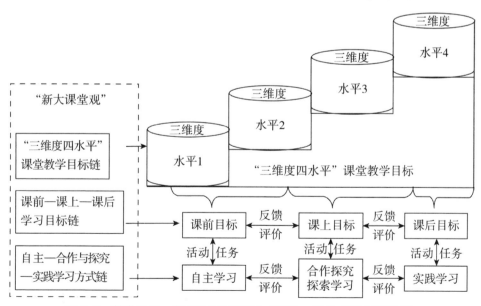

图 3-5 教学目标、学习目标和学习方式三位一体的"新大课堂观"
以学生为主体"新大课堂观"下实施"三维度四水平"课堂教学目标的基本方法

4. 概括出实施"三维度四水平"课堂教学目标的基本流程

实施"三维度四水平"课堂教学目标的基本流程可概括为"三步两反馈"（如图3-6）。

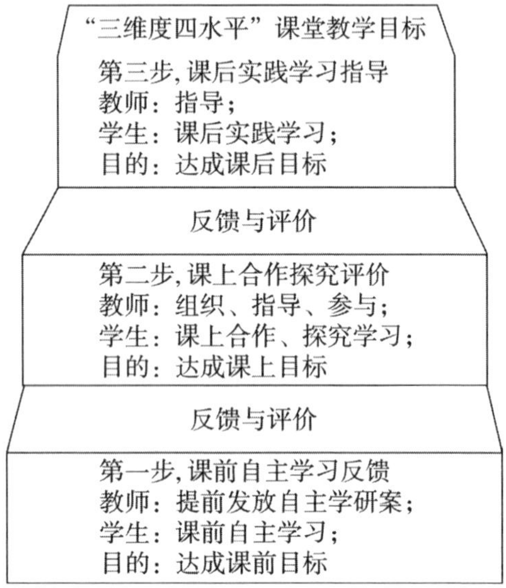

```
┌─────────────────────────────────┐
│  "三维度四水平"课堂教学目标       │
│  第三步,课后实践学习指导          │
│  教师：指导；                     │
│  学生：课后实践学习；             │
│  目的：达成课后目标               │
├─────────────────────────────────┤
│         反馈与评价                │
├─────────────────────────────────┤
│  第二步,课上合作探究评价          │
│  教师：组织、指导、参与；         │
│  学生：课上合作、探究学习；       │
│  目的：达成课上目标               │
├─────────────────────────────────┤
│         反馈与评价                │
├─────────────────────────────────┤
│  第一步,课前自主学习反馈          │
│  教师：提前发放自主学研案；       │
│  学生：课前自主学习；             │
│  目的：达成课前目标               │
└─────────────────────────────────┘
```

图 3-6　以学生为主体实施"三维度四水平"课堂教学目标的"三步两反馈"实施流程

第一步，课前自主学习反馈。教师至少提前一天发放自主学研案。自主学研案的主要内容包括课题、"三维度四水平"课堂学习目标、学习重点、难点、资源（包括微视频）以及活动与任务、反馈与评价等。学生依据自主学研案进行课前自主学习，达成课前目标。

第二步，课上合作探究评价。教师通过对学生课前自主学习情况进行反馈与评价（可以作为课前最后一个环节，也可以作为课上第一个环节），从而准确掌握学生课前目标达成的实际情况并以此确定课上教学目标的起点（一般为水平2的某一目标或水平3目标），真正做到先学后教、以学定教。课上主要采用师生合作与生生合作、探究学习方式达成相应的课上教学目标，并进行及时的反馈与评价（可以课上随时进行，也可以作为课上最后一个环节，或课后第一个环节）。

第三步，课后实践学习指导。部分水平4的目标（尤其是具有一定研究性、实践性等超越课上能够完成的活动与任务的目标，有或无与课标要求、教学内容等密切相关，具有动态变化性）则需要通过课后实践学习来达成，教师通过指导学生进行课后的决策、实验探究、调研、问题解决等活动，使学生学会将知识与技能和生活实际相结合，并做到将所学知识应用于解决实际生活问题。

综上，实践上又很好地解决了"三维度"课堂教学目标设计与实施存在的"维度不融合"和"难度不清晰"两个突出问题，实现了"三维度四水平"课堂教学目标的有效达成，不仅使新课改目标在课堂教学中真正"落地"，大大促进了教师的专业化发展，而且形成了学校的特色课堂——"三生和谐"课堂。

第二节 课堂教学文化

一、形成了学校特色的"三生和谐"课堂

"三维度四水平"课堂教学目标设计的关键之一就是对"知识与技能"中所蕴含的教育价值的挖掘，或者说是对"知识与技能"目标中所承载的"过程与方法""情感态度与价值观"目标的建构，这对教师的专业化知识与技能具有很大的挑战性；另一关键是对"三维度"课堂教学目标难度水平的界定，这还需要密切结合学生的实际水平："过去已有的""现在欲达到的""未来发展需要的"；而学生实际是教学目标设计中最为活跃的特殊因素，这就决定了即便是同一教学内容，由于不同的学生实际其教学目标设计也应该有所不同，更何况教学目标除了预设的之外还有生成的，即教学目标具有灵活性，教师可根据教学实际情况及时进行调整，这是教师对教学资源进行重新整合和再创造的过程，也是教师教学智慧的体现，这对教师的专业化知识与技能要求很高。在"三维度四水平"课堂教学目标链的设计过程中教师不仅知道了"教什么"而且知道了"教到什么水平"；在"新大课堂观"下实施"三维度四水平"课堂教学目标又很好地解决了教师"怎么教"的问题。因此，践行"三维度四水平"课堂教学目标设计与实施能够有效提高教师的专业化水平与技能。

提升教师的专业化研究能力需要进行专业化问题研究，课堂教学改革问题是一个永恒的教师的专业化问题。因此，学校又通过北京市教育科学"十二五"规划校本专项课题"北京市第八十中学'三生和谐'课堂教学行动

研究"为引领，围绕"三维度四水平"高中化学课堂教学目标设计与实施的研究成果，进行课堂教学改革的深度研究与推广，使得特色课堂辐射推广到全校所有学科，并在校内外教学活动引领下成为全校课堂教学常态，不仅大大提升了教师的专业化研究能力，使得新课改目标在全校课堂教学中全面"落地"，而且形成了学校特色课堂——"三生和谐"课堂。

二、创生了学校特色的"三生和谐"课堂教学文化

（一）"三生和谐"名称的由来

1.源于科学发展观在学校落地生根

"坚持以人为本，树立全面、协调、可持续的发展观，促进经济社会和人的全面发展"的科学发展观，不仅是构建社会主义和谐社会的理论基础，也为学校和谐课堂教学的构建提供了理论指导，和谐社会这片沃土自然孕育了和谐课堂教学这颗种子，并让其发芽、生长、开花、结果。新课程改革其核心理念是素质教育，基本出发点与归宿就是促进学生全面和谐发展，新课程标准充分体现将学生作为"整体的人"发展的价值追求，注重学生基本素质的全面和谐发展，和谐课堂教学的建构便在实施新课程的时代背景下应运而生。2011年9月9日，时任中共中央总书记的胡锦涛同志亲自莅临北京市第八十中学，胡总书记的莅临指导，使得学校的和谐校园文化得到升华；"一人一天地，一木一自然——让生命因教育而精彩"的办学指导思想，"人文管理、温馨德育、和谐课堂、阳光服务"的办学方略等，无不是和谐校园文化的体现，因此，"和谐课堂"教学的定位也就在学校和谐文化的背景下自然而生。社会需要和谐，学校需要和谐，课堂教学更需要和谐。"和谐课堂"的定位不仅缘于一定的新课改的时代背景，还有其建构和谐社会的社会背景以及学校的和谐文化背景，是与学校的和谐发展一脉相承的。

2.源于对"和谐"的理解和认识逐步得到深化

从哲学的角度来理解和认识"和谐"，和谐就是指不同事物之间以及同一事物内部各要素之间，在一定条件下形成相同相成、相辅相成、相反相成、互助合作、互利互惠、互促互补、共同发展的关系，是彼此相互配合适当，处于一种相对协调、动态平衡、互相融合、辩证统一的状态。从传统文化经

典的角度来理解和认识"和谐"，如果用《易经》思想来说就是"一阴一阳之谓道"；如果用《道德经》观点来讲就是"道法自然"；如果用《中庸》理念来讲就是"中庸之道"。孔子提出"和而不同"的命题，揭示了和谐的本质。因此，和谐是对立中的一致，是差异中的统一；和谐是一种完美，是自然和人类社会存在的最理想状态。因此，将"和谐"思想运用到课堂教学中，和谐既是一种课堂教学指导思想，又是课堂教学的最终目的和最高境界，也正是学校生态教育理念的核心。

3. 源于对"和谐课堂"的理解和认识逐步得到升华

在"和谐"思想指导下，"和谐课堂"的基本内涵，首先从构成课堂教学的各种基本要素来讲，就是时间（课前、课上、课后）、地点（教室、实验室、社会）、人物（师与生）、事件（教与学）、目标 [维度、难度（"三维度四水平"）]、内容（易、中、难）、实施 [学习方式（自主、合作、探究、实践）、教学方式（讲授式、探究式）]，等要素的和谐；而在这些繁杂众多的要素中核心要素是什么？当然是人！那么，课堂教学中的人都有谁？这是一个无须回答的问题，没有无教师的课堂，同样也没有无学生的课堂，任何课堂都是既有教师又有学生的，是师生共同体构成的课堂教学本体，因此，课堂教学是以师生共同体为本，是师与生的合一。"以人为本、追求人的整体发展"是现代教育理念的核心，那么，人的整体发展都有哪些方面呢？又需要哪些环境条件呢？就课堂教学而言，那就是要创造一个有利于师生生命生长的和谐的课堂教学生态。

4. 源于"全面发展的和谐人"人性假设理论的支撑

课堂教学的最终目的是育人，那么，首先就要弄清楚"育成什么样的人？"。纵观古今中外，不乏诸多古圣先贤、现代学者潜心研究人的本性（人性），在中国，自先秦诸子开始，有孔子的"仁学"、孟子的"性善论"、荀子的"性恶论"以及老子的"贵柔守雌说"，当代的有"目标人""创新人""生态人""知识人"等人性假设理论；在外国，代表性的人性假设理论主要有："经济人""社会人""自动人（自我实现人）""复杂人"等人性假设理论，这充分反映了对于人性认识是不断丰富与深化的过程。然而，这正如宋代文学家苏轼的诗作《题西林壁》："横看成岭侧成峰，远近高低各不同。不识庐山真面目，只缘身在此山中。"与诗中所蕴含的哲理一样，正是由于人（研究者）来研究认识人（研究对象），研究者各自侧重从某一方面来认识人性，提出的各种人性假设理论都是正确的，但同时也都是片面的、有缺陷的，体现的是"片面人"，这也正如"盲人摸象"，各自说的都是对的，但对于"全面人"来讲都只对了一部分。由于人是自然属性、社会属性和文化精神属性等多种属性的统一体，就决定了人性具有多样性、复杂性和变化性等特点，因此，我们认可的是"全面发展的和谐人"人性假设理论，因为"全面发展的和谐人"人性假设理论并不排斥和否定其他人性假设理论，而是对各种人性假设理论的合理借鉴、科学整合与有效统一，是对其他人性假设的发展和超越。"全面发展的和谐人"人性观的核心就是"坚持以人为本，全面、协调、可持续的发展观"。

将"全面发展的和谐人"人性假设理论运用于"和谐课堂"，我们将其具体凝练为三个方面，即生活、生命和生长。生活追求的是幸福、生命追求的是价值、生长必须遵循的是自然规律；运用于课堂教学之中，"三生"指课堂教学即生活、生命、生长；认为课堂教学应该是师生收获生活幸福的乐园、是师生实现生命价值的原野、是师生尊重生长规律的田园；生活是基础，是生命与生长的前提和保障；生命是核心，生命是生活与生长的价值；生长即发展，生长是生活与生命的目的；生活、生命、生长三生和谐一体。"三生和谐"是"以人为本、追求人的整体发展"的教育理念在课堂教学上的全面体现；是对"人是一个整体，一个完整的统一体，教育的最高目标就是力求达到和谐发展"的教育理念在课堂教学上的完整诠释；是"全面而有个性的和谐发展"；也就是全面贯彻党的教育方针，坚持德智体美劳"五育"并举。"和谐"指课堂教学全面、协调和可持续；是课堂教学中师生、生生关系的和谐，是课堂教学目标"三维度"和"四水平"的和谐，是教学手段与学习内容的和谐，是学习方式与教学方式的和谐，是构成课堂教学各种要素的生态和谐。"三生"与"和谐"既有各自独立的内涵，彼此间又有机融合在一起构成"三生和谐"。"三生"是"和谐"内容的凝练，"和谐"是"三生"发展的需要和结果。因此，"三生和谐课堂"就是指课堂教学以师生共同体为本，以最终实现师生"三生"和谐发展的课堂。"三生和谐课堂"是对新课程理念、"全面发展的和谐人"

人性假设理论在课堂教学中的校本化实施。

综上，北京市第八十中学特色课堂最终定名为"三生和谐"课堂，这之中包含着丰富的理念、思想和文化。

（二）"三生和谐"课堂教学文化的形成

1."三生和谐"课堂教学文化之根

"一人一天地，一木一自然——让生命因教育而精彩"是北京市第八十中学的办学思想，这一办学思想可谓集"天、地、人"三才于一体，既传承了中华优秀传统文化的核心，讲究"道法自然""天人合一"；又与时俱进，讲究生命教育。学校办学方略（人文管理、温馨德育、和谐课堂、阳光服务）之课堂教学方略就是"和谐课堂"。纵观古今中外的教育教学理论，其实都未能超越"道法自然"，这无疑是"三生和谐"课堂教学文化之根。"全面发展的和谐人"人性观的核心就是："坚持以人为本，全面、协调、可持续的发展观"，这是"三生和谐"课堂教学文化的理论之根。"三生和谐"课堂教学文化是对学校文化的创新发展。

2."三生和谐"课堂教学文化特色

（1）特色课堂教学目标——"三维度四水平"课堂教学目标

课堂教学目标既是课堂教学设计的起点也是归宿，因为，整个课堂教学过程中学生（个人或小组）和教师的活动与任务的设计，都是紧紧围绕如何达成课堂教学目标的逻辑来进行的，这正是体现"以目标为本"的"三生和谐"课堂教学的基本观点。所以说，课堂教学目标的变革不仅是课堂教学改革的基础，也是核心与关键。基于调研和思考，经过多方理论研究和实践探索，创造性提出了学校特色的"三维度四水平"课堂教学目标这一全新概念，这是学校首创，也必将成为开启学校课堂教学改革之门的一把金钥匙。

（2）特色课堂观——"新大课堂观"

课堂观是人们对课堂教学总的根本的看法，它直接影响和制约着师生的课堂教学行为。"新大课堂观"的概念既不同于传统的课堂观，也有别于现代有些人提出的大课堂观[①]，现比较如下（详见表3-1）。

[①] 周红．大课堂观视野下的思想政治理论课教学之实践维度 [J]．四川警官高等专科学校学报，2007，（12）第19卷第6期（警察教育与训练）．

表3-1 传统课堂观、有些人提出的"大课堂观"与本研究提出的"新大课堂观"的比较

课堂观	时间维度	空间维度	活动维度	本质区别
传统课堂观	课上45分钟	教室	班级师生教学活动	"新大课堂观"是基于将传统课堂教学目标（通常指课上）分解为课前目标、课上目标和课后目标。
有些人提出的"大课堂观"	课上45分钟→延长	校内→校外、国内→国外	班级师生＋专家学者＋……	
本研究提出的"新大课堂观"	课前←课上→课后	课前→学生自主 课上→教室 课后→学生自主	课前→自主、合作学习 课上→合作、探究学习 课后→实践学习	

　　"新大课堂观"突破了传统的课堂观，将课堂在空间维度上扩展到教室外甚至学校外，在时间维度上从课上45分钟延伸到课前和课后，在活动维度上由教师满堂灌转变为学生自主、合作、探究和实践学习。从而确立起教学目标、学习目标和学习方式三位一体的"新大课堂观"。课堂观的改变，必将改变师生共同体所进行的各种教与学活动，从而让课堂教学悄然地发生真正的变革。

　　（3）特色课堂教学实施方法和流程——"新大课堂观"下实施"三维度四水平"课堂教学目标和"三步二反馈"流程

　　"新大课堂观"下实施"三维度四水平"课堂教学目标，不仅课堂教学目标的难易水平明确，而且明确了教学目标达成的时空与方式，既有利于培养学生自主、合作与探究以及实践学习能力，又能够重点突出、难点突破、疑点突明，也必然能够改变传统课堂教学流程。值得说明的：一是课前学生以自主学习方式为主，课上以合作与探究学习方式为主，课后以实践学习方式为主，自主、合作与探究以及实践学习方式是有机融合、相辅相成的，不要将各种学习方式彼此完全孤立起来。二是必要的学习资源，包括学生自有的教科书、学习参考书、练习册等资源，还有教师提供的自主学研案、微视频、学具与教具、反馈与评价、活动与任务以及练习与作业等资源。三是"三维度四水平"课堂教学目标中"水平2（部分）"以及"水平4（部分）"中，"部分"的多少与有无取决于多种因素，比如，学生自主学习能力的强弱、自主学研

案以及微视频的指导作用强弱、目标本身挑战性大小、学生已有相关知识与技能的多少等因素密切相关，特别是水平4目标作为知识与技能运用，有的是需要课后走入实验室，走进社会、生产、生活等进行实验、制作、调研等实践活动才能达成的这部分目标，那是必须在课后才能实现的。因此，"新大课堂观"下实现"三维度四水平"课堂教学目标必然使课堂教学实施因此而精彩。这也充分体现了先学后教、以学定教等基本教学理念。

（4）特色课堂教学结构——"三链融合、三位一体"

课堂教学结构是指在一定课堂教学构想下，为达成一定的课堂教学目标，对构成课堂教学的各个要素在时间维度和空间维度形成相对稳定的组合方式及其活动顺序（活动维度）。显然，课堂教学结构是由时间、空间和活动三个维度构成的；课堂教学构想（课堂教学实施方法和流程）是形成课堂教学结构中"经络"系统的上位要素，因为构想是行为的先导和动力；课堂教学目标是形成课堂教学结构中"骨骼"系统的核心要素，因为"以目标为本"是展开课堂教学逻辑的主导，是促使其他诸多教学要素科学合理组合及其序列化的核心要素；由于"合乎学科知识的内在构成规律（逻辑）"和"合乎学生接受知识的认识规律"都是以目标导向为前提，充分利用学科逻辑和学生认知规律是实现课堂教学合理、有序的主要途径，在课堂教学结构中两者应该是和谐统一的，因此，构成课堂教学的各个要素（时间、空间、师生、内容、方法、手段、媒体、环境、资源、策略等）及其组合方式和活动顺序是形成课堂教学结构中"器官"系统的主体要素。因此，课堂教学结构是由"经络""骨骼""器官"三大系统在时间、空间和活动三维度形成的一个有机整体。不同的"器官"自然有各自不同的功能，从而实现不同的目标；值得一提的是，这之中当然也包含有"免疫器官"，即由课堂教学中的反馈与评价等要素而形成的课堂教学结构中的"免疫"系统。

在新课改所要完成的三大主要任务——更新（教与学的）观念、转变（教与学的）方式、重建（管理与评价的）制度中，转变教与学的方式，尤其是转变学生的学习方式是新课改的核心任务。教师课堂教学方式的改革，最终目标是为了转变学生学习方式，培养学生的创新精神与实践能力，这是素质教育的核心理念。而新课改大力提倡的教师课堂教学方式就是探究式教学（但并不是完全否定讲授式教学），学生的学习方式就是自主、合作与探究等学习方式（同样，并不是完全否定接受式学习）。因此，以学生的学习方式——自主、合作、探究和实践学习作为构成课堂教学各个要素中的主要要素来建构课堂教学结构中的"器官"，这其实也就是"以人为本"的教学理念在建构课堂教学结构中的具体体现，同时，通过形成学生的"学习方式链"实现各"器官"间的联系，并与"新大课堂观""三维度四水平"课堂教学目标构成时空维度的统一，从而使得时间维度、空间维度和活动维度得以实现三位一体，形成了"新大课堂观"下实施"三维度四水平"课堂教学目标的课堂教学结构，即"三链融合、三位一体"课堂教学结构（如图3-7所示）。

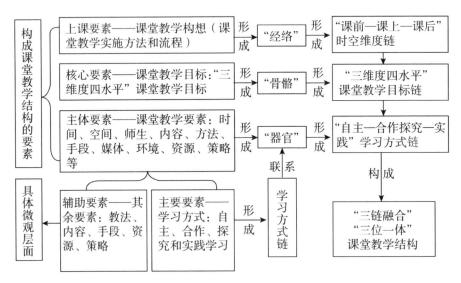

图 3-7 "三链融合、三位一体"课堂教学结构

课堂教学结构反映了构成课堂教学结构的要素（不可能穷尽所有要素）间的相互关系，任何一个既具有一定普适性又具有一定可操作性的课堂教学结构应该是在一定中观层面上建构的，因为从具体微观层面建构的课堂教学结构越具体就越不具有普适性，而从宏观层面建构的课堂教学结构越宏观就越不具有可操作性。上述就是从中观层面上建构的既具有一定普适性又具有一定可操作性的"三链融合、三位一体"课堂教学结构，而对于构成课堂教学结构主体要素中的"辅助要素"及其组合方式和活动顺序（可称之为"教学活动组块"），具有具体而灵动的动态变化和个性化的特点，这给每位教师

创造性地开展具体课堂教学留下了广阔的创造空间，这属于具体微观层面上的课堂教学结构研究问题，需要根据具体问题具体分析，千差万别的具体微观层面上的课堂教学模式就是由此而产生的，因此课堂教学模式具有具体微观、复杂多变的特点。

（5）特色课堂教学观念——七观"合一"

① "师生共同体"的课堂教学本体观

"以人为本"，那么，课堂教学中的人都有谁？这是一个无须回答的问题，没有无教师的课堂教学，同样也没有无学生的课堂教学，任何课堂教学都是既有教师又有学生的，师生共同体构成课堂教学本体，因此，课堂教学是以师生共同体为本，是师与生的合一。

② "师生互为主"的课堂教学主体观

课堂教学中师与生均可成为主导与主体，并在不同课堂教学情境之下可以互相转化，这正是和谐课堂的一种动态表现，也是师生地位真正平等的体现，课堂教学既不只是"教堂"，也不只是"学堂"，而是"教堂"与"学堂"合一。

③ "师生同发展"的课堂教学价值观

课堂教学不仅仅是教师为了学生发展，同时也是实现教师的发展，课堂教学是实现教师教育教学价值的最重要的途径，因此，课堂教学的价值取向是实现师生共同发展，教师既是课堂教学的奉献者，同时也是受益者，课堂教学是教师积累课堂教学经验、提升课堂教学能力、修养自身品格等的直接途径。人们常说：学生是最活跃的课堂教学资源，很多课堂教学"生成"都源于学生，其实，教师本身又何尝不是学生重要的学习资源呢？教师的一言一行、一举一动都潜移默化地影响和教育着学生，课堂教学"生成"应该是师生互动过程中撞击出的智慧火花，课堂教学价值追求的是学生发展与教师发展的合一。

④"三维度四水平"的课堂教学目标观

一方面，每一课堂教学目标都应该融合"三维度"，这是"全面育人"所必需的；另一方面，每一"三维度"目标都有其相对客观的难度水平，但是，由于不同师生的"三方面实际"——"过去已有的""现在欲达到的""未来发展需要的"不同，因此，同一"三维度"目标对于不同师生而言，其主观难度水平可能不同，这也正是对于"三维度"目标进行"四水平"界定时充分体现因材施教的原则，"三维度四水平"的课堂教学目标既是"三维度"与"四水平"的合一，也是教学目标与学习目标的合一。

⑤"以目标为本"的课堂教学过程观

课堂教学目标是课堂教学之"魂"，整个课堂教学过程（包括课堂教学设计、实施以及评价）就是一种以课堂教学目标为导向的系列活动。课堂教学设计就是确定达成课堂教学目标所需的活动与任务、选择最佳途径与方法的活动过程；课堂教学实施就是践行课堂教学设计能否达成课堂教学目标的活动过程，在课堂教学实施过程中既要按照"预设"高效实施，又要关注"生成"机智处理；课堂教学评价自然也是以课堂教学目标的达成度为标准进行评价的活动过程。所以说，课堂教学设计、实施以及评价三者协同一致性，就是以课堂教学目标为本的课堂教学过程观的充分表现，是"以目标为本"的课堂教学设计、实施以及评价的合一。

⑥"教服务于学"的课堂教学方法观

无论是教法还是学法，常言道：有法而无定法，贵在得法。一方面说课堂教学有"法"，这个"法"是遵循一般的、普遍性的教学规律、规则的方法；另一方面说课堂教学无"定法"，这个"定法"是遵循具体的、特殊性的教学规律、规则的方法；"法"与"定法"之间好似一般与具体、普遍与特殊一样的辩证统一的关系。"三生和谐"课堂所倡导的学习方式就是自主、合作与探究以及实践学习，教法与学法之间要务求教法服务于学法，这一方面是对于"先做后学""先学后教""以学定教"等一般的、普遍性的教学规律、规则的遵循；另一方面也是对于"先学后做""先教后学""以教定学"等具体的、特殊性的教学规律、规则的遵循；"教服务于学"的课堂教学方法观之精髓就是教学合一。

⑦ "三生和谐"的课堂教学"总开关"

"三生和谐"是课堂教学追求的总目标，也是其他所有课堂教学观之源泉。在校期间，对于学生来讲可谓：不是在课堂上，就是在为上课堂做准备，教师不也是如此吗？甚至穷其一生职业生涯都是如此。因此，课堂教学已经成为师生生活最重要的组成部分——课堂教学生活，生活理当追求幸福，所以，课堂教学应该是师生收获生活幸福的乐园；生活不仅仅是为了生命存活，而应该实现生命价值，所以，课堂教学应该是师生实现生命价值的原野；收获生活幸福、实现生命价值都必须尊重生长规律，所以，课堂教学应该是师生尊重生长规律的田园。"三生和谐"目标绝不是一节课就能够实现的，但是，每一节课都是为了最终达成"三生和谐"总目标，"三生和谐"课堂就是"三生"与"和谐"的合一。

常言道：方向永远比速度更重要。与时俱进不断更新教育教学理念，牵住课堂教学目标设计与实施这一课堂教学的"牛鼻子"，准确把握课堂教学改革方向，不仅会形成独特的课堂教学风格和特色，而且会在课堂教学实践中不断积淀、提炼出来有特色的课堂教学文化，铸就课堂教学之魂。

课堂教学文化是教师专业化文化的核心。如何将教师的专业化发展提炼到文化这一最高层面呢？需要经过在多年大量课堂教学改革实践中边研究边完善边提炼，才能形成自己独到的课堂教学思想、方法和观点。专著《"三生和谐"课堂教学理论与实践》的出版，以及"三生和谐"课堂教学文化的形成都很好地证明了这一点。2017年，"三生和谐"课堂教学文化荣获朝阳区第一批学校文化特色品牌金牌项目，朝阳有线电视台、北京晨报、北京青年报等媒体做了深入报道，并作为"整体提升教师质量的机制创新研究与实践"中的重要成果，荣获2017年北京市基础教育教学成果一等奖，2018年基础教育国家级教学成果二等奖。

教师只有主动地去研究、理解、创造，才能真正形成自己先进的专业化思想和观念，并能将其转化为优质的教学行为。只有这样教师才能自主成长为有"自己的"专业化思想和观念的教师，即有专业化文化的教师。"三生和谐"课堂教学文化正在哺育教师成长为有专业化文化的教师。但是，我们深知文化是需要与时俱进地不断创新与发展的，只有这样的文化才有生命力，才能始终保持先进性和可持续性，"三生和谐"课堂教学文化也是如此。

三、"三生和谐"课堂教学文化的创新与发展

《关于全面深化课程改革 落实立德树人根本任务的意见》中指出："要研究制订学生发展核心素养体系和学业质量标准。要深入回答'培养什么人、怎样培养人'的问题。要求各级各类学校要从实际情况和学生特点出发，把核心素养和学业质量要求落实到各学科教学中。"2018年初，正式颁布的《普通高中课程方案（2017年版）》，包括2020年修订版中均明确提出学生核心素养，包括理想信念、社会责任感、科学文化素养、终身学习能力、自主发展能力和沟通合作能力等六个维度（六大核心素养），从国家层面明确回答了"培养什么人"的问题；在各学科课程标准（2017年版），包括2020年修订版中都明确提出了各学科核心素养，那么，如何在落实"学科核心素养"的同时有效落实"学生核心素养"，解决"怎样培养人"的问题已成为当今广大教师面对的一个重要研究课题。为此，学校又依托高中化学学科，研究在高中化学课堂教学这一课程实施"主渠道""深水区"中如何在落实"高中化学学科核心素养"[包括"宏观辨识与微观探析""变化观念与平衡思想""证据推理与模型认知""科学探究与创新意识""科学态度与社会责任"五个维度（五大核心素养）]的同时有效落实"学生核心素养"，开展基于落实学生核心素养的高中化学课堂教学目标设计与实施（"牛鼻子"）的研究："基于核心素养的'六维度'和马扎诺理论的'四水平'高中化学课堂教学目标设计与实施的研究"，2017年5月，被立项为朝阳区教育科学"十三五"规划第一批立项课题（编号：BY1351021），并于2020年6月圆满完成课题研究准予结题（证书号：150）；"基于落实学生核心素养的高中化学课堂教学目标设计与实施的研究"，2019年7月，被立项为全国教育科学"十三五"规划2019年度教育部重点课题（课题批准号DHA190442）；又开始走上对"三生和谐"课堂教学文化的创新与发展之路[①]。

---

① 本书是全国教育科学"十三五"规划2019年度教育部重点课题（课题批准号DHA190442）："基于落实学生核心素养的高中化学课堂教学目标设计与实施的研究"课题研究成果。

（一）创造性提出基于落实学生核心素养的"六维度四水平"课堂教学目标

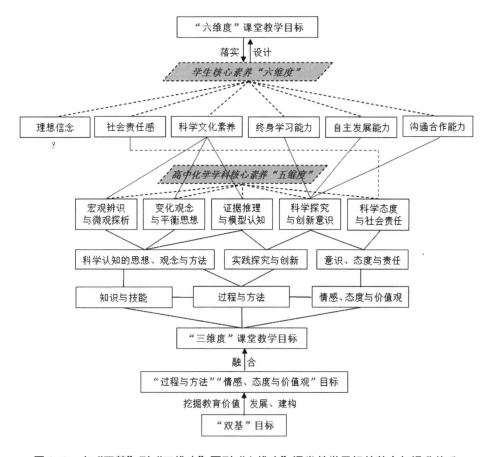

图3-8　由"双基"到"三维度"再到"六维度"课堂教学目标的整合与提升关系

"双基"无论在"三维度"还是在"核心素养"中的基础性地位和载体性作用都是毋庸置疑的，就好比是"树之根"承载着向枝叶花果输送水分和各种营养的重要作用，无论是学生核心素养还是学科核心素养都蕴含在"双基"的教与学之中。"三维度"课堂教学目标就是以"双基"目标为载体，通过挖掘"双基"教与学中所蕴含的教育价值，从而发展、建构"过程与方法""情感态度与价值观"目标，设计出来的三维度融合的课堂教学目标。"化学学科核心素养是在'知识与技能''过程与方法'和'情感态度与价值观'三维目标的基础上进行了整合与提升，使素养内涵更加具体明确，更有学科性，更具功能性，能更好地体现学生核心素养的发展需要。"①而高中化学学科核心素养又是学生核心素养"六维度"之中的重要组成部分。因此，高中化学学科核心素养与学生核心素养又好比是由"三维度"目标驶向"六维度"目标的"航标灯/加油站"。由"双基"到"三维度"再到"六维度"课堂教学目标是一个不断整合与提升的关系（如图3-8）。

在普通高中化学课程标准（2017年版）（包括2020年修订版）中不仅提出了化学学科核心素养，而且将化学学科核心素养划分为四个水平（包括化学、生物、历史、地理、政治5个学科；而语文、物理、体育与健康、通用技术4个学科是将学科核心素养划分为五个水平；数学、英语、信息技术、艺术、音乐5个学科是将学科核心素养划分为三个水平），并依此提出学科学业质量标准的"四水平"，下面，我们首先需要理清这几个"四水平"的概念及其关系。

1. 高中化学学科核心素养的"四水平"

为了便于高中化学学科核心素养在教学和评价中具体实施，对高中化学学科核心素养的"五维度"不仅通过内涵、目标进行了描述，而且将每一维度的核心素养都进一步划分成4级水平，由易到难/由低水平到高水平依次为：水平1、水平2、水平3、水平4，详见《普通高中化学课程标准（2017年版2020年修订）》第89-92页的附录1化学学科核心素养的水平划分（其他所有学科核心素养的水平划分均在各自课程标准中的附录1）。

2. 高中化学学科学业质量标准的"四水平"

以高中化学学科核心素养的"四水平"划分为依据，以课程标准中"课程内容"下的每个主题下的"内容要求"和"学业要求"为基础，将课程内容中的具体知识点、思想方法和探究模式等进行结构化提升；最后把化学学科核心素养的水平要求和结构化的课程内容进行整合形成学业质量水平的质量描述。② 根据不同水平学业成就表现的关键特征，将高中化学学科学业质量标准划分为四个水平，由易到难/由低水平到高水平依次为：水平1、水平

① 中华人民共和国教育部.普通高中化学课程标准（2017年版2020年修订）[M].北京：人民教育出版社，2020.

② 李俊.谈《普通高中化学课程标准（2017版）》的特点[J].中学化学教学参考，2018（5）：6-8.

2、水平3、水平4，并与高中化学学科核心素养的等级水平一一对应（详见表3-2）。在每一个水平的描述中均包含化学学科核心素养的"五维度"，依据侧重的内容将其划分为4个条目（即序号1—4），每个序号分别对应一定的化学学科核心素养：序号1侧重对应"素养1宏观辨识与微观探析"和"素养3证据推理与模型认知"；序号2侧重对应"素养2变化观念与平衡思想"；序号3侧重对应"素养4科学探究与创新意识"；序号4侧重对应"素养5科学态度与社会责任"。因此，在每一个学业质量水平下的质量描述都有4个条目，总计16个条目的质量描述 [详见《普通高中化学课程标准（2017年版2020年修订）》第65-67页的（二）学业质量水平]。

表3-2 高中化学学科核心素养与学业质量标准的"四水平"一一对应

高中化学学科核心素养	素养水平	学业质量水平	质量描述 ［X（水平）-Y（序号）］
素养1宏观辨识与微观探析 素养2变化观念与平衡思想 素养3证据推理与模型认知 素养4科学探究与创新意识 素养5科学态度与社会责任	水平1	水平1	序号1侧重素养1和素养3 序号2侧重素养2 序号3侧重素养4 序号4侧重素养5
	水平2	水平2	
	水平3	水平3	
	水平4	水平4	

3.高中化学学科课堂教学目标的"四水平"

（1）美国马扎诺学习目标的"四水平"

基于学习目标的挑战性，美国教育家马扎诺将学习目标划分为四个水平，由易到难 / 由低水平到高水平依次为：水平1——提取目标（包括对知识与技能的识别、回忆和执行三种类型），水平2——理解目标（包括整合和象征两种类型），水平3——分析目标（包括配对、归类、概括、分析错误和具体说明五种类型），水平4——运用目标（包括决策、实验、调研和解决问题四种类型）[①]。

（2）"三维度"课堂教学目标的"四水平"

基于学习目标与教学目标的一致性，借鉴马扎诺的"四水平"学习目标

---

① [美]罗伯特·J.马扎诺，黛布拉·J.皮克林，塔米·赫夫尔鲍尔著；邵钦瑜，冯蕾译.学习目标、形成性评估与高效课堂 [M].北京：中国书籍出版社，2012.

理论用于课堂教学目标的设计与实施;提出以"双基"为基准,根据学生"三方面"的实际(过去已有的、现在欲达到的、未来发展需要的),将"三维度"课堂教学目标划分为"四水平",并按照"四水平"由低到高序列呈现出来。这种基于将新课程理念的"三维度"和马扎诺理论的"四水平"有机融合起来,作为课堂教学目标设计的理论依据,设计出来的"三维度"融合、"四水平"分明的课堂教学目标,称之为"三维度四水平"课堂教学目标。[1]

此研究始于2013年11月,很好地解决了"三维度"课堂教学目标设计与实施中存在的维度不融合和难度不清晰,从而导致"三维度"课堂教学目标不能有效达成的问题。而这恰好与《普通高中化学课程标准(2017年版2020年修订)》中提出的高中化学学科核心素养以及学业质量标准的"四水平"是高度一致的。

综上,由高中化学学科核心素养的"四水平"到学业质量标准的"四水平",再到美国马扎诺学习目标的"四水平",最终到课堂教学目标的"四水平"是一个由内隐逐渐到外显——可操作、由抽象逐步到具体——可落实的过程(如图3-9)。

基于核心素养是"三维度"的整合与提升的观点,借鉴"三维度"课堂教学目标的"四水平"设计与实施法,同样将"六维度"课堂教学目标划分为"四水平",并将"三维度四水平"课堂教学目标整合、提升为"六维度四水平"课堂教学目标。

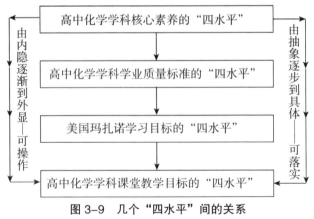

图 3-9 几个"四水平"间的关系

① 赵玉泉."三维度四水平"高中化学课堂教学目标设计与实施 [J]. 中学化学教与学参考,2015,(7):22-25.

"六维度四水平"高中化学课堂教学目标：就是指由授课教师或师生共同基于学生核心素养的"六维度"，以及高中化学学科核心素养、课程目标、教学内容和学生实际情况等，在课堂教学设计时制定的、通过课堂教学活动实现的学生需要在"六维度"上预期达成的教学结果（"六维度"教学目标）；同时，依据马扎诺理论的"四水平"，参照高中化学学科核心素养的"四水平"和学业质量标准的"四水平"，以"知识与技能"难度水平为基准，将"六维度"教学目标划分为四个难度水平，并按照"四水平"由低到高序列呈现出来。这种基于学生核心素养的"六维度"和高中化学学科核心素养、学业质量标准以及美国马扎诺学习目标的"四水平"有机融合起来，作为课堂教学目标设计的理论依据，设计出来的六维度融合、四水平分明的课堂教学目标，将其称之为"六维度四水平"高中化学课堂教学目标。

（二）提出了"六维度四水平"课堂教学目标设计的思路、方法与表述形式

"六维度四水平"高中化学课堂教学目标设计的基础是"双基"（这是任课教师所熟悉的），设计时首先要挖掘在"双基"的教与学中所蕴含的高中化学学科核心素养的"五维度"（这对一线教师有一定的挑战性，这是由核心素养的隐蔽性和拓展性决定的），发展、建构出基于高中化学学科核心素养"五维度"的课堂教学目标；然后再进一步挖掘其中所蕴含的学生核心素养的"六维度"（理想信念、社会责任感、终身学习能力、自主发展能力和沟通合作能力，特别是要挖掘理想信念这一维度），从而发展建构出"六维度"融合的课堂教学目标（称之为"两依据两挖掘与融合"，提醒注意的是，切勿认为每一条甚至是每一节课的课堂教学目标都符合核心素养的所有维度）；最后依据马扎诺学习目标的"四水平"和学生的实际水平（过去已有的、现在想达到的、未来发展需要的），参照高中化学学科核心素养的"四水平"和学业质量标准的"四水平"，将"六维度"课堂教学目标进行"四水平"界定（称之为"两依据两参照"），从而设计出六维度融合、四水平分明的"六维度四水平"高中化学课堂教学目标。"六维度四水平"课堂教学目标设计的思路、方法与表述形式（如图3-10）。

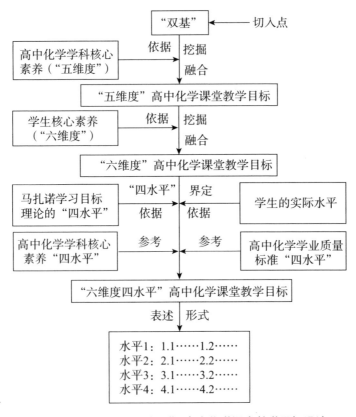

图 3-10 "六维度四水平"高中化学课堂教学目标设计的思路、方法与表述形式

值得说明的是，"四水平"的界定没有对与错之分，只有合适与不合适之别。因为，学生实际是教学目标设计中最为活跃的特殊因素。主张以外在的、外显的、具有可操作性的"双基"为切入点和界定基准，这是由"双基"的基础性地位和载体性作用决定的；难点在于对"双基"教与学中所蕴含的核心素养的挖掘，因为核心素养在学科教学中具有隐蔽性与拓展性；一是从学科角度看，核心素养都是通过具体学科课程内容体现的，而课程内容需要借助教材来呈现。教材内容中核心素养具有隐蔽性（蕴含其中），需要教师通过教材在微观教学中体现（挖掘）；二是教材内容中核心素养具有拓展性，教师对教材内容挖掘和教学的方式蕴含着拓展空间。这也增加了教师教学的难度。

（三）实施"六维度四水平"高中化学课堂教学目标的基本思想与方法

1. 实施"六维度四水平"高中化学课堂教学目标的基本思想

一是基于"六维度四水平"高中化学课堂教学目标正是"六维度"课堂教学目标按照"四水平"形成的一个完整的进阶式的"六维目标链"（如图3-11所示），其完全符合学生的认知与思维规律，必将有利于学生思维能力进阶式发展和目标的进阶式达成。

二是基于课堂教学的一个"三不同"公理：课堂教学目标的难度水平不同，决定了达成不同难度水平的课堂教学目标需要完成的活动与任务不同，应该采取的教与学的方式不同。

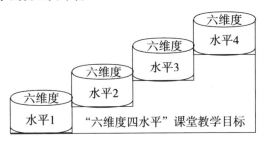

图 3-11 一个完整的进阶式的"六维目标链"

2. 实施"六维度四水平"高中化学课堂教学目标的基本方法

基于以上两点基本思想，将"六维度四水平"课堂教学目标应用于教学实践，一般来讲，水平1和部分水平2的目标（"多少"与学生个体实际水平密切相关，具有动态变化性），学生通过课前个人或小组自主学习是可以达成的，称之为课前目标（课上不需要讲的）；部分水平2甚至部分水平3的目标学生通过课上集体自主与合作学习也是可以达成的，部分水平3和水平4的目标则需要课上通过师生合作、生生合作与探究来达成，称之为课上目标；而最后部分水平4的目标（如，具有一定研究性、社会实践性等超越课上能够完成的活动与任务的目标，"有无"与课标要求、教学内容等密切相关，同样具有动态变化性）则需要通过课后实践学习来达成，称之为课后目标（课上不需要讲的）。即可以将"六维度四水平"课堂教学目标分解为学生课前—课上—课后学习目标，并形成与"六维度四水平"课堂教学目标链恰好对应的学生"课前—课上—课后"学习目标链，以及以主要学习方式为代表形成的"自主—合作与探究—实践"学习方式链，从而形成了教学目标链、学习目标链、学习方式链"三链融合、三位一体"的特色教学结构。这种特色教学结构突破了传统的课堂观，将课堂在空间维度上扩展到教室外甚至学校外，在时间维度上从课上45分钟延伸到课前和课后，在活动维度上由教师满堂灌转变为学生自主、合作与探究和实践学习。从而确立起教学目标、学习目标和学习方式三位一体的"新大课堂观"；提炼出以学生为主体"新大课堂观"下实施"六维度四水平"课堂教学目标的课堂教学基本方法（如图3-12）。

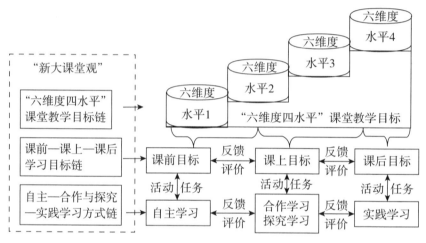

图3-12 教学目标、学习目标和学习方式三位一体的"新大课堂观"
以学生为主体"新大课堂观"下实施"六维度四水平"课堂教学目标的基本方法

（四）实施"六维度四水平"高中化学课堂教学目标的基本流程

实施"六维度四水平"高中化学课堂教学目标的基本流程可简单概括为"三步两反馈"（如图3-13）。

第一步是课前自主学习反馈。教师至少提前一天发放自主学研案。自主学研案的主要内容包括课题、"六维度四水平"课堂学习目标、学习重点、难点、资源（包括微视频）以及活动与任务、反馈与评价等。学生依据自主学研案进行课前自主学习达成课前目标。

第二步是课上合作探究评价。教师通过对学生课前自主学习情况进行反馈与评价（可以作为"课前"最后一个环节，也可以作为"课上"第一个环节），从而准确掌握学生课前目标达成的实际情况并依此确定课上教学目标的起点（一般为水平2的某一目标或水平3目标），真正做到先学后教、以学定教。课上主要采用师生合作与生生合作、探究学习方式达成相应的课上教学目标，并进行及时的反馈与评价（可以课上随时进行，也可以作为"课上"最后一个环节，或"课后"第一个环节）。

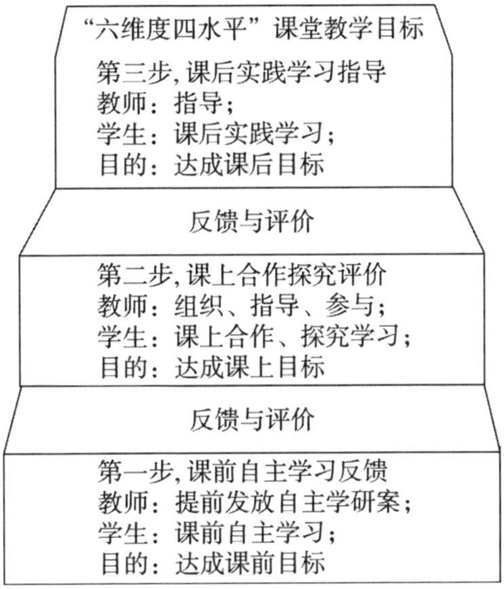

"六维度四水平"课堂教学目标
第三步,课后实践学习指导
教师：指导；
学生：课后实践学习；
目的：达成课后目标

反馈与评价

第二步,课上合作探究评价
教师：组织、指导、参与；
学生：课上合作、探究学习；
目的：达成课上目标

反馈与评价

第一步,课前自主学习反馈
教师：提前发放自主学研案；
学生：课前自主学习；
目的：达成课前目标

图 3-13 以学生为主体实施"六维度四水平"课堂教学目标的"三步两反馈"实施流程

第三步是课后实践学习指导。部分水平4的目标则需要通过课后实践学习来达成，教师通过指导学生进行课后的决策、实验探究、调研、问题解决等活动，使学生学会将知识与技能和生活实际相结合，并做到将所学知识应用于实际生活问题的解决。

至此，很好地实现了"六维度四水平"高中化学课堂教学目标的有效达成，学生核心素养在高中化学课堂教学中真正落地。

综上，我们不难看出，基于落实学生核心素养的"六维度四水平"课堂教学目标是对"三维度四水平"课堂教学目标的整合与提升；"六维度四水平"课堂教学目标设计的思路、方法与表述形式，以及实施的基本思想、方法与流程等，都是充分借鉴了"三维度四水平"课堂教学设计与实施的研究成果；是与时俱进对"三生和谐"课堂教学文化的创新与发展。

四、"三生和谐"课堂中有效落实学生核心素养，实现育人目标

（一）国家层面育人目标

《普通高中课程方案（2017年版2020年修订）》中明确指出普通高中的培养目标：普通高中课程在义务教育的基础上，进一步提升学生综合素质，着力发展学生核心素养，使学生成为有理想、有本领、有担当的时代新人（"三有"时代新人）。从六维度具体诠释了学生核心素养：具有理想信念和社会责任感；具有科学文化素养和终身学习能力；具有自主发展能力和沟通合作能力（学生核心素养的"六维度"），如图3-14。

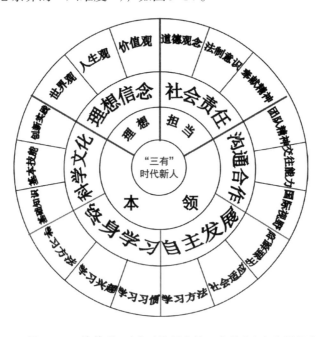

图 3-14　培养"三有"时代新人的一个核心（育人目标）、
三个方面（"三有"）、六大素养、十八个基本点

（二）学校层面育人目标

把学生培养成为"有理想、负责任、会学习、善合作的创新型人才"，这是学校的育人目标，其中的一个核心就是培养"全面发展的和谐人"，这与国家层面提出的育人目标（学生核心素养的"六维度"和"三有"时代新人）高度契合，如图3-15。

图 3-15 北京市第八十中学育人目标与学生核心素养体系一个核心、四个方面、六大素养、十八个基本点

（三）"三生和谐"课堂中有效落实学生核心素养，实现育人目标

"三生和谐"课堂始终坚持"以目标为本"的课堂教学过程观，而"三生和谐"课堂的教学目标的设计与实施就是为了在落实学科核心素养的同时落实学生核心素养而提出的"六维度四水平"课堂教学目标，因此，在"三生和谐"课堂教学中，随着"六维度四水平"课堂教学目标的逐步达成来有效落实学生核心素养，实现育人目标，如图3-16。

图 3-16 "三生和谐"课堂教学中落实学生发展核心素养一个核心、四个方面、六大素养、十八个基本点

五、收获了"三生和谐"课堂的实践之"果"

在微观（教师）层面上创造性践行"三生和谐"课堂，通过广泛地开展实施"三生和谐"课堂教学的实践活动，实现了"三生和谐"课堂的基本功能和基本效益，收获了"三生和谐"课堂实践之"果"。

（一）广泛地开展了实施"三生和谐"课堂教学的实践活动

1. 课题组成员典型示范

课题组以课题研究为引领，核心成员包括三位一直都在教学一线兼课的学校教学处主任、教务处主任和办公室主任等中层领导，多位教研组长以及教学一线的优秀教师，并且涵盖了语文、数学、英语、化学、政治、地理、历史、物理、生物九大学科，课题组每位成员都积极地开展了实施"三生和谐"课堂教学的实践活动，同时开展广泛的交流与研讨，课题组成员的典型示范课收到了良好的课堂教学实践活动效果。

2. 校内外教学活动引领

作为一个校本研究专项课题，校长一直作为总负责人，具体课题负责人是学校的教学校长，开展课题研究的初衷就是进一步深化学校的课堂教学改革、大面积提高教学质量，因此，肩负着将课题研究成果在全校推广实施的义务与责任。学校每学年举办一次（9月初至10月底，为期近两个月）的北京市第八十中学教学基本功大赛，截至2020—2021学年度已经是第十四届，从第八届起到第十四届连续七届的教学基本功大赛（包括组内马扎诺研究课、特级教师引领示范课以及决赛课等），以及2017年5月举办的北京市第八十中学首届信息技术与学科教学深度融合教学展示研讨活动暨2017年朝阳区普通高中教师基本功活动，每年一届，至今已经进行了四届（2020年由于疫情原因暂停一次），都是以实施"三生和谐"课堂教学为主题。通过学校教学基本功大赛等活动引领，"三生和谐"课堂教学得以在全校广泛实施。

3. 市内外课堂教学践行

作为北京市第八十中学教学基本功大赛的升级版，2014年11月，由我校主办的第三届全国中学同课异构和谐课堂现场研讨会，以及自2015年起（每年11月举办一次），与北京市基教研中心联合举办的北京市示范性普通高中同课异构教学活动，至今已经成功举办六届，每一届我校都要根据学校教学基本功大赛决赛结果，选拔教师参加所有十大学科（语、数、英、理、化、生、史、地、政和体育与健康）的同课异构活动（每学科的另两位选手由市基教研中心在全市示范性普通高中选拔），凡是我校参加的选手，都要求按照"三生和谐"课堂教学来实施，每一届都取得了良好的实施效果，受到了广泛赞誉。

（二）充分地发挥了实施"三生和谐"课堂教学的基本功能

结构决定功能，由于"三生和谐"课堂教学结构属于中观层面上设计的，这也就决定了"三生和谐"课堂教学结构下的课堂教学基本功能也是属于中观层面上的功能。

1.具有实现全面育人的功能

现代课堂教学是否实现全面育人功能，关键就是看"六维度"课堂教学目标是否达成，本课堂教学结构的核心（"骨骼"）就是"六维度四水平"课堂教学目标链，且与"新大课堂观"下"课前—课上—课后"学习目标链，以及"自主—合作与探究—实践"学习方式链做到了"三链融合"，从而确保了"六维度"课堂教学目标全面而又进阶式达成，也就标志着课堂教学全面育人功能的实现。当然，也要注意不要妄想在一节课就可以实现人的全面发展，要将课堂教学功能全面性、多样性、综合性理念贯穿于整个中学课堂教学过程之中。

2.具有实现课改目标的功能

"改变课程过于注重知识传授的倾向，强调形成积极主动的学习态度，使获得基础知识与基本技能的过程同时成为学会学习和形成正确价值观的过程。"这是《基础教育课程改革纲要》中提出的首要的课改目标。对此笔者诠释如下：改变课程"过于"注重知识传授的倾向，并不是否定应该注重知识传授，而是要改变"过于"注重，"双基"传授依然是重要的课程功能之一，"四水平"的界定正是以"双基"难度水平为基准确定的；强调形成积极主动的学习态度，学生要由被动接受者变为主动学习者，无论是课前、课上还是课后，每种学习方式都能够充分调动学生学习的主动性；同时使获得基础知识与基本技能（"知识与技能"目标）的过程同时成为学会学习（"过程与方法"目标）和形成正确价值观（"情感态度与价值观"目标）的过程，其实就是要求三维度课程目标的有机融合，实现由一维度目标变为三维度目标；在此基础上，又基于落实学生核心素养"六维度"，将"三维度"课堂教学目标整合、提升为"六维度"课堂教学目标。课堂教学依然是实施课程的主渠道，要想实现课改目标就必须有相应的课堂教学目标与之相适应，"三生和谐"课堂教学具有很好地实现课改目标的基本功能。

3. 突显了转变学与教方式的功能

"自主—合作与探究—实践"学习方式链不仅实现了转变学生学习方式这一新课改的核心任务；而且践行了教法服务于学法的理念，必然同时实现了转变教学方式的功能。

4. 强化了培养创新精神和实践能力的功能

尤其是通过课上合作与探究学习以及课后实践学习，强化了通过课堂教学培养创新精神和实践能力的功能，有利于培养出创造型人才。

5. 体现了为师生个性化、特色化发展预留广阔空间的功能

这些可以在"具体微观层面"通过优化构成课堂教学结构中的"辅助要素"（如，教法、内容、手段、资源、策略等）及其组合和活动顺序来实现。

此外，课堂教学功能实现的优劣或高低并非仅仅取决于课堂教学结构，外界环境对课堂教学的影响也是很重要的，不同的环境或氛围会对课堂教学功能产生有利或不利的影响。

（三）多维地收获了实施"三生和谐"课堂教学的基本效益

课堂教学效益是指单位课堂教学时间（通常指课上）达成课堂教学目标的综合水平。提高课堂教学效益不仅可以减轻学生学业负担，而且做到了减负同时增效，从而也给学生预留出了自主发展的时空，对于全面实现素质教育具有十分重要的意义。"新大课堂观"下实施"三维度四水平"课堂教学目标不仅能够最大限度地提高课上的课堂教学效益（一般能够达成水平4的全部或部分的课堂教学目标水平），而且能够给学生课前和课后自主与实践学习预留广阔的时空。

从学校层面来讲，仅就"课前—课上—课后时空维度链"来讲，就必然会引发学校的课程设置、实施与管理等全方位的变革，也更适合于新高考制

度下实施"分类分层走班"制下的课堂教学的安排与实施，因为，由于它能够最大限度地提高课上的课堂教学效益，从而可以大大减少（一般可以减少到传统的一半）课上的课时安排，真正回归到国家课程方案所设计的课时。"高效课堂"只是"三生和谐"课堂的价值取向之一；高效课堂不一定是"三生和谐"课堂，但"三生和谐"课堂一定是"高效课堂"。

从教师层面来讲，必然能够大大促进教师的专业化发展。教师专业化发展可以理解为教师由非专业人员成长为不仅知道"教什么""教到什么水平"，而且知道"怎么教"的专业人员的过程。能够充分挖掘出"知识与技能"中所蕴含的"过程与方法""情感态度与价值观"并有机融合成"三维度"课堂教学目标，同时能够按照"四水平"由低到高序列呈现出来形成"三维度四水平"课堂教学目标链，这本身对于教师的专业化水平要求就很高，在"三维度四水平"课堂教学目标链的设计过程中教师不仅知道了"教什么"而且知道了"教到什么水平"；在"新大课堂观"下实施"三维度四水平"课堂教学目标又很好地解决了教师"怎么教"的问题。真正实现了教师不仅知道"教什么""教到什么水平"，而且知道"怎么教"的教师专业化发展。

从学生层面来讲，在"新大课堂观"下"三维度"课堂教学目标按照"四水平"进阶式达成，符合学生认知的基本规律和学生心理生理特点，有利于提高学生的学习效益。一是学生自主学习能力大大增强，终身学习能力逐步形成。主要是学生通过课前与课后自主与实践学习，长远看，有利于学生终身学习能力的逐渐形成。二是学生合作与交流能力，主动参与、乐于探究、勤于动手等能力得到大大提升。主要是通过学生课上合作与探究学习获得。三是培养了学生搜集和处理信息、获取新知识以及分析和解决问题的能力。这在课前、课上和课后的实践学习中均有收获。综上，这正是实现了"师生同发展"的课堂教学价值观。

（四）"三生和谐"课堂教学案例
高中篇

1.语文学科

北京市第八十中学教案

2019 至 2020 学年度第 1 学期 高二 年级语文学科，集体备课时间：2019 年 10 月 30 日						
备课组长：王圣洁；主备人：王圣洁；参与人：贾小林 王岱						
课题	林黛玉进贾府		课型	研究课	课时	1
六维度四水平教学目标	水平 1.1 细读文本，通过自学解决字词问题。 　　1.2 总结概括宝玉、黛玉的人物形象特点。 水平 2.1 梳理文本，总结作者运用了什么写法来刻画宝黛二人的出场。 　　2.2 感受铺垫蓄势的写法的妙处。 水平 3.1 认识、理解黛玉和宝玉的肖像描写必须借助彼此的视角得出的必然性。 　　3.2 对比阅读宝玉、黛玉互看与宝玉、宝钗的章节，体会作者借写人物外貌刻画人物关系的匠心。 水平 4.1 深入理解黛玉和宝玉感情的独特性。 　　4.2 深刻领会《红楼梦》"怀金悼玉"的主旨。					
教学重点	聚焦黛玉、宝玉在第三回出场亮相的过程，体会作者运用铺垫蓄势对人物进行多角度刻画的写法。					
教学难点	深入理解黛玉和宝玉感情的独特性。					
教学方法	小组合作、对比阅读、引导探究					
教学用具	学具	《红楼梦》原著、学案、笔记				
	教具	《红楼梦》原著、课件（PPT）				

教学过程

知识与技能	活动与任务		反馈与评价
	学　生	教　师	
环节一：分析黛玉、宝玉的人物形象。	课前完成学案，梳理文本内容，小组交流学案。课上汇报学习成果。	提出问题，引导学生思考： 1.宝玉看黛玉和其他人看黛玉有何不同？ 2.黛玉看宝玉和其他人看宝玉有何不同？ 3.为什么他们能看到彼此的精神气韵、内在性格？	各学习小组互相借鉴学习成果，看是否能借助文本得出以下结论： 只有宝玉看到黛玉的多愁与聪慧；只有黛玉看到宝玉的多情与温柔——宝黛在心灵上高度契合。

续表

| 环节二：思考宝黛感情的独特性，深入理解人物性格。 | 细读文本，通过赏析文段，分析出宝玉和黛玉心灵上的共通之处。 | 在学生小组探究学习的基础上，引导学生聚焦一下重点问题：1.选文分别能体现出宝玉和黛玉哪些特点？2.如何理解他们两人的一见如故、似曾相识？ | 通过细读文本，我们发现，不同视角看到的黛玉形象基本是一致的，归纳起来，就是"娇美病弱、超凡脱俗"。而宝玉的"评价"则不尽相同，既是黛玉看到的俊美多情的贵公子，又是王夫人口中的"孽根祸胎""混世魔王"，还是《西江月》评价的"古今无能第一，天下不肖无双"的纨绔子弟，可见，宝玉的形象有很强的争议性，这也正照应了第二回提到的他是一个"正邪两赋"的人物。他二人关系非比寻常，有前世仙界的缘分，所以一见面就彼此觉得熟悉，都觉得眼熟，"一惊一笑"。脂批对这一问题有这样的评价："黛玉之举止容貌亦是宝玉眼中看、心中评，若不是宝玉，断不能知黛玉终是何等品貌。" |
| 环节三：对比阅读宝玉、黛玉互看与宝玉、宝钗互看，分析差异。 | 阅读第八回选文，思考宝玉、宝钗互看与宝玉、黛玉互看的差异。 | 指导学生用比较思维加深认识：看到了什么？没看到什么？彼此打量之后心理反应和对话内容的不同体现出什么问题？ | 通过探究学习，逐步深入地得出以下阅读成果：宝玉看宝钗看到的是发型衣饰，气质性情；宝钗看宝玉看到的是穿衣打扮，重点是那块玉。两人互看完后，文章就重点描绘了通灵宝玉和金锁的模样。与宝黛互看的差异之处：1.宝玉眼中根本没看到黛玉的发型衣饰，全然就是黛玉本身的容貌神态，气质神韵。2.黛玉眼中的宝玉除了穿着打扮外，更重要的是宝玉的形容态度，是宝玉温柔多情的性情。3.宝黛之间立刻就有一见如故、似曾相识的面善之感。而宝玉与宝钗则没有。4.分析：宝黛关系的重点落在人，突显出他们前世今生知己间心有灵犀的精神呼应；而宝玉和宝钗关系的重点落在物，暗示他们有一份有信物为证的现世姻缘。 |

续表

环节四：赏析《终身误》，加深对"怀金悼玉"爱情悲剧的认识。	赏析《终身误》，逐字逐句品读。	点拨、示范，提升学生细读文本、文学鉴赏的能力： 1. 引导学生抓住重点词语，提升鉴赏水平。 2. 深入理解宝黛钗的爱情悲剧。	品读鉴赏文字，重点赏析"空对着山中高士晶莹雪""终不忘世外仙姝寂寞林""纵然是举案齐眉""到底意难平"中的"空""终""纵然……到底……"等词语，深入领会《红楼梦》曲词中所说"趁着这奈何天，伤怀日，寂寥时，试遣愚衷。因此上演出这怀金悼玉的《红楼梦》。"领会其中"怀金悼玉"的难平之意。从而对《红楼梦》主旨中重要的一点——爱情悲剧——有更深入的认识。
板书设计			
课后作业	意大利著名作家卡尔维诺说："经典作品是这样一些书，我们越是道听途说，以为我们懂了，当我们实际读它们，我们就越是觉得它们独特、意想不到和新颖。当然，发生这种情况通常是因为一部经典作品的文本'起到'一部经典作品的作用，即是说，它与读者建立一种个人关系。如果没有火花，这种做法就没有意义：出于职责或敬意读经典作品是没用的，我们只应仅仅因为喜爱而读它们。"请以"我眼中的林黛玉/贾宝玉"为题，写一篇文章，谈谈透过你的眼睛所看到的林黛玉或贾宝玉是什么样子的，内容不可局限于第三回。		
作业完成情况及存在的问题	学生对《红楼梦》中宝玉、黛玉这两个主要人物形象有更深入的认识，能完整表述自己的观点，基本掌握了从文本中找依据的分析思路，体现出思维水平和文本赏析能力的提升。 存在的问题：细读文本的意识和水平、文字的赏析能力都还需进一步提高。		
教学反思	本节课是立足于整本书阅读基础上的单篇课文教学，紧紧围绕提升学生的语言建构与运用、思维发展与提升、审美鉴赏与创造、文化传承与理解四种核心素养来开展"阅读与鉴赏、表达与交流、梳理与探究"三种学习活动。学生的学情是：已基本完成全书通读，对主要人物和情节有一定了解。针对学情，本节课的学习目标就定位为提升学生的阅读品质、提升学生整本书阅读的能力。 本节课设计的优点：①切入点较为新颖，以多视角下的人物形象比较为抓手，聚焦主要人物形象。②单篇课文教学对整本书阅读教学有所体现。 不足之处：还可以尝试设置更有挑战性的学习任务，引导学生在整本书阅读道路上不断挑战、进阶。 《林黛玉进贾府》是经典教学篇目，许多优秀教学案例珠玉在前。但当下面临的教学任务是将单篇课文教学和整本书教学统整起来，解决学生整本书阅读的实际困难。因此，我感到，在做经典篇目的教学设计时，除了要学习借鉴前人经验之外，更要结合学情，努力读出更丰富的滋味，体现学生和教师的感受与思考。经典具有常读常新的魅力，师生在共同的阅读过程中，能积累阅读经典的独特感受。		

北京市第八十中学自主学研案

2019 至 2020 学年度第 1 学期 高二年级语文学科，集体备课时间：2019 年 10 月 30 日

备课组长：王圣洁　主备人：王圣洁　参与人：贾小林 王岱

课　题	林黛玉进贾府	课型	研究课	课时	1

		课前目标	课上目标	课后目标	
六维度四水平学习目标	水平 1.1	读懂文义，理解文章内容。	认真仔细地品读文字，带着问题、有针对性地聚焦重点文字。	在读经典章节时，运用圈点勾画等做标注的方法，深入品味文字，力求读出文中之意。	你的课前目标　课上目标　课后目标
	水平 2.1	对贾宝玉、林黛玉等主要人物形象有基本认识，能概括出人物形象特点。	小组合作探究宝玉、黛玉在《红楼梦》中的出场问题，关注不同人眼中宝玉、黛玉的形象，做出分析、概括。	能用更精准的词语概括出人物形象特点，能从多个视角中得出人物的不同形象侧面，用语言表述出复杂人物的立体面相。	
	水平 3.1	梳理出作者描写人物的手法。	深入体会作者对宝玉、黛玉肖像描写的视角安排，感受蕴藏在这种安排之后的作者匠心。	总结出作者刻画人物的多种方法，结合文本举出具体例证。	
	水平 4.1	总结出文章的主旨，体会作者的写作态度。	通过对比阅读，感知宝玉与黛玉、宝玉与宝钗之间情感的差异性，思考"木石前盟"与"金玉良姻"的区别。	拓展阅读视野，运用比较思维来进一步明晰宝玉与黛玉情感的独特之处，从而深入理解《红楼梦》整本书"怀金悼玉"的主旨。	

活动与任务	活动与任务 1：课前完成学案，梳理文本内容，小组交流学案。课上汇报学习成果。分析黛玉、宝玉的人物形象。 活动与任务 2：细读文本，通过赏析文段，分析出宝玉和黛玉心灵上的共通之处。思考宝黛感情的独特性，深入理解人物性格。 活动与任务 3：阅读第八回选文，思考宝玉、宝钗互看与宝玉、黛玉互看的差异。 活动与任务 4：赏析《终身误》，逐字逐句品读。 附：学案一

人物形象	观察者（视角）	印象或评价	你的评点
林黛玉			
人物形象	观察者（视角）	印象或评价	你的评点
贾宝玉			

续表

学习反思：
通过今天这节课的学习，我们对林黛玉、贾宝玉在第三回中正式登场亮相的过程有了更精细和深入的品读，体会到曹雪芹为塑造这两个人物而去蓄势铺垫的笔法和最终必须借对方的眼睛，浓墨重彩地勾勒出二人的姿容气韵的艺术匠心。他们的闪亮登场，令我们既有"千呼万唤始出来"的惊喜，又有"这个妹妹我曾见过"的内心回响。而作者这样设计的缘由，正是因为，宝玉与黛玉是灵魂的知音，是一眼即可分辨的同类，是真正深刻理解对方的人。非他二人，就无法将黛玉、宝玉的形貌气象看得真、看得准、看得全。与之相对的宝玉与宝钗的互看，则既少气质的揣摩，又无心灵的碰撞，重点在物不在人。由此，我们方能明白《红楼梦》爱情悲剧的深刻性。

北京市第八十中学教案

2018 至 2019 学年度第 1 学期 高二年级语文学科，集体备课时间：2019 年 12 月 20 日				
备课组成员：伊立君、石丰、冯凌云、王月红、董淑芳；主备人：曹帅；参与人：贾小林				
课题	《我与地坛》史铁生	课型	赏析探究	课时	1
六维度四水平教学目标	水平 1.1 通过阅读，形成对文本的初步认识。 　　　1.2 通过信息筛选，找出地坛中景物的语段。 水平 2.1 走进文本，通过品读语言体会"我"选择地坛的原因。 　　　2.2 培养学生在阅读中独立思考与交流的习惯。 水平 3.1 深入研读，结合上下文语境进一步理解语句含义，品出文字中的味道。 　　　3.2 多角度全方位的思考，领会细节表现深刻的蕴含。 水平 4.1 在讨论交流中体会"我"与地坛的关系。 　　　4.2 拓展阅读，全面认识真实的史铁生。				
教学重点	引导学生与文本、作者展开对话，评点交流，在思考与小组交流讨论中体会地坛给"我"的启示。				
教学难点	训练和培养学生依据文本，深入理解"我"与地坛的关系。				
教学方法	赏析法；合作探究法。				
教学用具	教具	整本书阅读材料　　PPT			
	学具	整本书阅读材料			

续表

教学过程			
知识与技能	活动与任务		备注
	学 生	教 师	
唤起阅读回忆，为课程学习做准备	聆听、思考	分享史铁生在《自言自语》中关于人生三种困境的探讨	
搜索和提取相关信息能力，分析鉴赏语言的能力	通过文本阅读，思考分析"我"选择地坛的原因，并对相关语句进行赏析	引导学生快速搜索文中体现地坛景物特点的相关语段	荒芜但并不衰败结合语段（1-2段）分析其外形特点，内在涌动的生命之美
结合文章，分析和理解语言能力和概括归纳能力	学生思考地坛中的人们给"我"的启示	引导学生思考分析，并对学生的发言进行总结和点拨	将人们分成三类：母亲、小女孩和其他的人们
对"我"与地坛的关系的提升分析	小组讨论：你如何描述"我"与地坛的关系	指导学生品味语言，点拨、提升	结合语段引导学生领悟"我"与地坛的关系
总结提升	思考	总结、布置作业	
板书设计	**我与地坛** 史铁生 景 人 ←——————→ 我（精神、写作）		
课后作业	结合《我与地坛》，阅读拓展材料，通过互文性阅读进一步了解完整的史铁生。 拓展阅读资料：《我的梦想》《合欢树》《秋天的怀念》		
作业完成情况及存在的问题	学生通过学习以及阅读史铁生的相关作品，更加全面而深刻地理解了史铁生，他在理想的荒芜之上重建理想，在虚无的生命中超越宿命，获得了精神上的新生，进而启示了自己如何去面对个人的苦难与困境。		
教学反思	1. 以任务为驱动教授阅读方法。经典作品的价值在于穿越艺术的丛林来到现实的丛林，与读者建立一种个人关系，在阅读和学习本文的过程中，很多学生对于长篇作品的认知发生了巨大的变化，经历由读不进去到读不懂再到自觉热爱的过程。在这个过程中帮助学生进行有效的阅读、有价值的思考是很重要的一环，良好的阅读习惯和读书方法将受益终身。 2. 以学生实际为依据进行教学设计。我的第一个问题设计为"为何选择地坛？"设计这个问题的本意在于引导学生思考史铁生选择地坛的原因，即地坛在外形建筑与内在景物特点与"我"的外在与内		

续表

教学反思	在的相似相通。可实际的教学中,学生的思考和回答主要集中在"地坛离家很近""地坛很安静"等外在原因,并没有直达问题本质。经过反思,我认为在问题设计的时候脱离了学生的理解能力和学习实际,于是将问题进行了简化,即"地坛中景物的特点是什么?结合语段加以赏析。"这个问题更加直接,不仅可以指导学生进行景物语段的分析,落实到语言的赏析,又可以引导学生体会地坛的"荒芜但又不衰败",对于本节课的核心问题——"我"与地坛的关系的思考更具有价值。

2. 数学学科

北京市第八十中学教案

2018 至 2019 学年度第二学期 高二年级 数学学科,集体备课时间:2019 年 3 月 29 日

备课组长:潘荣杰;主备人:赵存宇;参与人:全体高二数学教师

课题	普通高中课程标准实验教科书数学人教 A 版选修 2-3 中的 2.4《正态分布》第一课时	课型	新授	课时	1
六维度四水平教学目标	水平 1.1 从数据分析的角度,学生将能够建立数据分布的概念。 　　1.2 学生将能够建立钟形曲线的直观印象。 水平 2.1 学生将能够说出正态曲线的来源,认识客观世界中的随机现象和正态分布发生发展的历史,感受数学的文化价值。 　　2.2 学生将能够说出两个参数 μ, σ 的含义,并借助直观图形对比不同参数的正态密度函数的图像。 水平 3.1 学生将能够从钟形曲线的形态角度理解数据分布。 　　3.2 学生将能够借助 TI—Nspire 图形计算器,归纳出正态分布密度曲线的特点。 水平 4.1 学生将能够应用正态分布解决一些简单的问题。				

教学重点	正态分布密度曲线的特点及其所表示的意义		
教学难点	正态分布密度曲线所表示的意义		
教学方法	教师启发讲授和学生自主探究相结合		
教学用具	学具	TI—Nspire 图形计算器	
	教具	高尔顿板,PPT,多媒体投影	

续表

教学过程			
知识与技能	活动与任务		反馈与评价
	学生	教师	
（一）绘制频率分布直方图 （二）分析数据的分布情况和数字特征	【课前】课下收集班级学生的身高数据，绘制直方图，并分析班级学生身高的分布情况。 【代表汇报分享】学生展示数据分析报告，交流并互补完善。 【分析身高数据】对比班级的小样本数据和学校的大样本数据，归纳数据分布特点。	【设计并提前发放】课前自主学研案； 【课下指导】指导学生获取身高这样一组真实的、呈正态分布的随机数据 【分析全校学生身高数据】利用学校 CMS 平台下载的数据，利用 TI–NSpire 图形计算器数据和统计功能，分析 2013—2018 年全校学生的身高数据，画出频率分布直方图，改变组距，分析数据分布的特点。	1.上课前全部收齐并批阅学生的数据和分析报告，学生课上展示； 2.借助 TI–NSpire 图形计算器，让学生亲历处理大量数据的过程。通过对比班级的小样本数据和学校的大样本数据，让学生体会：数据量增加之后，减小组距，得到更加平滑的曲线。归纳出数据分布特点：平均数附近数据比较多，而两极数据比较少，让学生逐步形成数据呈"中间高、两头低"的钟形分布。
（三）观察高尔顿板实验，归纳小球分布特点	【课上合作探究】100 多年以前，生物统计学家高尔顿做了一个实验，称为高尔顿板试验。课上重现高尔顿板试验，观察小球碰撞和落入的位置，小组交流研讨球槽中的小球堆积的高度及形状特点。 【代表汇报分享】说出球槽中的小球堆积的高度及形状特点。	【创设情境—提出问题】同学们刚才总结的数据分布规律是否具有普遍性？ 【高尔顿板试验】带领学生利用实物教具高尔顿板，多次重现高尔顿板试验，引导学生进行观察。 【评价完善】对学生归纳的特点进行评价和完善。 【计算机模拟】利用计算机模拟高尔顿试验。	观察学生个人与小组对于问题以及活动与任务完成情况。通过高尔顿板试验，引导学生进一步认识钟形曲线，并为探索正态分布曲线的性质做准备。

续表

（四）认识正态曲线	【认识正态曲线】我们观察到：随着重复次数的增加，频率分布直方图的形状会越来越像一条钟形曲线，这条曲线称为正态（normal）分布密度曲线，简称正态曲线。 【课上合作探究】结合高尔顿板试验讨论以下问题： 1. 小球落下的位置是随机的吗？ 2. 若没有上部的小木块，小球会落在哪里？是什么影响了小球落下的位置？ 3. 前一个小球对下一个小球落下的位置有影响吗？哪个小球对结果的影响大？ 4. 你能事先确定某个小球下落时会与哪些小木块发生碰撞吗？ 【代表汇报分享】归纳服从或近似服从正态分布的随机变量所具有的特征。	【正态曲线解析式】教师给出正态曲线的解析式： $$\varphi_{\mu,\sigma}(x)=\frac{1}{\sqrt{2\pi}\sigma}e^{-\frac{(x-\mu)^2}{2\sigma^2}},$$ 称随机变量 X 满足正态分布（normal distribution），记作 X—N（μ，σ^2） 【正态曲线历史】早在1733年，法国数学家棣莫弗就用 n! 的近似公式得到了正态曲线的解析式。德国数学家高斯在研究测量误差时从另一个角度导出了它，并研究了它的性质，因此，人们也称正态分布为高斯分布。 【正态分布适用范围】通过分析高尔顿板试验，引导学生分析得出以下结论：如果一组随机数据是众多的、互不相干的、不分主次的偶然因素作用结果之和，那么数据的分布是正态分布。	带领学生回顾相关的数学史，体会其中蕴含的数学文化价值。 观察学生对于问题以及活动与任务完成情况。

续表

（五）探究参数对正态曲线的影响，归纳正态曲线的特点	【课上合作探究】利用 TI-NSpire 图形计算器，改变参数 μ，σ 的值，观察曲线形状与 μ，σ 的关系。 【代表汇报分享】说出正态曲线的特点。	【正态曲线特点】从正态分布密度曲线和其函数表达式 $$\varphi_{\mu,\sigma}(x)=\frac{1}{\sqrt{2\pi}\sigma}e^{-\frac{(x-\mu)^2}{2\sigma^2}}$$ 分析正态曲线的如下特点： （1）曲线位于 x 轴上方，与 x 轴不相交； （2）曲线是单峰的，它关于直线 $x=\mu$ 对称； （3）曲线在 $x=\mu$ 处达到峰值 $\frac{1}{\sqrt{2\pi}\sigma}$； （4）曲线与 x 轴之间的面积为 1； （5）当 σ 一定时，曲线随着 μ 的变化而沿 x 轴平移； （6）当 μ 一定时，曲线形状由 σ 确定，σ 越小，曲线越"高瘦"，表示总体分布越集中；σ 越大，曲线越"矮胖"，表示总体分布越分散。	观察学生对于问题以及活动与任务完成情况。
（六）练习巩固	【学以致用】利用所学知识，解决以下问题 例：设随机变量 X 服从正态分布 $N(2, 9)$，若 $P(X > c+1) = P(X < c-1)$，求 c 的值。	【巡视指导】观察学生作答情况，代表学生发言。	观察学生对于问题以及活动与任务完成情况；引导学生理解正态分布的性质，了解正态曲线的特征。
板书设计	正态分布		
	（一）正态曲线的解析式 $$\varphi_{\mu,\sigma}(x)=\frac{1}{\sqrt{2\pi}\sigma}e^{-\frac{(x-\mu)^2}{2\sigma^2}}$$ （二）正态分布	（三）正态曲线的特点 （四）例题	

续表

课后作业	作业：在某项测量中，测量结果 X 服从正态分布 $N(1, \sigma^2)$（$\sigma > 0$）。若 X 在（0, 1）内取值的概率为 0.4，求 X 在（0, 2）内取值的概率。
作业完成情况及存在的问题	学生总体完成情况较好，也有个别同学利用对称性分别得到了（0, 1）和（1, 2）内取值的概率，不清楚 X 恰好取 1 的概率如何计算，事实上 X 为连续型随机变量，恰好取 1 的概率是 0。
教学反思	（1）实物模型与课程内容有机整合 我请通用技术南星老师专门为本节课制作了易于动手操作的实物模型——高尔顿板，给学生创造了数学实验的学习环境，让学生亲自动手做实验，增强了他们的直观认识和探究问题的兴趣。 （2）信息技术与课程内容有机整合 本节课将重点放在学生学习活动上，借助于信息技术完成以下几点：①通过学生活动，收集一组随机数据；②通过学生对数据的分析，形成数据分布直方图呈"中间高、两头低"的钟开分布；③探索描述钟形曲线的函数。信息技术的使用增大了课堂容量、减少了重复性的工作，信息技术提供的数据分析和动态画图的功能是传统教学中无法实现的，有利于学生认识正态分布的特点，既突破了学生认知上的障碍，也突出了本节课的重点。 （3）以问题引领活动，开展项目式学习 本节课通过一个实际的项目入手，设置一系列问题，引导学生深入思考，给学生创设了自主探索、动手实践、小组合作交流等多种学习活动平台，在概念的探究活动中层层深入，充分挖掘思维的深度与广度，让学生体会正态分布的特点及其所表示意义，关注了学生的发展。整个教学过程的设计，遵循数学知识的发现、发展过程，从直观感知、操作确认到逻辑论证，从思维的低级向高级递进，符合知识的形成与发展规律，也进一步体现了"数学是自然的，数学是清楚的"理念。

北京市第八十中学自主学研案

2018 至 2019 学年度第二学期 高二年级 数学学科，集体备课时间：2019 年 3 月 29 日				
备课组长：潘荣杰；主备人：赵存宇；参与人：全体高二数学教师				
课题	普通高中课程标准实验教科书数学人教 A 版选修 2-3 中的 2.4《正态分布》第一课时	课型	新授	课时 1
六维度四水平学习目标	水平 1.1 从数据分析的角度，你将能够建立数据分布的概念。 　　1.2 你将能够建立钟形曲线的直观印象。 水平 2.1 你将能够说出正态曲线的来源，认识客观世界中的随机现象和正态分布发生发展的历史，感受数学的文化价值。 　　2.2 你将能够说出两个参数 μ, σ 的含义，并借助直观图形对比不同参数的正态密度函数的图像。 水平 3.1 你将能够从钟形曲线的形态角度理解数据分布。 　　3.2 你将能够借助 TI—Nspire 图形计算器，归纳出正态分布密度曲线的特点。 水平 4.1 你将能够应用正态分布解决一些简单的问题。	你的课前目标 课上目标 课后目标		

活动与任务	（一）分析身高数据 1. 课下收集班级学生的身高数据，绘制直方图，并分析班级学生身高的分布情况。 2. 对比班级的小样本数据和学校的大样本数据，归纳数据分布特点。 （二）高尔顿板试验 1. 观察高尔顿板试验中小球碰撞和落入的位置。 2. 说出球槽中的小球堆积的高度及形状特点。 （三）正态曲线 1. 正态曲线的解析式为，称随机变量 X 满足正态分布（normal distribution），记作 $$\varphi_{\mu,\sigma}(x) = \frac{1}{\sqrt{2\pi}\sigma} e^{-\frac{(x-\mu)^2}{2\sigma^2}}。$$ 2. 服从或近似服从正态分布的随机变量所具有的特征为。 3. 正态曲线特点： （1）曲线位于 x 轴上方，与 x 轴不相交； （2）曲线是单峰的，它关于直线 $x=\mu$ 对称； （3）曲线在 $x=\mu$ 处达到峰值 $\dfrac{1}{\sqrt{2\pi}\sigma}$； （4）曲线与 x 轴之间的面积为 1； （5）当 σ 一定时，曲线随着 μ 的变化而沿 x 轴平移； （6）当 μ 一定时，曲线形状由 σ 确定，σ 越小，曲线越"高瘦"，表示总体分布越集中；σ 越大，曲线越"矮胖"，表示总体分布越分散。 （四）练习巩固 例：设随机变量 X 服从正态分布 $N(2，9)$，若 $P(x > c+1) = P(x < c+1)$，求 c 的值。

学习反思：通过本节课，我不仅学会了正态分布的相关理论，而且我能够注意到正态分布与之前所学的频率分布直方图等知识之间的联系（对这一部分知识我有了更加深刻，更加全面的认识）。同时通过上台操作高尔顿板，我真的体会到了随机性和其中蕴含的规律性，觉得特别神奇，通过分析我们自己身高的数据，我觉得数学真的离我们很近，数学很美，很有用！

北京市第八十中学教案

2020 至 2021 学年度第二学期 高一年级 数学学科，集体备课时间：2021 年 5 月 10 日

备课组长：王坤；主备人：王海霞；参与人：全体高一数学教师

课题	《普通高中课程标准实验教科书》人教 A 版数学必修第二册的第六章第三节第一课时《平面向量基本定理》。	课型	新授	课时	1
六维度四水平教学目标	水平 1.1 理解平面向量基本定理及其意义。 　　1.2 通过观察猜想、概括总结、验证推理，经历平面向量基本定理的探索过程，体会基底的作用。 水平 2.1 根据问题特点选择适当基底，领悟向量分解的"唯一性"与实数对（坐标）的"一一对应"关系，体会数形结合、转化思想。 　　2.2 通过证明平面向量基本定理理解定理，体会定理的重要性及其意义，增强对数学思维方法的理解。 水平 3.1 会运用平面向量基本定理解决简单平面几何问题。 　　3.2 通过平面向量基本定理的发现和证明过程，提升数学抽象、逻辑推理素养。				
教学重点	平面向量基本定理的发现和形成过程				
教学难点	平面向量基本定理中"任意性""唯一性"理解				
教学方法	教师启发讲授和学生自主探究相结合				
教学用具	学具	GeoGebra 数学软件			
	教具	PPT，多媒体投影			

续表

教学过程			
知识与技能	活动与任务		反馈与评价
	学生	教师	
（一）创设情境，深入思考	【课上合作探究】 生：向量 $a(a\neq0)$ 与 b 共线，当且仅当存在唯一一个实数 λ，使得 $b=\lambda a$. 生：不能用向量 a 表示向量 b 了。 师生一起分析：木块受到三个力的作用，重力 G、斜面的支持力 F_N 和滑动摩擦力 F_f。因为木块保持静止，所以这三个力的合力为 0，即 $G+F_N+F_f=0$，则有：$G=-F_N-F_f$，即 $G=(-F_N)+(-F_f)$，这样用斜面的支持力 F_N 和滑动摩擦力 F_N 的代数和形式表示出了重力 G，也就是对重力 G 沿着平行于斜面和垂直于斜面的两个方向进行了分解。	【创设情境，提出问题】 问题 1：如果一个非零向量 a 与向量 b 共线，我们能否用向量 a 表示向量 b？ 师：由刚才的定理我们知道，位于同一直线上的向量可以由位于这条直线上的一个非零向量表示，而且这个表示也是唯一的。 追问：如果问题 1 中的向量 a 与向量 b 不共线，能否用向量 a 表示向量 b？ 师：那么类似地，平面内的任意向量该如何表示呢？ 我们先研究下面的物理模型。 师：这引发我们思考，平面内的任意一个向量能否用某些给定向量的代数的形式表示？这也就是我们今天所要研究的课题——平面向量基本定理。 【评价完善】对学生归纳的特点进行评价和完善。	对定理的分析是为了共线定理的本质做进一步诠释。借助学生对数轴已有的理解，建立起向量 b 与实数 λ 的一一对应关系，为从一维（直线）到二维（平面）做铺垫。 从学生熟悉的物理背景引入向量的分解，这里引导学生通过力的分解的物理模型引出平面向量分解的平行四边形模型，明确向量分解是以平行四边形法则作为基本模型，同时也给出了向量的代数和形式表示的特例，引入本节课题，从运算与表示的角度为后续做铺垫，提高学生的数学建模和数学抽象的核心素养。

续表

| | 【活动1 合作探究】学生先尝试动手作图，教师巡视，如果学生能够作图并表示，那么引出问题2，如果学生在作图上有困难，无法作图或者作图后
无法用线性运算表示出来，教师在黑板上展示，先把三个向量的起点移到同一起点O作$\overrightarrow{OA}=a$，$\overrightarrow{OB}=b$，然后过向量a的终点分别沿着e_1，e_2两个方向进行分解。

生：共线，可以用向量e_1，e_2的倍数来表示。
【活动2 代表汇报分享】
学生观察、思考、操作、尝试、探究，教师巡视、指导，请学生代表实物投影展示交流，讲解作图过程，提高了课堂教学的有效性。 | 【活动1】在物理中，我们将力根据需要进行分解，依据的是平行四边形法则，现在你可以运用平行四边形法则把向量a按e_1、e_2的方向分解吗？

问题2：当你将向量a按e_1、e_2的方向分解，分解后的向量与向量e_1、e_2是什么关系？这种关系如何表示？
【活动2】给定几组不共线向量e_1、e_2，并给出待分解的向量a，让学生尝试在学案上将a按e_1、e_2的方向分解，分解后有什么发现？
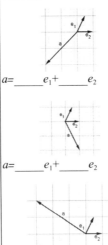
$a=$____e_1+____e_2 | 学生对向量的表示与运算有一定的认识，但向量的分解是对向量线性运算法则的逆用，这对学生的思维具有一定挑战，因此教师引导学生经历作图过程，使学生掌握向量平行四边形分解的方法，初步认识平面向量基本定理的图形表示。

引导学生应用向量共线定理，将a表示成$\lambda_1e_1+\lambda_2e_2$的形式，初步认识平面向量基本定理的代数表示，实现从图形表示到代数表示的过渡，发展学生的数学抽象的核心素养。 |
|（二）动手操作，探究发现| | | |

| （二）动手操作，探究发现 | 【回答追问1】
两个共线向量还是只能表示与自己共线的向量，而不能表示平面内的任一向量。

【回答追问2】
能用e_1、e_2表示a

【活动3】填空：
（1）对于非零向量a，若$a // e_1$，则$a=$____e_1+____e_2；
若$a // e_2$，则$a=$____e_1+_____e_2；
（2）当$a=0$时，$a=$____e_1+_____e_1.

学生小组讨论一般的情况，代表起来回答，最后老师用GeoGebra数学软件进行动态演示，改变向量a的方向和长度的大小，引导学生发现$a=\lambda_1 e_1+\lambda_2 e_2$总成立。
学生1：对于平面内任意一个向量a，可以用给定的两个向量e_1、e_2来表示；
教师追问：刚才两个向量e_1、e_2满足什么条件？如何完善刚才同学的结论？
学生2：对于平面内任意一个向量a，可以用给定的两个不共线的向量e_1、e_2来表示； | 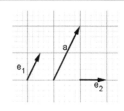

$a=$___e_1+___e_2
追问1：若上图中的向量e_1、e_2是不共线的向量，若取消它们不共线的条件，上面的结论还成立吗？
如果e_1、e_2中有一个是0，情况又会怎么样呢？

追问2：如果a是这一平面内与e_1、e_2中某一向量的共线的非零向量，你能用e_1、e_2表示a吗？a是零向量呢？

问题3：当两个不共线的向量e_1、e_2给定了，可以表示平面内任一向量吗？

思考：如果改变向量a的长度，还能用给定两个不共线的非零向量e_1、e_2来表示吗？如果改变向量a的方向呢？

师：你能把上述探究发现的结果，用数学的语言描述出来吗？ | 观察学生对于问题以及活动与任务完成情况；

通过思考问题，使学生认识到e_1、e_2是不共线的向量条件的价值和作用，由直观感知为平面向量基本定理的发现积累丰富的感性认识和经验。

通过填空题的形式，分三种情况让学生体会向量a是否可以由e_1、e_2表示：a是与e_1、e_2都不共线的向量；a是与e_1或e_2共线的非零向量；a是零向量。通过几种情况的区别，培养学生分类讨论的意识，培养严谨的科学态度。 |

续表

（二）动手操作，探究发现	生：基底不唯一，只要不共线的两个向量都可以组成一个基底。 师生活动设计：学生从几何（图形）和代数两个角度解释原因。 教师引导学生思考：结果唯一，就意味着分解的唯一，从图形上看就是平行四边形唯一，你能通过所学的几何知识来解释吗？从代数上如何证明 λ_1、λ_2 唯一？代数中要证明唯一性，我们一般采用什么方法？如何证明？	平面向量基底的概念：若 e_1、e_2 不共线，我们把 $\{e_1$、$e_2\}$ 叫作这一平面内所有向量的一个基底。 师：请同学们思考同一平面内的基底 $\{e_1, e_2\}$ 唯一吗？ 师：通过 GeoGerbra 数学软件进行动态演示，分别改变向量 e_1、e_2 的方向和长度大小，总能把平面内任意一向量线性表示。 问题4：对于给定的向量 a，可以用给定的两个不共线的向量 e_1、e_2 表示，即 $a=\lambda_1 e_1+\lambda_2 e_2$，那么 λ_1、λ_2 是唯一的吗？你可以给予证明吗？	让学生体会平面内的任一向量，都可以用两个不共线的非零向量表示，突破"任意性"这个难点，发展学生的逻辑推理的核心素养。 通过问题与学生活动互相穿插，层层推进，突出此定理的注意细节，与上面提出的问题相呼应，同时借助信息技术工具演示上述讨论过程，让学生有直观的认识，深入体会平面向量基本定理的"任意性"。 从几何和代数两个角度让学生认识表示结果的唯一性，发展学生的直观想象和逻辑推理的核心素养。
（三）抽象概括，完善定理	师生活动设计：教师提问，学生回答，教师给予引导和纠正。师生共同得出平面向量基本定理：如果 e_1、e_1 是同一平面内两个不共线的向量，那么对于这一平面内的任一向量 a，有且只有一对实数 l_1、l_2，使 $a = l_1e_1 + l_2e_2$ 若 e_1、e_2 不共线，我们把 $\{e_1, e_2\}$ 叫作这一平面内所有向量的一个基底。 学生活动：辨析思考，判断正误： 1. 平面内任意两个向量都可以作为平面内所有向量的一个基底。（ ） 2. 基底中的向量不能为零向量。（ ） 3. 平面向量基本定理中基底的选取是唯一的。（ ） 4. 若 e_1、e_2 是同一平面内两个不共线向量，则 $\lambda_1 e_1 + \lambda_2 e_2$（$\lambda_1$、$\lambda_2$ 为实数）可以表示该平面内所有向量。（ ）	问题4：你能把刚才的结论重新严谨地用数学语言描述出来吗？	让学生在探究、发现的基础上，将已有的图形语言用文字语言、符号语言表示出来，培养学生会用数学语言表达所发现的结论的能力，进而发展学生的数学抽象的核心素养。 通过一组辨析题，加深学生对于平面向量基本定理的认识，尤其是定理中"任意性""唯一性"等教育思考定理的"基本"性特点，理解平面向量基本定理的本质。

续表

（四）巩固新知，加深认识	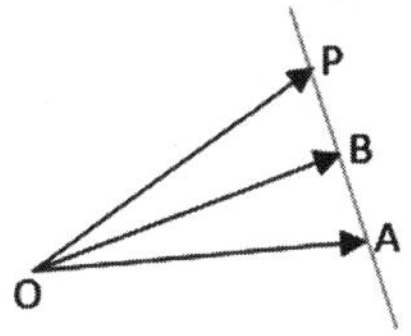 学生尝试独立完成，学生都完成后进行反馈交流，交互式给出规范，指导学生将$\{\overrightarrow{OA},\overrightarrow{OB}\}$看成基底，根据向量的有关运算将相关向量用基底表示，这是解决本题的关键环节。 学生结合图形直观，由结论的代数特征，得到进一步的结论：如果$\overrightarrow{OP}=m\overrightarrow{OA}+n\overrightarrow{OB}$，则$P$、$A$、$B$三点共线的充要条件为$m+n=1$。	例题：如图，$\overrightarrow{OA},\overrightarrow{OB}$不共线，且$\overrightarrow{AP}=t\overrightarrow{AB}\,(t\in R)$，用$\overrightarrow{OA},\overrightarrow{OB}$表示$\overrightarrow{OP}$. 教师进行个别指导，指导学生将$\{\overrightarrow{OA},\overrightarrow{OB}\}$看成基底，根据向量的有关运算将相关向量用基底表示。 追问：观察$\overrightarrow{OP}=(1-t)\overrightarrow{OA}+t\overrightarrow{OB}$，你有什么发现？	通过例题，巩固平面向量基本定理，加深对定理的认识，通过追问引导学生建立特殊的"形"与特殊的"数"之间的联系，体会数形结合的思想方法。
（五）课堂小结，思维升华	学生充分的回顾、思考、整理、归纳、总结时间，由学生代表交流表达自己的想法，知识上： 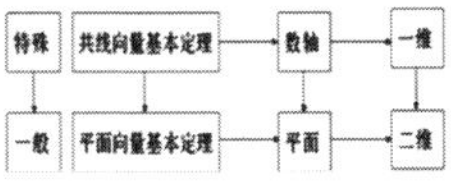 思想方法上：类比推理，抽象概括，数形结合。	教师仔细倾听学生的想法，关注学生对平面向量基本定理的研究过程的表述，关注学生的表达是否有条理，并适当概括和优化学生的回答，达到突出重点的目的。	以流程图的形式帮助学生梳理本节课最重要的基本知识，感悟数形结合、数学抽象、逻辑推理等基本数学思想在研究问题中的作用，积累数学思考的经验，提高发现、提出、分析、解决问题的能力，同时也帮助学生养成反思总结的良好学习习惯。
板书设计	平面向量基本定理 一、定量内容　　　三、例题分析 二、对定理的理解　四、课堂小结		
课后作业	教科书习题6.3第1、11题		
作业完成情况及存在的问题	学生总体完成情况较好，也有个别同学对于平面向量基本定理的认识还不太够，对于向量的分解思想还需加强。		

续表

教学反思	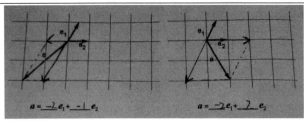 1. 教学方式分析 为使学生更好地理解定理的形成过程及坐标表示，有效突出重点、突破难点，本单元采用"教师适时引导和学生自主探究相结合"的教学方式。借助 GeoGebra 数学软件，通过问题和活动为学生创设自主探索、动手实践、合作交流等多种学习方式。 2. 教学过程分析 本单元从学生熟悉的物理背景引入向量的分解，借此类比一般的向量分解，能够激发学生的兴趣，在动手操作环节中，由于向量的分解是对向量线性运算法则的逆用，这对学生的思维具有一定挑战。为了突破这一难点，教师引导启发学生，并且在黑板上展示，先把三个向量的起点移到同一起点 O 作 $\overrightarrow{OA}=a$，$\overrightarrow{OB}=b$，然后过向量 a 的终点分别沿着 e_1、e_2 两个方向进行分解，一步步地规范示范作图。此外，对定理中任意性和唯一性的理解和验证也是学生学习的一个难点，这里教师设置了动手操作环节，通过改变平面内向量 a 的方向和长度，让学生亲身感受基底表示向量的全过程，然后辅以精心制作的 GeoGebra 动态演示加强效果，共同归纳总结，（使得定理"直观化""可视化"，让学生"看到""感受到"定理，这样加深学生对定理的认识和理解）突破了这一难点，学生热情很高。在与坐标表示的衔接环节中，用单位正交基再次解决例题的过程让学生直观地感受到了方便，引起了学生的兴奋，总之，达到了预期的课堂效果。 3. 本单元（或主题）教学特色分析 （1）采取有效教学策略突破重难点 本节课采用"分解难点，逐一突破"的教学策略，将难点一一"分解"，给学生提供"直观感知、实践操作"的机会，将学生自然"卷入"定理的形成过程中，不仅有效突破了重难点，更重要的是促进了学生思维能力的发展。 （2）合理运用信息技术，突出数学本质 教学过程中，用 GeoGebra 数学软件动态演示，突破定理中"任意性"以及基底不唯一这两个难点，在实践操作中体验定理的形成过程，使信息技术真正成为揭示数学本质的有效工具。

北京市第八十中学自主学研案

2020 至 2021 学年度第二学期 高一年级 数学学科，集体备课时间：2021 年 5 月 10 日				
备课组长：王坤；主备人：王海霞；参与人：全体高一数学教师				
课题	《普通高中课程标准实验教科书》人教 A 版数学必修第二册的第六章第三节第一课时《平面向量基本定理》。	课型	新授	课时	1
六维度四水平学习目标	水平 1.1 理解平面向量基本定理及其意义。 1.2 通过观察猜想、概括总结、验证推理，经历平面向量基本定理的探索过程，体会基底的作用。 水平 2.1 根据问题特点选择适当基底，领悟向量分解的"唯一性"与实数对（坐标）的"一一对应"关系，体会数形结合、转化思想。 2.2 通过证明平面向量基本定理理解定理，体会定理的重要性及其意义，增强对数学思维方法的理解。 水平 3.1 会运用平面向量基本定理解决简单平面几何问题。 3.2 通过平面向量基本定理的发现和证明过程，提升数学抽象、逻辑推理素养。	你的课前目标 课上目标 课后目标

活动与任务	活动 1. 如图，设 e_1、e_2 是同一平面内不共线的向量，将向量 a 按 e_1、e_2 的方向分解，并说明作图过程及能够用 e_1、e_2 的线性运算来表示 a 的原因。 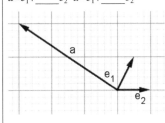 $a=e_1+$＿＿e_2 $a=e_1+$＿＿e_2 $a=e_1+$＿＿e_2 $a=e_1+$＿＿e_2 活动 2. 填空：（1）对于非零向量 a，若 $a//e_1$，则 $a=$＿＿e_1+＿＿e_2；若 $a//e_2$，则 $a=$＿＿e_1+＿＿e_2；（2）当 $a=0$ 时，则 $a=$＿＿e_1+＿＿e_2.

续表

活动与任务	活动 3. 对于给定的向量 a，可以用给定的两个不共线的向量 e_1、e_2 表示，即 $a=\lambda_1 e_1+\lambda_2 e_2$，那么 λ_1、λ_2 是唯一的吗？请你给出代数证明。 活动 4：尝试用数学语言表达平面向量基本定理。 例 1 如图，$\overrightarrow{OA},\overrightarrow{OB}$ 不共线，且 $\overrightarrow{AP}=t\overrightarrow{AB}$（$t\in R$），用 $\overrightarrow{OA},\overrightarrow{OB}$ 表示 $\overrightarrow{OP}$。 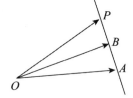 练习：如图，在 $\triangle MAB$ 中，C 是边 AB 上的一点，且 $AC=5CB$，设 $=MA=a$，$MB=b$，则 $MC=$ _____。（用 a，b 表示） 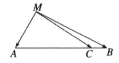

学习反思：通过本节课，"直观感知、实践操作"的机会，自然的经历到定理的形成过程中，用 GeoGebra 数学软件动态演示，突破定理中"任意性"以及基底不唯一这两个难点，在实践操作中体验定理的形成过程。

3. 英语学科

北京市第八十中学教案

2020 至 2021 学年度第 1 学期 高一年级 英语学科，集体备课时间：2020 年 10 月 30 日					
备课组长：吕寅梅；主备人：于丽云；参与人：吕寅梅、闫文娟、陈双					

课题	北师大版高一英语必修二第五单元第一课《大海的故事》	课型	阅读	课时	1
六维度四水平教学目标	水平 1.1 学生将能够理解本篇小说情节发展的不同阶段，体会小说情节的五要素。 水平 2.1 学生将能够表达主人公在不同处境下的情感变化，理解其对大自然的敬畏。 　　2.2 学生将能够分析出主人公为何能够在巨大的旋涡中获救，体会其善于观察、不放弃的品质。 水平 3.1 学生将能够评价小说情节发展及主人公的经历，提高批判性思维能力。 　　3.2 学生将能够阐释人与自然的关系，进一步形成对自然的敬畏之心及人与自然的共生关系。 水平 4.1 学生将能够表演出小说中的故事情节并表达自己对小说及人物的理解。				

教学重点	1. 表达主人公在不同处境下的情感变化，理解其对大自然的敬畏。 2. 分析出主人公为何能够在巨大的旋涡中获救，体会其善于观察，不放弃的品质。 3. 评价小说情节发展及主人公的经历，提高批判性思维能力。		
教学难点	评价小说情节发展及主人公的经历，提高批判性思维能力。		
教学方法	情境法、交际法		
教学用具	学具	学案	
	教具	网络、多媒体	

教 学 过 程				
知识与技能	活动与任务		反馈与评价	
	学　生	教　师		
（一）爱伦·坡生平及写作特点 （二）小说情节五要素	【课前：线上线下融合式自主学习】线上学习了解爱伦·坡及其写作风格；小说情节的五要素。	【设计并提前发放】课前自主学研案； 【制作并上传微视频】"爱伦·坡及小说情节要素"。	1. 上课前全部收齐并批阅课前自主学研案； 2. 课上班内进行交流：爱伦·坡生平及写作特点；小说情节五要素。	

续表

（一）爱伦·坡生平及写作特点（二）小说情节五要素	【课上交流讨论】小组分享微课所学内容并在全班分享。	【提出问题】根据微课内容提出问题并请不同同学进行回答。	观察学生个人与小组对于问题的讨论情况。
关于故事背景的关键词汇	【观看思考】观看一段关于一个渔夫在大海上遇到暴风雨的经历的视频片段并进行描述。	【播放视频并提出问题】请同学观察并描述所看到的画面，引出故事背景及关键词汇。	引领并评价学生的反馈。
小说第一部分阅读	【观看并阅读】观看并阅读小说第一部分。【回答问题】阅读后回答关于小说中的人物、背景等问题，并预测之后情节发展。	【播放视频】请同学观看并阅读小说第一部分。【提出问题】请同学们回答本部分关于人物、背景的问题，并让学生预测之后情节。	观察学生阅读情况及讨论问题情况。
快速阅读小说经过、高潮及结局	【快速阅读并检验预测】阅读小说剩余部分并检验预测是否准确。	【组织阅读及分享】请同学们阅读小说并分享对之前预测的判断。	观察学生阅读情况并组织分享。
细读小说情节	【深度阅读并回答问题】阅读并回答基于小说情节的细节问题及主人公为何能够获救。	【组织阅读并提出问题】请同学们仔细阅读小说并提出细节问题。	观察学生阅读并指导答题情况。
思考讨论深层次问题	【阅读并小组讨论】再次阅读并用一个词来概括小说情节；讨论人与自然的关系。	【组织阅读和小组讨论】请同学再次阅读并对小说情节做出评价；小组讨论人与自然的关系。	观察学生阅读及讨论情况。
角色扮演	【角色扮演】和同伴或小组人员根据故事情节表演主人公得救后跟其他渔夫讲述自己经历的过程。	【布置任务】给同学布置角色扮演任务。	观察并对学生进行指导。
板书设计	Climax Rising action　Falling action Exposition　Resolution		

课后作业	根据小说情节五要素改写本篇小说情节。（开头已给出）
作业完成情况及存在的问题	学生完成作业情况良好，学生可以根据微课中学习的情节五要素对小说情节进行有创意的改写，不过个别同学在小说高潮描写的时候不够精彩，逻辑感较差。
教学反思	通过这节课的设计与实施，我有以下几点想法。 首先，作为英语教师，我们一定要不断学习。这里的学习既包括教学法的学习，也包括教师语言上的进步和知识广度与深度的学习。在准备这次课的时候，我其实觉得自己在讲小说这方面的经验是相当匮乏的。匮乏的原因是自己本身对英语文学的学习不足，同时也来自平时教授英语课时没有对读小说这一非常重要的英语学习途径足够重视。俗话说，老师要想给学生"一杯水"，那么老师自己需要有"一桶水"。如果没有"一桶水"，在授课时自然会显得捉襟见肘。所以作为英语教师，终身学习是必须的。 第二，设法让学生全身心地参与课堂是每个教师需要思考的课题。当我们抱怨学生不好好听讲，不积极参与课堂的时候，其实我们更应该好好想想学生为什么不好好听讲，为什么不积极参与课堂。当我们在进行课堂提问的时候，这个问题是否能引起学生的兴趣，给了学生足够的思维空间；当我们提问后，是否给了学生足够的时间进行讨论、交流，而不是只是走形式或急于完成进度。课堂如果少了学生的参与便失去了活力，失去了作为线下课堂最宝贵的优势。 第三，把学生的课堂感受放在重要位置。很多时候，教师会关注自己"教了什么"，而我认为，更重要的其实是学生在本堂课"学了什么"。教师永远不要想当然地认为自己教了什么，学生就学到了什么。在课堂实践中我们其实经常发现，"教了什么"和"学了什么"两者中间常常会出现一条鸿沟。所以，教师在授课的时候要不断把自己放在学生的位置去思考，要不断问自己问题，如"今天学生学到了什么？""这节课有意思吗？""学生是否认真思考了？"等问题，从学习者的角度去衡量一节课的好坏。

北京市第八十中学自主学研案

2020 至 2021 学年度第 1 学期 高一年级 英语学科，集体备课时间：2020 年 10 月 30 日					
备课组长：吕寅梅；主备人：于丽云；参与人：吕寅梅、闫文娟、陈双					
课题	北师大版高一英语必修二第五单元第一课《大海的故事》		课型	阅读	课时	1

六维度四水平学习目标	水平 1.1 你将能够理解本篇小说情节发展的不同阶段，体会小说情节的五要素。 水平 2.1 你将能够表达主人公在不同处境下的情感变化，理解其对大自然的敬畏。 　　2.2 你将能够分析出主人公为何能够在巨大的旋涡中获救，体会其善于观察、不放弃的品质。 水平 3.1 你将能够评价小说情节发展及主人公的经历，提高批判性思维能力。 　　3.2 学生能够阐释人与自然的关系，进一步形成对自然的敬畏之心及人与自然的共生关系。 水平 4.1 你将能够表演小说中的故事情节并表达自己对小说及人物的理解。	你的课前目标 课上目标 课后目标

活动与任务

Online lesson:

What do you know about Edgar Allan Poe and his writing style?

What are the key elements of the plot of a story?

Discussion:

If you are asked to use one word to describe the storyteller's experience, what will be the word? Why do you use that word?

What is the story trying to say about the relationship between humans and nature?

Role play:

You are the storyteller and your partner is the fisherman who picked you up from the sea...

① This role play can be a pair work, and it can also be a group work.

② Your partner(s) will ask you questions and make comments; you are going to unfold your story to them.

学习反思：

1. 本节课的线上课程让学生提前了解了作者爱伦·坡和他的写作技巧，同时，学生也了解了小说情节的五要素，这些都为学生更好地阅读文本做好了准备。

2. 视频的运用让学生阅读的兴趣明显提高，视频的声音画面都让学生有身临其境的感觉，为他们进行文本阅读做好了心理上的准备。

3. 课堂讨论的问题开放性比较强，学生发挥的空间大，思维延展性得到很好的体现。在进行问题讨论的时候学生的批判性思维和创造性思维都得到很好的培养。

4. 整个课堂学生的参与度较高，每个学生都能积极主动地学习并且发表观点，课堂氛围活跃。

北京市第八十中学教案

2019 至 2020 学年度第 1 学期 高一年级 英语学科，集体备课时间：2019 年 10 月 30 日

备课组长：吕寅梅；主备人：刘博文；参与人：吕寅梅、卜岚、刘杏林

课题	北师大版高一英语必修一第三单元视听说课《剪纸》	课型	视听说	课时	1
六维度四水平教学目标	水平 1.1 学生将能够获取文章中关于剪纸的主要信息。 水平 2.1 学生将能够描述剪纸的含义及用途。 水平 3.1 学生将能够分析出剪纸未来发展的方向，并将剪纸与多种艺术形式相融合。 水平 4.1 学生将能够创造性地设计并介绍自己的剪纸。				
教学重点	1. 获取文章中关于剪纸的主要信息。 2. 描述剪纸的含义及用途。 3. 分析出剪纸未来发展的方向，并将剪纸与多种艺术形式相融合。				
教学难点	创造性地设计并介绍自己的剪纸。				
教学方法	情境法、交际法				
教学用具	学具	学案			
	教具	网络、多媒体			

续表

教 学 过 程			
知识与技能	活动与任务		反馈与评价
	学　生	教　师	
剪纸相关背景知识。	观看无文字无语言视频,猜测本课学习话题并分享相关已有知识。	【制作微视频】"剪纸"	班内进行交流:关于剪纸,你了解什么。
关于剪纸的关键词汇。	【课上交流讨论】小组分享关于剪纸的内容并在全班分享。	【提出问题】根据短片内容提出问题并请不同同学进行回答。	观察学生个人与小组对问题的讨论情况。
视频完整观看,获取文章结构。	【观看并回答问题】观看视频,回答关于剪纸定义、意义、用途的问题。	【播放视频】请同学观看视频。【提出问题】请同学们回答关于剪纸定义、意义、用途的问题。	观察学生观看情况及讨论问题情况。
视频分部分观看(依照剪纸用途划分),获取剪纸细节信息。	【观看并描述】观看视频,描述剪纸的不同用途与特殊含义。	【组织观看及分享】请同学们观看视频,分享对剪纸不同用途及特殊含义的最新理解。	观察学生观看情况并组织分享。
视频完整观看,复现文章结构及剪纸细节信息。	【观看并介绍】观看视频,向全组介绍所有剪纸图形的意义及用途。	【组织观看并提出任务】请同学们仔细观看视频并提出分享任务。	观察学生观看并指导介绍情况。
新语境下解决问题。	【讨论并介绍】通过对剪纸的学习,将中国学生制作的关于校园文化与中国特色相结合的剪纸介绍给感兴趣的外国交换生。	【组织小组讨论并提出任务】请同学讨论如何给外国交换生介绍他们感兴趣的剪纸并给予指导。	观察学生讨论。
将剪纸与现实艺术形式相融合。	【讨论并分享】小组讨论剪纸在生活中出现的艺术形式。	【组织小组讨论并提供范例】请同学们讨论剪纸在生活中出现的艺术形式并提供范例。	观察学生讨论。
创造性地设计剪纸	【设计】和同伴或小组人员共同设计带有剪纸元素的礼物送给即将回国的外国交换生。	【布置任务】给同学布置任务。	观察并对学生进行指导。

板书设计	
课后作业	以文字形式介绍本组成员设计的含有剪纸元素的礼物并说明设计理念。
作业完成情况及存在的问题	学生完成作业情况良好。学生可以结合生活实际以及本课所学关于剪纸的内涵及代表意义设计出含有剪纸元素的礼物，并能清晰准确地表达自己的设计意图与理念。不过个别同学还是受限于剪纸的装饰用途，而没能将剪纸实际运用于生活当中，发散性思维仍有待提高。
教学反思	针对本节课的教学流程我做出了以下反思： 主题热身与语言点导入部分：主题热身环节涉及与 paper-cutting 主题相关的口语展示练习。在这一环节中，学生通过观看老师课前制作的微视频，猜测出本课要学习的内容并以 4 人的学习小组方式，就 paper-cutting 这个主题以及对老师以图片形式展示的福字剪纸进行 2—3 分钟的口语展示，在这个过程中，引发学生对该话题的兴趣，激发学生关于剪纸的已有知识。除语言文字外，眼神、姿势、图片等方式，都能够传递信息，进行意义构建，所以，我也从多方面对学生的表现进行了评价，比如展示者的语言表达（语法、语音、语调、音量、节奏等）、形体语言以及与其他同学的互动等。导入语言点环节是引导学生预测即将学习的主题内容，以此来提升学生学习的积极性，所涉及的背景知识、短语和词汇都是与要学习的内容和交际功能相关。比如学生在谈及剪纸的过程中很容易提到剪纸是中华民族传统艺术的象征，也是世界非物质文化遗产，从而为同学们铺垫 folkart 以及 intangible cultural heritage 等词汇，所以老师在介绍词汇与短语的过程中，输入信息主要是通过文字、图片的链接方式以视觉模态呈现出来，为加强视觉效果，突显目标信息，PPT 中的文字也以不同的字体、颜色呈现出来，并在播放 PPT 时适当加入音效。力求最大限度地调动学生的自主能动性以及激活学生现有知识。 视听理解（学习理解层面）部分：是在视频信息、音频信息以及情景下结合交际功能进行学习的一个重要教学环节。在这一学习过程中，教师的视频讲解配合了黑板，采用泛看、精看相结合，理清视频主体脉络，培养学生在观看视频的同时把握细节的能力。比如，视频的第一部分主要是对剪纸有一个简述，并交代了下面的视频中对于剪纸要从哪些方面进行介绍。通过以下三个问题 1.What is paper-cutting? 2. What do they symbolize? 3. What are they used for? 让同学们对文本结构有了一个清晰的认知。接下来进入精看环节，这一环节也是有层次的，剪纸的第一个用途 decoration 中提及了福字、福字与鱼的搭配、莲花与儿童的搭配；在第一个福字的介绍过程中，教师用填空的方式进行反馈，教师提供文本主要框架，同学们填空的内容涉及 windows and gates, during festivals,

续表

教学反思	the Chinese character Fu, it is believed that 这四个方面，对应的就是福字剪纸用途中的四大环节 where，when，what 以及 why。学生通过所填内容，自行总结出视频的行文结构，为了解下一幅剪纸提供了有力的抓手。在填空任务结束后，教师又通过 PPT 呈现出了以下内容： Where: used for When: put up⋯ to What: the character Fu means⋯attach to⋯ Why: it is believed that⋯ The image⋯which indicates⋯ 配合图片为同学们进行情景复现，同学们进行口语表达。在第二部分福与鱼的搭配、莲花与儿童的搭配里，教师只提供个别词汇与句式支持，在播放剪纸的第二种用途即宗教用途时，教师只使用 where，when，what 和 why 四个词汇来对学生的精看提供帮助。在播放剪纸最后一项用途即设计元素的过程中，教师只提供图片信息，不给予任何文字支持，从而达到有梯度地对学生的视听能力进行培养与操练。当然在观看完每一部分之后，教师都会引导学生通过复述、对话、采访等模式对视频信息进行重现。在观看完所有视频后，教师统一播放一遍完整视频，让同学们对视频资料有一个再认识的过程。观看结束后，同学们以小组汇报的方式，通过复述、对话、采访等模式对视频信息进行重现。在练习过程中，学生出现因生词较多或过快的语速而不能准确理解的情况，教师也采取了暂停播放与重复播放的方式，并将本段材料中的难点以文字或图片的形式通过 PPT 呈现出来。同时，为加强认知效果，教师也带领学生朗读部分单词与句型，使学生从视觉与声觉两方面接受输入信息，以便在接下来的练习中更好地理解听力材料。 视听理解练习（应用实践层面）：视听输入理解的环节结束后，则到了该课程最重要的一个环节——"说"。视听输入结束后，教师设计了针对性的口语训练，以图片形式为同学们提供了剪纸在其他方面的一些应用，让同学们走出视频中的狭窄空间，放眼到生活中去寻找剪纸更广泛的用途，比如上海世博会上波兰馆的建筑设计，比如剪纸在钟表设计中的运用等，为同学们进一步使用语言提供思路。同学们在表达过程中，会重现剪纸的意义，并通过思考以及上网查阅资料等方式发现剪纸在现代生活中新的用途，将两者有机结合，达到在真实语境中操练语言的目的，提高学生的视听理解和口头表达能力。另外，为贴近学生生活，教师还提供了外国交换生在学校艺术长廊欣赏班级同学为建国 70 周年设计的剪纸为主题的海报的照片，给同学们布置讲解海报的任务。 视听说综合表达练习（迁移创新层面）：听说综合表达练习旨在结合情景与交际功能进行视听说的综合练习，通过多感官的操练和仿说练习，帮助学生有效提高说的能力。学生根据教师新创设的情境，即参观海报的外国交换生要回国了，由于他们在参观校园过程中表现出了对中国剪纸的喜爱，同学们自己来设计一套剪纸海报送给外国朋友，并向外国朋友描述该剪纸在海报所表达的意象中的意义、用途以及自己以这种方式设计海报的目的及意义。即：

教学反思	Create your poster in groups and explain The meaning Use: where&when&why Why would you like to design it in this way 在这个过程中，同学们根据情景，运用目标词汇与表达方式进行展示，达成了本节课的三个目标，但是在过程中，学生的部分表达还是出现了语言形式错误以及逻辑结构不够严谨的问题，在日后的教学环节中，应当引起教师的高度关注。

北京市第八十中学自主学研案

2019 至 2020 学年度第 1 学期 高一年级 英语 学科，集体备课时间：2019 年 10 月 30 日				
备课组长：吕寅梅；主备人：刘博文；参与人：吕寅梅、卜岚、刘杏林				
课题	北师大版高一英语必修一第三单元视听说课《剪纸》	课型	视听说	课时 1

六维度四水平学习目标	水平 1.1 学生将能够获取文章中关于剪纸的主要信息。 水平 2.1 学生将能够描述剪纸的含义及用途。 水平 3.1 学生将能够分析出剪纸未来发展的方向，并将剪纸与多种艺术形式相融合。 水平 4.1 你将能够创造性地设计并介绍自己的剪纸。	你的课前目标 课上目标 课后目标
	View and answer the questions: What is paper-cutting? What do paper cuts symbolize? What are they used for? They are used for _____, for _____and for _____. View and fill in the table	

续表

活动与任务	Decoration		Paper cuts _____decoration are often seen on windows and gates. They are usually put up _____ to bring good luck. _____means good luck and it was often _____front doors upside down. _____when Fu is put upside down, happiness arrives. The image of a fish often appears together with Fu, _____ we will have more than enough money to spend.
			Used on Why: it is believed that… When: a present for parents_____ might show a paper cut of children The name…is … which means…
	Religious purposes		
	Design patterns		
	Create your own gifts for the foreign friends with the image of paper cuts.		

学习反思：

1. 本课通过围绕主题语境设置问题链引导学生观看、表达与思考，并从语言能力、文化意识、思维品质和学习能力这四个方面落实了对学生英语学科核心素养的培养。围绕主题语境，在视听说课中落实"技能—意义—语用功能"。在课前准备、课上活动以及课后作业中，教师多模态理论的引领下，全方位地对视听说课进行了深度的探索。

（1）作为一篇说明文，学生需要在视听过程中记笔记，找出剪纸的定义、象征意义以及用途。老师层层推进的问与答锻炼了学生的理解、表达能力，促进他们自身语言知识的学习和语言技能的整合发展。（语言能力）

（2）引导学生关注身边的事物。从开始设置问题情境，到后面引导学生思考如何解决问题。用外国交换生对中国传统文化的浓厚兴趣，激发学生对传统文化的好奇以及欣赏，帮助学生们更好地理解和尊重世界物质文化遗产——剪纸，同时增强学生的民族自豪感。（文化意识）

续表

（3）学案的结构化知识图帮助学生更清晰地总结概括剪纸。既梳理了结构，又落实了细节，锻炼学生思维的逻辑性，也为后续的口语输出提供参考。小组讨论剪纸在生活中其他方面的用途，为学生提供了创造性地表达自己观点的途径。（思维品质）

（4）学习完本课知识之后，学生会综合评价剪纸这项物质文化遗产，对其有了更深入的了解，而不单单只是玻璃上的装饰品。课后可以查阅不同的材料拓宽学习渠道，基于课堂已有的集体讨论，提高学习效率。也可将课堂中学到的视听力策略迁移到课外的听力中。（学习能力）

2. 围绕主题语境，基于此类型语篇，在探讨问题的过程中，运用语言技能获取、梳理、整合语言知识，深化对语言的理解。

3. 课堂围绕"实践英语学习活动观，促进核心素养的有效形成"理念，层层推进的问题和活动，落实六要素为整合的活动观。

4. 思想政治学科

北京市第八十中学教案

2020 至 2021 学年度第二学期 高一年级 政治学科，集体备课时间：2021 年 4 月 18 日				
备课组长：于静；主备人：谢炳月；参与人：张文勃、寇凯宏、周静、范伟光、刘亚芬				
课题	改革开放为什么是伟大的	课型	新授课	课时
				1
六维度四水平教学目标	水平 1.1 能够阐述党的十一届三中全会以来我国改革开放的历程和取得的主要成就，感受、总结改革开放给中国带来的深刻变革，通过民生方面的巨大变化，体悟中国特色社会主义的优越性。 水平 2.1 通过查阅改革开放以来我国取得的巨大成就的资料，理解改革开放对中华民族的意义；探究改革开放取得伟大历史成就的原因，总结改革开放的巨大历史意义。 水平 3.1 论证改革开放永无止境，培养推理与论证的学科关键能力，增强将改革进行到底的勇气与决心，并积极投身于改革开放的伟大实践，进一步提高公共参与的积极性。 水平 4.1 提高分析现象、综合整体的学科关键能力，从而增强政治认同；提高探究与建构的学科关键能力，进一步培养科学精神。			
教学重点	改革开放的意义			
教学难点	改革开放的历程			
教学方法	情景教学法、活动教学法			
教学用具	学具	PPT		
	教具	PPT		

续表

教 学 过 程			
知识与技能	活动与任务		反馈与评价
	学 生	教 师	
环节一：忆往昔——关键抉择 分议题1：为什么改革开放是决定中国命运的"关键抉择"	通过家人的真实讲述与同学间的分享，感受改革开放带来的变化。 思考并回答问题。 根据教材、资料，画出改革开放年鉴。	课前采访：采访你的家人，说明改革开放让我们的生活发生巨大的变化。（可参考教育、消费、医疗、生态、就业等方面） 教师提问：结合所学理论知识，从唯物史观的角度解释我国进行改革开放的根本目的。 教师：搜集整理资料，画出改革开放年鉴时间轴。	通过视频、采访分享及图片资料，创设真实情景，感受改革开放带来的变化，体悟中国特色社会主义的优越性。 厘清改革开放背后的理论逻辑，提高分析现象、综合整体的学科关键能力。 通过分组合作描述改革开放的历史进程。
环节二：看今朝——波澜壮阔 分议题2：为什么改革开放是实现民族复兴的"关键一招"	根据视频资料，结合所学，探究原因。 分享、交流。	问题探究：观看《中国一分钟》，感受改革开放以来我国所取得的一系列成就，分析我国取得这些成就的原因、总结改革开放带来的巨大历史意义。 交流分享：选取你最感兴趣的一位改革先锋人物，结合查阅的资料说说改革先锋人物体现了怎样的精神。（可参考于敏、程开甲等）	分析改革开放取得成功的原因，提高探究与建构的学科关键能力，进一步理解改革开放对中华民族的意义。 引导学生思考这些改革先锋人物身上所体现的民族精神，明晰改革开放所取得的成就离不开每一个个体，鼓励学生参与到改革开放的实践中，提高学生公共参与的积极性。
环节三：望未来——高飞远举 分议题3：为什么改革开放的实践发展道路"永无止境"？	讨论、交流、分享。	组织辨析：改革开放的道路是否有尽头？ 教师总结：实践发展永无止境，解放思想永无止境，改革开放也永无止境，停顿和倒退没有出路。对外开放是中国的基本国策。当今世界是开放的世界，开放带来进步，封闭必然落后。改革开放只有进行时，没有完成时。	分析改革开放只有进行时，没有完成时，提高分析辨析的能力。

续表

板书设计	
课后作业	选择一位改革先锋人物，为其写一篇颁奖词
作业完成情况及存在的问题	作业完成良好，主要存在的问题：文学性较足，但改革开放相关理论的引用有待进步
教学反思	1. 教学特色 ·本课以"忆往昔——关键抉择""看现在——波澜壮阔""望未来——高飞远举"三个环节，以时间轴为线，以"政治、经济、文化、社会和生态"领域为面，引导学生探究改革开放的历程、成就、意义等，逻辑清晰，环环相扣，系统性、完整性较强。 ·紧密结合社会实践、引导学生自主思考、合作探究。本课笔者设计了两个课堂活动：第一个活动通过采访家人，讲述改革开放在政治、经济、文化、社会、生态等方面的变化，一方面激发兴趣、导入课程，另一方面能够引导学生直观感受改革开放以来我国发生的巨大变化，增强中国人的自豪感和自信心；第二个课堂活动，让学生分组合作，通过描绘时间轴，讲述改革开放的历程，在活动中锻炼学生合作探究的能力，将学科知识与学科能力的培养相结合。本课的课堂活动操作性、可实施性强，将课堂学习与社会实践相结合、自主思考与合作探究相结合、学科知识与价值培养相结合，符合思想政治学科综合性、活动型学科课程的性质。 ·议题式教学，以"议"为主要方式，建构情景，解决问题。本课的教学设计以"为什么改革开放是伟大的？"为总议题，首先对课时标题进行解构、破题。在教学环节分别设置三个分议题：为什么改革开放是决定中国命运的"关键抉择"？ 为什么改革开放是实现民族复兴的"关键一招"？ 为什么改革开放的实践发展道路"永无止境"？ 分议题层层递进、逻辑顺畅，最终呼应总议题——为什么改革开放是伟大的。 2. 教学反思 从教学环节设计到最终课堂实施上来看，也存在一些问题与瑕疵，如教学设计的严谨性不足，课堂实施上教师的节奏把控不稳，课堂生成的自然流畅问题。 从课堂实施上来看，教师在实施环节中设置的问题应该具有内在联系与逻辑性，从学生角度来说应该是水到渠成地生成知识。在本节课的实施过程中，有些问题的设置对于学生来说有些难度，例如课前采访部分，最初笔者给出的问题是：采访你的家人，说说改革开放给中国带来的翻天覆地的变化。但是在操作过程中，学生不知如何谈起，采访内容也浮于表面。因此在随后的课堂实践中，我将学生分组，采访的问题也更具体：教育、消费、医疗、生态、就业等方面。这样一来，学生的回答便可有的放矢。 课堂是一门永远没有终点的长跑，每一次反思与总结都是对下一次起跑的能力蓄积，希望在未来的教学活动中我能将反思过程中发现的问题与瑕疵变成收获与亮点。

5. 历史学科

北京市第八十中学教案

2021 至 2022 学年度第二学期 高二年级 历史学科，集体备课时间：2021 年 4 月 12 日

备课组长：石岩；主备人：石岩；参与人：张韬、刘晓月

课题	从《清明上河图》认识宋代社会及变化	课型	活动课	课时	2
六维度四水平教学目标	水平 1.1 通过观察《清明上河图》的高清动态图，融合信息技术，回顾宋代社会的发展基本状况，知道宋朝是我国古代继隋唐之后经济和文化科技继续发展的一个重要朝代。 水平 2.1 知道史料是通向历史认识的桥梁，认识《清明上河图》的史料价值，体验探究图片史料是感知和学习历史的重要途径及方法。融合信息技术，初步掌握搜集史料的途径与方法。 水平 3.1 能够分析《清明上河图》出现的时代背景，概括宋朝时代特征；了解并认同中华优秀传统文化，培养家国情怀。 水平 4.1 初步学会通过对图片史料、文字史料的辨析和对史料作者意图的认知，能够从史料中提取有效信息，作为历史叙述的可靠证据，据此论证历史结论。				
教学重点	运用信息技术和多样的素材，多角度探究《清明上河图》所反映的宋代社会。				
教学难点	史学素养（历史时空、史料实证、历史解释等）的提升和学科方法的渗透				
教学方法	信息技术融合、小组合作探究、搜集考证史料				
教学用具	学具	PPT、高清数码版《清明上河图》、VR 视频			
	教具	互联网计算机、VR 设备、教材、笔记			

教 学 过 程

知识与技能	活动与任务		设计意图
	学 生	教 师	
课前准备	课前预习，分组搜集多样素材，自主探究	学前调查，收集数据，设计方案。	培养历史学科方法

续表

导入新课	观看数码版高清图,知道从史料中获取信息。思考,写作解说词,并展示。根据已有知识和学习经验,一句话概述自己眼中的宋朝。从材料中选择自己赞成的一种观点并说明理由(也可提出自己的观点并加以说明)	播放数码版高清图,展示如何从史料中获取信息。出示寒假作业解说词。提问:根据已有知识和学习经验,一句话概述你眼中的宋朝。关于史学家对宋朝的评价存在多种观点,分析其原因。从材料中选择你赞成的一种观点并说明理由(也可提出你自己的观点并加以说明)	融合信息技术,激发学生兴趣,培养学科能力。获知学生已有认知,学考一致,从最近发展区入手,学会概述观点和辨析不同的观点。
多角度探究宋代社会	学会辨析史料类型,能够分析其价值。 知道选定一个与历史有关的问题,自行拟定研究的计划和方法,在进行文献检索和综述的基础上,搜集、整理、辨析相关的历史材料,运用已学的历史知识和技能,对这一历史问题进行自主探究。 小组分享,点评,提问,思考,回答问题。观看VR视频,身临其境感受宋代交通和城市。	指出《清明上河图》史料的类型,并分析其价值。如何理解宋朝的"皇帝与士大夫共治天下"?如何理解宋朝的"商业革命"?以宋为界,概括中国古代城市发展特点?有学者认为此画名"清明"的含义为"政治清明",你的观点是什么?请选择画中的材料加以论证。请根据所学,指出《清明上河图》创作的思想基础。请查找资料,考证珠算出现的年代。	运用史料就是理解历史,需要秉持大胆怀疑、多源互证等原则。对不同类型的史料,需要了解其产生的具体情境,需要掌握读懂它的技能,才能对其反映的历史信息形成准确的认识。 以学生为主体进行自主探究;使用多种素材进行学法指导,注重历史解释、史料实证等学科素养的培养和学科能力提升。
课堂小结	思考,整理,概括,回答。	请根据所学,概括《清明上河图》所反映的宋朝时代特征。	培养历史时空观念。
深化认识	朗读史料,体会,感悟。	鼓励学生做好自身,成为民族复兴的参与者。	热爱中华文化,培养家国情怀。
板书设计	研究问题 —— 政治 —— 宋代政治特点;经济 —— 宋代商业革命、宋代交通和城市;社会 —— 宋代社会习俗;文化 —— 宋代文化发展		

续表

课后作业	1. 为唐宋之际的变革的观点设计一组思考题，并作答。（迁移运用提出问题、辨析观点的历史学习方法） 2. 历史小论文写作及自评。
作业完成情况及存在的问题	历史论文写作水平达到比较高的标准，需要做好小组评价。
教学反思	2021 年 4 月 13 日我上了新课程调研课《从〈清明上河图〉认识宋代社会及变化》一课。本课开课缘起是新课标要求的史料研读模块，是高考考点但是没有配套教材。所以我指导学生使用网络高清解读《清明上河图》高清版和 VI 视频《清明上河图》做史料研读，通过课前互联网搜集资料、分组研究、课堂展示讨论；辅以教师课堂循循善诱，问题链探究和课上学生完成主题学习任务。教与学的方式发生根本改变，实现了让学习发生，让素养落地。本课特色是历史探究活动课，实现了历史学科关键能力的提升，学考一致。 未来教学改进是再上课需要高清能聚焦放大的电子大屏，六人一组小组教学的专业教室，需要能全息播放文物和时间轴的历史专业教室软件，应该使用学生能更好地完成主题学习任务和评价互动的 Ipad。

活动与任务

任务一：结合所学，请为《清明上河图》撰写解说词。

（要求：多角度提取信息，分析全面，解释合理，不少于 150 字）

任务二：1. 用"/"为下列材料断句。

彦博又言祖宗法制具在不须更张以失人心上曰更张法制于士大夫诚多不悦然于百姓何所不便彦博曰治天下非与百姓治天下也上曰士大夫岂尽以更张为非亦自有以为当更张者

2. 你如何理解宋朝的"皇帝与士大夫共治天下"？

任务三：阅读材料，结合所学，指出宋代"商业革命"原因和表现。

宋朝商业在唐朝后期的基础上发展到一个新的高峰。农业的进步使剩余农产品大量增加，新兴经济作物茶叶、甘蔗等也绝大部分进入市场，一些"专业化"的农业区主要依赖外地提供商品粮，这都使商品流通规模继续扩大。

奢侈品在商品总量中虽占一定比例，但人民日常生活用品仍然占据了市场流通总额的大部分。

商业市场的发展，形成了城市、镇市、草市 (或墟市) 三级金字塔形结构。在此基础上，全国范围内初步形成了一些较大的区域市场。商品流通已不限于州县的狭小范围，而相当多地在各大区域内互通有无。

——张国刚　张帆　李伯重《中国历史新编·古代史》

任务四：根据材料及所学，概括《清明上河图》所反映的宋朝时代特征。

宋开封城发达的商贸生产是产生《清明上河图》的社会基础。当时广阔、丰富的世俗生活引导了绘画审美取向；开封城的人文环境是生发《清明上河图》的思想基础，其深厚的哲学思想的底蕴促使其在状物、求理方面不敢懈怠。北宋文学、艺术乃至手工业的发展状况是孕育《清明上河图》的艺术基础。高效率的经济发展使开封城的世俗百姓有相当的时间和兴趣赏阅艺术。北宋的士大夫政治促使文人们怀着日益深重的忧患意识以不同的形式如文谏、艺谏等纷纷陈词除弊，这就是产生《清明上河图》的政治环境和其缘起的内在原因。

——整编自余辉《隐忧与曲谏——〈清明上河图〉解码录》

任务五：为唐宋之际的变革的观点设计一组思考题，并作答。

对于唐宋之际诸多社会变革的价值，国内学界有两种不同的意见：一是认为"其变化之巨，并不亚于春秋战国之际的转变"；一是则认为"对比唐宋时代，从阶级状况，到政治制度、军事制度、文化等，列举出不少变化的史实。然而若与春秋、战国时期相比，则至多只能算是一个小变革期"。对于唐宋变革的社会性质，国内外学者亦有不同的认识。日本学者以为"变革"不是指一般的改变，而是指根本或革命性的改变，可以说是一种脱胎换骨。"唐宋变革"不是单指唐和宋两代发生了一些转变，而是指中国从中古变为近世这个根本或革命性的转变，它把唐宋断裂为两个性质不同的时代，唐是中古之末，宋是近世之始。宋元社会发展进入"与文艺复兴时期的欧洲、伊斯兰教期的西亚平行的中国的近世社会形成期"。"中国近世社会被认为与西亚、南亚或者欧洲近世社会有着共同的时代特征。"而国内学者在相当长时间内以为"这场变革的性质无疑属于封建社会内部的变革"。

——摘自李华瑞《"唐宋变革"论与唐宋之际的变革》

任务六：历史小论文写作及自评

撰写历史小论文的方法：

选择题目的时候，要注意以下几点：

（1）选题具有深入探讨的价值，即现实意义；

（2）选择熟悉或有兴趣的课题；

（3）选题内容新颖，有发挥创见的余地。

历史科论文的正文结构需要具备四要素：论点、论据、论证、结论。

论点的表述要精确、清晰、简练，不能含糊，令人费解。

论据服务于论点，一般用历史事实或作者自己的立论来说明论点。

论证是用正确的理论做指导，选取典型事例或运用严密的逻辑分析来阐述和证明论点。

结论是对全文进行扼要概括或总结。

一篇好论文，必须具备以下条件：

（1）论点明确新颖，富有创意；

（2）论据充分真实又恰到好处；

（3）逻辑严密、论证有力；

（4）结论正确，能够给人以深刻启示，具有较高的人文价值；

（5）语言风格要生动、形象、准确，富有感染力；

（6）论文中的引文与注释符合规范。

论文评价标准参考如下：

评分标准	优　秀	良　好	自评	组评	师评
选题	选题新颖，有深入探讨的价值，有发挥创见的余地。	选题较恰当，有探讨的价值。			
论点	论点明确、论据充分真实，论证过程科学准确，逻辑严密，结论正确。论述过程充分体现论从史出，史论结合。	论点比较明确，论据真实，论证过程基本做到了从史出，史论结合。			
组织	通过辩证分析综合归纳、转换观念，产生出新创意。	能提出独特的观点或做法，但说明或举证不够周详。			
创意	清新、准确、流畅，合乎习惯用法。表达富于感染力，没有或极少用字错误。	基本准确、流畅。出现少量错别字。			

6. 地理学科

北京市第八十中学教案

2018 至 2019 学年度第一学期 高一年级 地理学科,集体备课时间:2018 年 11 月 6 日				
备课组长:韩文;主备人:郭敏;参与人:杜文红、张立新、刘颖男、杨欢				
课题	地貌景观的观察与描述	课型	新授	课时 1
六维度四水平教学目标	水平 1.1 运用图片、视频资料,观察地貌景观。 水平 2.1 学生通过观察、识别地貌景观,判断地貌所处的地理位置,建立区域认知。 　　2.2 通过小组合作,观察、对比地貌景观的相同点与不同点,描述地貌景观特征,提升地理实践力。 水平 3.1 归纳、总结描述地貌景观特征的维度,探究描述地貌景观特征方法,训练学生综合思维。 水平 4.1 结合生活,感知身边的地理现象,利用桂林喀斯特地貌生态破坏的案例,树立可持续发展的思想及正确的人地协调观,形成较强的社会责任感。			
教学重点	观察、比较地貌景观,描述地貌景观的主要特征。			
教学难点	归纳、总结描述地貌景观特征的维度;描述地貌景观特征的物质组成。			
教学方法	问题解决法、合作探究法、多媒体教学法。 (1)利用研学活动图片引出问题:创设学校研学活动这一情境引出主题,激发学生兴趣。 (2)通过小组合作探究解决问题:让学生自己先进行观察、分类,而后逐步引导,使学生最终学会辨识、描述地貌景观特征的基本方法。在加强学生合作探究意识的过程中培养学生的地理实践力。 (3)以问题链层层递进突出重点、突破难点:创设学校研学活动——猜猜他们去了哪里?引出主题。利用研学汇报引出问题——怎样描述地貌景观特征?进而展开教学活动突出重点、突破难点。利用比较法,引导学生归纳、概况描述地貌景观的特征。在合作探究的思维碰撞中完成教学内容,达成教学目标。 (4)现代化教学方式辅助课堂:由于本节课运用大量的图片、视频等资料,为了使图像更加清晰地呈现,使用 86 寸电子大屏进行展示。在对号入座环节,学生在电子大屏上拖动照片使其对应在中国地形图的相应位置上,学生利用平板电脑也可以完成此任务。小组利用平板电脑观看本组所选的地貌景观视频后,在汇报展示时,也可以同屏分享本组成果,采用现代化的教学手段进行授课,以信息技术融入学科教学为手段,激发学生兴趣,提高课堂效率的同时,调动学生的非智力因素,提高学生的地理实践力。			
教学用具	学具	学案、平板电脑		
	教具	火花学院课件、电子大屏		

续表

教学过程			
知识与技能	活动与任务		反馈与评价
	学 生	教 师	
【引入】 初见——游学照片 （创设情境、引出主题） （一）运用图片、视频资料，观察地貌景观。	欣赏、观察照片，回答问题，明确学习任务。	【创设情境】 读万卷书，行万里路，利用学校研学活动图片引出主题。 【教师提问】仔细观察照片，猜猜他们都去了哪里？或者是四大地理分区的哪个区域？ 地理位置决定自然地理环境，气候、地形是自然地理环境的决定性要素，每个地区都有着自己独特的地貌景观。 引出本节课的学习内容：地貌景观的观察与描述。	创设问题情境，激发学生兴趣，提高学生注意力，通过调用旧知识，引导学生关注生活中的地理。
【自主探究】 心动——对号入座 （调用旧知识、激发兴趣） （二）学生通过观察、识别地貌景观，判断地貌所处的地理位置，建立区域认知。	【自主探究】 完成学案上的自主探究。 仔细观察照片，识别地貌，将6张照片拍摄的位置与中国地图的相应位置一一对应。	【教师提问】仔细观察照片，将图片与地图上的位置一一对应，我们来看看他们到底去了哪里？ 教师启发、引导，揭示答案。	通过学案，探究该地貌所处的地理位置，培养学生的区域认知能力，激发学生好奇心和求知欲。
【合作探究】 品读——对比差异 （合作探究、突破重点） （三）通过小组合作，观察和对比地貌景观的相同点与不同点，描述地貌景观特征，提升地理实践力。	【合作探究】 小组合作探究，观察照片、视频，选择差异性比较大的两种地貌景观，运用比较法，调用旧知识，小组讨论地貌景观的特征，并派代表汇报。 其他小组补充完善。	利用研学汇报，引出问题。 【教师提问】假如今年暑假你们去了这些地方，在进行汇报时，你们要怎么描述这些地貌景观呢？从地理的视角描述和我们平时描述有什么不同呢？ 教师展示学习任务，启发、引导学生运用所学知识，小组合作探究地貌景观特征，教师点评、补充讲解。	采取合作探究的方式让学生充分交流探讨，突破重点，在加强学生合作探究意识的过程中提高学生的地理实践力。

【自主探究】 情定——总结归纳（归纳总结、突破难点） （四）归纳总结描述地貌景观特征的维度，探究描述地貌景观特征的方法，训练学生的综合思维。	【自主探究】 归纳总结描述地貌景观特征的维度，跟着教师思路总结，完善知识体系。 观察原则：从整体到局部、从大到小、从宏观到微观。 描述维度：形、构、色。	【教师提问】通过刚才的小组活动，我们来总结一下，描述地貌景观特征从哪些方面来描述？ 教师引导学生归纳描述地貌景观特征的维度，总结提炼，形成技能方法。	从知识到方法，在总结归纳过程中提炼方法，训练学生语言表达能力的同时，注重思维能力的提升，提高学生的学科综合思维能力。
【合作探究】 鉴赏——迁移应用 （迁移应用、思维提升）	【合作探究】 小组合作探究，观察照片、视频，在余下的4种地貌景观中任选一种，小组讨论地貌景观的特征。	教师引导，进行知识迁移应用。 【合作探究】在余下的4种地貌景观中，每个小组任选一种地貌描述其景观特征。 学生在描述每种地貌景观的时候，教师提问，从现象到本质，挖掘出形成这种地貌景观背后的原因，注重思维的提升、进阶，为高二选择性必修课程做铺垫。	从方法到应用，提高学生的地理实践力。通过教师提问，训练综合思维。
【课堂检测】 邂逅——身边的它 （分析案例、情感共鸣） （五）结合生活，感知身边的地理现象，利用桂林喀斯特地貌生态破坏的案例，树立可持续发展的思想及正确的人地协调观。	学以致用，思考并完成课堂练习。通过桂林喀斯特地貌生态破坏问题，引发思考。 跟着教师思路，完成课堂总结。	利用身边的地理知识，人民币背面的地貌景观进行课堂检测，检测学习效果。 利用桂林喀斯特地貌生态环境破坏问题（过度采石、开矿），提醒学生注重环境保护，可持续发展。 【总结点评】读万卷书，也要行万里路。在行万里路的时候，要用地理的思维去想问题，从地理的角度看世界。	检验学习效果的同时，引导学生树立正确的人地协调观。

续表

板书设计	地貌景观的观察与描述 形（形态、规模、海拔、起伏） （物质组成、层理结构）构　　色（岩石、土壤、植被）
课后作业	练习题——地貌景观的观察与描述课后练习
作业完成情况 及存在的问题	作业完成情况良好。 学生描述地貌景观特征仍不全面，对于"色"这一维度学生难以理解。
教学反思	基于对 2017 年新课标的解读，以信息技术融入学科教学，本节课的设计思路包括观察识别—比较分析—归纳概括—迁移应用—情感提升五个环节，制定符合不同层次学生的学科素养目标，满足不同学生自身发展需要。根据学生地理学科核心素养形成过程的特点，科学设计地理教学过程，基于地理学科性质和特点，落实立德树人的根本任务，充分挖掘学科的育人价值，符合教育教学改革趋势和教育教学规律，课堂检测和课后练习表明教学效果良好。教学特色如下： （1）精美的感性材料形成视觉冲击。本节课利用大量的图片和视频材料，引导学生"走出"课堂，帮助学生理解日常阅读中遇到的景观描述和野外活动中所见的地景观，引发学生对大好河山的热爱。 （2）开放的课堂探究氛围。观察照片、视频，选择差异性比较大的两种地貌景观，运用比较法小组合作探究地貌景观的特征。每个班级学生依据个人爱好选择地貌景观，学生参与度高。 （3）学生思维能力的历练。本节课采用了实践到理论，再从理论到实践的模式。让学生自己先进行描述、分类，而后逐步引导，使学生最终学会辨识、描述地貌景观的基本方法。迁移应用环节在训练的同时，采用追问的方式，以问题链的形式，引导全体学生进行思考地貌景观的成因，避免每个小组仅负责描述某一个地貌景观的特征，保证对地理问题的全面认识和综合思维，满足部分学生学习需求，为学习选择性必修课程打下基础。 （4）地理核心素养的落实。以研学社会实践为情境进行教学导入，引导学生观察、欣赏地貌景观图片，调用旧知识，让学生猜测照片拍摄的区域位置，培养学生的区域认知。利用研学汇报设置任务，引导学生用地理视角去观察、行动和思考，通过小组合作探究，利用比较法归纳描述地貌景观特征的方法，总结地貌景观特征的主要维度，培养学生合作意识、提升学生地理实践力。迁移应用环节以问题链的形式，引导全体学生思考地貌景观的成因，保证对地理问题的全面认识和综合思维。结尾欣赏桂林喀斯特地貌美的同时注意引导学生关注地理与人类活动的关系，通过喀斯特地貌的生态破坏现状进行情感提升，引导学生树立正确的人地协调观。 （5）中国学生发展核心素养的提高。符合新课标理念，在教学过程中，遵循学生自主发展，培养小组合作意识。在探究活动中，增强实践创新能力，有利于科学精神和人文底蕴的双重提高。在课堂中，全面深化课程改革，落实立德树人的根本任务。 但是，教学过程中是否考虑到每一位学生的思维力度，关注到每一位学生，值得探究。

北京市第八十中学自主学研案

2018 至 2019 学年度第一学期 高一年级 地理学科，教师：郭敏，授课时间：2018 年 11 月 15 日

备课组长：韩文；主备人：郭敏；参与人：杜文红、张立新、刘颖男、杨欢

课题	地貌景观的观察与描述	课型	新授	课时	1

六维度四水平学习目标	水平 1.1 运用图片，视频资料，观察地貌景观。 水平 2.1 通过观察、识别地貌景观，判断地貌所处的地理位置，建立区域认知。 　　2.2 通过小组合作，观察、对比地貌景观的相同点与不同点，描述地貌景观特征，提升地理实践力。 水平 3.1 归纳、总结描述地貌景观特征的维度，探究描述地貌景观特征的方法，训练综合思维。 水平 4.1 结合生活，感知身边的地理现象，利用桂林喀斯特地貌生态破坏的案例，树立可持续发展的思想及正确的人地协调观，形成较强的社会责任感。

活动与任务	初见——游学照片 心动——对号入座 【自主探究】 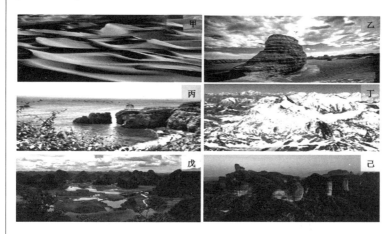 品读——对比差异 【小组探究】利用比较法，观察并描述地貌景观特征。（语言精练；描述恰当、全面）

续表

活动与任务	情定——归纳总结 【小结】描述地貌景观特征的方法。 鉴赏——迁移应用 【小组探究】任选一种地貌景观，结合视频资料，描述其特征。 邂逅——身边的它 【实战演练】—— 人民币中的地理知识    这首古诗描述的是哪种地貌景观？请说明理由。 送桂州严大夫同用南字 　　　　韩愈 苍苍森八桂，兹地在湘南。 江作青罗带，山如碧玉篸。 户多输翠羽，家自种黄甘。 远胜登仙去，飞鸾不假骖。

学习反思：

通过初中和高一前期的学习，具备了基本的读图、分析能力，有了中国区域地理的感性认识。本节课通过观察大量精美的图片、视频等资料，利用现代化教学手段——平板电脑以及学案完成学习任务。

本节课以研学社会实践为情境，自己先进行观察、欣赏地貌景观图片，猜测照片拍摄的区域位置。利用研学汇报，跟着老师的逐步引导，用地理视角去观察、识别、分类和思考。通过小组合作探究，利用比较法归纳描述地貌景观特征的方法，总结描述地貌景观特征的主要维度，最终学会辨识、描述地貌景观的基本方法，形成原理规律的理性认识。结尾还欣赏了桂林喀斯特地貌，通过喀斯特地貌的生态破坏现状的案例树立了正确的人地协调观，形成了较强的社会责任感。

7. 物理学科

北京市第八十中学教案

2020 至 2021 学年度第一学期 高二年级 物理学科，集体备课时间：2020 年 10 月 8 日

备课组长：赵艳红；主备人：王巨生；参与人：刘亦工、陈淑琴、马佳宏

课题	高中物理必修三《闭合电路的欧姆定律》	课型	新授	课时	1
六维度四水平教学目标	水平 1.1 学生将知道电动势是反映电源属性的物理量及电动势的定义式，通过实验享受成功的乐趣，体会物理学研究的科学方法。 　　1.2 学生将知道电源是通过非静电力做功将其他形式的能转化为电能的装置。 水平 2.1 学生将能够发现电源内部有电阻，理解电源内部电势的降落。 　　2.2 学生将能够理解闭合电路的欧姆定律的内容并掌握其表达式。 水平 3.1 通过实验分析及小组讨论，学生将从理论角度探究闭合电路中的能量转化的过程，将应用所学知识对闭合电路欧姆定律进行分析、论证。通过学生之间的讨论、交流与协作探究，培养团队合作精神。 水平 4.1 学生将从数学角度探究路端电压与负载的关系，并能将数学表达式与函数图像相结合分析相关问题。掌握科学、严谨的分析问题的方法。				
教学重点	1. 闭合电路欧姆定律内容及表达式 2. 路端电压与负载的关系及其图像				
教学难点	1. 闭合电路欧姆定律及闭合电路中的能量转化过程 2. 路端电压与负载的关系及其图像				
教学方法	实验法、讲授法、讨论法				
教学用具	学具	水果电池、数字电表、铜片、锌片			
	教具	多媒体、原电池、数字电表			

续表

	教学过程		
知识与技能	活动与任务		反馈与评价
	学 生	教 师	
回顾电压、电流的相关知识，引导学生学会分析实验	活动一：通过实验发现问题并引发学生的思考。 观看视频实验：用水果制成电池给手机充电。从而引发学生的兴趣并回忆干电池的功能与作用。	播放视频，引发学生思考并提出新问题。	通过实验提出问题并引起学生的兴趣，激发学生的求知欲。
	实验1：自制水果电池，并测量电压（电动势）以及电流，自己分析用自制水果电池是否可以给手机充电？并说出自己的分析过程。	通过实验，让学生回忆初中关于电源的相关知识，由实验冲突引发学生的思考，从而提出新问题，逐步加深对电源的理解。	自制水果电池，学生很新奇，起到了激发学生探究的效果。
	实验2：用两节干电池给三个并联的小灯泡供电，依次闭合三个支路电键，观察灯泡亮度的变化，并用数字电压表测量灯泡两端电压。 （实验中观察到电压表的示数随接入电路中小灯泡的个数而变化，这与初中所学的电源两端电压不变相矛盾）	通过实验，让学生发现初中对电源的认识还是不全面的，我们需要重新认识电源，以及描述电源的相关物理量，今天我们就来学习有关描述电源的相关量。 提出相关问题：小灯泡工作时电源两端的电压降低了，谁"偷走"了电压？	实验冲突能很好地引发学生思考，并激发学生进一步探究的求知欲。
从电场力对带电粒子的作用力及电场力做功的角度认识电荷在电路中的运动情况	实验3：断路状态下测量两节干电池两端的电压，看看得到的实验结果是怎样的？	从实验到理论分析，体现物理学认识问题的逻辑思维顺序及严谨的推理过程，从而引出电动势及内阻的概念。	严谨的理论分析是物理学的精髓，在实验的基础上进一步对问题深入探讨。将理论与实验很好地结合，起到了很好的学习效果。
	活动二：理论探究电荷在整个电路中的运动情况。 	引导学生从力和能两个角度来分析电荷的运动及电源的作用。	

理解电动势、内电阻的概念	学生小组讨论：一个正电荷是如何从正极A出发，在电路中运行一周又回到电源正极A的。 学生讨论："电压"被谁"偷走了"	由学生分析得出：需要用新的物理量来描述电源。 电动势：在电源内部非静电力把正电荷从电源负极移到正极所做的功与被移送电量的比叫作电源的电动势。 内电阻：电源内部的电阻 由此可见：是内电阻"偷走了"电压	从受力及能量角度分析问题是物理中常用的分析问题的方法，通过学生讨论，进一步加深对物理学思想方法的认识。 回扣前面的问题，自己找到解决问题的答案。
通过小组理论探究认识电路中的能量转化情况	学生小组讨论：闭合电路中从能量角度分析能否获得电动势及内、外电压的关系。	依据学生讨论的结果，老师总结分析闭合电路中的电动势及内、外电压的关系。 化学反应　　电流做功 (非静电力做功)(静电力做功) 产生的电能　消耗的电能 $W_{非}=Eq=EIt$　　$E_{外}=I^2Rt$ 　　　　　　　　　$E_{内}=I^2Rt$ 由能量守恒：$W_{非}=E_{外}+E_{内}$ 　　　　　　$E=IR+Ir$ 实验印证： 内、外电路电压与电动势的关系  电动势等于内、外电压之和	小组讨论与教师引导分析相结合。

续表

| 在认识闭合电路欧姆定律的基础上,对路端电压和电流的关系做分析讨论 | 活动三:
学生讨论:路端电压与电流的关系。

(1)实验结果
当外电阻增大时,电流减小,路端电压增大;当外电阻减小时,电流增大,路端电压减小。
(2)理论分析
下面用闭合电路欧姆定律定量地解释这个现象。
路端电压与电流的关系式是什么?
路端电压实际上就是外电压 U。考虑到 $U_内 = Ir$,可以得出路端电压的表达式为
$U=E-Ir$ | 闭合电路中电势升降可用"儿童滑梯"做类比。图中儿童滑梯两端的高度差相当于内、外电阻两端的电势差,电源就像升降机,升降机举起的高度相当于电源的电动势,如图所示。

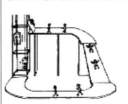

闭合电路的欧姆定律
①内容:闭合电路中的电流跟电源的电动势成正比,跟内、外电路的电阻之和成反比,这个结论叫作闭合电路的欧姆定律。
②公式: $I = \dfrac{E}{R+r}$

按下图连接电路。闭合开关 S_0 以接通电源,再闭合开关 S,改变外电路的电阻 R,观察路端电压怎样随着负载的变化而变化?

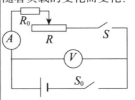

教师总结:
由 $U=E-Ir$,根据数学的函数关系我们可以获得如下图像

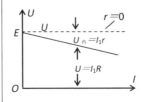 | 获得新规律后再认识,加深对概念规律的理解。 |

续表

板书设计	闭合电路的欧姆定律 一、认识闭合电路 外电路：由用电器和导线组成外电路 内电路：电源内部是内电路 二、闭合电路的欧姆定律 闭合电路的欧姆定律：闭合电路的电流跟电源的电动势成正比，跟内、外电路的电阻之和成反比，这个结论叫作闭合电路的欧姆定律 表达式：$I = \dfrac{E}{R+r}$ $E = U_外 + U_内$ 三、讨论及应用 1. 路端电压、内电压和电动势的关系 2. 路端电压 U 与电流 I 的关系 （1）$U_路 = E - Ir$ （2）$U_路I$ 的关系图像的物理意义
课后作业	《朝阳目标》中本节的内容
教学反思	本节的教学活动，基于学生已有知识、思维能力等特点进行教学设计，取得了较好的教学和学生学习效果。 本节课通过设定明确的教学目标，把握学生思维特点和学习起点，较好地安排了教学内容，培养学生的思维探究能力。通过学生自主的探究，在教师的引导下，对电源的认识不断地深入，做到了学生的自主学习与教师的指导相结合的方式进行教学活动，取得了预期的效果。培养了学生的自主学习能力。 本节教学能充分联系生活实际，培养了学生的知识综合应用能力。如电源的短路问题，水果电池的分析与试验等与生活紧密联系，在提升学生学习兴趣的同时引发了学生的深入思考，使学生对生活中的相关现象有了更深层次的理解。本节教学能让学生参与进来，主动探究电路动态分析的问题，学生还可以按自己的水平层次将课堂内未完成的内容拓展到课外，做到课堂学习和课外思考的互通，从而取得了良好的教学效果。 由于本节课的知识综合性很强，学生的思维能力还有所欠缺，导致讨论及分析环节，学生的认识还不够深入，发言的学生还比较少，今后还需要从设定问题门槛的角度及问题层次的角度精心设计，使更多的学生能够参与到理论分析中。

8. 化学学科

北京市第八十中学教案

2020 至 2021 学年度第 一学期 高一年级 化学学科，集体备课时间：2020 年 9 月 29 日					
备课组长：吴卫东；主备人：李继良，参与人：全体高中化学教师					
课题	人教版普通高中教科书化学必修第一册第四章物质结构 元素周期律 第一节原子结构 元素周期表（第一课时）：一、原子结构质		课型	新授	课时	1

六维度四水平教学目标	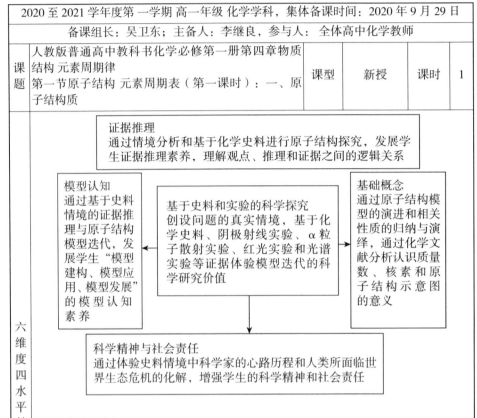 （一）探究目标 水平 1.1 通过情境分析和基于化学史料进行原子结构探究，学会运用包含"证据、推理和观点"三要素的科学论证推理方法。 水平 2.1 通过基于史料情境的证据推理与原子结构模型迭代，培育学生"证据收集、模型建构、模型应用、模型修正"的认知素养。 水平 3.1 通过原子结构模型的演进和相关性质的归纳与演绎，认识质量数和原子结构示意图的意义。 水平 4.1 通过体验史料情境中科学家的心路历程和人类所面临的世界生态危机，增强学生的科学精神和社会责任。 （二）评价目标 水平 1.1 通过合作探究学习，根据小组对不同阶段原子结构模型的表征展示，将其论证能力分为孤立、关联和创新三个水平并给予相应指导，促其思辨更加完善。 水平 2.1 通过小组基于史料证据和相应推理进行原子结构模型建构、模型应用和模型修正，将其模型认知能力分为孤立、关联和创新三个水平并给予相应指导，促其思辨更加完善。 水平 3.1 通过核外电子排布规则的归纳总结及应用，诊断并发展学生的信息提取、分析和应用水平。 水平 4.1 通过原子结构学习与日常应用方案达成，诊断并发展学生问题解决能力（孤立、关联和创新）和对化学价值的认识水平（学科价值、社会价值和学科与社会价值）。

学情分析

1. 大部分学生初步了解原子结构的核式模型，知道质子、中子和电子，了解简单元素的原子结构示意图。因为疫情和选考因素，对原子结构模型发展历史知之甚浅，对原子核外电子排布掌握得不够准确，不懂质量数的意义。

2. 经过初中科学和化学课程的学习，大部分学生初步理解证据推理的方法和价值，但是对于包含"证据、推理和观点"三要素的科学论证模型知之甚少，对于模型认知缺乏理性认知和感性体验。

3. 学生能知道普通化学物质的简单性质（如铁、盐酸）及其在生活中的应用价值，但是对于结构决定性质了解极少，对于原子结构对学科和社会的价值属于空白。

<table>
<tr><td colspan="4" align="center">教 学 过 程</td></tr>
<tr><td rowspan="2" align="center">知识与技能</td><td colspan="2" align="center">活动与任务</td><td rowspan="2" align="center">反馈与评价</td></tr>
<tr><td align="center">学生</td><td align="center">教师</td></tr>
<tr>
<td>【材料1】早期原子结构资料
公元前500年，中国墨翟：端，无间也。公孙龙：一尺之棰，日取其半，万世不竭。
公元前500年，古印度庚纳德：物质由最小的质点组成。
公元前400年，古希腊德谟克利特和留基伯："原子"是构成物质的最小粒子，不可再分。
公元前300年，古希腊伊壁鸠鲁：重量是原子的重要性质、原子处于永不停息的运动中，原子不仅组成各种实体，而且还能组成像，这里的"像"应该是物理学中的"波"。</td>
<td>阅读上述科技史料，概括当时的原子结构模型并做出评价。</td>
<td>2011年福岛核电站核污染冷却水含有放射性铯–134和铯–137，容易导致白血病。通过原子结构研究认识福岛核废水的真正危害。</td>
<td>1. 古人对原子结构的表述是否科学合理？
2. 明白猜想与实验及其证据之间的关系。</td>
</tr>
<tr>
<td>【材料2】道尔顿原子结构研究资料
1. 1801年，道尔顿发现分压定律：装在具有一定容量的容器中的某种气体的压力是不变的。接着，他往容器里引进第二种气体，混合气体的压力增加，正好等于该两种组分气体压力之和，而每种气体单独的压力并没有变化。
2. 金属断裂实验，金属丝直径均为1/10英寸，恰好断裂的重量是：铅29.25磅；锡49.25磅；铜299.25磅；黄铜360磅；银370磅；铁450磅；金500磅。（《化学哲学新体系》李家玉等译，武汉出版社，1992年，第120页）</td>
<td>为了微观解释上述事实，1803年道尔顿基于上述实验及结论提出实心球体原子结构模型，他运用了证据＋推理→观点的思维模型。</td>
<td>【PPT】道尔顿模型概述：①原子是不可再分的实心球体；②同种元素原子各种性质和质量都相同；③在化学反应中，原子既不消失也不产生，原子的种类和数目是守恒的，不同物质中原子按照简单整数比结合；④原子间通过钩子组成单质或化合物。</td>
<td>观察学生个人与小组对于道尔顿原子结构模型的图示表征展示情况。</td>
</tr>
</table>

续表

【材料3】汤姆孙原子结构研究资料 1859年，普吕克尔发现阴极射线在电场和磁场发生偏转，将风车放在阴极射线旁，风车会旋转。 1899年，汤姆孙测定各种物质产生的阴极射线，证明了阴极射线是带负电的粒子，并测定一个粒子的质量是一个氢原子质量的1/1836，随即命名为电子，而且是原子结构的一部分。	请结合材料3和阴极射线实验，创设原子结构模型解释上述事实。各组汤姆孙主持并展示。小组讨论并展示，如图3-17中的T-1、T-2、T-3。	有的同学画出模型中只有带负电的微粒，却没有带正电的微粒，这可能吗？ 【板书】证据：阴极射线实验(直接)、道尔顿模型解释不了(间接)；推理：原子可分，正电微粒分布在原子中。	评价学生对于原子结构的模型建构【PPT】汤姆孙原子结构模型：原子由密封在带均匀正电荷的球体和在其中分散的大量带负电的电子构成。
【材料4】卢瑟福原子结构研究资料 1909年，卢瑟福和助手做了 α 粒子轰击金箔散射实验，现象是：①大多数 α 粒子不偏转；②少数 α 粒子大角度偏转；③极少数（八千分之一）α 粒子被反弹。 1914年，卢瑟福用阴极射线轰击氢，发现了质子。 1919年，卢瑟福用粒子轰击氮核，猜想原子核内存在不带电的中子。 1935年查德威克根据对原子核轰击实验，发现从原子核里发出的 γ 射线可以把质子从原子中撞出来，确认 γ 射线中的微粒是中子，中子不带电，质量与质子相近。	请结合实验视频和材料4创设原子结构模型解释上述事实？各组卢瑟福主持并展示。小组讨论并展示，如图3-17中的 L-1、L-2、L-3、L-4。	绝大部分 α 粒子穿过金箔说明原子内部很空，有的同学画出的原子核非常大，大家想想符合实验事实吗？还有同学将质子、中子、电子全塞到原子核里面有依据吗？ 【板书】证据：α 粒子散射实验、γ 射线撞击质子（直接）、汤姆孙模型不能解释散射实验（间接）；推理：质子和中子组成微小的原子核，电子绕核圆周运动。	【PPT】卢瑟福原子结构模型：原子核集中了几乎原子的总质量和全部正电荷，原子核很小，电子绕核高速运动。
【资料5】原子中微粒质量 |	质量/kg	相对质量	电量/C
质子	1.673×10^{-27}	1.007	1.602×10^{-19}
中子	1.675×10^{-27}	1.008	0
电子	9.109×10^{-31}	1/1836	1.602×10^{-19} | 1910年索迪用化学实验证明： 存在不同相对原子质量和放射性，但其他物理、化学性质完全一样的化学元素变种，这些变种具有相同的质子数[12]。	用单筒直读式分光镜观察窗外，看到的是连续光谱，各种能量的光有序排列在你的眼前，现在关灯，继续用单筒直读式分光镜观察纯净氢气、汞蒸气和氩气的光谱，大家看到了什么？ 【学生】仅有一两条线状光带。	根据资料5不难推出，决定原子质量的微粒是质子和中子，因此质子数加中子数称为质量数。有中子才能有强大的核力将多个质子共存于原子核中。过多的中子会发出 γ 射线，这就是134Cs 和 137Cs 有放射性的原因。	大家思考：电子绕核旋转逐渐耗能应该发射连续光谱，为什么电子没有湮灭在原子核里，而且还发射线状光谱？

【材料6】波尔原子结构研究资料 1900年，普朗克依据实验提出：振动的电子辐射光的能量是不连续的，一份一份的。 1905年，爱因斯坦针对特定频率的光照射金属飞出电子（光电效应），提出光子运动具有波（电磁波）粒（弹性粒子）二象性。 能量辐射不是连续的，而是电子在不同电子层间转换时才发射或吸收的；电子在不同电子层绕核圆周运动；电子在两个电子层之间转换（电子跃迁）时发射的辐射被记录后就是线状光谱。	请大家依据材料6分析，创设新的原子结构模型解释光谱问题，各组波尔主持并发言。学生画出电子分层排布的核式原子结构模型，见图3-17中B-1。	【板书】证据：原子的线状光谱（直接）、电子没有进入原子核湮灭（间接）；推理：电子在不同能量层间跳跃时发出不同能量的光。	【PPT】波尔原子结构简化模型
（1）电子总是优先排布在能量较低离核较近的电子层； （2）每个电子层最多容纳$2n^2$个电子； （3）最外层不超过8个电子，K层做最外层不超过2个电子； （4）次外层不超过18个电子； （5）倒数第三层不超过32个电子。	根据前20号元素原子结构示意图总结核外电子排布规律。钾与铯最外层电子数都是1，这种结构上的相似性决定其化学性质很相似；以至于我们身体易把铯当成钾摄入。	请同学们写出钾元素的原子结构示意图，并与投影中铯原子的原子结构示意图比较，有什么异同？	波尔原子结构模型也有处理不了的问题，后来薛定谔用数学的方法来描述电子等微粒的运动状态，提出了现代量子化原子结构模型。
2020年诺贝尔物理学奖的一半给了Roger Penrose，他创立了扭量理论，进而计算出了黑洞存在。另一半给了Reinhard Genzel和Andrea Ghez，他们利用射电望远镜发现银河系中存在黑洞。所以从微小原子到宏观宇宙，科学观点的获得既要有合理的逻辑推理，又要有严谨的科学实验证据。这就是人类研究自然的基本论证方法。 Davission和Germer利用电子衍射实验证明了电子运动的波动性，证明了量子化模型的科学性。但是真正原子结构是什么样子，研究还在持续。			
反思与讨论 素养本位的课堂教学旨在教授科学家思维而不是科学家结论。本课将史料和实验做证据推理的载体，重点是在汤姆孙、卢瑟福和波尔三个探究阶段充分展开探究、合作与生成活动，通过模型构建、模型应用和模型修正有助于学生对学科本质的理解，学生更能够深刻理解原子结构研究需要实验法、模型法、类比法、猜想法等多种思想方法。呈现汤姆孙和卢瑟福的研究过程，使学生加深对原子组成的理解，介绍波尔的研究可使学生对原子结构示意图理解升级，尤其是学生亲身进行光谱实验探究，有助于学生对原子结构理论发展的理解，懂得科学理论是在不断改进中前进的，最终形成能够相对完美的解释自然世界的理论。 利用化学史料与真实实验重现进行论证式教学，有助于学生的核心概念转变。原子结构是抽象的、不可见的，势必在学习过程中产生迷思概念，经过证据收集、推理论证修正原有原子结构模型，在体验科学研究过程中能纠正偏差认知，正确理解科学模型的内涵，从而渗透证据推理与模型认知化学核心素养。			

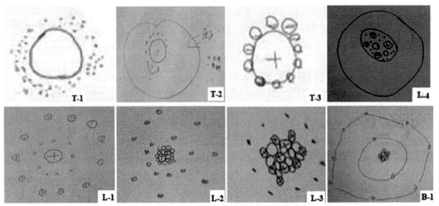

图 3-17　学生绘制的原子结构模型

9. 生物学学科

北京市第八十中学教案

2020 至 2021 学年度第一学期 高二年级 生物学科，集体备课时间：2020 年 12 月 22 日						
备课组长：刘媛媛；主备人：刘媛媛；参与人：姚亭秀、李晋军						
课题	人教版普通高中教科书生物选择性必修 2 第 3 章 生态系统及其稳定性 第 5 节生态系统的稳定性	课型	新授	课时	1
六维度四水平教学目标	水平 1.1 学生将能够从结构与功能的角度，说出生态平衡是生态系统处于相对稳定的一种状态。 1.2 学生将能够指出生态系统失衡的直接原因，并能判断某一因素的改变是否有利于维持生态平衡，体会生态系统的复杂性。 1.3 学生将能够列举出自然状态下生态系统遭遇一定程度干扰时能够维持相对稳定的实例，认同生态系统的自我调节能力，初步形成整体性、系统性的生态学研究思路。 1.4 学生将能够描述人类活动对生态系统产生的影响以及造成的结果，认同人是生态系统的一部分，关注人在生态系统中的地位和作用。 水平 2.1 学生将能够收集人造生态系统"生物圈 II 号"的真实资料，就"生物圈 II 号"失败的原因、评价生态平衡的标准展开充分的讨论和交流，通过小组合作概括出生态平衡的三大特征。 2.2 学生将能够解释生物入侵造成生态系统失衡的根本原因，进一步形成尊重自然、顺应自然、保护自然的生态观。 2.3 学生将能够阐明生态系统的稳定性是生态系统维持生态平衡的一种能力，并说明负反馈调节对于生态系统稳定性的重要作用。 2.4 学生将能够通过阅读澳洲森林的实例，阐明生态系统具有保持或恢复自身结构和功能相对稳定的能力。 水平 3.1 学生将能够合理利用所给学案中的资料，形成独立认知，并将个人观点与老师、同学分享，在生生质疑、师生互动中答疑解惑，建立新知。 3.2 学生将能够运用构建模型的方法呈现"兔大量增加后，生态系统各组分的变化"，分析捕食者与猎物数量变化的循环因果关系，归纳出生态系统自我调节的过程，锻炼科学思维。 3.3 学生将能够比较分析天然混交林和人工马尾松林稳定性的差异，并使用坐标曲线呈现抵抗力稳定性和恢复力稳定性的区别，提升信息转换能力。 水平 4.1 学生将能够推理出毛乌素沙漠由草原退化成沙漠的根本原因，体会自然因素和人为因素对生态系统稳定性的影响。 4.2 学生将能够通过小组探究活动，尝试设计提高毛乌素沙漠生态系统稳定性的方案，培养知行合一的实践意识，并增强团队合作精神和探究精神。 4.3 学生将能够对丰台区凉水河的污染问题展开调查，兼顾经济效益和社会效益，制定一系列可行性措施以改善现有的状况，树立社会责任感。 4.4 学生将能够参与公共事件的讨论和评判，体会国家在营造绿水青山方面所做的不懈努力，形成生态文明思想，坚定建设美丽中国的信念。					

续表

教学重点	1. 说明生态平衡和生态系统稳定性的概念。 2. 分析生态系统的负反馈调节机制,阐明生态系统具有自我调节能力。 3. 举例说明抵抗力稳定性和恢复力稳定性的区别与联系。		
教学难点	1. 阐明生态系统具有自我调节能力的机制。 2. 设计提高生态系统稳定性的方案。		
教学方法	1. 任务驱动法:教师为学生提供一系列的情境,围绕任务展开学习,使学生主动建构探究、实践、思考、运用、解决、高智慧的学习体系。 2. 讨论法:教师通过问题引导学生独立思考、自主探究,借助小组内讨论交流,主动融入课题和构建知识,形成具体认知。 3. 启发法:以问题引发兴趣。整个教学过程设置连环问题,层层展开,逐级递进,使新知识与旧知识融为一体,使学生在步步上升中深化概念与意义,形成相应生物学概念。		

教学用具	学具	展示板、幻灯片		
	教具	视频、幻灯片、投影仪		

教学过程				
知识与技能	活动与任务		反馈与评价	
	学生	教师		
(1)生态平衡的三大特征	【课前——自主学习】观看"生物圈Ⅱ号"纪录片视频,查阅相关实验资料。 【课上小组合作】小组交流研讨,完成任务一:借助资料1及已学知识,从生态系统结构与功能的角度分析生物圈Ⅱ号失衡的原因。 【小组代表汇报】结构和功能是生态系统维持相对稳定的基础;生态平衡包括结构平衡、功能平衡和收支平衡三大特征。	【搜集并上传视频】"生物圈Ⅱ号"纪录片以及可进行资料查阅的网址:中国知网等。 【激疑】 生态系统如何才能保持相对稳定?如何评价某一生态系统是否处于稳定状态? 【巡视指导】参与学生讨论,及时点拨。 【板书】生态平衡的特征。	1. 作为课上第一环节:引导学生结合资料1纪录片视频及查阅的相关资料思考有关问题。 2. 观察学生个人与小组对问题的思考情况和任务一的完成情况。	
(2)生态系统稳定性的概念	【举例】举例说明自然状态下,生态系统具有维持生态平衡的能力,如:野火烧不尽,春风吹又生。 【归纳】生态系统能够维持生态平衡的能力称为生态系统的稳定性。 【兴趣小组分享】兴趣小组代表展示课下所做《初步探究生物入侵》的研究课题,列举生物入侵的相关实例,总结引入外来物种的利弊。	【追问】若是自然状态下的生态系统成分减少,是否能够维持相对稳定? 【板书】生态系统稳定性。 【指导与点评】对兴趣小组的精彩表现提出表扬,鼓励学生开展生物课题研究。	聆听并记录小组代表的发言,对发言内容进行评价和补充。	

续表

（3）负反馈调节模型的构建	【阅读资料】阅读资料2"兔大量增加后，生态系统各组分的变化"。 【构建模型】小组合作，完成任务二：尝试用文字、线框、箭头等符号阐明该生态系统稳定性的调节机制。	【创设情境】提供资料2，引发学生思考：生态系统通过何种机制实现自我调节？ 【巡视指导】巡视各组进展，适时指导。	观察学生对于问题以及任务的完成情况。
（4）正反馈调节和负反馈调节的对比	【模型展示】各组依次呈现模型图，并解释生态系统稳定性的调节机制。 【交流】负反馈调节机制是生态系统自我调节能力的基础。 【举例】正反馈调节的实例。 【比较】正反馈调节和负反馈调节的结果不同，正反馈调节使生态系统远离稳态。	【投屏】打开投影仪，将学生构建的模型图进行投屏展示。 【指导与评价】对各组的模型进行点评，指导其完善模型。 【板书】负反馈调节、自我调节能力。	
（5）生态系统稳定性的表现类型	【阅读思考】澳洲森林抵抗干旱的原因和火灾后逐渐恢复的原因。 【学生作答】生态系统具有抵抗力稳定性和恢复力稳定性。 【比较】阅读资料4，比较天然混交林与人工马尾松林的稳定性。	【创设情境】资料3：2019年澳洲森林遭遇干旱和火灾的新闻。 【板书】抵抗力稳定性和恢复力稳定性。	观察学生对问题以及活动与任务的完成情况、坐标图的绘制情况。
（6）影响生态系统稳定性的因素	【归纳】生态系统稳定性的影响因素包括生态系统的成分和营养结构等。 【小组合作】完成任务三：尝试用坐标图来呈现抵抗力稳定性和恢复力稳定性的相关性。	【巡视指导】关注学生的绘图进展，适时指导。	
（7）抵抗力稳定性和恢复力稳定性的区别	【代表汇报分享】小组代表展示所做坐标图，说明抵抗力稳定性和恢复力稳定性的区别。	【投屏】利用投影仪呈现各组的坐标图。 【评价完善】对学生所做坐标图进行评价，引导各组补充完善。	

续表

（8）讨论提高生态系统稳定性的策略	【阅读思考】阅读资料5，思考毛乌素沙漠由草原退化成沙漠的原因。 【小组合作探究】充分利用本节课所学内容，尝试提出改善毛乌素沙漠环境、提高该生态系统稳定性的合理措施。 【小组展示】各组展示方案，互相交流、补充，完善方案。	【创设情境】资料5：毛乌素沙漠退化的实例。 【巡视指导】关注学生的探究进程，适时参与指导。 【评价】在各组拟定的方案中选出有代表性的方案。 【板书】生态系统稳定性的提高措施。	各小组交流研讨情况及改进方案。
（9）设计提高生态系统稳定性的方案	【课后实践学习】调查北京市丰台区凉水河生态系统的现状，以小组为单位设计治理凉水河生态系统的方案。	【指导】给学生提供相关文字资料，并指导学生设计调查方案和治理方案。	全部收齐并批阅，下一节课上进行展示交流并互补完善。
板书设计	第5节生态系统的稳定性 		
课后作业	1.实地调查北京市丰台区凉水河生态系统的现状，以小组为单位设计治理凉水河生态系统的方案。 2.观看《我和我的家乡》之《回乡之路》片段，关注毛乌素沙漠治理过程，分享观后感。		
作业完成情况及存在的问题	1.基本完成提高凉水河生态系统稳定性的方案设计，但可行性待商榷。 2.能够自主观看影片，并形成生态文明观念，育人效果颇佳。		
教学反思	1.本节课所用教学资料较为庞杂，教师还需要对教学资料进行进一步的甄选和整合，并寻求更恰当、更多样的呈现方式。 2.教学过程中引入了多个公众事件，教师需要获取更多、更详尽的一手资料，熟悉这些事件发生的始末，以应对学生课堂中提出的新问题。		

北京市第八十中学自主学研案

2020 至 2021 学年度第一学期 高二年级 生物学科，集体备课时间：2020 年 12 月 22 日				
备课组长：刘媛媛；主备人：刘媛媛；参与人：姚亭秀、李晋军				
课题	人教版普通高中教科书生物选择性必修 2 第 3 章生态系统及其稳定性 第 5 节生态系统的稳定性	课型	新授	课时	1
六维度四水平学习目标	水平 1.1 你将能够从结构与功能的角度，说出生态平衡是生态系统处于相对稳定的一种状态。 　1.2 你将能够指出生态系统失衡的直接原因，并能判断某一因素的改变是否有利于维持生态平衡，体会生态系统的复杂性。 　1.3 你将能够列举出自然状态下生态系统遭遇一定程度干扰时能够维持相对稳定的实例，认同生态系统的自我调节能力，初步形成整体性、系统性的生态学研究思路。 　1.4 你将能够描述人类活动对于生态系统产生的影响以及造成的结果，认同人是生态系统的一部分，关注人在生态系统中的地位和作用。 水平 2.1 你将能够收集人造生态系统"生物圈Ⅱ号"的真实资料，就"生物圈Ⅱ号"失败的原因、评价生态平衡的标准展开充分的讨论和交流，通过小组合作概括出生态平衡的三大特征。 　2.2 你将能够解释生物入侵造成生态系统失衡的根本原因，进一步形成尊重自然、顺应自然、保护自然的生态观。 　2.3 你将能够阐明生态系统的稳定性是生态系统维持生态平衡的一种能力，并说明负反馈调节对于生态系统稳定性的重要作用。 　2.4 你将能够通过阅读澳洲森林的实例，阐明生态系统具有保持或恢复自身结构和功能相对稳定的能力。 水平 3.1 你将能够合理利用所给学案中的资料，形成独立认知，并将个人观点与老师、同学分享，在生生质疑、师生互动中答疑解惑，建立新知。 　3.2 你将能够运用构建模型的方法呈现"兔大量增加后，生态系统各组分的变化"，分析捕食者与猎物数量变化的循环因果关系，归纳出生态系统自我调节的过程，锻炼科学思维。 　3.3 你将能够比较分析天然混交林和人工马尾松林稳定性的差异，并使用坐标曲线呈现抵抗力稳定性和恢复力稳定性的区别，提升信息转换能力。 水平 4.1 你将能够推理出毛乌素沙漠由草原退化成沙漠的根本原因，体会自然因素和人为因素对生态系统稳定性的影响。 　4.2 你将能够通过小组探究活动，尝试设计提高毛乌素沙漠生态系统稳定性的方案，培养知行合一的实践意识，并增强团队合作精神和探究精神。 　4.3 你将能够对丰台区凉水河的污染问题展开调查，兼顾经济效益和社会效益，制定一系列可行性措施以改善现有的状况，树立社会责任感。 　4.4 你将能够参与公共事件的讨论和评判，体会国家在营造绿水青山方面所做的不懈努力，形成生态文明思想，坚定建设美丽中国的信念。				

续表

<table>
<tr>
<td rowspan="1">活动与任务</td>
<td>

一、学习资料

1. 生物圈 II 号

（1）土壤中的微生物分解有机物消耗掉大量的 O_2，同时释放出大量的 CO_2，部分 CO_2 又与建"生物圈 II 号"的混凝土中的钙反应生成碳酸钙，氧气含量由 21% 下降到 14%，这相当于地球上海拔 4000 米高度的空气含量。

（2）藤本植物繁盛，遮天蔽日，抢夺光照，导致所有靠花粉传播繁殖的植物都灭绝了，9 种农作物死亡，农田害虫肆虐，粮食严重减产，八位科学家人均减重 16%。

（3）昆虫中除了白蚁、蟑螂和蝈蝈外基本死亡，食物链等营养结构联系中断。

2. 兔大量增加后，生态系统各组分的变化

在一片草地上，如果兔大量增加，草就会被大量啃食，于是兔之间对食物等资源的竞争就会加剧，导致兔的生存空间和资源减少；同时，捕食者狼因食物丰富而数量增多，它们会捕食更多的兔。经过一段时间，兔的数量又会恢复或接近原来的水平。

3. 澳洲森林：

2019 年，异常的高温天气给澳洲森林带来严重的干旱，而森林中的树木通过扩展根系的分布空间，努力保证其自身获得水分，维持生态系统的正常功能。9 月，极端的天气诱发了持续数月的森林火灾，过火面积超过 1030 万公顷。但是大自然的力量是无穷的，山火刚刚扑灭，这片土地又重新焕发生机：很多被烧过的树木已经慢慢长出了绿芽，小草也重新长出来，就连花朵也开始盛放。

4. 人工马尾松林与天然混交林

南方的马尾松林常常是山林经砍伐后种植的人工林，其基因多样性流失，树木种类单一，生物种类的多样性减少，森林的自动调节能力下降，森林的抗病虫害能力下降。

在混交林中，树木种类丰富，昆虫食物来源充足，某些灌木可为乔木代偿，而灌木自身的生存能力要强于乔木；混交林适合多种动物繁衍，能够构成比较完整的金字塔式食物链，单一物种过度繁殖的情况几乎不会出现，能达到相对的生态平衡；此外，混交林中部分植物有抗虫性，林中虫害区域被片状分割，不会蔓延，有些植物不合害虫的"口味"，它们会主动避开这样的区域。

5. 毛乌素沙漠：

我国四大沙漠之一的毛乌素沙漠在公元 5 世纪左右还是一片水草丰美的牧场，可是由于人类过度放牧、不合理的垦荒、再加上气候变化等因素，导致原本水草丰美的草原变成了荒芜的沙漠。

1959 年以来，国家和政府通过大力兴建防风林带，引水拉沙，引洪淤地，开展了改造沙漠的巨大工程。21 世纪初持续不懈的生态治理使毛乌素沙漠 600 多万亩流沙"止步"生绿。

二、学习任务

（一）生态平衡和生态系统稳定性的概念

借助资料 1 及已学知识，从生态系统结构与功能的角度分析生物圈 II 号失衡的原因。

（二）生态系统的自我调节机制

阅读资料 2，尝试用文字、线框、箭头等符号阐明该生态系统稳定性的调节机制。

（三）抵抗力稳定性和恢复力稳定性的区别

结合资料 3 和资料 4，尝试用坐标图来呈现抵抗力稳定性和恢复力稳定性的相关性。

（四）提高生态系统稳定性的策略

阅读资料 5，尝试提出改善毛乌素沙漠环境、提高该生态系统稳定性的合理措施。

小结：构建本节课概念图，完善知识结构。

</td>
</tr>
</table>

学习反思：

1. 在课上完成了一系列学习任务，习得了生态平衡、生态系统稳定性、负反馈调节等生态学重要概念，具有一定的学业成就感；

2. 通过阅读资料、小组研讨等过程，加强了自主学习的能力，加深了团队的凝聚力，也锻炼了个人的语言表达能力；

3. 体会到模型构建法和系统分析法在攻克生态学疑难问题中的重要性；

4. 深切体会到人与自然和谐共生的关系，立志践行知行合一的理念，为建设美丽中国增砖添瓦。

10. 技术（通用技术）学科

北京市第八十中学教案

2019 至 2020 学年度第 1 学期 高二年级 通用技术学科，集体备课时间：2019 年 9 月 27 日

备课组长：何斌　主备人：何斌　参与人：南星、刘永红

课题	桥梁结构的系统分析	课型	新授	课时	1
核心素养	工程思维是以系统分析和比较权衡为核心的一种筹划性思维。学生能认识系统与工程的多样性和复杂性；能运用系统分析的方法，针对某一具体技术领域的问题进行要素分析、整体规划，并运用模拟和简易建模等方法进行设计；能领悟结构、流程、系统、控制等基本思想和方法并加以运用；能进行简单的风险评估和综合决策。				
课标要求	从技术应用角度理解系统的含义、基本构成及主要特性结合实例学会系统分析的基本方法。通过技术探究，分析影响系统优化的因素，并通过对简单系统的设计实践，初步学会简单系统设计的基本方法，增强系统与工程思维的能力。				
教材内容与教学分析	本节涉及必修 2 第三单元《系统及其设计》中的第一节《系统及其特性》和第二节《系统分析与设计》，先阐述系统的基本概念，接着以 19 世纪著名工程师埃芬设计的加伦比拱桥的情景展开，通过介绍桥梁设计软件巧妙地讲出系统的基本特性，然后布置任务让学生进行桥梁软件的自主探究设计，设计一个成本最低的桥梁模型，并思考系统有哪些特性，试图总结一些桥梁设计规律，学生在尝试总结的过程中自然地体验了系统分析的一般过程。				
六维度四水平教学目标	水平 1.1 知道系统的概念。 　1.2 知道西点桥梁软件的基本使用方法，包括如何找到 3 个指定模板、如何进行仿真测试、如何变更杆的粗细和属性、如何看到杆的受拉受压情况、如何看到桥梁成本。 水平 2.1 理解系统的基本特性。 水平 3.1 通过西点桥梁软件仿真模拟对桥梁进行系统分析。 水平 4.1 应用系统分析方法基于现有模板改进设计一个费用最低的桥梁模型。				

续表

教学重点	理解系统的基本特性。
教学难点	应用系统分析方法基于模型改进设计一个费用最低的桥梁模型。
教学方法	讲授法、练习法

教学支持	教具	PPT、视频、投影、黑板、计算机、西点桥梁软件
	学具	计算机、西点桥梁软件

教学流程	1. 系统的概念和基本特性（介绍简单实操软件） 20 分钟 2. 自主探究设计 20 分钟 3. 展示作品、总结系统分析的一般过程 5 分钟

教 学 过 程

教学阶段	核心素养教学目标	教师活动	学生活动	设计意图和时长
情景引入	知道系统的概念。	一、系统的概念 系统是由相互联系、相互作用、相互依赖和相互制约的若干要素构成具有特定功能的有机整体。 比如桥梁，正是杆与杆之间相互联系、相互作用、相互依赖、相互制约才能维持结构，承受一定的力量。 上节课草图只是初步想法，要进一步理解桥梁作为系统的特性，才能设计出更稳固的桥梁模型。我们来看看 19 世纪著名工程师埃芬设计的加伦比拱桥。 视频：《加伦比拱桥》 如何能像埃芬一样设计一座既节省材料又安全的桥梁呢？我们需要系统分析桥梁结构，思考系统有哪些特性，试图总结一些桥梁设计规律。	思考、回答问题 观看视频 思考	5 分钟

新课讲解	理解系统的基本特性。 知道西点桥梁软件的基本使用方法，包括如何找到3个指定模板、如何进行仿真测试、如何变更杆的粗细和属性、如何看到杆的受拉受压情况、如何看到桥梁成本。	二、系统的基本特性 系统有五大基本特性，整体性、相关性、目的性、动态性、环境适应性。 1. 系统的整体性 系统是一个整体，它不是各个要素的简单相加，系统的整体功能是各要素在孤立状态下所没有的。  2. 系统的相关性 相关性是指系统的各要素之间或系统整体或部分之间的相互作用、相互联系。演示西点桥梁样例桥梁模型动画，感受系统的相关性。  3. 系统的目的性 任何系统都具有某种目的。 应用系统分析方法基于现有模板改进设计一个费用最低的桥梁模型。如何看费用？ 设计和分析一个系统时，必须事先弄清楚其目的，否则就无法构成一个良好、有序、能实现功能的系统。  4. 系统的动态性 事物都是不断变化的，因此系统是一个动态的系统。变更杆的粗细和属性，可以看到杆的受拉受压情况也发生变化。 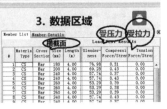	听讲、思考 听讲、思考 听讲、思考	15分钟

续表

		5. 系统的环境适应性 一个系统与其所处的环境之间通常都有物质、能量和信息的交换，外界环境的变化会引起系统特性的变化，并引起系统功能和系统内各部分相互关系的变化。系统只有具备对环境的适应能力，才能保持和恢复系统原有的特性。 桥面的连接处都设置了灵活的"金属关节"或缝隙，类似自行车车胎夏天与冬天充气时的区别。 		
实践活动	应用系统分析方法基于现有模板改进设计一个费用最低的桥梁模型。	三、课堂实践任务 应用科学系统分析方法基于现有模板（第3个梁式桥、第5个拱桥、第7个斜拉桥）任选一个改进设计为成本最低的桥梁模型，并总结其规律。 提示学生，尽早找到桥梁设计规律，会大大加快成本降低的速度。	学生听讲，明确实验目的。 上计算机操作。	学生亲身经历桥梁系统的设计实践，加深对系统五大基本特性的体验和理解。 20分钟
分享交流		组织学生代表分享、交流、反思桥梁设计的关键点，总结桥梁系统的设计规律。	学生交流，分享成功的经验、失败的教训，总结桥梁系统的设计规律。	从系统协调的角度进行原因分析。 5分钟
总结归纳		总结归纳学生在桥梁设计过程中体会到的系统的五个基本特性。 总结归纳系统分析的一般步骤。 	小结归纳	总结本节课知识技能要点，引发学生对下一节课的兴趣和思考。 5分钟

续表

板书	系统 系统的基本特性 系统分析					

评价		项目	A	B	C	自评	师评
	1	概念理解	说出并能举例系统的五个特性和系统分析	说出并能举例系统的五个特性,大致说出什么是系统分析	只能说出系统的五个特性名称		
	2	桥梁设计	在价格最低桥梁设计中的前20%学生	在价格最低桥梁设计中的中间60%学生	在价格最低桥梁设计中的后20%学生		

教学反思	通用技术必修2中第三章系统中第二节《系统的基本特性》的教学内容相对枯燥,内容看似浅显,但内涵十分丰富。很多学校沿用教材中的案例在课上进行分析,没有任何可操作可实践的载体,教学效果不好,学生的实际获得感不强。个别顶尖学校引入高校资源丰富课程内涵,但成本巨大且不是每个普通学校能借鉴。而我采用西点桥梁仿真软件这个免费软件设计的学生实践项目,能让学生在桥梁系统设计体验中主动归纳出系统的基本特性和系统分析的一般步骤,教学效果比单一的讲授式的教学方式好很多,学生在软件中既能实时看到科学的数据分析,又能看到动画模拟的详细情况,真正激发了学生主动学习的动力,所探讨的问题也是工程技术的基本问题。这个课对广大的普通学校非常有借鉴意义,适合推广。

11. 艺术（美术）学科

北京市第八十中学教案

2020 至 2021 学年度第二学期 高二年级 美术学科，集体备课时间：2021 年 4 月 12 日

备课组长：徐德义；主备人：徐德义；参与人：王世江、王海峰、杨宇源

课题	《我为校庆献礼》——现代媒体艺术创作		课型	实践课	课时	1
六维度四水平教学目标	水平 1.1 学生了解现代媒体艺术学习的基本方法，自主选择学习内容，确定研究课题，制定短期学习计划。 　　1.2 学生能够学会美术实践创作中所需要的基本技巧。 水平 2.1 学生能够对在实践中遇到的问题自主寻求解决途径和方法，完成能够事先设计或预想的作品。 　　2.2 学生能够对他人的作品进行简单的评价，能表达自己的艺术观点。 水平 3.1 学生能够创作具有个人思想和创意的作品，有完整的学习过程记录，对他人具有一定的指导意义。 　　3.2 学生能够帮助他人完成创作，成为合作学习的能手。 水平 4.1 学生完全自主探究，并能够出色地完成研究，形成研究成果。 　　4.2 通过线上线下展示作品，相互交流，相互促进。					
教学重点	1. 激发学生艺术潜能，提高学习美术的兴趣。 2. 培养学生能够对在实践中遇到的问题自主寻求渠道，提高学生解决问题的能力和创作水平。 3. 学会运用影像语言、设计与制作表达创意，深刻体会现代媒体艺术的魅力。					
教学难点	学会运用影像语言、设计与制作表达创意，深刻体会现代媒体艺术的魅力。 2. 能够创作具有独特创意的作品，并能够归纳和总结学习方法和流程，提高学习效率。					
教学方法	讲述法、实践法、讨论归纳法、探究法、合作法					
教学用具	学具	相机、蓝晒作品、多媒体、手机				
	教具	铅笔、橡皮、剪刀、壁纸刀、夹子、纸、pvc 板、蓝晒工具、电脑、手绘板等				

续表

教 学 过 程			
知识与技能	活动与任务		反馈与评价
	学 生	教 师	
制度学习计划,讨论并确定本组的创作思路,选定表现手法,撰写脚本、绘制设计图和拍摄实践等。	学生根据自己特长和兴趣分组,对设计的草图进行制作。 组一:视频拍摄《我心中的八十》 组二:蓝晒校园明信片设计	1. 提出问题:大家知道今年是学校建校多少周年吗?引出本课题 2. 提出问题:什么是现代媒体艺术?引出现代媒体艺术的概念	学生创作兴趣浓厚,并能发挥各自特长,快速进入创作状态。
1. 在实践中学习现代媒体艺术相关知识与技能,包括摄像技能、后期软件应用等,同时做好学习过程性记录,下课前做阶段性汇报与交流。 2. 学生能够自主探究解决问题的途径,对在实践中遇到的问题进行梳理和研究,以图册的形式做好学习过程记录,提高学习水平和学习效率。 3. 学生能够充分发掘自身的美术特长,在完成自己作品的同时,能够帮助他人完成学习任务。	第一组:视频拍摄《我心中的八十》 组员:门楚函、刘易昆、靳步、张逸翔、赵咏茜、王秋然、潘子越、诸葛修齐 学生制定学习计划,讨论并确定本组的创作思路,选定表现手法,撰写脚本、绘制设计图和拍摄实践等。通过探究实践,培养发散思维、集结创意,运用多种工具、材料进行美术表现。如下: 1. 确立研究课题内容 2. 前期准备工作 3. 组员分工情况 4. 拍摄实践 5. 过程记录 记录内容:实践过程中遇到的问题,如何寻求帮助解决问题,解决的方法等。	1. 教师讲述现代媒体艺术的创作与意义,布置本节课任务。 2. 教师示范讲解摄像知识与技能,以及微电影拍摄流程与技巧。 3. 教师进组实时参与讨论和指导。	1. 能够结合实际发现问题,并通过合作解决问题,增强了动手实践的能力,提高了学习兴趣和核心素养能力。 2. 授课教师观摩聆听,并对具体实施中的困惑提出建议,为学生提供技术支持与帮助。学生在实践中逐渐发挥潜能,增强了合作探究的能力。

续表

	第二组：蓝晒校园明信片设计 组员：熊钰灵、冯骏兴、冯泽凯、周正、余嘉翔、李潇、颜林多 学生制定学习计划，讨论并确定本组的创作思路，选定拍摄内容、拍摄手法等。通过探究实践，培养发散思维、集结创意，运用多种表现手段进行校园风景的拍摄，通过后期编辑并运用蓝晒法完成校园风景。主题明信片设计。如下： 1.确立研究课题内容 2.前期准备工作 3.组员分工情况 4.拍摄实践 5.过程记录 6.蓝晒法 记录内容：实践过程中遇到的问题，如何寻求帮助解决问题，解决的方法等。	1.教师讲述现代媒体艺术的创作与意义，布置本节课任务。 2.教师示范讲解摄影和蓝晒法知识与技能，以及后期设计知识与技能。 3.教师进组实时参与讨论和指导。	1.提供充分的实践探究的时间和空间，有助于锻炼学生发现问题解决问题的能力，实现核心素养的培养目标。 2.授课教师观摩聆听，并对具体实施中的问题提出建议，为学生提供技术支持与帮助。学生在实践中逐渐发挥潜能，增强了合作探究的能力。学生对课堂学习满意度很高。
学生展示本课所学知识与技能，展现成绩与不足，不断反思完善作品。提升沟通与合作能力，为下一步的学习奠定基础。 相互学习借鉴，提高学习效率和水平。	各组展示汇报阶段成果，互相交流学习。	教师聆听各组汇报展示，提出建议。	加强了学生间和师生间的交流，加深反思深度，促进课堂教学效果的提升。
组内自评，组与组间互评，取长补短，相互促进。 教师总结提升，引导学生不断深入思考，为完善作品提供帮助。	学生间相互观摩交流，聆听教师讲解。	教师总结本课教学实施情况和实施效果	学生对自己的创作有了更明确的目标，在知识与技能方面有了更加深入的认识，对自己作品的预期增强，树立了信心。

板书设计	《我为校庆献礼》——现代媒体艺术创作 一、1.提出问题：大家知道今年是学校建校多少周年吗？（引出本课题） 2.提出问题：什么是现代媒体艺术？（引出现代媒体艺术的概念） 二、分组确定单元主题，制定学习计划，讨论并确定本组的创作思路，选定表现手法，撰写脚本、绘制设计图和拍摄实践等。 三、分组实践 1.视频拍摄《我心中的八十》 2.蓝晒校园明信片设计 四、分组展示 各组展示汇报阶段成果，互相交流学习。 五、总结 教师总结本课教学实施情况和实施效果。
课后作业	根据各自的学习计划完善研究课题，在后一阶段实现最终研究成果。
作业完成情况及存在的问题	完成非常好，各组对本节课的展示准备充分，学习记录清晰，实践步骤有条理，并对成果有很好的期待。同学们带着问题边实践边研究，学习积极性高，成效显著。
教学反思	本节课教学效果较好，同学们能够根据自己的设计安排实践，能较好完成当堂课的任务。具体表现如下： 1.选题切合实际，可操作性强，完全从自身兴趣出发，能够保证研究的持续性。 2.学习计划制定合理，学习方法和步骤清晰，任务分工明确。 3.本堂课学生完成情况良好，基本实现本课教学目标，为下一阶段的深入学习奠定基础。 但由于学生在专业领域方面能力的局限，在实践操作时难免会遇到困难，与预期效果有一定差距，需要通过一段时间的学习训练达成目标。 解决方案如下： 1.结合学生个体实际情况进行分工，取长补短，发挥特长，专业强的带动弱者，或分工合作，专业弱的辅助文字编辑、查找资料等工作，由专业强的同学完成专业成果，使个体差异导致的不良心理落差降到最低。 2.教师示范或利用微课，学生课下学习、课上实践，力争快速提高学生专业水平，帮助学生达成学习目标。

北京市第八十中学自主学研案

2020 至 2021 学年度第二学期 高二年级 美术学科，集体备课时间：2021 年 4 月 12 日						
备课组长：徐德义；主备人：徐德义；参与人：王世江、王海峰、杨宇源						
课题	《我为校庆献礼》——现代媒体艺术创作			课型	实践课	课时	1

六维度四水平学习目标		课前目标		课上目标		课后目标
	水平1	1.1 学生了解现代媒体艺术的概念，查找相关资料初步了解现代媒体艺术形式。1.2 学生通过网络能够初步理解现代媒体艺术作品，对现代媒体艺术创作产生兴趣。	水平1	1.1 学生了解现代媒体艺术学习的基本方法，自主选择学习内容，确定研究课题，制定短期学习计划。1.2 学生能够学会美术实践创作中所需要的基本技巧。	水平1	1.1 学生能持续关注现代媒体艺术。1.2 学生能够愿意接受现代媒体艺术作品，时常观看相关展览与信息。
	水平2	2.1 学生能够对现代媒体艺术发表自己的观点与看法。2.2 学生能够具备一些现代媒体艺术创作的知识与技能，并有一些自己的作品呈现。	水平2	2.1 学生能够对在实践中遇到的问题自主寻求解决途径和方法，完成能够事先设计或预想的作品。2.2 学生能够对他人的作品进行简单的评价，能表达自己的艺术观点。	水平2	2.1 学生能够对生活中的现代媒体艺术作品进行鉴赏评价。2.2 学生能够运用所学知识与技能进行现代媒体艺术实践，满足一些生活需求。
	水平3	3.1 学生能够积极创作现代媒体艺术作品。3.2 学生能够帮助他人完成创作。	水平3	3.1 学生能够创作具有个人思想和创意的作品，有完整的学习过程记录，对他人具有一定的指导意义。3.2 学生能够帮助他人完成创作，成为合作学习的能手。	水平3	3.1 学生能够发现身边的创作主题，并能灵活运用现代媒体艺术表达思想感情。3.2 能创作具有一定思想性的现代媒体艺术作品，并通过网络进行展示宣传。
	水平4	4.1 学生能够与他人合作，自主探究，完成现代媒体艺术作品的创作，具有较高的媒体素养。4.2 能够通过现代媒体艺术作品引导同学热爱现代媒体艺术创作。	水平4	4.1 学生完全自主探究，并能够出色地完成研究，形成研究成果。4.2 通过线上线下展示作品，相互交流，相互促进。	水平4	4.1 通过自媒体展示现代媒体艺术作品，不断提高创作能力。4.2 能够运用现代媒体艺术展现社会主义核心价值观，影响周围的人树立正确的人生观。

续表

活动与任务	组一活动与任务 确定拍摄思路 撰写拍摄脚本 制定拍摄方案，画分镜 拍摄（拍摄技巧、拍摄中遇到的问题、如何解决等） 后期剪辑（运用的软件、技能技巧、遇到哪些问题、如何解决问题等） 组二活动与任务 确定拍摄思路（包括地点、构图、视角、色彩、光影等） 拍摄（拍摄技巧、拍摄中遇到的问题、如何解决等） 明信片设计制作（设计草图、绘制书写内容等） 蓝晒法制作（运用的软件、技能技巧、遇到哪些问题、如何解决问题等）

学习反思：
通过本课的学习，同学们对自主探究、合作学习有了更深的理解，相互的配合得到大幅度提升。学习计划制定合理，学习方法和步骤清晰，任务分工明确，学习效果显著提高。在实践中，知识与技能的运用较快地掌握，完成效果较好，同学间取长补短，发挥特长，使个体差异导致的不良影响明显降低。教师的示范，同学的引领，都为快速提高现代媒体艺术技能提供保障，有效地帮助学生达成学习目标。
以《我为校庆献礼》为主题的现代媒体艺术创作，对提升学生爱校之情意义深远，符合核心素养的要求，更符合立德树人的教育目标，是一次很好的情感教育契机。

12. 体育与健康学科

北京市第八十中学教案

2019 至 2020 学年度第一学期 高二年级 体育与健康教育学科，集体备课时间：2019 年 3 月 27 日					
备课组长：徐永陵；主备人：徐永陵；参与人：闫晓飞 甄雪晶					
课题	高中健康教育模块——冰壶球	课型	新授	课时	1
六维度四水平教学目标	水平 1.1 运动参与：养成良好的体育锻炼习惯，能够自觉地从事体育锻炼，养成终身体育的习惯。能够认识到科学锻炼的重要性，根据自己的身体需求去科学地制定训练计划并实施计划，敢于尝试新兴运动项目（冰雪项目）。 水平 2.1 运动技能：认识到有多种锻炼形式，了解运动技术形成的规律，提高对运动技能知识的掌握。初步体会冰雪项目。 水平 3.1 身体健康：知道身体健康对自己一生的重要性，能够通过饮食、锻炼调整好自己的身体健康，形成良好的生活习惯。关于运动损伤的预防、救治及恢复方法。 水平 4.1 心理健康：能够通过体育锻炼去调节自己的不良情绪，通过运动建立自信、乐观的人生态度。能够通过完成制定好的阶段目标来获得成就感，锤炼自己坚忍的意志品质。社会适应：能够正确地认识到竞赛规则的重要性，尊重规则，建立规则意识。通过团队项目建立团队意识。				
教学重点	掌握冰壶球运动的相关知识，引发冰壶思维。				

续表

教学难点		能够利用自己的思维，去分析球场上的形式和问题，并能够想出解决办法。		
教学方法		讲述法、提问法、讨论法、探究教学法、游戏竞赛法		
教学用具	学具	桌面冰壶球		
	教具	多媒体、黑板		

<table>
<tr><td colspan="5" align="center">教 学 过 程</td></tr>
<tr><td rowspan="2" align="center">知识与技能</td><td colspan="2" align="center">活动与任务</td><td rowspan="2" align="center">反馈与评价</td></tr>
<tr><td align="center">学　生</td><td align="center">教　师</td></tr>
<tr><td>通过反转课堂的视频，让学生了解冰壶球运动的相关知识。</td><td>认真观看，了解基本概念。</td><td>制作并下发反转课堂视频。</td><td>是否能够了解冰壶运动的相关信息。</td></tr>
<tr><td>提问
1.冰壶球也被称为冰上"xx"运动？
2.冰壶球队里有几名运动员？几人上场参赛？
3.一场冰壶球比赛需要进行几局？
发散提问
冰壶球起源于哪里？</td><td>认真思考。举手回答教师提出的问题。</td><td>提问前两个问题提问学生，通过冰壶球运动引出冬奥会。</td><td>学生能够答出问题，思考冰壶运动的起源。</td></tr>
<tr><td>冬奥会宣传片</td><td>认真观看，了解2022年冬奥会将要在北京及张家口举行，并能够知道冬奥会包括哪些冰雪项目。</td><td>通过视频引出冬奥会的发展与举办国家经济发展的关系。</td><td></td></tr>
<tr><td>冬奥会举办的国家及城市</td><td>认真思考举办冬奥会的基础条件。</td><td>通过对冬奥会的发展来引出中国经济发展的腾飞盛况。</td><td>能够认识到祖国经济实力的发展，国际地位的提高。</td></tr>
<tr><td>讲解冰壶球的起源说（苏格兰起源说，欧洲大陆起源说）及现代冰壶球的发展历史。</td><td>认真听讲、思考。回答问题。</td><td>介绍相关的历史事件，引出冰壶球的起源及发展，向学生提出关于冰壶球起源的相关问题。介绍中国冰壶球运动的发展。</td><td>能够回答出冰壶球运动的起源与社会经济发展的联系。</td></tr>
</table>

续表

冰壶球怎么玩？	认真听讲、思考。牢记冰壶球运动相关知识。	通过视频的播放，介绍冰壶球的相关知识点。	能够记住相关知识点，能够判断得分及输赢
提问得分环节	能够回答出正确的得分情况，判断输赢。	通过图片来提出得分问题。	能够判断出得分及输赢。
Whoa、hurry 打定、打甩 晋升、双飞 粘球、旋进	认真听讲、思考，跟随互动。	通过提问的方式，学生思考，然后通过动画来告知正确的答案。通过旋进打法，介绍冰壶的场地。提问学生为什么冰壶球能够掷出弧线？（接触面与接触点）	举手回答提问，能够通过自己的物理知识来解答教师提问。
冰壶球场地的截面图是U形的。	认真思考，跟随互动。	通过冰壶球的弧线路线来讲解冰壶球场地的相关知识。	
冰壶球比赛中技术及战术的使用。	认真观看、听讲，通过思考来破解将要面对的场上局势。举手回答教师提问。	通过两个独立的经典案例及2017年亚冬会的决赛中韩女子对抗赛的第五局双方主将的四个球，让学生思考、分析如何分析赛场上瞬息万变的局势。	是否能够找到合理的解决方法。
桌上冰壶球分组对战	每组同学分成两队，每队三人进行一局桌上冰壶球比赛	巡视指导，参与其中。	学生能够完成一局桌上冰壶球比赛，并能计算得分判定胜负。
总结	思考自己在本节课中的收获	重申本节课重难点了解冰壶球的相关知识 看懂冰壶球的比赛 参与冰壶球运动 通过冰壶运动的思维解决实际问题 通过冰壶思维去思考人生的选择。	
板书设计	积分表		
课后作业	完成一整场冰壶球比赛		

213

续表

作业完成情况 及存在的问题	学生非常投入地参与比赛，并在比赛中注重团队的配合。
教学反思	<p style="text-align:center">健康教育模块——冰壶球 教学反思</p>本单元授课内容是健康教育模块，授课形式普遍采用理论与实践相结合，意在提高学生自主学习、探究学习和合作学习的能力，在授课环节中充分利用多媒体，注重教学目标的制定与教学手法的运用，重点培养学生在体育活动中的高阶思维能力，着力于发生在较高认知水平层次上的心智活动，开拓学生的创新思维能力。 冰壶球运动具有悠久的历史，起源于欧洲，1998 年后传入中国，我国冰壶球运动虽然起步较晚，但是成绩优异。对于学生而言该运动新鲜并具有极高的思维挑战。通过冰壶球理论知识和技术的学习，了解冰壶球运动的文化，懂得冰壶球运动特点和锻炼价值。 一、健康教育模块开展的必要性 健康教育模块的开展是否具有其必要性，这是体育教师在做健康教育大单元计划时应该着重考虑的内容，我在制定大单元计划时也曾经拿不准方向，这个模块究竟应该如何去开展，究竟应该让学生掌握何种能力，怎样去体现这个单元的存在价值？经过深思熟虑，我认为是必要的。我考虑应该通过理论与实践相结合的方式开展课程，体育与健康课程还是应该以实践形式作为基础，然后通过理论课的形式去丰满授课内容，所以我的大单元课基本每一节课都体现出理论指导实践，实践验证理论，通过这个过程让学生了解运动的科学性、严谨性。例如本节冰壶球课程，我就在课中让学生尝试了桌面冰壶运动，学生开始都觉得冰壶运动是个物理与数学问题，只要计算好路线和力度就可以取得胜利，通过自己的实践后，他们知道了理论和实践的距离，没有持之以恒的技术练习，没有过硬的心理素质，即使是世界级别的运动员也有可能存在失误，最终输掉比赛。学生明白了运动的基础是枯燥的练习，赛场的发挥看的是心理博弈。通过我的指引学生似乎想明白了什么。那究竟应该让学生掌握什么呢？我想不应该是仅仅停留在技术层面，这个模块也不利于学生掌握技术层面，我认为更多的应该是去提升学生的心理层面，让他们在心理上重新认识体育与健康课程，重新认识自己的身体、心理，建立运动意识，关注自己的运动习惯，明白运动的科学性及影响自身身体素质、运动能力的相关知识，以及团队协作的能力，自主快乐地投入运动。这些都是在心理与知识层面的内容，如我在第 12 次课"生活环境与身体、心理健康的关系"中举出了一些例子，NBA 的赛场上有很多球员的家庭背景非常好，如内内、大卫李、阿米奴等，这些球员打球可能只是副业，他们有的是大财团的继承人，有的是王室成员，可想而知他们从小接受着怎样优越的教育，但是在这个男人的赛场上还有那些如艾弗森、加内特、詹姆斯、哈登这样的"贫民窟"巨星，他们就是战胜糜烂生活环境的篮球巨星，现在如詹姆斯这样热衷于慈善事业的球星有很多，他们的童年并不完

续表

教学反思	美，但是他们的意志在这种穷苦与运动的磨砺下异常强大。这些是我们应该传递给学生的正能量，让他们通过社会、偶像的正能量去激励自己，从事运动，坚持自己的目标。这个单元的价值首先是体育知识的掌握，运动心理的养成，其次我同样希望学生能够通过自己的努力去尝试掌握自己喜欢的运动，那就需要科学的训练计划，所以我安排了很多关于训练计划的课程。做到授之以渔，只要学生想学，他就能够去科学地学习，学生遇到困难，他就能够科学地去寻找解决的方法。所以健康教育模块应该好好地开展，这会让体育与健康教学事半功倍。 二、运动不止步于身体锻炼 运动不止步于身体锻炼，更应挖掘心理层面，让学生坚持从事运动的肯定不是肌肉的酸痛，应该是那深层次的心理作用，那份自信，运动的成就感，团队的协作，可能这些才是人类在如此发达的科技下还去从事原始运动的内核动力。毕竟我们不用依靠奔跑去躲避天敌，我们也不会再用标枪去猎捕食物。所以学生心理层面的触动，才是他们开启运动的大门的钥匙。在健康教育模块中我充分考虑到学生心理、思维层面的渗透，让他们建立目标，爱上运动，通过运动去化解心中的疑问。其实运动也是建立民族、文化自信的有力手段。最近大火的电影《叶问》，就是一个很好的例子，他将中国传统武术咏春拳提升到一个很高的层面，将一个民族的脊梁映射到一个武术家身上，叶问的每一拳都让观看者感受到了民族、文化的自尊、自信，这也是5000年华夏文明依然屹立于世界的根基。所以如果学生运用好这份激情，我相信他们会很好地投入学习与生活中。这也是体育运动带给一个人的内核，即体育运动的精神追求。通过健康教育模块的大单元设计，我重新考量了一下作为体育教师，我们应该带给学生何种知识、能力。我们不仅要告诉他们健康的体魄是你们探索世界的双足，内在的自信、自尊、文化这些是驱动你们那颗永不止步的心的不竭动力。

北京市第八十中学教案

2019 至 2020 学年度第一学期 高二年级 体育与健康学科，集体备课时间：2019 年 3 月 27 日					
备课组长：徐永陵；主备人：甄雪晶；参与人：徐永陵、闫晓飞					
课题	篮球基础战术：传切配合 拓展："三传两抢"比赛	课型	实践课	课时	1
六维度四水平教学目标	水平 1.1 养成良好的篮球运动习惯，明确篮球项目是团队运动，篮球运动首先需要的是队员间相互的配合，然后依靠个人完成投篮终结进攻。知道传切配合的技术要点、摆脱防守的方法及传球时机。 水平 2.1 初步掌握两种摆脱切入技术和及时合理的传球方法，提高学生基本技术运用能力和战术配合意识。 水平 3.1 通过传切配合的练习增强球场上的跑动、传球、摆脱能力在比赛中增加一种进攻方式。在比赛中能够合理地选择进攻手段，摆脱防守队员终结进攻。 水平 4.1 通过传切技术的练习，增强团队的配合，通过练习传切配合更深入地了解自己的队友，建立队员间的默契及友谊。更深地理解篮球运动中团队及配合的含义。提高篮球智商，成为团队中不可或缺的队员。				

教学重点	摆脱、侧身切入
教学难点	传、接球时机，传切默契
教学方法	讲述法、提问法、讨论法、探究教学法、游戏竞赛法

教学用具	学具	篮球标志桶篮球场
	教具	战术板

教学过程			
知识与技能	活动与任务		反馈与评价
	学 生	教 师	
传切配合的引入	认真观看战术板，听懂传切配合的技术要求及运用时机。观看教师的切入示范。提出"三传两抢"的比赛要求。	战术板讲解技术的运用时机。 进行摆脱、切入技术的动作示范。	能够观察到示范中运用的摆脱脚步，并能够说明运用的是哪两种脚步。能够观察到切入技术中压肩与节奏变化的细节。
球操及转向准备活动	认真做操，运球有力，传接球用力的同时减少失误。	下口令带领做球操，提示运球有力，传接球迅速有力。	充分热身，运球有力，传接球不要有失误。

全场一对一摆脱	两人一组，一攻一防，攻方想办法摆脱后摸左边或右边的标志桶，之后攻防转换，向前推进。 ▲ ▲ ▲ 　　　　○×　×× ▲ ▲ ▲	观察学生技术动作。	尽可能地多次完成突破摸到标志桶。 是否能够自发地做出变速、变向技术来进行摆脱。
摆脱技术	认真观看教师的示范动作利用变速(节奏变化)完成摆脱。利用变向完成摆脱。两种技术同时使用来完成摆脱。	变速及变向技术的示范讲解。适时地提醒压肩，以及注意节奏的变化。	变速是否具有突然性。能否利用假动作来迷惑防守人。
半场一对一摆脱切入接球投篮（两侧均可）	× 　○ ×　　× 　♀ 分组练习，合理利用两种摆脱技术完成摆脱，切入接传球完成篮下投篮。	巡视指导，提示进攻方的技术细节。	成功摆脱切入接球并把球投进，多尝试非习惯手。技术动作选择要合理。
一传一切的完整动作练习	②→① 2▲ 1▲ 　♀ 分组练习，合理运用脚步摆脱切入，掌握传球时机，侧身准备接球。	巡视，分别指导。	成功摆脱后切入接球的投篮命中率。
"三传两抢"比赛（半场三人进攻两人防守）	× ○ ○ ×←× ♀ 分组练习，防守防无球同学，传球后与无球同伴互换位置，准备接球同学要积极跑动，合理摆脱，掌握传接球时机。	巡视，利用战术板讲解，清晰进攻队员的跑动路线。发现问题及时纠正。	能够在半场比赛中合理运用传切配合并把球投进。防守积极。注意封堵进攻人的防守路线。

续表

放松游戏"传西瓜"	围成两个同心圆，一个圆一个"西瓜（篮球）"，教师快速低运球，球停哨响，西瓜停在谁手里就要回答教师的一个提问。最后一次回答问题的同学负责收还号码服。	参与游戏，引导本节课的教学重点，以及同学们学到了什么，觉得在完成配合中最大的障碍是什么。	积极投入游戏，用心回答问题。
板书设计	战术板上的跑动路线		
课后作业	在比赛中尝试把传切配合作为团队的进攻手段。		

北京市第八十中学教案

2019 至 2020 学年度第一学期 高二年级 体育与健康教育学科，集体备课时间：2019 年 3 月 27 日

备课组长：徐永陵；主备人：闫晓飞；参与人：徐永陵、甄雪晶

课题	双杠——杠上前滚翻		课型	实践课	课时	1
六维度四水平教学目标	水平 1.1 养成良好的体操运动习惯，明确技术动作对于自身的要求，并能够有针对性地提高自身素质，有计划地参与身体素质练习，明确体操运动中难易技术动作之间是有联系的，当无法掌握较难技术动作时，可以尝试加强对基础技术动作的思考及练习。懂得团队的保护帮助对技术掌握以及心理突破有着决定作用。 水平 2.1 能够在团队的保护帮助下完成杠上立髋、提臀、两腿离杠、滚翻。并尝试仅在保护下完成杠上前滚翻。 水平 3.1 通过双杠技术的练习，提高身体素质，提高运动能力，增强上肢及核心力量，增强平衡能力。熟知一些肌肉练习的技术动作，并能够积极主动地增强自身的肌肉力量及维度。 水平 4.1 通过参与体操运动，可以提高自己的专注力，增强自信心，知礼懂美。建立乐观积极向上的人格，通过完成高难度的技术动作，来克服恐惧与不自信的不良心理，同时获得成就感，锤炼自己坚忍的意志品质。					
教学重点	立髋，提臀，腿离杠					
教学难点	换握时机，成分腿坐					
教学方法	讲述法、提问法、讨论法、探究教学法、游戏竞赛法					
教学用具	学具	双杠，技术详解图				
	教具	体操垫子				

续表

教学过程			
知识与技能	活动与任务		反馈与评价
	学　生	教　师	
杠上前滚翻技术讲解及分析	认真观看教师动作示范,通过手中的技术图解,更清晰地明确技术环节及发力顺序。	技术动作示范及讲解	对双杠杠上前滚翻有一个直观的认知。
准备活动	慢跑热身,充分活动全身肌肉及关节,重点为肩关节及腰腹,通过双人互推游戏来调动全身的神经系统,提高专注力。	通过口令控制动作节奏,达到最佳热身效果。	学生精神饱满,热身充分。
垫上前滚翻成分腿坐	体会垫上前滚翻的身体姿态,低头,推垫,两腿分开宽于体操垫。	技术动作的示范、讲解,巡视及保护,帮助无法完成动作的同学。	独立完成技术动作,成分腿坐的双腿角度尽可能打开。
杠上前滚翻动作示范及保护帮助方法的讲解	认真观察教师动作。	技术动作示范,同时提出问题,杠上前滚翻技术动作是否可以借鉴垫上前滚翻成分腿的一些技术环节,有哪些可以借鉴,哪些不可以。	认真观察教师示范,增强对技术动作的认知。并明确针对杠上前滚翻成分腿坐的保护帮助技术。
分组讨论	技术迁移,垫上前滚翻与杠上前滚翻之间是否存在可以迁移的技术环节,如果有,可以通过哪些练习来强化这些技术环节,从而更安全迅速地掌握杠上的前滚翻动作。观看技术动作的图解,明确技术环节。	教师巡视,参与分组讨论,倾听学生的发言,并给予肯定与纠正。	群策群力,大胆提出自己的想法,并在后面的练习中加以实施。
杠上准备活动	完成杠上的支撑摆动、移倒重心练习。支撑摆动成分腿坐,提臀成大腿内侧触杠。	教师巡视,参与到每组的练习中。多鼓励,多协助。	完成两至三组的杠上支撑动作。

续表

		教师巡视，观察学生及技术动作，根据不同的动作错误来提出相应的解决办法。	能够独立完成技术动作。
完成杠上前滚翻成分腿坐	1. 利用准备的器材辅助完成杠上前滚翻成分腿坐。 2. 在同学的保护帮助下完成杠上前滚翻。	例如： 没有低头 纠正方法： 垫上分腿前滚翻 髋角没有夹紧 纠正方法： 杠上提臀、厚垫子在保护下完成杠上前滚翻。 腿不能离杠 纠正方法： 杠上提臀、厚垫子在保护下完成杠上前滚翻。 成分腿坐后，上体没能立起（换手时机不对） 纠正方法： 垫子在保护下完成杠上前滚翻、垫上分腿前滚翻。	在同学保护帮助下完成技术动作。 在器材辅助下完成技术动作。 能够参与到保护帮助中。
分组展示	每一组有尽可能多的同学完成杠上前滚翻成分腿坐，或者参与到保护帮助中（每一名同学最多有两名同学参与保护帮助），并参与打分工作。	打分并且说明原因，针对不足，给予指导意见。	每名同学为组挣分，同时客观地给其他组同学打分
课后作业	加强基础动作的练习，增强肌肉力量及杠上的肢体控制力。		
教学反思	双杠教学难度大，特别是杠上的练习具有一定的危险性，保护帮助至关重要，但是杠上的练习、杠下的保护帮助也存在很大难度，因此设计合理的地面辅助练习，对于学生尽快并尽量安全地掌握双杠技术尤其重要，在本课中地面辅助练习的应用意义和效果如下： 1. 垫上分腿前滚翻：本课垫上前滚翻练习的目的是为了让学生体会前滚翻是重心前移对前滚翻的积极作用。在这个教法中，我强调了一点帮助学生重心完成前移，进而顺利完成前滚翻，这一点就是双手撑垫以后，让自己的头最大幅度地向后用后脑找垫子边缘，这样就可以顺利完成地面分腿前滚翻。		

教学反思	2. 利用动作技术图解让学生更为直观地了解技术动作环节：学生理解一个抽象技术动作，有效的办法是 让学生看到动作的各个环节，而不是听到讲解后凭空想象。因此本课利用图解的方法先让学生从直观了解，并分组讨论加深对技术动作的理解，在此基础上，教师示范、学生练习，最后学生完成技术动作的可能性就更大了。 3. 合理利用辅助器材进行保护：双杠教学中的保护帮助对于学生大胆完成的动作和保护学生安全十分重要，但是同学之间的保护帮助方法的掌握和能力都不是很充分。本课中，运用杠上体操垫对学生加强保护，达到很好的安全效果，消除学生的恐惧心理，使练习的效果十分好。 4. 对学生基本体操姿态的强调和提醒不够，个别同学没有形成保持良好身体姿态的体操习惯。

13. 综合实践（研究性学习）学科

北京市第八十中学教案

\multicolumn{2}{l}{2020 至 2021 学年度第 二 学期 高一年级 研究性学习 学科，集体备课时间：2021 年 4 月 21 日}

\multicolumn{5}{c}{备课组长：赵胜楠；主备人：赵胜楠；参与人：何斌、任伟佳}
课题	研究性学习交流活动 专题辩论《共享经济给人们生活带来的利与弊》	课型	专题辩论课	课时 1
六维度四水平教学目标	水平 1.1 学生将能够准确地查阅和获取文献资料。 1.2 学生将能够简单撰写文献综述。 1.3 学生将能够对辩论的过程和每个辩手的分工有初步了解和认识。 1.4 学生将能够对共享的概念和内容充分掌握。 水平 2.1 学生将能够对"共享"有正反两个角度的理解和思考。 2.2 学生将能够思考共享经济未来走向何方，开展交流与讨论。 2.3 学生将能够理解为什么目前共享经济是我国非常重要的经济形式。 水平 3.1 学生将能够在辩论的过程中分析对手话语中的漏洞并进行驳斥。 3.2 学生将能够提高对准备的材料在辩论过程中进行不断加工和整理的能力。 3.3 学生将能够对国家经济发展趋势有一个初步的分析和判断。 水平 4.1 学生将能够把辩论质疑的思维用于以后的各科学习中。 4.2 学生将能够提升社会责任感，更关注社会和民生。 4.3 学生将能够主动采取文献法来自学很多知识。 4.4 学生将能够获得有积极意义的价值体验，理解并遵守公共空间的基本行为规范，初步形成集体思想、组织观念。 4.5 学生将能够把问题转化为研究课题，体验课题研究的过程与方法，提出自己的想法，形成对问题的初步解释。			
教学重点	提高认知水平和查阅文献资料能力，强化学生的探究欲望，提高学生分析问题和自主学习的能力。			

续表

教学难点		提高学生的思辨能力
教学方法		讲授法、演示法、辩论法、讨论法
教学用具	学具	计算机、投影机、课件、视频、图片、展台
	教具	PPT、计算机、投影等

教 学 过 程

知识与技能	活动与任务		反馈与评价
	学 生	教 师	
了解文献的重要性，掌握查阅文献的能力，学会撰写简单的文献综述。	听讲	聚焦问题和现状，介绍共享经济背景和重要性。根据前期的文献资料学习，播放学生对主题的分析音频或视频，引发冲突。从学生的问题中寻找本课辩题，简要分析辩题。对辩题中概念的内涵和外延、辩题的中心以及辩论中应该关注的焦点进行简述与指导。公布辩论规则。	通过课前学习单，可以判断学生对课程重视程度，以及文献检索能力、文献综述能力的高低。
了解辩论的流程和要求。	交流、讨论、分工	选择八位同学，分为正反双方两组，引导两组简单交流讨论所查资料，确定双方辩手。	观察学生的积极性和主动性。
如何在辩论过程中有效地提问和驳斥对方？引导学生了解辩论的方法，培养学生的表达能力，提高学生公开辩驳的心理承受能力和思辨能力。	辩论，听讲非辩手可以通过递纸条的方式为辩手提供论据。	答辩正式开始。老师注意维持答辩纪律，适时纠正跑偏的辩论焦点，引导学生平息过激的情绪。	记录八位辩手的个人表现和团队合作，并观察其他同学的关注度和参与度。
培养学生多角度分析问题的习惯，提高学生总结归纳的能力。	辩论，听讲	宣布正反双方做最后陈述，辩论结束。	对正反方的总结进行判断，是否有不严谨不准确的地方。

续表

培养学生对一个问题思考的连续性和逻辑思维能力。	完成学习单的第二和第三部分，以及最后的最佳辩手评选。	在学生之间巡视，观察和了解学生填写情况。（学习单第一部分已经在课前完成）	判断学生是否通过刚才的辩论，对共享这个主题有了更深层的认识和分析。
培养学生合作、分享、交流的学习习惯。	讨论、交流	启发所有同学思考，通过前期的文献学习和刚才的辩论，同学们对共享经济又产生了哪些新的认识开展讨论，还可以聊聊辩论过程中的优点和存在的问题。	分析学生表述是否严谨准确，表述内容与刚才辩论有什么必然联系，全班同学在这个环节的积极程度。
学会分析辩论中容易出现的问题，学会自评和他评。	小结归纳	归纳总结本课内容，对学生准备过程和辩论过程进行评价，使得学生对研究性学习中分析问题的角度及辩论技巧、思维能力等有一个更加清晰的认识和提升。宣布最佳辩手。	八位辩手和其他同学的评价角度是不同的。对于学生共通的问题和严重的错误，应当堂及时反馈。
板书设计	本节课配有课件，另外有一半的时间是学生辩论，时间也很紧张，故没有额外的板书设计。		
课后作业	完成学习单，并根据本节课内容确定本组研学课题。		
作业完成情况及存在的问题	有个别同学在填写学习单时不够认真，没有查阅大量的文献资料，回答得非常简单，没有深度和广度。另外学习单中关于反思类的问题，思考得不够，没有从多角度分析问题，感觉对课程的重视程度不足。		
教学反思	1. 加个铃铛，严格把控好时间，分配再合理一些。 2. 加个名牌，明确正反方、辩手位置。 3. 提前做好桌椅摆放，节省时间。 4. 对学生辩论提出的建议不要限于提前准备的四个，可以根据现场情况再增加一些建议和意见。 5. 手机播放群内语音的时候，最好能利用多媒体设备，要不然听不清，效果不好。 6. 学生辩论时，最好能多提供一些亲自调查的数据和案例。 7. 最后结束的时候，一定要让学生明白辩论的目的是什么，还要紧扣，从今天的课程可以引导学生更好地进行选题。 8. 能否让更多的同学参与辩论？		

北京市第八十中学自主学研案

2020 至 2021 学年度第二学期 高一年级 研究性学习学科，集体备课时间：2021年4月21日				
备课组长：赵胜楠；主备人：赵胜楠；参与人：何斌、任伟佳				
课题	研究性学习交流活动 专题辩论 《共享经济给人们生活带来的利与弊》	课型	专题辩论课	课时
				1

<table>
<tr>
<td rowspan="3">六维度四水平学习目标</td>
<td>水平 1.1 学生将能够准确地查阅和获取文献资料。
    1.2 学生将能够简单撰写文献综述。
    1.3 学生将能够对辩论的过程和每个辩手的分工有初步了解和认识。
    1.4 学生将能够对共享的概念和内容充分掌握。</td>
<td>课前目标</td>
</tr>
<tr>
<td>水平 2.1 学生将能够对"共享"有正反两个角度的理解和思考。
    2.2 学生将能够思考共享经济未来走向何方，开展交流与讨论。
    2.3 学生将能够理解为什么目前共享经济是我国非常重要的经济形式。
水平 3.1 学生将能够在辩论的过程中分析对手话语中的漏洞并进行驳斥。
    3.2 学生将能够提高对准备的材料在辩论过程中进行不断加工和整理的能力。
    3.3 学生将能够对国家经济发展趋势有一个初步的分析和判断。</td>
<td>课上目标</td>
</tr>
<tr>
<td>水平 4.1 学生将能够把辩论质疑的思维用于以后的各科学习中。
    4.2 学生将能够提升社会责任感，更关注社会和民生。
    4.3 学生将能够主动采取文献法来自学很多知识。
    4.4 学生将能够获得有积极意义的价值体验，理解并遵守公共空间的基本行为规范，初步形成集体思想、组织观念。
    4.5 学生将能够把问题转化为研究课题，体验课题研究的过程与方法，提出自己的想法，形成对问题的初步解释。</td>
<td>课后目标</td>
</tr>
<tr>
<td>活动与任务</td>
<td colspan="2">学生：听讲
教师：聚焦问题和现状，介绍共享经济背景和重要性。根据前期的文献资料学习，播放学生对主题的分析音频或视频，引发冲突。从学生的问题中寻找本课辩题，简述分析辩题。对辩题中概念的内涵和外延、辩题的中心以及辩论中应该关注的焦点进行简述与指导。公布辩论规则。
学生：交流、讨论、分工
教师：选择八位同学，分为正反双方两组，引导两组简单交流讨论所查资料，确定双方辩手。
学生：辩论，听讲，非辩手可以通过递纸条的方式为辩手提供论据。
教师：辩论正式开始。老师注意维持辩论纪律，适时纠正跑偏的辩论焦点，引导学生平息过激的情绪。
学生：辩论，听讲
教师：宣布正反双方做最后陈述，辩论结束。
学生：完成学习单的第二和第三部分，以及最后的最佳辩手评选。
教师：在学生之间巡视，观察和了解学生填写情况。（学习单第一部分已经在课前完成）</td>
</tr>
</table>

活动与任务	学生：讨论、交流 教师：启发所有同学思考，通过前期的文献学习和刚才的辩论，同学们对共享经济又产生了哪些新的认识，还可以聊聊辩论过程中的优点和存在的问题。 学生：小结归纳 教师：归纳总结本课内容，对学生准备过程和辩论过程进行评价，使学生对研究性学习中分析问题的角度及辩论技巧、思维能力等有一个更加清晰的认识和提升。宣布最佳辩手。

学习反思：

1. 前期没有主动和充分查阅大量文献资料，搜集论据，没有特别积极配合团队各项工作，为团队贡献小。

2. 辩论或讨论问题时积极性不足，参与度不高。

3. 比较腼腆羞涩，不好意思在大家面前表达自己的想法。

4. 反应不够快速，思维敏捷度不够，对他人提问少甚至没有语言反驳，辩驳内容无说服力且不精准。

5. 小组合作相对默契，分工明确，能超额完成自己的任务，并可以对组内其他成员提供帮助。主要听从组长安排，能按要求完成既定任务，但自己没有太多想法。

14. 劳动学科

基于多学科融合（生物学学科为主）的学校劳动课程			
设计者：生物教研组长姚亭秀			
教 学 过 程			
环节	活动与任务		设计意图
	教 师	学 生	
调查校园中的植物（第1课时）	导入 请一位同学诵读："不必说碧绿的菜畦，光滑的石井栏，高大的皂荚树，紫红的桑椹；也不必说鸣蝉在树叶里长吟，肥胖的黄蜂伏在菜花上，轻捷的叫天子(云雀)忽然从草间直窜向云霄里去了。单是周围的短短的泥墙根一带，就有无限趣味。油蛉在这里低唱，蟋蟀们在这里弹琴。……" 提问：这是鲁迅先生《从百草园到三味书屋》中所描写的身边的生物世界。这段文字中说到了哪些植物？又提到了哪些昆虫和鸟类呢？它们栖息的环境有什么不同呢？ 在我们身边有各种各样的生物，为了更好地认识和了解它们，让我们一起做一次调查。	聆听、思考。	由学生熟悉的文章导入，激发学生的学习兴趣。

续表

	课题《调查北京市第八十中学望京校区中的植物》。	阅读、表述	提升学生信息获取、归纳概括的能力；同时通过真实的调查实验，体验、学习调查方法。
调查校园中的植物（第1课时）	任务一：阅读资料1，说说你对"调查"这一科学探究方法的认识。	调查、小组讨论	
	任务二：小组合作，借助《实验报告单》调查校园中的植物。	汇报	
	任务三：汇报调查结果及分类结果。	查阅资料	
	小结 总结本节课内容 作业：查阅资料，了解我国生物的种类，认识生活中常见的园林植物。	总结	提升学生知识梳理、归纳概括的能力

附：第1课时学案

资料1

调查是科学探究常用的方法之一。我国的森林资源每五年清查一次，这就是调查。刚刚过去的我国人口第七次普查也是调查。

调查的步骤一般包括以下六步：第一，明确调查目的，确定调查范围及对象；第二，选择调查方式，不同的调查课题应采用不同的调查方式，调查法包括抽样调查和全面调查，选择普查还是抽样调查要根据所要考查的对象的特征灵活选用，一般来说，对于具有破坏性的调查、无法进行普查、普查的意义或价值不大时，应选择抽样调查，对于精确度要求高的调查，事关重大的调查往往选用普查；第三，制定调查方案、调查提纲及项目；第四，实施调查；第五，调查材料及数据的整理分析处理；第六，撰写调查报告。

《实验报告单》

调查校园中的植物种类

目的要求

1. 了解校园中的植物，记录你所看到的植物和它们的生活环境。

2. 尝试对你所知道的植物进行归类，初步认识生物的多样性和生物与环境的关系。

3. 初步学会做调查记录。

材料用具

调查表、笔、放大镜。

方法步骤

1. 选择调查范围

2. 分组。六到八人为一个调查小组，确定一人为组长。

3. 设计调查路线。选择一条生物种类较多，环境有较多变化的路线。

4. 调查记录。沿着事先设计好的路线边调查边记录，注意记录不同植物的名称、数量以及生活环境的特点。

5. 归类。将全组调查到的校园中的植物，按照某种共同特征进行归类，归类的项目和方法可由全组同学讨论决定，并说明归类的理由。

6. 整理。将归好类的生物资料进行整理，记录在笔记本上。

注意事项

1. 参考以下调查表，设计一个适合自己的调查表，认真记录观察到的每一种植物。

校园植物调查表

调查人：　　　　　　　班级：　　　　　　　组别：

调查地点：　　　　　　调查时间：　　　　　　天气情况：

生物名称	数量	生活环境

2. 调查是一项科学工作。对所看到的植物，不管你是否喜欢，都要认真观察，如实记录，不能仅凭个人好恶进行取舍。

3. 不要伤害植物、动物，不要破坏生物的生活环境。

4. 注意安全。全班同学要集体行动，不要一个人到偏僻的地方，不要攀爬高处，不要下水，防止被动物咬伤等。

生物多样性（第2课时）	导入 通过上节课同学们的调查、汇报，我们知道了，在我们的周围生物种类繁多，且这些生物与它生活的环境相互适应。生物与环境共同构成了五彩缤纷的大自然。 任务一：汇报查阅资料情况，向同学们介绍我国的物种多样性以及生活中常见的园林植物。 任务二：用自己的话，概述何为"生物多样性"？ 任务三：小组讨论，为什么生物会如此多种多样？ 结语及作业 让我们的教室也变得拥有自然的气息吧。请同学们准备种子，选择土壤种植或水培方式，种植自己喜欢的植物。	小组代表汇报 概述 讨论、表述	提升学生语言表述、小组合作、归纳概括的能力，说明生物与环境相适应。
植物栽培（第3课时）	导入 今天，同学们都带来了自己希望种植的花卉的种子，大家可以选择土壤种植或水培的方式，种植该植物，并观察、记录它的生长发育状况。 活动：植物栽培。 定期管理，定期观察、记录。	土壤栽培或水培	熟悉栽培过程，树立正确的生态观、环境观；体验劳动的艰辛，感受收获喜悦。

续表

附：第3课时资料

郁金香水培技术

材料：郁金香种球、水分盛装器、种球栽植器

操作步骤

1．选择周长为 11—12cm 的种球。

2．去除种球根盘部位棕褐色的革质外皮，并去除种球根盘周围的小鳞茎。

3．向水分盛装器中加入郁金香培养液或自来水。水面高度要确保种球根盘能够接触到营养液。

4．将处理好的根球放入种球栽植器内，根盘朝下、尖端生长点朝上。

5．将种球栽植器放置在 9℃—10℃，黑暗或有弱光条件下生根。

6．定期浇水。

7．生根后，顶芽开始生长，环境温度可适当升高，白天可调控为 15℃—20℃，晚上为 10℃—15℃，并增大光照强度。

8．当叶片开始展开时，光照强度增大到 20000lx—30000 lx。在此温度条件下，培养 20 到 25 天后即可开花，盛花期为 15 天左右。

9．

注：（1）种球栽植时，每一次浇水量一定要充足，确保每个种球的根盘部分都要接触到水分。

　　（2）在生长过程中，经常检查种球栽植器内的水量情况，水量不足时及时添加，使水面达到合适的高度。

　　（3）郁金香属于较耐阴植物，如果室内的温度较高，最好将水培装置放到光照较强、温度较低的地方。

黄豆种植技术

材料：黄豆

操作步骤

1．选择籽粒饱满的种子进行晒种，促进种子的生长，播种时用钼酸铵或根瘤菌拌种。

2．试验田深耕 20—25cm。准备复合肥，拌匀后做底肥，然后开穴开始播种。

3．行距 16—18cm，株距 12—14cm，穴播 1—2 粒。

4．待苗高 15—20 cm 时，进行中耕除草培土，以促根瘤菌发育。培土至子叶节位上可防倒伏。在中耕时可施石灰粉，提高抗病虫、抗倒伏能力，增加粒重。

5．在开始分枝期施加一定量的尿素、氯化钾。

6．定期除草、除虫。

注：在收获前 20 天摘除顶心，提高结实率。

初中篇

1. 语文学科

北京市第八十中学教案

2020 至 2021 学年度第二学期 初一年级 语文学科，集体备课时间：2021 年 4 月 12 日					
备课组长：叶地凤；主备人：叶地凤；参与人：陈婧、刘瑞盈、屈文举、薛丹、刘爽、段莹					
课题	统编版义务教育教科书语文七年级下册第六单元第 22 课时（第二课时）：《伟大的悲剧》	课型	新授	课时	1
六维度四水平教学目标	水平 1.1 运用快速浏览的方法，了解文章内容。 水平 2.1 赏析传记文学在事件真实的基础上合理进行细节想象的特点。 水平 3.1 感受悲情英雄超越时代、超越地域的人性光芒。				
教学重点	赏析传记文学在事件真实的基础上合理进行细节想象的特点。				
教学难点	感受悲情英雄超越时代、超越地域的人性光芒。				
教学方法	提问与追问 小组讨论				
教学用具	学具	绘本《极地重生》、学案			
	教具	PPT、书籍《人类的群星闪耀时》、绘本《极地重生》			

续表

教学过程			
知识与技能	活动与任务		反馈与评价
	学　生	教　师	
一、走进"历史特写"	观看视频，了解"历史特写"历史真实性的特点。	导入介绍《人类的群星闪耀时》《夺取南极的斗争》篇。区分"历史特写"与传奇、故事的不同。	了解"历史特写"历史真实性的特点。
二、感知"历史特写"	快速阅读课文，争取每分钟不少于400字，注意抓住主要信息，概括内容要点，厘清故事情节。	展示学生运用多种方式梳理的整体感知文章内容的作业，了解梳理心得，探究梳理方法。	学会运用快速浏览的方法，了解文章内容。
三、探究"历史特写"	观看视频，了解作者创作时参考的部分原始影像文件。品读文章，赏析"历史特写"真实性与文学性相结合的特点。	展示斯科特一行的部分影像，带领学生品读文字，赏析传记文学在事件真实的基础上合理进行细节想象的特点。	赏析语句，把握作者表达的思想感情。
四、感悟"历史特写"	观看视频，关照文本，理解登山英雄不断追求、勇于探索、坚忍不拔、坚定执着、团结合作等精神品质和伟大精神。	思考斯科特一群人身上展现了哪些感人的精神品质。	理解课文人物崇高的精神品质，以及人类探索未知的科学精神。
五、走出"历史特写"	选做作业一：辨析悲剧原因，理解探险意义	课下查阅有关材料，引导学生辨析悲剧产生的原因，理解斯科特探险的意义。	在阅读文章的基础上有所思考和质疑。
六、创作"历史特写"	选做作业二：创作历史特写	借鉴学习茨威格的写法，小组分工合作，创作一篇沙克尔顿南极洲探险之旅的历史特写。	读写结合，创作"历史特写"。
板书设计	伟大的悲剧 茨威格 历史特写：真实性、文学性		
课后作业	选做作业一：辨析悲剧原因，理解探险意义 选做作业二：创作历史特写		
作业完成情况及存在的问题	1.斯科特一行失败方面的探究非常全面。 2.历史特写的创作，文学性不够。		
教学反思	1.视频的利用应该紧要切要。 2.悲剧的意义在于在大自然面前人的有限性、终极性的缺憾，伟大指自然、科学、同伴、祖国、全人类、未来、自身尊严等方面，都可以体现，而不仅仅是探险人。		

2. 数学学科

北京市第八十中学教案

2017 至 2018 学年度第二学期 初一年级 数学学科，集体备课时间：2018 年 3 月 2 日

备课组长：郭双双；主备人：王苗；参与人：王伊人、谢正敏

课题	平行线的性质（2）		课型	习题课	课时	1

六维度四水平教学目标	水平 1.1 掌握平行线的性质，运用平行线的性质解决问题； 水平 2.1 通过借助已有经验，解决证明三角形内角和等于 180° 的过程，体会利用平行线的性质有改变角的位置而不改变角的大小的重要功能； 水平 3.1 经历例题的分析过程，从中体会转化的思想和分析问题的方法，进一步培养推理能力。 　水平 4.1 通过解决几何问题，能够体会思考的乐趣，体会解决数学问题中的一题多解、多解归一、多题一解的思维方式；能合作交流，能逐步敢于发表自己的想法，培养言之有据的思考习惯。 　4.2 认识到现代信息技术可以作为学习数学和解决问题的有力工具。

教学重点	平行线的性质，运用平行线的性质解决问题
教学难点	运用平行线的性质解决问题
教学方法	本节课，我采用启发式、讨论式的方法给学生充分思考的时间，借助电子书包及时交流展示，对于重点、难点问题，在学生的已有经验上运用讲授法加以小结和强化。

教学用具	学具	学案、三角尺、电子书包（学生端）
	教具	三角尺 、电子书包（教师端）

教学过程

知识与技能	活动与任务		反馈与评价
	学　生	教　师	
（一）复习平行线的性质，引入平行线性质的应用	【复习思考，口头回答】 平行线的性质具体内容： 两直线平行，同位角相等；两直线平行，内错角相等；两直线平行，同旁内角互补。	【课堂提问，组织回顾】 提问：平行线的性质包括哪些内容？	通过观察学生回答的熟练程度，掌握学生对于平行线的性质的情况，进一步引导学生体会两直线的特殊位置导致的角的特殊数量。

续表

（二）掌握平行线的性质，运用平行线的性质解决问题	【学生独立完成，口头回答】 一（3）题的答案与依据 学生独立思考，展示解题方法。	【教师利用 iPad 下发任务】 引例 1 教材 P25（14）拓广探索 如图，直线 DE 经过点A，DE//BC，∠B=44°，∠C=57°。 （1）∠DAB 等于多少度？为什么？ （2）∠EAC 等于多少度？为什么？ （3）∠BAC 等于多少度？（通过这道题，你能说明为什么三角形的内角和是180°吗？） 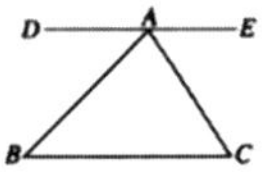 	观察学生对于问题以及活动与任务完成情况。 利用平行线的性质解决简单问题；引导学生初步体会平行线能够改变的角的位置。
（三）解决证明三角形内角和等于180°的过程	【学生独立思考，分享交流，展示多种解题方法。】 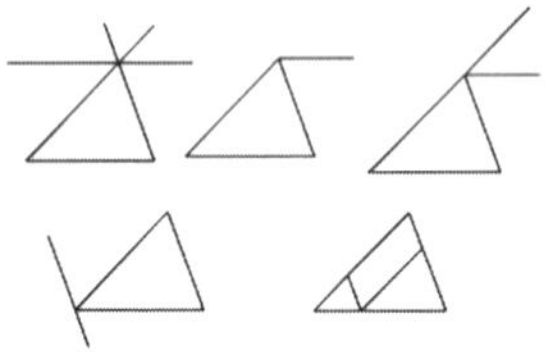 学生给出不一样的构造平行线的方式，利用平行线的不同性质，给出多种证法。	【教师利用 iPad 下发任务】 例 1 求证：三角形内角和等于180° 已知：△ ABC 求证：∠ ABC+∠ BAC+∠ ACB=180° 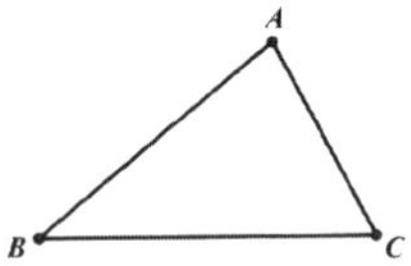 【在学生出现一题多解的情况下，引导学生进行多解归一的数学思考。】	观察学生个人与小组对于问题以及活动与任务完成情况。 通过多种方式构造平行线，证明三角形内角和定理。引导学生体会平行线的性质定理改变角的位置的工具性作用。体会一题多解，多解归一的数学思考习惯。
（四）体会利用平行线的性质有改变角的位置而不改变角的大小的重要功能，为添加辅助线做好铺垫。	【学生独立完成，口头回答。】	【教师利用 Pad 下发任务】 引例 2 已知：AB 平行于 EF，CD平行于 EF. 试说明 ∠ B=30°，∠ D=65°，求∠ BED 的度数。 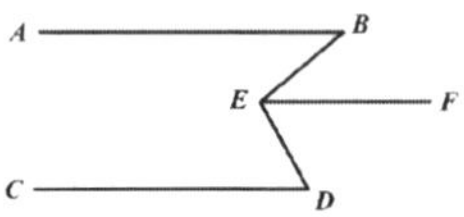 	观察学生对于问题以及活动与任务完成情况； 利用平行线的性质解决简单问题；为例 2 构造平行线的系列问题做铺垫。

续表

（五）解决问题过程中，体会转化的思想	【学生独立思考后，合作讨论解题方法】 规范辅助线做法及证明过程。 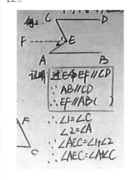	【教师利用Pad下发任务】 例2。 （1）已知：如图，AB与CD平行。 试判断∠AEC、∠A、∠C的大小关系，并说明理由。 	观察学生和小组对于问题以及活动与任务完成情况。 通过构造平行线，将新问题转化成引例问题，体会用联系法解决问题；进一步体会平行线性质的工具性作用；规范学习构造平行线的辅助线做法，以及利用平行公理推论进行证明。
（六）巩固分析问题的方法，提升推理能力	【学生独立思考解题方法。】 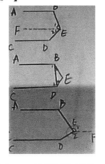	【教师利用Pad下发任务】 例2。 （2）如图，直线AB∥CD，求证：∠B+∠BED+∠D=360°。 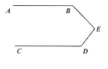	观察学生对于问题以及活动与任务完成情况。 继续利用通过构造平行线，解决问题，体会用联系法解决问题；进一步体会平行线性质的工具性作用。
（七）体会解决数学问题中的一题多解、多解归一	【学生独立思考解题方法。】 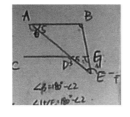	【教师利用Pad下发任务】 例2.（3）已知：如图，AB与CD平行。试判断∠B、∠D、∠BED的大小关系，并说明理由。 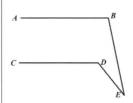	观察学生对于问题以及活动与任务完成情况；组织交流分享与（1）（2）共同分析，体会一题多解、多解归一、多题一解的思考习惯。
（八）课堂小结，分享收获	【学生分享自己的收获】	【课堂提问，组织小结】 通过本节课的学习你有哪些收获？	组织交流分享养成反思小节的习惯

续表

（九）布置作业，巩固所学	完成学案：拓展练习	完成练习、课后反思	巩固课堂所学内容，拓展学生思维
板书设计	平行线的性质 		
课后作业	见附件拓展练习		
作业完成情况及存在的问题	课后的拓展练习，给学生思维的提升又提供了平台和机会。 拓展练习1是例2（1）的延伸，它致力于提升学生从复杂问题中识别并转化为简单问题的能力；拓展练习2是例2（2）的延伸，它意在训练合情推理能力；拓展练习3是例2的综合梳理，致力于训练分类讨论思想以及思维的完备性，进一步体会不同情况下的相同解决方法。 通过课后判作业了解情况，与课堂讲评交流，发现面对拓展练习1与拓展练习2，学生能快速利用已有经验，完成对新问题的转化，进而正确解答，完成的情况良好。 特别是拓展练习1，学生解答方法一是过平行线间的每个点做平行线，利用例2（1）的方法解决问题；方法二，仅需做三条平行线，将问题转化为三个"猪蹄"，利用例2（1）的结论解决问题。课堂上将两种不一样的思维方式加以交流，学生感到很神奇，感觉顿悟了些什么。 然而拓展练习3的完成情况不容乐观，录像的最后，我们是分析了点E可能存在的位置。我认为难点已经突破，剩下的只是耐心整理。学生可能是有些畏难情绪和糊弄的成分，抑或是小看了这题，全班只有一人完全正确。看到这个结果我心里是很失落的。 		

作业完成情况及存在的问题	因此作业讲评时,详细交流了拓展练习3。针对每种情况板演画图,特别是分析了情况3、4、5、6之间的区别与联系,概括了∠AEC等于∠A与∠C的差(大减小),规范了书写过程,并归纳情况3、4、5、6在书写过程上的关系。 题目讲解后,我又针对学生的作业完成情况加以点评,也告诉学生要想提高数学成绩就是要将这些看起来有点难、有点让自己害怕的题目,学会弄懂学想透彻,去努力地提升自己的数学学习能力和思考能力,这样才有可能真正地提升成绩。通过拓展练习3的讲解和学习,学生体会了用联系的眼光看数学,乐于归纳和发现现象背后的数学本质,增加了数学学习兴趣和学习信心。也端正了自己的学习态度,对学习方法有了更进一步的认识。
教学反思	平行线的性质第2课时是一节习题课。要想让习题课达到良好的效果,展示我的风采,我在题目设置上选择了两道相对于学生已有知识而言,比较综合的题目。例1是证明学生小学时期就熟知的三角形内角和定理,也就是三角形内角和为180°。例2是两条平行线与一个点,所带来的系列问题,选取了其中三个最为"著名的"情况,又被称为"猪蹄图""子弹图"和"靴子图"。无论解决例1还是例2,难点都是需要自行构造平行线,利用平行线的性质来解决问题。 为了避免问题解决时需要教师进行突兀的引导,而是能够启发学生自然而然的思考,我在例题前面增设已知中含有平行条件的问题,作为引例。学生能够很轻松地完成引例,而引例所带来的经验——利用平行线,恰好为解决例题搭设了台阶。 例1的三角形内角和问题,对学生而言亲切而友好。课堂上,大部分学生经过一定时间独立思考,对例题问题加以分析,都能够想到通过构造平行线的方式,将例题中的新问题转化为引例问题。进而完成三角形内角和等于180°这一熟悉的定理的证明。紧接着分析小学时期的剪拼法与严谨证明理论依据的内在联系,二者都是改变角的位置而不改变角的大小。进而认识平行线性质是保留角的数量,改变位置的重要工具。 例2的分析与讲解中,强调了做一个平行、证一个平行的辅助线做法。也有效地扫除了学生关于辅助线做法的误区。(1)(2)(3)小问中的内在联系紧密,也是引导学生用联系的眼光看问题的大好契机。 另外例1与例2两个例题,都可以一题多解,多解归一。多种解法中,又有简有繁;因此在多解归一时,渗透解决数学问题时我们更加追求最优和简洁。更为重要的是,例1与例2,其本质都是通过构造平行线解决问题。二者看似两道题,其本质一致,这又体现了多题一解。 总的来说,我觉得这两道例题有利于提升学生分析问题、解决问题的能力。学生初步体验了在解决问题时,运用已有知识,将新问题转化为老问题这一重要的数学思想——转化思想。也锻炼了逻辑推理能力,养成言之有据的习惯。体会一题多解、多解归一、多题一解的数学思考方式。 与此同时,电子书包Pad的介入,也有效地辅助了习题课的教学,我通过教师端向学生传送习题,快速而又方便。有利于我及时了解学生完成情况,促进师生交流和生生交流,进而促进思考。而抢答功能也深受学生喜爱。

续表

教学反思	我们学校向来注重集体备课，因此这节课的设计也在备课组分享使用。后期教研组长郭双双老师说到，借助这个设计构造平行线的方法深入人心，学生有很强的使用构造平行线解决问题的意识，她感到很成功。我也为自己作为主备人能帮助到同事和学生感到高兴。 除了收获以上成就感，也认识到了自己在教学上仍存在的一些问题。自己对质疑精神的培养，放手还是有些不够，课堂上，有时候还是会不由自主地由关注思维发展降低到知识落实。后期要继续思考如何真正发展思维，提升能力。本节课8班同学乐于展示自己，喜欢抢答。抢答后，系统不能自动切换到抢答者的屏幕上，因此有时只能是抢答同学口述、我板演的常规形式。关于电子书包的使用，我也是个新手，希望自己能够继续提升信息技术与课堂教学的整合能力，借助现代信息技术优化课堂。希望教授知识的同时，更教授方法，引领学生认识数学，认识自己。

北京市第八十中学教案

2018 至 2019 学年度第二学期 初三年级 数学学科，集体备课时间：2019 年 5 月 7 日					
备课组长：韦丽玲；主备人：高璇；参与人：孙晋燕、关兵、张存山					
课题	构造全等三角形		课型	习题课	课时	1
六维度四水平教学目标	水平 1.1 学生将能够应用三角形内角和定理与三角形外角和定理，推导角度之间的数量关系； 　　1.2 学生将能够掌握三角形全等的判定和性质。 水平 2.1 学生将能够添加适当的辅助线构造全等三角形； 　　2.2 学生将能够依据全等三角形的性质，证明有关线段数量关系的问题。 水平 3.1 学生将能够探索添加辅助线的过程，进一步积累灵活构造全等三角形解决问题的思维经验，发展逻辑推理能力。 水平 4.1 学生将能够在对问题一题多变、一题多解、多解归一、多中选优的思维活动过程中，培养批判性、发散性和严谨性等思维品质； 　　4.2 学生将能够认识到现代信息技术可以作为学习数学和解决问题的有力工具。					
教学重点	灵活地构造全等三角形					
教学难点	借助等量关系，"因地制宜"地构造全等三角形					
教学方法	启发引导、合作交流					
教学用具	学具	学案、三角尺、圆规				
	教具	三角尺、圆规				

续表

	活动与任务		
知识与技能	学　生	教　师	反馈与评价
（一）复习全等三角形判定定理，感受构造全等三角形需要具有的前提条件	【独立完成，口头回答】因为∠NCM与∠A、∠ACB均不相等，因此不能构造全等三角形。	【画图操作1】已知△ABC，∠B=90°，分别在射线CM、CN上求作点D、E，使得△ABC与△CDE全等（不要求尺规作图）	通过观察学生回答的熟练程度，了解学生对于全等三角形的判定定理的掌握情况，进一步引导学生根据等量关系构造全等
（二）开放性问题，学生独立探索如何给出已知条件，可以构造出全等三角形	【学生画图】改变射线CN倾斜程度，有以下6种情况：	【追问】如何改变射线CN的倾斜程度，能构造出全等三角形。【小结】要构造全等三角形，我们至少要满足一组等量关系。	观察学生个人与小组对于问题以及活动与任务完成情况。初三学生已经掌握全等三角形的性质和判定，通过作图法构造全等三角形，复习回顾全等三角形的判定定理，同时让学生感受构造全等三角形是需要具有前提条件的，在已知图形中至少要有一组相等元素。

续表

（三）依托等量关系，灵活构造全等三角形	【观察思考，独立画图】 △CDE 的具体位置有 2 种如以下两种情况： 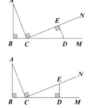 同学描述具体的作图步骤，并说明△CDE 与△ABC 全等的依据。	【画图操作 2】 已知△ABC，射线 CN， ∠B=90°，分别在射线 CM、CN 上求作点 D、E，使得△ABC 与△CDE 全等，并说明作图依据。 （选择上述 6 种中的一种完成画图）如：  【小结】 根据已知先分析图形中的数量、位置关系，再观察△ABC 为直角三角形，所以需要做一个直角三角形，分类，分别以 D、E 为直角顶点完成作图。	观察学生个人与小组对于问题以及活动与任务完成情况。 进一步强化依托已知的等量关系，灵活地构造全等三角形，同时出现基本图形，为后续研究做铺垫。
（四）丰富图形背景，培养学生的识图能力	【观察思考，回答问题】 问题 1 发现不变量、不变关系： BC=DF=DE，连接 EF，△DEF 为等腰直角三角形	【提出问题】 我们在这个图形中，添加正方形背景，以 AB 为边构造正方形 ABFG，其他条件不变 问题 1 观察图中还有哪些等量关系？请说明依据。	观察学生对于问题以及活动与任务完成情况。

（五）发现几何图形在变化过程中的不变量与不变关系	【观察思考，回答问题】 问题2 成立 问题3 成立	【提出问题】 问题2令点C在边BF上运动， 保持 AC⊥CE， △ABC≌△CDE 不变，之前的结论还成立吗? 问题3将线段AG、FG擦掉，背景换成等腰直角△ABF，之前的结论还成立吗? 【小结】 面对复杂的几何图形，我们要从中剥离出一些基本图形，然后注意分析基本图形的性质，寻找突破口。	观察学生对于问题以及活动与任务完成情况。 逐步添加已知条件，帮助学生审题，从学数学变成研究数学。
（六）根据三个结论写出命题，将文字语言转化为图形语言和符号语言	【学生独立思考】 情况1（已证） 已知：AC⊥CE，AC=CE 求证：点E在∠MFG的平分线上 情况2 已知：AC⊥CE，点E在∠MFG的平分线上 求证：AC=CE 情况3 已知：AC=CE，点E在∠MFG的平分线上 求证：AC⊥CE	点E处聚焦了3个条件： 1.AC⊥CE 2.AC=CE 3.点E在∠MFG的平分线上 【问题】 上述三个条件任取两条作为已知，能推出剩下的那个结论吗?	观察学生对于问题以及活动与任务完成情况。 分析已知、求证，明确研究内容。

续表

（七）添加辅助线，构造全等三角形，体会解决数学问题中的一题多解、多解归一	【学生独立思考，画图证明】 证法1 在 AB 上截取 AH=CF 证法2 连接 AF，过点 C 作 CH⊥BF 交 AF 于 H 证法3 连接 AF，过点 C 作 CH⊥BF 交 EF 延长线于 H 证法4 连接 AF 交 CE 于 H，延长 AC、EF 交于点 I 证法5 连接 AF 	【例题讲解】 已知：正方形 ABFG，在边 BF 上取点 C，过点 C 作 AC⊥CE 于 C，且点 E 在∠MFG 的平分线上 求证：AC=CE 	观察学生对于问题以及活动与任务完成情况。 要求学生独立画图，说明已知、求证； 学生展示辅助线及思路方法，让学生说明为什么要这样做辅助线； 组织交流分享； 体会一题多解、多解归一、多题一解的思考习惯。
（八）当点 C 在直线 BF 上运动时，画出图形，探究结论，熟练掌握构造全等三角形的方法	【学生独立思考后，合作讨论解题方法。】 选择一种情况，画图并完成证明。	【数学思考】 当点 C 在直线 BF 上运动时，之前的结论都成立吗？画出图形，并证明你的结论。	观察学生和小组对于问题以及活动与任务完成情况。
（九）课堂小结，分享收获	【学生分享自己的收获】	【课堂提问，组织小结】 1.本节课我们学习了哪些内容？ 2.通过本节课的学习，你有何收获感想？	组织交流分享，养成反思小节的习惯。
（十）布置作业，巩固所学	【完成学案：拓展练习】	完成练习、课后反思	巩固课堂所学内容，拓展学生思维。

板书设计	构造全等三角形 大屏幕　画图探究　　例　　　　　　　小结 　　　　　　　　　　　一题多解 知二推一
课后作业	已知：正方形 ABFG，在 BF 延长线上取点 C，过点 C 作 AC⊥CE 于 C，且点 E 在∠MFG 的平分线上 求证：AC=CE
作业完成情况及存在的问题	课后的拓展练习，给学生思维的提升又提供了平台和机会。 课后作业是例题的延伸，它致力于提升学生从复杂问题中识别并转化为简单问题的能力进一步体会不同情况下的相同解决方法。 通过课后判作业了解情况，与课堂讲评交流，发现面对课后作业，学生能快速利用已有经验，完成对新问题的转化，进而正确解答，完成的情况良好。
教学反思	本节课是初三专题复习课，此时学生时间紧迫，如何帮助学生高效地复习？对于很多初中生来说普遍存在几何综合题解题能力差的问题，为了解决这个问题，教师必须重视学生几何综合题解题能力的培养，注重培养学生逆向思维能力，深化几何知识，利用转化思想、综合分析等方式解决几何综合题，以便使学生形成良好的解题思维。具体教学设计中的例题的选取，源于人教版教材八年级下第 69 页 14 题，是教材习题的改编。教材中规定点 C 的位置是线段 BF 的中点，在实际解题过程中，我们可以推广到一般情况，当点 C 在线段 BF 上，甚至于在直线 BF 上时，结论都是成立的。而且本题所涉及的背景在近几年北京市各区的模拟题中时有涉及，甚至在 2015 年朝阳区高三期中考试填空压轴题也是这个模型。本题符合中考试题"源于教材、回归课本"的理念，尤其是在目前北京中考的命题趋势下，更应重视课本中典型例题、习题的合理演化。具体在教学设计和实施过程中，我主要关注以下几方面。 　　1.让学生在"做"数学中探索。通过画图操作活动引起学生的注意，使其"思中学，做中学，学中做"，突出了学生的主体地位。最初设计画图活动时，△ABC 为直角三角形，射线 CN 已知，要求构造一个与△ABC 全等的三角形，学生操作起来主要呈现的问题是没有分类讨论，少一种情况，而且画图操作时思维活动较少，学生不会深入思考什么情况下能够构造全等三角形。但是学生在真正独立面对几何综合题时，不

续表

教学反思	会有人指导他借助哪个三角形构造全等，学生需要敏锐地分析已知条件，明确等量关系，以寻求构造全等的契机，这是学生的思维难点，所以这个画图活动没有充分地培养学生这个能力。于是我将画图活动分解成两步，活动 1 是已知直角△ ABC，射线 CN，同样要求构造一个与△ ABC 全等的三角形，但实际上老师给定的条件是构造不出来的，因为∠ NCM 与△ ABC 中的任何一个角都不相等，出现这样的思维碰撞，学生就会自然地思考为什么构造不出来，怎样调整射线 CN 的倾斜程度能构造出全等三角形，明确构造全等不是随机的，不是无根据的，要有一组等量关系为依托。活动 2 是继续解决上面的问题，既然老师给的射线 CN 无法构造全等三角形，那么学生尝试改变射线 CN 的倾斜程度，能够完成全等的画图。这样的画图活动，为学生提供了自主探究、发现真实的空间，学生由学习数学的过程转变为研究数学的过程。 2. 让学生在潜移默化中解决问题 直接呈现一个完整的几何综合题，学生解决起来比较吃力，印象也不深刻，达不到举一反三的教学效果。所以我借助画图活动得到的一种图形情况，逐步增加条件，使图形丰富、复杂，无形地帮助学生梳理了已知条件，更清晰深刻地分析特殊图形。得到结论后再引导学生交换部分条件和结论，探究逆命题是否成立，本节课始终关注结论的发现过程，引导学生通过观察、分析、讨论、验证得出结论，使学生思维处于兴奋状态，激发学生的好奇心和求知欲，学生对于学习内容也会留下深刻的印象。

3. 英语学科

北京市第八十中学教案

2016 至 2017 学年度第一学期 初一年级 英语学科，集体备课时间：2016 年 11 月 8 日					
备课组长：曹美红；主备人：张娜；参与人：曹美红、刘墨桦、张娜、彭琳惠					
课题	Module 8 Different habits Unit 1 Tony always likes birthday parties.	课型	听说	课时	1
六维度四水平教学目标	Level 1.1 Read and spell the key words and phrases about presents. Level 2.1 Recognize the adverbs of frequency. 语言知识：All the students will be able to use the adverbs of frequency； Level 3.1 Get information from the listening materials. 语言技能：Most students will be able to get information from the conversation involving "Tony's birthday". Most students will be able to describe what people do on their birthday. Level 4.1 Use the adverb of frequency to talk about what students do on their birthday. 语言运用：After learning, more than half of the students can talk about the sentences of the third person singular of the present simple tense and use the adverbs of frequency in the sentences correctly. 情感态度：Help the students to develop good habits and know how to celebrate their birthday well. 学习策略：留心生活中有关过生日的简单英语；通过小组合作更好地促进全员参与；通过 check 使学生清楚每一步指令。				

指导思想与理论基础	《新课程标准》强调课程从学生的学习兴趣、生活经验和认知水平出发，倡导体验、实践、参与、合作与交流的学习方式和任务型的教学途径，发展学生的综合语言运用能力，使语言学习的过程成为学生形成积极的情感态度、主动思维和大胆实践、提高跨文化意识和形成自主学习能力的过程。小组合作学习使学生更好地学习语言知识掌握语言技能，达到更好地运用语言知识的能力。通过抽签式的小组合作学习，调动了学生学习英语的积极性，激励全体学生的参与意识和协作能力，实现课堂教学交际化。
教学背景	学生情况：初一10班为管乐班，学生整体英语水平处于年级平均水平，没有特困生，但对英语的兴趣也不是很浓。课堂表现比较活跃，表现欲望强烈，只是缺乏组织性。部分同学存在上课注意力不集中的现象。针对这个班学生特点，我在课堂教学中采取了小组合作的学习方式。
教学重点	词汇：card，present，always，usually，often，never，get，send 结构：Let's … 语　法：the third person singular form in simple present tense；adverbs of frequency.
教学难点	How to use the third person singular forms correctly in the conversation.
教学方法	PWP method
教学用具　学具	Handout
教学用具　教具	PPT

教 学 过 程

知识与技能	活动与任务		反馈与评价
	学　生	教　师	
Before class	Some students play the instrument and others sing the song.	Play the happy birthday song as background.	创造过生日的氛围，为下面的课堂做准备。

续表

Step 1 Pre–listening Presentation.	Learn the new words by pictures. 1. Give verbs or phrases by pictures. 2. Practice saying sentences with new words or phrases in different groups. 3. Try to use the adverbs of frequency. Try to do the first listening exercise.	Lead in. Show students some pictures to lead in the new words. 1. Lead Ss to think of the phrases related to the new words. 2. Show Ss pictures and lead them to say sentences in different ways. "I usually…… She/He usually……" 3. Lead Ss to use the adverbs of frequency. Show Ss the first listening exercise. Check.	借助图片引出本课话题和单词，激活相关背景知识。 通过不同形式的小组练习达到全员参与，同时完成新知识的呈现。 通过 check 使学生明确指令。
Step 2 While– Listening Drilling Step3 Post–listening Summary Practice	Try to finish the second listening exercises. Underline the useful sentences in the dialogue while repeating. Try to finish the task in groups.	Show Ss pre–listening questions of the second listening and lead them to guess. Let Ss listen and check the answers. Show Ss more listening exercise. Check. 1. Ask Ss to repeat the dialogue sentence by sentence and underline some useful sentences. 2. Lead Ss to summarize what we learn in this lesson. Speaking Show Ss the speaking task. Check. Choose some groups to act out their dialogues.	通过猜测、细节捕捉及对信息的归纳总结对学生进行学法指导，训练学生的听力能力。 通过让学生边读边画出重点句子的方式，总结所学知识。 通过 check 使学生在活动前明确活动内容； 通过小组合作学习调动全体同学的积极性，达到全员参与。
Step 4 Homework	Finish the dialogue and write it down after class.	Give the homework.	巩固落实课上内容。

板书设计	Module 8 Unit 1 Tony always likes birthday parties. always He always has a party.　　　usually 　She often gets presents. often 　　　sometimes never
课后作业	Finish the dialogue and write it down after class.
作业完成情况 及存在的问题	评价方式：小组自评 评价量规：Please fill in the chart after class. Please write down the names of your group members， including yourself. You can draw from zero to three stars to show how well you think every one does in your group. 表格（见下）
教学反思	成功之处： 课堂气氛活跃，学生参与度高，教学过程很流畅。 导入部分充分利用学生资源，营造了很好的氛围。 在新知识呈现环节，由单词到词组再到句子，人称由第一人称再到第三人称的过渡很自然，教师给学生搭设了台阶，使学生接受起来很自然，具有科学性，符合学生的学习规律。 小组合作贯穿始终，形式多样，系统有序，有效地促进了全员参与。学生发言积极踊跃。 在小组合作活动中，运用抽签的方式，有效地激发了学生的参与热情和兴趣。

评价量规表：

Names		Name 1	Name 2	Name 3	Name 4
If he/ she is a director, does he/ she fully prepare for the action?	Listen carefully–– ☆				
	Give suggestions–– ☆				
	Design the performance–– ☆				
	Don't take part in the activity––0				
If he/ she is an actor / actress, does he/ she fully prepare for the action?	Good pronunciation–– ☆				
	Speak fluently–– ☆ Lively action–– ☆				
	Don't take part in the activity—0				

续表

	三个"check"的运用，引起学生的关注，通过教师的这种追问确保学生明白指令。 介绍频度副词时图片的运用恰到好处，很直观，学生容易接受。 教师关注课本，引导学生画出课本中的重点句，并且进行了分类，更强调了语言点，对学生知识的系统化很有帮助。另外幻灯片上课文的展示也照顾到了中下程度的学生。 教师在课堂上注重对学生的激励。老师的自身素质得到了很好的体现。 建议： 教师在难点的突破上还要加强练习，在三单的形式变化上辅助大量图片让学生进行口头练习。 频度副词的使用上也可再发散一下思维，让学生多说一些超出本课话题的句子。 "check"的教师指令应更简洁化。 课堂的最后环节应有对本节课的总结，把语法知识进行提炼，所学语法知识的中文名称也应展示给学生。 在输出环节上，学生活动前可进行采访活动，为他们的任务达成提供更多的参考信息。另外，学生小组展示时最好做到脱稿，并且到台前展示。 教师自我反思： 本节课教学过程比较顺利地完成，教学目标也基本达成，学生通过本节课的学习，对频度副词和三单有了较好的认识，并能初步运用。另外本课的话题贴近学生生活，在多样的小组合作下，学生参与度很高，课堂表现非常积极。不足之处，我自认为是深度不够，学生对自己的生日很关注，如果可以，应引导他们关心父母的生日。那样的话课堂会得到一定的升华。另外，本节课的 "check"环节虽然能保证全体学生对教师指令的清楚，但也不宜过多。
教学反思	

4. 道德与法治学科

北京市第八十中学教案

2018 至 2019 学年度第一学期 初二年级 道德与法治学科，集体备课时间：2018 年 11 月

备课组长：夏宁；主备人：夏宁；参与人：全体初中政治组

课　题	第三课第 2 框《依法行使权利》	课型	新授	课时	1

六维度四水平教学目标	水平 1.1 知道任何权利都是有范围的，依法行使权利的道理； 　　　1.2 明确维护权利守程序的原因和方式。 水平 2.1 提高公民意识及法治素养。 水平 3.1 通过了解宪法相关规定，明白宪法对公民行使权利做出的限制性规定是对公民权利的保护； 　　　3.2 增进热爱宪法的情感，自觉遵守宪法、自觉维护宪法尊严。 水平 4.1 结合案例和自己的实际情况，学会依法行使权利和维护权利； 　　　4.2 能够主动自觉践行社会主义核心价值观，遵守公民基本道德规范。

教学重点	珍视并能正确行使自己拥有的权利，掌握正确维权的方法和途径，能够尊重他人权利并主动维护自己和他人的权利。
教学难点	具备公民意识，弘扬法治精神，践行社会主义核心价值观。
教学方法	**本课采用体验式教学法** 激情阶段通过对于学前调查结果的归纳汇报及交流探讨，引导学生对生活实例及新闻热点话题进行回顾分析，帮助学生了解任何权利都是有范围的，权利需要依法行使的道理，并懂得自觉遵守宪法、维护宪法尊严。 体验阶段借助学生的活动，引发学生关注和好奇，主动求索，带入预设情境。通过教师总结归纳，明确维护权利守程序的原因和方式，同时提升学生的公民意识、责任意识。 导行阶段结合典型案例和学生的实际情况为学生搭设参与实践平台，在参与活动中进一步领会"享权遵界限""维权守程序"，提升公民意识、树立法治精神。
教学用具	多媒体辅助教学

教学过程			
教学内容	活动与任务		教学落点
	学　生	教　师	
新课导入	出示学前调查话题 　1. 列举小区生活中看到的不和谐镜头。 　2. 结合调查结果，就"业主权利"问题进行采访。 　3. 搜集在公共交通工具上"行使权利越了界"的新闻事件。	组织教学	学前进行充分的调查分析，引入本课。

续表

| 活动一：探究与分享——"享权遵界限" | 汇报调查1：小区里的不和谐镜头：①侵占公共空间②扰民类③危害人身、物品安全④破坏公共设施⑤破坏小区环境等。
出示调查结果饼状图，其中不和谐镜头占比最重的是"侵占公共空间"问题。

展示调查2：采访片段，身为业主，您对侵占小区公共空间的问题怎么看？
话题探讨1：如何看待"我是业主，我有权利！"
　利己 vs 利他（win）

汇报调查3：那些不应发生在公共交通工具上的事件
　阻碍高铁发车女、女子买错机票不能登机、竟造谣飞机上有炸弹、高铁霸座男
思考：这些事件造成的危害、教训及启示
个人权利 vs 社会利益（win）

公民的基本权利和义务是宪法的核心内容，宪法是每个公民享有权利、履行义务的根本保证。
　　　　　——习近平
思考：除宪法及其他法律外，你认为公民行使权利还应遵守哪些基本原则？
话题探讨2：这么多限制，哪来的自由？
　结合上述限制性规定，选择学前调查中的任一事例进行分析。 | 归纳：在我国，每个公民都平等地享受宪法和法律规定的自由和权利，平等地受到法律的保护。因此，任何公民的行为应以保障他人自由和权利为前提。

参与公共生活，要自觉遵守规则，要有公德心（必须遵守起码的公共生活规则），不得损害了集体的利益。
教师补充：重庆公交坠江事故
归纳：上述新闻事件中行使权利损害国家的、社会的利益，受道德谴责、法律制裁，承担行政责任甚至刑事责任。参与公共生活，自觉遵守规则，不得触碰道德、法律底线。
归纳：（1）道德准则、传统美德
　　　（2）公共秩序、善良风俗
　　　（3）和谐、平等、诚信等社会主义核心价值观等

归纳：这些限制，是为了使各种个人自由彼此之间以及同公共利益之间协调起来，从而实现权利之间的和谐，保障基本权利在实践中得以实现。本质上是为了维持宪法秩序而采取的必要手段，其目的在于维护公民最大限度的自由。简言之，限制权力是保障权利的手段，保障权利是限制权力的目的。 | 任何权利都是有范围的，要依法行使权利

宪法对公民行使权利做出的限制性规定是对公民权利的保护；
增进热爱宪法的情感，自觉遵守宪法、自觉维护宪法尊严。 |

活动二：体验与思考——"维权守程序"	镜头放大： 马瑞和文文同住一个小区，邻里关系不错。一天，马瑞在小区遛狗时未给狗拴绳，小狗乱跑乱叫，吓坏并咬伤邻居文文。马瑞慌乱之下迅速带狗返回家中。文文应该怎么做？ 文文可以通过哪些方式维权呢？我们随机采访几位同学。 话题探究3： 观点一：顾及邻里关系，算了吧。 观点二：为了更多人的权益，必须维权。 演绎维权途径： 演绎1：协商 　思考：协商解决纠纷的优势、依据、原则 　优势（推荐理由）：快速、简便，不破坏邻里关系，和谐；依据法律；原则：自愿、互谅、协商、自愿。 演绎2：诉讼 　思考：诉讼解决纠纷的优势、弊端 　优势（推荐理由）：公民维权的最后一道屏障，公正的需要；权利义务的需要；国家强制力的需要。具有法律效力，具有执行力。弊端：程序比较繁杂，周期较长，需要耗费一定的精力和财力（律师费、立案费等），也有可能使双方的关系恶化。 思考：维权方式有没有先后顺序？选择依据是什么？	归纳：个人合法权利受到侵害要勇于和善于维权。 补充：调解、仲裁。 根据侵权行为的性质不同、当事人的诉求不同，维权方式没有一定的先后顺序，应该根据实际需要进行选择。	具有公民意识，为更多人的利益也应该维权，是权利更是公民的责任。 学会依法维权

续表

活动三：实践参与——提升公民意识、树立法治精神	回顾学前调查1、2，从这些事例中任选话题，任选角度（侵权者、被侵权者），运用今日所学所悟，给出"正确行使（维护）权利"的合理化建议。 小组交流分享	小结：通过今天的学习，懂得"享权遵界限"、明确"维权守程序"。增强公民意识，树立基本道德规范，弘扬法治精神，践行社会主义核心价值观，为幸福生活奠基，为法治中国助力。	能够主动自觉践行社会主义核心价值观，遵守公民基本道德规范。
板书设计	知识梳理 依法行使公民权利　→　享权遵界限　→　法律法规／道德美德／公序良俗／社会主义核心价值观等／维权守程序：协商／调解／仲裁／诉讼　→　树立法治精神提升公民意识		
教学反思	建构主义理论认为：知识不是通过教师传授得到，而是学习者在一定的情境下，借助其他人（包括教师和学习伙伴）的帮助，利用必要的学习资料，通过意义建构的方式而获得。因此，为学生的学习创设恰当的情景，提供必要的学习资料尤为重要。 本课采用调查法、探究法、情景体验式教学法。其中情景体验式教学表现为了达到既定的教学目的，从教学需要出发，引入、创造或创设与教学内容相适应的具体场景或氛围，以引起学生的情感体验，帮助学生迅速而正确地理解教学内容，促进他们的心理机能全面和谐发展的一种教学方法。通过情感预热，让学生达到适度的兴奋状态，对所学知识产生兴趣，希望参与体验，在合作互动中润物无声，实现知行合一的导行内化效果。		

5. 地理学科

北京市第八十中学教案

2018 至 2019 学年度第二学期 初一年级 地理学科，集体备课时间：2018 年 4 月 19 日		

备课组长：刘楠；主备人：时悦；参与人：全体初中地理教师

课题	我为扶贫提建议	课型	新授	课时	
六维度四水平教学目标	水平 1.1 学生将能够知道区域认知一般方法。 　　　1.2 学生将能够运用区域认知一般方法。 水平 2.1 学生将能够运用区域认知一般方法，分析区域特征。 水平 3.1 学生能够结合区域特色，发现区域发展中的问题。 水平 4.1 学生能够结合区域特色，提出区域发展策略，树立可持续发展的观念。				
教学重点	运用区域分析方法综合分析四个地区区域环境，探究贫困产生的原因。 重点设定依据：区域地理分析在我国一直都是中学地理课程的核心内容。《义务教育课程标准》(2011 年版) 指出义务教育地理课程的一大特点就是"区域性"，地理课程内容以区域地理为主。学习区域地理不只是了解各区域的地理位置、自然特征和人文特征，更要掌握学习区域的方法。因此，培养学生的区域认知能力、提升地理核心素养是本单元教学的重点内容。				
教学难点	运用资料，提出合理的区域发展建议。 难点设定依据：提出区域发展建议，需要学生运用有关区域内地理要素的相互影响、区域环境和区域发展对生活的影响、区域内差异和区域间联系等多方面的知识。学生的决策培养了学生地理实践力，体现了学生"人地和谐""因地制宜"等地理思想的形成。学生受年龄、社会阅历等限制，需要教师帮助学生进一步发现问题、解决问题，教师适时提供材料，帮助学生验证观点。整个教学活动中，学生始终处于自主的"思—辨—思"的过程，教师要始终关注学生的思维过程，所以设定为教学难点。				
教学方法	活动探究法、启发式讲授				
教学用具	学具	多媒体			
	教具	多媒体课件			

续表

教学内容	活动与任务		教学指导策略
	学 生	教 师	
	【展示影片】 电影《十八洞村》片段； 【提出问题】 观看影片，谈一谈十八洞村给你留下的印象。	【观看思考】 结合影片，谈谈十八洞村给你留下的印象。	通过影片，创设真实的情境，提出思考问题，在思考中发现矛盾，激发学习兴趣。
	【提出问题】 观看影片，说一说十八洞村的经济状况。	【观看思考】 结合影片，分析十八洞村的经济状况。	
环节一： 导入环节	【提出问题】 十八洞村是一个美丽的地方，十八洞村是一个贫穷的地方，为什么这样美丽的地方，会如此贫困呢？	【思考讨论】 十八洞村是一个怎样的地方？	
	【资料分析】 提供资料，中国深度贫困地区的分布与经济状况。 人均年纯收入2676元 属于我国深度贫困地区	【思考分析】 结合资料，了解中国贫困地区的状况，思考贫困问题产生的原因。	
	【提出问题】 响应习近平总书记"精准扶贫"的号召，运用我们学习的区域地理分析方法，分析贫困地区的区域环境特征，探究贫困问题产生的原因。		

续表

	【方法梳理】 区域地理的分析方法。 	【思考回答】 回忆区域地理的分析方法。	梳理区域地理分析方法，为进阶学习打下基础。
环节二： 分析区域 环境特征	【提出问题】 提供四个贫困地区的图文资料，描述贫困地区的地理位置，分析贫困地区的自然环境特征，完成调查报告，以小组为单位汇报。 	【小组活动】 以小组为单位，运用图文资料，描述贫困地区的地理位置，分析贫困地区的自然环境特征，完成调查报告，以小组为单位汇报。	以小组为单位，运用资料，分析区域特征；小组合作的形式，生生间思维启发，优势互补，学生们能从多角度思考探究，分析区域特征，培养综合思维能力；在真实情境下，运用区域分析方法分析区域特征，熟练掌握区域认知的方法，在运用方法分析问题的过程中，培养学生地理实践力。
环节三： 交流分享	【小组展示】 以小组为单位，展示区域自然环境特征调查报告。	【汇报展示】 以小组为单位，展示区域自然环境特征调查报告。	以小组为单位的形式展示分析结果，培养学生用地理语言表达观点的能力。
环节四： 总结提升	【归纳总结】 归纳概括贫困地区区域自然环境特点。 【思考】 结合贫困地区区域环境调查报告，思考贫困产生的原因。	【思考回答】 归纳概括贫困地区区域自然环境特点。	通过概括贫困地区区域自然环境特点，培养学生归纳概括的能力。通过对贫困地区自然环境的归纳和概括，发现新的矛盾，引发学生进一步的思考。

253

续表

第二课时 教学设计《探贫——探究区域自然环境对生产生活的影响》

【教学目标】
运用资料分析新疆维吾尔自治区和田县、青海省玉树藏族自治州、湖南省湘西土家族苗族自治州、河北省丰宁县的自然环境对生产生活的影响，探究贫困产生的原因。
【教学重点】
学习重点：分析这四个地区自然环境对生产、生活的影响。
【教学难点】
教学难点：探究贫困产生的原因。

教学过程			
教学阶段	教师活动	学生活动	设计意图
环节一： 导入环节	【导入新课】 区域综合分析-我为扶贫提建议 访贫　探贫　扶贫 了解当地情况　探究贫困原因　出谋划策脱贫 分析区域环境特征　探究区域环境对生产生活的影响 通过上节课的学习，我们了解到这四个贫困地区自然资源丰富，但从经济现状来说又是贫困地区，思考贫困产生的原因。 【梳理方法】 分析区域自然环境对生产生活的影响，探究贫困产生的原因。 区域地理的分析方法 在哪里→有什么→为什么→怎么办 地理位置　自然环境　人文环境　发展 　　　　　地形　农业 　　　　　气候　工业 　　　　　河流　能源联系　探究 区域位置　区域环境　区域联系　区域发展	【思考讨论】 四个地区资源丰富，但属于我国贫困地区，分析贫困产生的原因。	通过思考，发现矛盾，激发学生探究的兴趣。 梳理方法，从区域地理一般分析方法，进阶为区域地理综合分析方法，培养学生综合思维能力。
环节二： 分析贫困产生原因	【提出问题】 以小组为单位，探究区域自然环境对生产、生活的影响，分析贫困产生的原因；用结构图的形式展示分析结果，并以小组为单位汇报。	【小组活动】 以小组为单位，探究区域环境对生产、生活的影响，分析贫困产生的原因；用结构图的形式展示分析结果，并以小组为单位汇报。	通过探究区域贫困产生的原因，进一步掌握区域认知方法，培养学生综合思维能力。
环节三： 交流分享	【小组展示】 以小组为单位，分析区域自然环境对生产、生活的影响，探究区域贫困问题产生的原因。	【汇报展示】 以小组为单位，分析区域自然环境对生产、生活的影响，探究区域贫困问题产生的原因。	以结构图的形式展示分析结果，梳理分析方法，建构知识体系，培养区域认知能力；通过分析探究致贫原因，培养综合思维能力。

续表

环节四 总结提升	【提出问题】 自然资源条件优越，为什么还会产生贫困问题？ 【梳理总结】 区域自然资源丰富，但某些自然要素对区域的生产、生活产生了影响，制约了区域的发展。那么怎样做才能改变当地的贫困状况，促进当地经济的发展？	【思考讨论】 自然资源优越，为什么还会产生贫困问题？ 【思考提升】 怎样做才能改变当地的贫困状况，促进当地经济的发展？	教师为学生搭建思维进阶平台，从多角度分析影响区域发展制约因素，培养学生综合思维能力以及区域认知能力。

第三课时《扶贫——提出区域发展可行性建议》教学目标、教学重点和难点

【教学目标】
运用资料，探究新疆维吾尔自治区和田县、青海省玉树藏族自治州、湖南省湘西土家族苗族自治州、河北省丰宁县区域经济发展策略；分析这四个地区区域发展方案的可行性；通过区域发展 "决策" 的思考过程，形成正确的人地发展观。
【教学重点】
通过区域发展 "决策" 的思考过程，形成正确的人地发展观。
【教学难点】
教学难点：分析这四个地区区域发展方案的可行性。

教学过程			
教学阶段	教师活动	学生活动	设计意图
环节一： 导入新课	【导入新课】 	【思考探究】 怎样做才能改变当地的贫困状况，促进当地经济的发展？	
环节二： 设疑探究	【提出问题】 以小组活动的形式，运用资料，为贫困地区摆脱贫困、经济发展提出可行性建议。	【小组活动】 以小组为单位，为贫困地区的发展出谋划策，可以用绘图、景观图片、文字等各种形式展示本组的脱贫方案。 	设疑探究，通过模拟活动，在学生分析问题、解决问题的过程中，培养学生的创新能力和地理实践力。

续表

环节三： 交流分享 引发思考	【小组展示】 以小组为单位，展示脱贫方案。	【汇报展示】 以小组为单位，用绘图、景观图片、文字等各种形式展示本组的脱贫方案。 	通过生生、师生交流，思维碰撞，矛盾生成。引发思考，培养学生创新能力。
	【引导思考】 汇报的过程中，思考其他小组的方案对自己小组的方案有没有影响，是有利的影响，还是不利的影响；自己小组的方案有没有影响其他小组的规划。	【思考讨论】 同学们听完各小组脱贫方案，又生成新的问题。不少同学提出质疑，这样开发的结果是否会导致当地生态环境的恶化。	通过思—辩—思的过程，践行人地和谐发展的理念，做到知行统一。
	【重新规划】 从可持续发展的角度修改扶贫方案，关注人地和谐发展。	【小组活动、展示】 同学们再次分组讨论，对扶贫方案进行修改，并展示讨论结果。	
环节四： 实践演练	【案例分析】 提供真实的情境案例，考查学生区域认知能力。 阅读四个地区扶贫建议，分析扶贫建议的可行性？如果可行，请说明原因，并指出在实施过程中注意事项；如果你认为不可行，请说明不可行的原因，提出你的改进建议。	【小组活动】 阅读四个地区扶贫建议，分析扶贫建议的可行性。如果可行，请说明原因，并指出在实施过程中的注意事项；如果你认为不可行，请说明不可行的原因，提出你的改进建议。	通过真实情境的创设，考查学生区域认知能力。
环节五： 板书小结	【梳理知识】 根据学生的总结补充板书 说明因地制宜、人地协调发展的重要性。	【梳理知识】 回忆本单元的学习过程， 梳理区域分析方法。	根据课堂教学的过程，学生梳理区域分析方法，提升区域认知能力，树立正确的人地发展观念。

单元教学板书设计

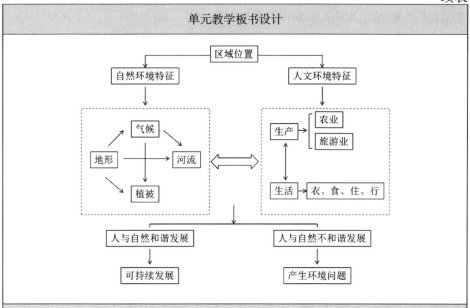

本单元教学特色和反思

1. 从学生特点出发：尊重学生，让学生自主建构知识，激发学习兴趣

区域地理是初中地理教学的重要组成部分，它将自然地理和人文地理有机结合起来，将地理知识作为一个整体呈现给学生。学习区域地理有利于全面提高学生地理素养，让学生足不出户便可尽收天下于眼底，饱览各地风俗人情，陶冶学生情操。

本单元教学内容是复习课，如果只是将学生定格在知识灌输、技能训练，容易使学生产生学习倦怠，无法激发学习热情。通过单元知识重组，学生在老师创设的情境下，通过"问题式"教学法的推动，一方面，自主进行知识建构，认识区域特征，梳理区域地理中的自然环境和人地关系知识结构，树立正确的人地观念；另一方面，在方法上的建构，学会区域地理的综合分析方法，并能够在未来学习和生活中迁移应用分析方法。

2. 从学习内容出发：避免"碎片化"学习，提升区域认知素养

日常教学中教师的备课和教学设计都是以教材为依据，以课时为单位。对知识处理缺乏全局性整体把握，教学内容容易出现碎片化。学生在学习的过程中，无法获得完整的知识框架和完善的知识系统。单元教学依据课标要求，将教学内容进行梳理、整合，把握教学内容的内在逻辑关系，注重认知过程和方法的有意义建构。

本单元教学通过对主题单元教学内容重组，教师选取典型的、真实的案例，为学生搭建思维进阶，让学生在真实情景中，运用已经初步掌握的区域地理一般分析方法，综合分析区域环境特征，关注环境要素之间的相互关系；探究区域环境对生产生活的影响，因地制宜提出区域发展策略，在制定区域发展中，学生通过"思—辩—思"的过程形成可持续发展的理念。同时在分析问题和解决问题的过程中，培养学生运用学科工具、方法获得和解读地理信息的能力，提升区域认知素养。

续表

3.从素养培养出发：重视地理创新能力的培养

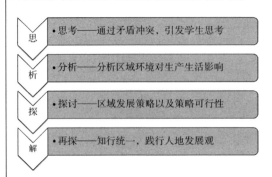

义务教育地理课程标准中提出：要根据学生的发展情况来合理地安排教学内容，同时要从现实生活和经历出发，从而激发学生的地理学习兴趣，培养学生的地理学习能力和创新能力。中学生身心发展规律决定了其思维发展的不完全性和差异性。学生在学习中存在思维能力的不足，如思维单一，综合思维能力不足；缺乏逆向思维能力。部分学生对知识的掌握多采用机械记忆，缺乏对知识进行整合，在头脑中没有形成完备的认知体系和分析思路，更缺乏创新思维能力。

本单元的教学，针对学生的年龄层次，选取学生可以把控的小尺度区域为情境，通过矛盾，引发学生思考，激发学生的地理学习兴趣；教师搭建思维进阶平台，在学生的生活经验和基础上提出问题，分析问题；鼓励学生提出区域发展建议，生生之间、师生之间交流，分析建议的合理性，在整个学习过程中，始终以学生为主体，培养学生综合思维能力，在"决策"环节中培养学生的创新能力。在探究中，通过思—辩—思的过程，做到知行统一，践行人地发展观。

北京市第八十中学教案

2018 至 2019 学年度第一学期 初一年级 地理学科，集体备课时间：2018 年 9 月 29 日					
备课组长：刘楠；主备人：时悦；参与人：全体初中地理教师					
课题	地球的自转	课型	新授	课时	1
六维度四水平教学目标	水平 1.1 学生将能够知道地球自转的基本特点。 　　　1.2 学生将能够了解演示地球自转的基本方法。 水平 2.1 学生将能够自选学具，用简单的方法演示地球自转。 水平 3.1 学生将能根据自转的特点，绘制地图自转示意图。 水平 4.1 学生将能够通过演示地球的自转，在地理实践的基础上利用自转示意图说明地球的自转在生活中的地理现象。				

续表

教学重点	通过不断的探究和实践，能用简单的方法正确演示地球的自转，并用简单的语言描述地球自转的基本特点。 地球的自转是地理学习的基础内容，也是很多地理现象和地理规律的成因，因此正确地演示地球的自转不仅是本节课的重点，也是地理课程学习的重点。 学生需要在正确演示的基础上，用简单的语言描述地球自转的基本特点，这需要达到学业水平第三层标准。
教学难点	通过演示地球的自转，学生能尝试用生活中的地理现象说明地球的自转。 学生在演示地球自转的过程中，观察视角一直在地理之外，要用生活中的现象解释地球的自转，需要观察视角回归到地球上，这种观察视角的不停转换，对于七年级的学生来说比较困难。加上学生的实际生活经验有限，观察思考问题的角度也比较单一，因此联系生活中的地理现象来说明地球的自转是本节课的难点。
教学方法	活动探究法、启发式讲授
教学用具 学具	地球仪、太阳模拟灯
教学用具 教具	多媒体课件、地球仪、太阳模拟灯

教 学 过 程

教学内容	活动与任务		教学指导策略
	学　生	教　师	
新课导入	发表自己的观点 能够说出地球上有昼夜之分。	展示：两张国庆节照片。 提问： 请大家说明他们拍摄的时间有什么不同。 引出：你们知道地球上，为什么会有昼夜之分吗?	两张国庆期间天安门照片 切入课题，引发兴趣。

续表

选地球仪 辨昼夜	1. 考虑并选择演示昼夜之分需要的地理事物。 2. 进行演示	1. 演示地球上昼夜之分需要哪些学具？ 2. 根据你们的想法选择必要的学具。 道具有： 会发光的地球仪 透明的地球仪 普通地球仪 模拟太阳的灯 	通过对图片和生活经验的理解，让学生自选道具。 不同的地球仪（透明地球仪、发光地球仪、普通地球仪和太阳模拟灯）
	3. 总结昼夜之分的出现需要的条件： （1）地球不发光 （2）地球不透明 （3）太阳光照射	3. 根据每组的演示，总结昼夜之分的出现需要的条件。	学生的获得过程以自主获得为主，教师只负责提供学具，规划演示活动。
一转 解决困惑	1. 演示地球的自转（按照组内的想法）。	如果再加上地球的自转，还能出现什么有趣的现象呢？ 1. 小组合作，按照你们的想法演示地球的自转。	用自己的方法演示地球的自转； 并尝试归纳自转的基本内容。
	2. 将本组不确定的内容写在黑板上。	2. 请将本组不确定的内容写在黑板上。 	正确与否要在随后现象说明时加以验证。
	3. 通过组内合作，解决他组在黑板上提的问题。	3. 在演示的过程中，试着解释黑板上的问题。	充分发挥学生的主动性，通过演示和解惑，初步完成学科素养中前两个层次对"演示"和"描述特点"的要求。
	4. 边演示，边解释问题。 （正确与否待定） 黑板提问与解答： 速度——24小时 自转轴——地轴 怎么转——绕地轴转 时间——一日 方向——自西向东	4. 请各组边演示边解释回答的问题。 教师在学生回答问题之后，用地理规范用语替换学生的文字。	

续表

过渡承转	经纬网定向法，南极为南，北极为北。	提问： 地球上确定方向的方法是什么？	演示要科学严谨
	利用北极星找北，地轴需要指向北极星。	地球在太阳系如何确定方向呢？	明确态度
	调整地球仪上地轴的指向	总结：科学实践中，非常需要严谨的态度。地球仪在教室内的状态应该与宇宙中地球的状态基本一致。所以，地球仪在演示自转的时候，地轴需要指向北极星。	调整地轴的方向
二转 演示现象	小组演示并解说 验证之前地球自转的基本内容的正确性	展示：两张景观图 请演示图中的两种现象  请你用地球的自转来解释日出日落现象 丽丽周日中午给出差在巴西的爸爸打电话，他说那里是半夜。你能解释吗？	转换观察的角度 用地球自转解释生活中的现象； 达成学科素养中对"用现象说明自转"的第一层次。 验证自转的基本内容的正确性。
	小组合作： 绘制地球自转示意图 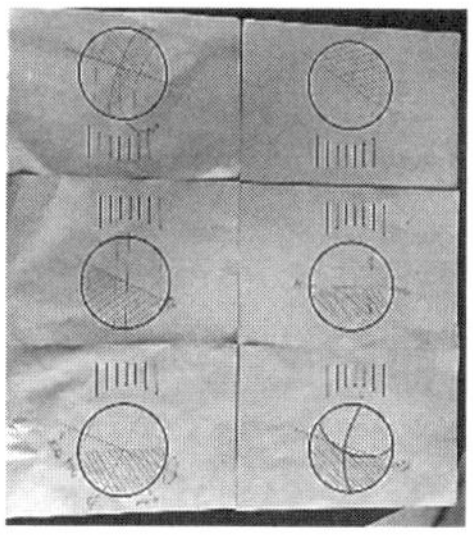	绘制： 地球自转示意图， 图中体现地球自转的基本特点，并用示意图说明地球自转的现象。	通过绘制自转示意图，并利用示意图解释地球自转的现象，两条教学内容分别达成学科素养要求的第三层次。
	小视频中的北京和新疆相同时间的不同景观，表明两地之间存在明显的时间差异。	提问：谁能用你绘制的示意图解释这种现象？  你能解释这种现象吗？	

续表

三转 总结方法	演示地球自转 总结要点： 1. 水平放置 2. 地轴指北 3. 自西向东转 4. 匀速转动	再次演示地球自转，并总结地球自转的要点 科学研究需要细心和严谨，同学们要在以后的学习中秉承这种态度。	通过总结归纳，将演示地球自转的要点进行概括总结，提升地理学科能力和素养。
课堂检测	思考 完成课堂检测	出示课堂检测题	出示习题 巩固提升 总结课堂
板书设计			
教学反思	1. 课堂完全交给学生，教师对时间把握有所欠缺 这个班学生程度较好，小学接触的地理常识也很丰富。在其他班级，第一次演示时，学生常常会认为地球是自东向西转的。这种时候教师也没有马上提出质疑，而是在后期说明现象时会进行验证，让学生自行发现。但是这个班级每一个小组都很确定地球自转的方向是自西向东。因此在后期说明现象时，节省了很多的时间。所以课堂结束时比常规课时间要短。 2. 小组合作时，个别优势学生的贡献过大 由于此时学生刚进入初中一个月不到，同学之间还在互相了解阶段，因此小组构成还欠缺合理性。组别构成差距较大，有的组优势同学较多，有的组个别优势同学贡献过大。在以后的教学中，随着对学生了解的加强，组间合作会更合理化。		

6. 物理学科

北京市第八十中学教案

2020 至 2021 学年度第一学期 初二年级 物理学科，集体备课时间：2020 年 9 月 22 日					
备课组长：成振生；主备人：成振生；参与人：初二备课组成员					
课　题	汽化与液化	课型	新授	课时	1

六维度四水平教学目标	水平 1.1 通过实例分析能说出汽化有蒸发和沸腾两种方式。 　　 1.2 通过体验和观察实验知道蒸发吸热，蒸发有致冷作用。 　　 1.3 通过探究理解沸点的概念，能说出沸腾过程吸热和沸腾的特征。 　　 1.4 通过实验体验或通过实验现象能说出液化的两种方法及液化是放热的。 水平 2.1 通过实验观察和观察视频了解汽化的两种方式。 　　 2.2 通过实验探究水的沸腾现象，会用表格记录实验数据。 　　 2.3 通过实验体验液化的两种方法。 水平 3.1 通过对探究实验数据和现象记录，养成实事求是的科学态度。 　　 3.2 通过观察水沸腾前、后气泡的大小变化培养学生认真、细心的品质。 水平 4.1 通过将自己的见解与他人交流，体会交流的重要性，感受物理是有用的。

教学重点	通过实验探究水沸腾前后温度随时间变化的特征以及液化的两种方式
教学难点	水的沸腾特征

教学用具	学具	水沸腾实验装置、酒精、棉签、医用口腔小镜子、注射器。
	教具	污水提纯的装置、演示用温度计、温度传感器及配套软件、酒精、试管、试管夹、升降台、针管等。

教学过程			

知识与技能	活动与任务		反馈与评价
	学　生	教　师	
认识蒸发和液化现象	看视频	播放《荒野求生》中获取淡水的视频。	从兴趣出发，培养野外生存的能力。落实从生活走向物理的理念。
观察沸腾现象	分析演示实验和视频中的物态变化	演示实验：污水提纯 	丰富学生的感性认识，形成物理概念。

续表

知道汽化和液化的现象及汽化的两种方式	学生对比分析	提出问题：上面的两种做法中水的状态发生了哪些变化呢？ 得出本节课的主题。	引导学生思维，形成直观认识。
蒸发吸热有致冷作用	体验蒸发吸热	引导学生做实验	体验
蒸发吸热有致冷作用	分析原因	演示蒸发吸热，温度计的示数下降	从感受到实验验证
水沸腾前后的现象	利用生活经验说出沸腾的现象（根据气泡的变化）	如何判断水是否沸腾？	联系生活经验
通过实验观察沸腾前、后现象	学生阅读实验要求	请认真阅读实验指导卡并进行实验。	指导学生实验，训练学生阅读实验卡，独立完成实验的能力。
电脑采集数据描出沸腾图像	学生实验过程	教师个别指导学生的实验，同时进行演示实验：用温度传感器测量水沸腾前后温度随时间变化特点	为学生提供实验操作的机会，进行个别指导，发现问题。
分析总计沸腾的特征	学生交流	1-2个小组介绍小组的实验现象，其他小组补充。	交流反馈
沸点的概念	学生观察	介绍沸点表，认识不同物质的沸点不同 演示实验：液氮沸腾	联系实际，为学生提供观察低温沸腾现象的机会增加感性认识。
液化的两种方式	实验感受气体遇冷才能液化 实验感受压缩体积可以使气体液化	指导学生实验、带领学生分析实验现象。引导学生分析雾、露、"白气"形成过程。	联系生活实际，为学生提供实验探究的机会。

续表

板书设计	第二节 汽化和液化 一、汽化和液化 二、汽化的两种方式：蒸发：蒸发吸热有致冷作用 　　　　　　　　　沸腾：温度达到沸点，持续吸热 三、液化的两种方式：降低温度 　　　　　　　　　压缩体积
教学反思	课程标准对这部分的要求：经历物态变化的实验探究过程，知道液体的沸点，了解物态变化中的吸放热现象。用物态变化的知识说明自然界和生活中的有关现象。本课是人教版初中物理八年级第三章《物态变化》第三节内容。汽化与液化在生活中最为常见，与生活联系紧密。学生对汽化的现象比较熟悉，在生活中也有一定的经验，但往往无法对这些现象做出合理的解释，因此在本节教学中不仅要引导学生积极大胆地讲出生活中有关汽化和液化的事例，还要学会运用所学知识进行合理解释。本节课采用探究式的合作教学，师生共同创建科学氛围，本节所有的知识点都是由实验或现象引出，通过一系列的探究活动，让学生体验科学探究的过程以及小组合作的乐趣。学生观察实验现象、分析实验数据、得出物理规律，讨论并发表自己的见解等活动，培养了学生自主思维、勇于探究、善于探究的能力，增强了合作互助的能力。利用大量来自生活的鲜活例子，体现从生活走向物理、从物理走向社会的科学理念，使学生体会学习的价值，知识的应用。注重信息技术与多媒体技术在教学中的应用。

北京市第八十中学教案

2016 至 2017 学年度第一学期 初二年级 物理学科，集体备课时间：2016 年 5 月 10 日					
备课组长：姜海洋；主备人：姜海洋；参与人：全体初中物理老师					
课题	眼睛和眼镜	课型	新授	课时	1
六维度四水平教学目标	水平 1.1 学生能够以照相机工作的原理作为认知的模型来认识人眼看到物体的原理。 　　1.2 学生能够说出人眼各个构造部分在成像过程中的作用，通过实验感受盲点的存在，并分析原因，体会实验对发现物理问题的作用，形成实事求是的科学态度。 水平 2.1 学生通过观察演示实验，进一步认识晶状体和角膜对光路的改变，通过分析光路的模型，进一步分析和体会近视、远视的形成原因。建构对人眼工作过程的动态认识。 　　2.2 学生将通过亲手操作来体会正常人眼、近视、远视成像的过程，通过对实际光路与成像效果的观察，进一步分析和讨论得出矫正近视、远视的方法。 水平 3.1 学生将使用近视镜片和远视镜片分别尝试验证讨论的结果，通过观察实验现象，加强对人眼成像过程的理解和对透镜作用的认识。 水平 4.1 学生能基于实验现象展开讨论，进一步探索除了佩戴眼镜之外，其他的矫正近视、远视的方法，锻炼想象力与创新精神。 　　4.2 学生通过认识生活中各种各样的矫正近视、远视的方法，将所学知识与生活现象相结合，达到运用物理知识解释生活现象的目的。				

续表

教学重点	近视眼和远视眼的矫正		
教学难点	能运用凸透镜成像原理的知识分析和判断近视眼、远视眼的形成原因，并从理论上提出矫正的方法		
教学方法	讲授 演示 实验		
教学用具	学具	学案、焦距可调的晶状体模型、光具座、蜡烛、光屏	
	教具	焦距可调的晶状体模型、光具座、蜡烛、光屏、近视眼、远视眼光路演示教具	

教 学 过 程

知识与技能	活动与任务		反馈与评价
	学　生	教　师	
（一）眼睛的结构	观看图片并能说出我们是通过眼睛来观察事物的。	【导入语】 【第一部分眼睛的结构】 【提出问题】眼睛的结构是什么样的？ 我们可以通过一系列的实验来认识眼睛的结构	作为引课环节，通过问题创设情境，引发了学生的好奇心，通过思索盲点的形成原因，认识眼睛的结构，进而与照相机结构进行对比。
（二）盲点的成因	跟老师一起进行实验，发现单独使用一只眼睛观察学案上的图形时，眼睛上会出现一个盲点。 通过看图，能说出视网膜的结构和盲点的成因。	【学生实验】《盲点》 按实验要求，观察学案上图形，发现图形距离眼睛一端距离远时，黑十字消失。感受到眼睛上存在"盲点"。 ・　　　十	
	思考老师提出的问题，并提出在视网膜前添加凸透镜的想法。		
（三）眼睛与照相机的结构对比	跟老师补全眼睛的结构图，了解角膜和晶状体共同构成凸透镜。	【讲解】通过跟老师一起绘制眼球内部的结构图，找到眼睛存在盲点的原因，了解眼睛的结构。 【演示实验一】《眼睛的结构》 依照实验现象发现来自一个点光源的光线会照射到视网膜上的不同位置，如果想要看清楚这个点，需要光线重新会聚在视网膜的一个点上，那么我们需要在视网膜的前面，添加一个什么装置呢？	

续表

	学生讨论并填写出器材对应的是光源、晶状体和视网膜,并能准确判断出透明胶块的前端凸起相当于晶状体。 完成实验并回答问题,提出眼睛里的凸透镜成倒立、缩小的,并能说出与照相机成像类似 通过听老师讲解,能够说出大脑对视觉信号有调节。	 添加了一个凸透镜,光线才能会聚在视网膜上,在我们的眼睛中,角膜和晶状体共同作用,就相当于一个凸透镜。	观察学生实验完成情况,针对现象及时提问
(四)眼睛的成像	【学生实验】《眼睛的成像》  B点成像清晰,A点和C点对应的光屏上的图案模糊。 利用凸透镜成像的知识推断出这两种情况下成像分别在光屏的前面后面。 能够说出成像模糊的实质是像没有落在光屏上。	老师请同学们对照演示器材和学生实验装置,判断出装置各组成部分模拟的是什么? 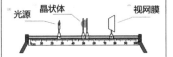 【第二部分 正常眼睛的调节】 【提出问题】 1.请同学们点燃蜡烛,观察蜡烛的光线在光屏上成了一个什么样的像?填写在学案上。 【要求】学生点燃蜡烛,在光屏上观察、记录成像的特点。	
(五)眼睛的调节	完成实验,感受观察近、远处物体时眼睛的调节。 【学生实验】《感受眼睛的调节》 通过观察演示实验,提出改变凸透镜来改变光线的会聚点,能说出不同透镜折光能力不同。	【讲解并提问】 来自物体的光线,在视网膜上成:倒立、缩小的实像。 这个成像特点与凸透镜的应用中,哪种类型相似? 为什么我们看到的世界不是倒立的? 介绍大脑的神经调节功能。 2.将蜡烛移动到A点和C点,观察光屏,与蜡烛在B点时光屏成像相比较,此时光屏上的像是清晰的还是模糊的?	

续表

| | 按要求进行实验，总结并说出人眼通过调节晶状体来看清远处和近处的物体
【学生实验】《正常眼睛的调节》
尝试调节晶状体，使蜡烛在 A、C 点时，仍能在光屏上成清晰的像

听老师介绍，能说出睫状肌对晶状体的调节作用 | 3. 你认为出现这个现象的原因是什么？结合凸透镜成像的知识，小组讨论并回答。
【要求】请你闭上一只眼睛，举起你的右手，确保余光能看到投影上的字。
【提问】
远处的文字能看清吗？近处的指纹能看清吗？
这个过程中我们的眼睛发生了什么变化？
【演示实验】《正常眼睛的调节》
光源放在 C 点，模拟用眼睛看近处物体的过程。观察发现光线会聚在视网膜之后。
得出结论：成像变模糊的实质，是像没有落在视网膜上。

【提问并讲解】那么我们如何解决这一问题呢？
更换透镜，使光线会聚的点向前移动，新的透镜比之前的透镜对光线的会聚能力强，称之为折光能力强。但是眼睛内并没有折光能力不同的透镜可以更替使用，所以要对晶状体进行挤压或者拉伸，尝试改变它的折光能力。

【讲解】
当光源距离眼睛较近时，光线会聚在视网膜之后，此时压缩晶状体，使光线仍然会聚在视网膜上。
眼睛较远时，光线会聚在视网膜之前，此时拉伸晶状体，使光线仍然会聚在视网膜上。
【提问】正常眼睛是如何调节晶状体的？ | 通过演示实验讲解正常人眼的调节功能，观察学生实验完成的情况，并及时提出问题。 |

续表

		【讲解】介绍睫状体 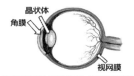 当睫状体收缩的时候，晶状体就会变厚，我们就能看清近处的物体。 当睫状体放松的时候，晶状体就比较薄，我们就能看清远处的物体。 【总结】《正常眼睛的调节》 总结正常眼睛的调节： 当我们观察近处物体时，睫状体使晶状体变厚，折光能力强，使光线会聚在视网膜上。 当我们观察远处物体时，睫状体使晶状体变薄，折光能力弱，使光线会聚在视网膜上	
（六）明视距离的概念	跟老师画图，理解近点和远点的概念，明白为什么25cm处为明视距离	当把蜡烛放在光具座上原始位置时，我们不需要拉伸或者压缩晶状体就能在视网膜上得到清晰的像，对于我们的眼睛来说，这也是观察物体最舒适的距离，也被称为明视距离。在现实生活中，这个距离大概是25cm，所以大家平时写作业的时候，最好能抬起头来，保持作业本到眼睛的距离不小于25cm。	通过演示实验介绍近视眼的形成和矫正，观察学生实验的完成情况并提出问题。
（七）近视眼的形成	通过实验，感受近视眼看东西模糊的现象，并能说出其实质是成像在视网膜之前。	【第三部分近视眼及矫正】 【提问】如果我们总低着头写作业，会发生什么问题？ 【讲解】医学上认为，长期观察近处的物体，睫状体会使晶状体总处于被挤压的状态，时间久了，就难以恢复成原来的形状了。 【学生实验】"感受近视眼"请近视眼的同学摘掉眼镜，所有同学观察老师。 正常眼睛的晶状体变薄，来自老师的光线会聚在同学眼睛的视网膜上，看到的老师是清晰的。	

续表

		近视眼同学的晶状体比较厚，来自老师的光线会聚在视网膜前，看到的老师比较模糊。 【提问】那么我们如何能够矫正近视眼？同学小组讨论并发言 针对学生提出的各种办法展开讲解  【要求】请同学们将蜡烛移动到 B 点，挤压晶状体，观察成像是否清楚？尝试使用透镜，矫正近视。	
（八）近视眼的矫正	结合前面所学，思考矫正近视眼的方法，并提出多种建议：例如使用眼镜；更换晶状体；改变角膜的焦距；拉近像距等。 【学生实验】《近视眼及矫正》 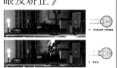 完成实验，尝试使用凹透镜将近视眼的成像变清晰。	【提问及讲解】除了由于晶状体偏厚导致近视，还有一种情况就是晶状体偏薄导致的远视、老花眼。 【提问】如何矫正远视眼？ 针对学生提出的各种办法展开讲解  A.切除阴影部分角膜 B.将切除部分打磨成凸透镜 C.将切除部分缝合于角膜	通过演示实验讲解远视眼的形成及矫正，观察学生实验的完成情况并提问。
（九）远视眼的形成	完成实验，提出远视眼看东西模糊的实质是成像在视网膜之后。结合近视眼矫正的知识，提出矫正远视眼的方法：例如使用眼镜、激光手术、ICL 可植入式隐形眼镜手术。		

（十）远视眼的矫正	完成实验，尝试用凸透镜将远视眼成像变清晰	【提问及学生实验】远视眼镜使用的是凸透镜还是凹透镜？为什么？试试看。	
（十一）方法总结	跟老师一起补充表格并画图，理解近视眼的矫正方法和远视眼的矫正方法 【小结】 	【要求】蜡烛在 B 点，拉伸晶状体，观察成像是否清楚，尝试使用透镜矫正远视。 	
	本节课我们学习了： 一、眼睛的结构 二、正常眼睛的调节 三、近视眼及矫正 四、远视眼及矫正	总结本节课所学内容	
		【结束语】 本节课我们介绍了眼睛的结构，近视眼和远视眼看不清东西的原因，以及它们的矫正方法。 这些知识，有助于你们进一步学习和了解关于眼睛和视力矫正的各种知识，老师给大家准备了几篇短小的科普阅读材料，大家有了今天学的知识，理解起来会很容易。希望你们不仅仅止步于课堂的学习，还能通过课下的阅读和探讨，学习更多更有用的知识!	
扩展资料	扩展阅读材料——保护视力 扩展阅读材料——关于眼睛的 10 个事实 扩展阅读材料——OK 镜 扩展视频资料——近视如瘟疫 扩展视频资料——眼睛的进化 扩展视频资料——你所不知道的关于眼睛的 40 个小知识 动画演示材料——正常眼睛观察近处物体、远处物体的动画		

北京市第八十中学自主学研案

2016 至 2017 学年度第一学期 初二年级 物理学科，集体备课时间：2016 年 5 月 10 日				
备课组长：姜海洋；主备人：姜海洋；参与人：初中全体物理教师				
课题	眼睛和眼镜	课型	新授 课时	1

六维度四水平学习目标	水平 1.1 你将能够以照相机工作的原理作为认知的模型来认识人眼看到物体的原理。 　　1.2 你将能够说出人眼各个构造部分在成像过程中的作用，通过实验感受盲点的存在，并分析原因，体会实验对发现物理问题的作用，形成实事求是的科学态度。 水平 2.1 你将通过观察演示实验，进一步认识晶状体和角膜对光路的改变，通过分析光路的模型，进一步分析和体会近视、远视的形成原因，建构对人眼工作过程的动态认识。 　　2.2 你将通过亲手操作来体会正常人眼、近视、远视成像的过程，通过对实际光路与成像效果的观察，进一步分析和讨论得出矫正近视、远视的方法。 水平 3.1 你将使用近视镜片和远视镜片分别尝试验证讨论的结果，通过观察实验现象，加强对人眼成像过程的理解和对透镜作用的认识。 水平 4.1 你将能基于实验现象展开讨论，进一步探索除了佩戴眼镜之外，矫正近视、远视的其他方法，锻炼想象力与创新精神。 　　4.2 你将通过认识生活中各种各样的矫正近视、远视的方法，将所学知识与生活现象相结合，达到运用物理知识解释生活现象的目的。	你的课前目标　课上目标　课后目标
活动与任务	眼睛和眼镜 班级：_____ 姓名：_____ 本节课的学习目标： □能说出眼睛的基本构造； □能阐述正常人眼通过调节晶状体的折光能力来看清远近不同的物体； □能解释近视和远视的眼睛看不清物体的原因，并能熟练地运用模拟器材实现对近视和远视的矫正。 一、眼睛的结构 1. 做一做：体验盲点 图 1 2. 填一填：将图 1 中各部分名称标注完整。 二、正常眼睛的调节 1. 填一填：对应眼睛的结构完成图 2 中的填空	

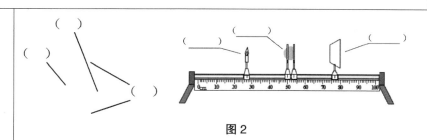

图2

2. 做一做:

(1) 学生实验:模拟眼睛的成像过程

点燃蜡烛,观察烛焰在光屏上成 _____ 、_____ 的 _____ 像。这一成像特点与 _____ 的成像相同。

(2) 学生实验:模拟正常眼睛的调节(1)

请你将蜡烛推至 A 处,点燃蜡烛,观察成像 _____(选填"清楚"或"模糊")

请你将蜡烛推至 C 处,点燃蜡烛,观察成像 _____(选填"清楚"或"模糊")

想一想:如何能让成像清晰?

(3) 学生实验:模拟正常眼睛的调节(2)

请同学们尝试使用模拟眼睛器材,使蜡烛在 A、C 点时,仍能在光屏上成清晰的像

3. 填一填:(1) 在图1中标出睫状体

(2) 根据投影展示,完成图3中的填空

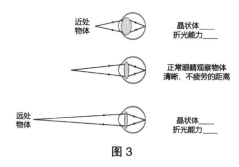

图3

三、近视眼及矫正

1. 填一填:根据投影展示和实验现象,完成图4中的填空

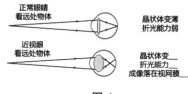

图4

2. 想一想:如何矫正近视眼? 小组讨论后提出你的观点。

四、远视眼及矫正

1. 填一填:根据投影展示和实验现象,在图5中填空

续表

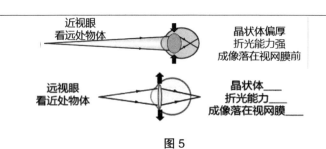

图5

2.想一想：如何矫正近视眼？小组讨论后提出你的观点。

五、总结：请完成下表中的填空

项目	近视眼	远视眼
外形		
成因		
矫正方法		用凸透镜制成的眼镜

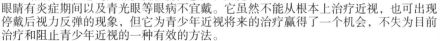

扩展阅读材料——OK镜

OK镜又名角膜塑形镜，起源于美国，历经50年的发展，已在全球34个国家得到应用；它是采用一种特殊逆几何形态设计的角膜塑形镜片，其内表面由多个弧段组成。镜片与泪液层分布不均，由此产生的流体力学效应改变角膜几何形态，在睡觉时戴在角膜前部，逐步使角膜弯曲度变平、眼轴缩短，从而有效地阻止了近视的发展，被誉为"睡觉就能控制和矫治近视的技术"。

2006年2月某杂志有一篇《硬性透气性角膜接触镜对儿童近视进展的延缓作用》的综述。文章对30年来有关研究硬性透气性角膜接触镜和近视的文献进行了分析和总结，指出角膜塑形镜可阻止或缓解近视进展，其机制是角膜塑形镜提供了更清晰的视网膜像质，从而抑制了近视的进展，也可能是硬性透气性角膜接触镜作用于角膜，改变了角膜的形态和光学性能。

2005年12月中国某眼科杂志曾报告了40例74只眼，年龄在15—51岁,近视达-10.00D—-32.00D的超高度近视者佩戴硬性透气性角膜接触镜，戴镜后视力达到0.8以上者占85.14%。

当然，硬性透气性角膜接触镜在感冒、发烧、眼睛有炎症期间以及青光眼等眼病不宜戴。它虽然不能从根本上治疗近视，也可出现停戴后视力反弹的现象，但它为青少年近视将来的治疗赢得了一个机会，不失为目前治疗和阻止青少年近视的一种有效的方法。

角膜塑形镜使用方便。只需夜间睡眠时佩戴，次日即可恢复正常视力。600度以内的近视患者每天坚持夜间佩戴，经过1—2周时间，白天摘掉角膜塑形镜后可以达到5.0以上的视力。

但是值得注意的是，角膜塑形镜的技术仍然在不断改进，这就意味着现在的OK镜技术尚未真正成熟，仍然存在诱发一些眼科疾病的可能性。眼科专家也提醒大众，OK镜的使用，要经过包括验光、眼压、外眼、角膜地形图、角膜内皮等一系列严格的检查才能佩戴，眼压高、内皮缺氧、曲率过平、散光较大都不适宜戴OK镜。此外，由于OK镜使用方式和隐形眼镜有些类似，所以如果使用中不注意正确的、卫生的操作方法，损伤眼睛的可能性就会大幅提高。

续表

学习反思:

本节课实验较多,操作难度不一,在有限的课堂时间内要争取将每一个实验成功、准确地完成,并通过现象思考其背后的实质问题,是本节课学有所获的关键。

7. 化学学科

北京市第八十中学教案

2020 至 2021 学年度第一学期 初三年级 化学学科,集体备课时间: 2020 年 12 月 9 日					
备课组长:胡冰;主备人:陆平;参与人:全体初三化学教师					
课题	铁的锈蚀		课型	新授	课时	1

六维度四水平教学目标	水平 1.1 学生将能够说出记住铁生锈是铁与水和氧气同时接触发生反应造成的。 　　1.2 学生将能够根据"铁钉锈蚀条件"实验,说出相应的实验现象。 　　1.3 学生将能够说出证明铁生锈的现象。 水平 2.1 学生将能够结合铁锈的主要成分,从元素守恒的角度分析铁生锈的原因。 　　2.2 学生将能够根据"铁钉锈蚀条件"实验,说出实验设计的原理。 　　2.3 学生将能够结合铁生锈的现象分析原因。 水平 3.1 学生将能够明确铁生锈过程中发生变化的量,了解生活中对这一反应的利用。 　　3.2 学生将能够利用控制变量思想设计实验探究造成铁生锈的原因。 　　3.3 学生将能够分析铁生锈过程中传感器测定的数据变化。 水平 4.1 学生将能够从化学角度认识铁生锈这一缓慢氧化反应。 　　4.2 学生将能够明确多因素影响的条件确定的思路。 　　4.3 学生将能够说出多种确定反应发生的方法。
教学重点	1. 铁的化学性质; 2. 图形数据的分析; 3. 控制变量思想的建立。
教学难点	1. 提升利用科学探究的方法解决实际问题的能力; 2. 建立物质鉴别和检验的有序思维。
教学方法	通过问题探究,基本形成确定物质变化原理的分析思路,解决或解释现实存在的问题。
教学用具	学具	视频、图片
	教具	多媒体

续表

教学过程			
知识与技能	活动与任务		反馈与评价
	学　生	教　师	
（一）关注生活实际，结合化学知识，提出有效问题，做出合理假设。	【观看图片】回顾生活中常见的铁生锈的实例 【自主猜测】铁生锈的过程属于物理变化还是化学变化？铁生锈与哪些因素有关？	【引入】生活中我们经常会看到一些铁制品生锈 【提出问题】铁生锈的过程属于物理变化还是化学变化？铁生锈与哪些因素有关？	观察学生个人与小组对于问题的讨论与表述。
（二）能区分物理变化和化学变化小结：根据物质性质，通过确定有新物质生成，确定化学反应的发生。	【思考、讨论、实验】 1. 可以观察比较铁片与铁锈，对比它们的不同： 表： 不同点 / 铁 / 铁锈 颜色 / 银白/银灰 / 棕红色 光泽 / 有金属光泽 / 无金属光泽 硬度 / 坚硬 / 疏松、易脱落 可以用磁铁分别吸引铁片和铁锈；可以比较铁片和铁锈的导电性；可以分别向铁片和铁锈中加稀盐酸，观察是否产生气体；…… 【分析、回答】铁和铁锈是不同种物质，铁生锈属于化学变化。	【提出问题】任务1：寻找证据证明铁生锈属于物理变化还是化学变化，记录实验方法、数据或现象。	观察学生对于问题以及活动与任务完成情况。
（三）运用质量守恒定律确定参加反应的物质。	【思考、推测】 铁在有水的条件下容易生锈； 铁在有空气的条件下容易生锈；……	【提出问题】任务2：根据生活经验和观察，推测铁生锈的原因。	观察学生对于问题的讨论与表述是否具有逻辑性。
（四）根据假设，控制变量，设计实验，进行验证。	【思考、讨论、回答】 表： 条件 / 只有水 / 只有干燥空气 / 有水和空气 实验 / （植物油、铁钉、水装置图） / （干燥空气、铁钉装置图） / （铁钉、水装置图） 预测现象 / 不生锈 / 不生锈 / 生锈 注意：实验中所用的水为蒸馏水。	【提出问题】任务3：设计实验证明自己的猜想。	观察学生设计实验过程中的外显思维体现以及最终呈现的成果。

（五）运用物质性质解决实际问题。	【讨论】 空气中的成分有：氮气、氧气、二氧化碳、水蒸气、稀有气体等。氮气和稀有气体化学性质不活泼，铁生锈可能是与水和氧气共同作用的结果，也可能是与水和二氧化碳共同作用的结果，还可能是与水、氧气和二氧化碳共同作用的结果。 如果知道铁锈的成分，可以依据质量守恒定律推知铁生锈是铁与哪些物质接触造成的。……	【提问】铁生锈是与水和空气中的哪种气体共同作用的结果呢？请做出合理的猜想，并设计实验证明自己的猜想。	观察学生分析问题的条理性。
（六）从资料中获取有用信息。	【补充资料】铁锈，是一些铁的氧化物的统称，通常为红色，由铁在潮湿环境下生成，不同情况下会生成不同形式的铁锈。铁锈主要由三氧化二铁水合物 $Fe_2O_3 \cdot nH_2O$ 和氢氧化铁 $[FeO(OH), Fe(OH)_3]$ 组成。	【分析、提取信息】重点关注铁锈的主要成分。	观察学生选取信息的内容及对信息的分析过程。
（七）根据实验需要对方案进行适当的修改；明确实验目的、实验现象和实验结论之间的联系。	【归纳总结、回答】根据所给材料，依据质量守恒定律，反应前后元素种类不变可推知：铁生锈是铁与水和氧气作用的结果。将任务3中的实验2变为： 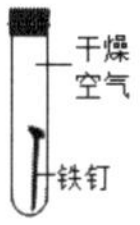 进行实验。	【过渡】上述内容是我们的推测，是否有实验给予验证？	观察学生对实验修改的理解情况。
（八）结合变化原理分析数据。	【观察曲线、总结归纳、回答】 根据氧含量曲线下降得知：铁生锈过程中确实消耗氧气； 根据湿度曲线最终下降到比初始数值低可知：铁生锈过程中消耗水； 根据温度曲线可知：铁生锈过程中放出热量； 有疑问：为什么日常生活中我们见到的铁生锈没有感觉到在放热？ 可能出现的解释：既然铁生锈是铁与氧气和水反应的过程，就属于氧化反应，应该有放热的现象。 （有可能不能完全解释之前的疑问）	【实验展示】利用传感器进行铁生锈过程中的数据测定。（实验视频） 展示数据图： 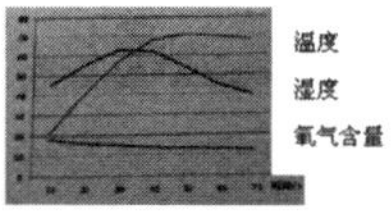 【提出问题】任务4：分析图中曲线，说说你对铁生锈有哪些新的认识。	观察学生对于数据分析的解释及最终表述情况。

续表

			观察学生操作过程，收集学生实验设计方案。
（九）结合物质性质，解释现象；控制变量设计实验方案，探究问题。	【分组实验】 仔细观察标签和使用注意事项相关内容，提取信息； 剪开暖宝宝观察。 【总结归纳】 暖宝宝标签上注明成分有：铁粉、水、活性炭、食盐、蛭石。使用注意事项中注明：不使用时不要打开包装。分析结果：不打开包装时，铁与水接触，但是不与空气中的氧气接触，所以不生锈；打开包装后，铁与水和氧气同时接触，生锈。 暖宝宝中用到的是铁粉，与其他物质接触面积增大，能够使反应速度加快，能够迅速放热，所以，暖宝宝应该是利用了铁生锈放热进行工作的。 有疑问：活性炭、食盐和蛭石在暖宝宝中的作用是什么？它们对铁生锈放热有促进作用吗？ 【设计实验方案】 铁粉和水的质量固定，使用氧气；在固体中分别混入活性炭、食盐和蛭石； 测定在一定时间内温度上升的情况。 回顾本节课内容，记住铁生锈的原理，进一步了解解决实际问题的一般方法。	【提供资料】本次试验所用的是日常生活中常见的一种暖宝宝中的物质。 【提出问题】任务5：观察暖宝宝标签和使用注意事项相关内容，结合之前你做出的铁生锈原理进行分析，同时尝试解释之前的疑问。 【指导】可以考虑利用控制变量的思路进行实验来得到结论。与学生共同设计实验方案。 【补充资料】 实验结果表明：加速铁粉发热与活性炭和实验有关。矿物材料蛭石是用来保温的。 关于活性炭和食盐使铁粉迅速氧化放热的原理在今后的学习中将有相应的解释。 【小结】 铁生锈是铁与水和氧气共同作用的结果。 预防铁生锈可以使铁与水或氧气不接触。 在解决问题过程中实验验证和理论推导缺一不可。 【提问】铜生锈的原理是什么？	

续表

板书设计	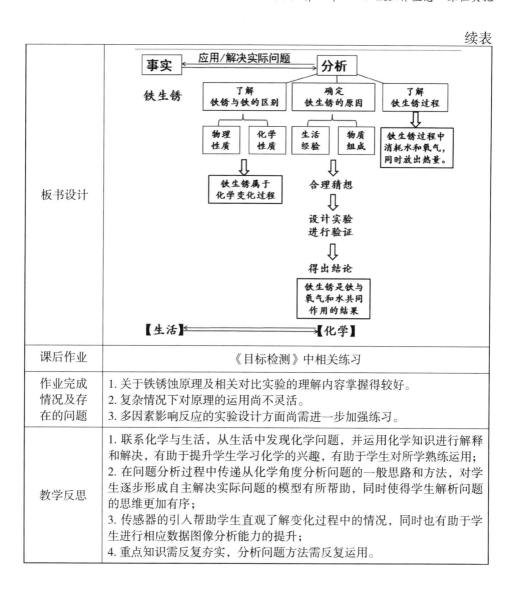
课后作业	《目标检测》中相关练习
作业完成情况及存在的问题	1.关于铁锈蚀原理及相关对比实验的理解内容掌握得较好。 2.复杂情况下对原理的运用尚不灵活。 3.多因素影响反应的实验设计方面尚需进一步加强练习。
教学反思	1.联系化学与生活,从生活中发现化学问题,并运用化学知识进行解释和解决,有助于提升学生学习化学的兴趣,有助于学生对所学熟练运用; 2.在问题分析过程中传递从化学角度分析问题的一般思路和方法,对学生逐步形成自主解决实际问题的模型有所帮助,同时使得学生解析问题的思维更加有序; 3.传感器的引入帮助学生直观了解变化过程中的情况,同时也有助于学生进行相应数据图像分析能力的提升; 4.重点知识需反复夯实,分析问题方法需反复运用。

8. 生物学学科

北京市第八十中学教案

2020 至 2021 学年度第二学期 初二年级 生物学学科，集体备课时间：2021 年 3 月 18 日						
主备人：林朝云；参与人：初二年级全体生物学科教师						
课题	北京版义务教育教科书八年级下册第十四章 生物与环境 第一节 环境对生物的影响		课型	新授	课时	1
六维度四水平教学目标	水平 1.1 学生能说出生物的生活环境都是由生物因素和非生物因素组成的。 　　1.2 学生能举例说出水、温度、空气、光等是生物生存的环境条件。 水平 2.1 学生能辨析自然环境中生物因素的类别，举例说明种内关系和种间关系。 　　2.2 学生通过探究生物栖息环境的组成因素，分析几种生物之间的关系。 水平 3.1 学生通过学习各种生态因素对生物的影响，领悟生物的生活离不开环境，增强环保意识。 　　3.2 学生通过学习种内关系和种间关系的错综复杂性，体会事物之间的内在联系。					
教学重点	环境中生物因素和非生物因素的组成，及其对生物的影响。					
教学难点	种内关系和种间关系及其在实践生产上的应用。					
教学方法	讲授 小组合作探究					
教学用具	学具	放大镜、湿度计、温度计、学习任务单				
	教具	课件				

教 学 过 程			
知识与技能	活动与任务		反馈与评价
	学 生	教 师	
一、影响种子萌发的外界因素。 二、基于观察法和调查法的问题探究	【课前——自主学习和调查】。 完成课前自主学研案； 【发现并提出问题】	【设计并提前发放】下发预习和调查提纲。	1. 上课前全部收齐并批阅课前自主学研案； 2. 作为课上第一环节： （1）展示（实物投影）交流并互补完善；重点是反馈与评价水平 1 的目标；（2）统计全班发现的小杨树苗数量，引导学生发现并提出问题。

续表

三、构成环境的因素	【小组合作探究】 【做出假设】 基于已有知识经验对自己发现的问题进行大胆猜测即做出假设。 【寻找证据】为验证假设寻求证据 小组交流研讨，完成活动与任务一。	【创设情境，提出问题】造成杨絮"坎坷人生"的原因有哪些？为什么？ 引导学生尝试发现问题。 【巡视指导】…… 【评价与完善】（PPT）	观察各小组交流研讨情况
四、非生物因素对生物的影响	【小组讨论】依据课前的观察记录，分析影响小杨树苗生长发育的非生物因素有哪些？这些因素如何影响了小杨树苗的生长发育？ 【联系实际】举例分析。 【代表汇报分享】列举与分析…… 小组交流讨论，完成活动任务二。	【巡视指导】…… 【评价与完善】…… 【实例拓展】（PPT） 给出多种图文资料(有些来自校园环境，有些来自学生以前的栽培实验)	观察小组讨论，及其活动与任务完成情况。 非生物因素对生物产生的多方面的影响。
五、生物因素：种内关系和种间关系	【小组分析】依据课前的观察记录，分析影响小杨树苗生长发育的生物因素有哪些？这些生物因素与小杨树苗的关系是怎样的？ 【代表汇报分享】描述与分析…… 小组交流讨论，完成活动任务三。	【巡视指导】…… 【评价与完善】…… 【实例拓展】（PPT）	观察学生对问题以及活动与任务的完成情况。
六、联系生活生产实际，进行实践应用	【课后实践学习】…… 完成活动任务四、五。	【设计并提前发放】课后自主学研案（附件1）； 【指导】……	全部收齐并批阅，作为下次课上第一环节：展示交流并互补完善。
板书设计	环境 {非生物因素：水、阳光、空气、温度等影响生物的形态、生理和分布。 生物因素 {环境 种内关系：种内互助、种内斗争 种间关系：捕食、竞争、寄生、共生		
课后作业	1.宇航员在太空种植蔬菜不是梦。在太空种植蔬菜，将很好地解决未来长途太空旅行中的一大难题：新鲜食物的供给。 请你尝试分析，影响太空蔬菜种植的非生物因素有哪些？怎样实现在太空成功种植蔬菜？ 2.请你分析：人类大量燃烧煤、石油和天然气，会对地球上的生物产生哪些方面的影响？		

续表

教学反思	学校是学生进行学习的主要场所,笔者所在学校的校园环境优美,鸟语花香,生命现象丰富多彩,这些都是很好的生物学教学资源。让学生置身于校园里去观察、去发现、去探究和领悟,不仅能激发学生的学习兴趣和提升学习的主动参与,还能让学生在失败与成功的体验中发展创造能力和实践能力。学生通过观察体验、分析、概括和抽象形成"环境"的概念,实现了概念的主动构建,以此为基础,生成新的知识点,为进一步分析环境中各因素对生物的生存和繁殖奠定基础。 在校园和自然环境里,学生的视野是开阔的,思维是活跃的,学习状态是积极主动的,对问题的发现和猜测的论证都是基于事实的观察和分析。基于实际的体验活动,也能激发学生去发现思考更多的真问题,比如:如何治理杨絮?北京为什么种了这么多的杨树作为绿化树种?还有更好的绿化替代树种吗?为什么有的人对杨絮过敏,有的人不过敏?(涉及以后内容"免疫"的学习)…… 教师引领学生在感受、观察与探究多种生动鲜活、丰富多彩的生命现象中,实现对概念的主动构建,并在逐级建构概念的基础上形成生命观念,落实生物学科的特色育人价值。 总之,学生基于校本生命现象的学习探究活动,收获的不仅仅是知识的主动获得和能力的提升,情感上的体验也是很强烈和丰富的,能在一定程度上激发学生的社会责任感。

北京市第八十中学自主学研案

2020 至 2021 学年度第二学期 初二年级 生物学科,集体备课时间:2021 年 3 月 18 日				
主备人:林朝云;参与人:初二年级全体生物学科教师				
课题	环境对生物的影响	课型	新授	课时	1
六维度四水平学习目标	水平 1.1 你能说出生物的生活环境都是由生物因素和非生物因素组成的。 　1.2 你能举例说出水、温度、空气、光等是生物生存的环境条件。 水平 2.1 你能辨析自然环境中生物因素的类别,举例说明种内关系和种间关系。 　2.2 你通过探究生物栖息环境的组成因素,分析几种生物之间的关系。 水平 3.1 你通过学习种内关系和种间关系的错综复杂性,体会事物之间的内在联系。 　3.2 你通过学习各种生态因素对生物的影响,领悟生物的生活离不开环境,增强环保意识。	你的课前目标 课上目标 课后目标			

活动与任务	（一）组成生物生存的环境因素 1. 影响种子萌发的外界因素： 2. 寻找校园杨絮飘飞的来源，杨絮即杨树种子与小杨树苗的数量关系。 调查雌雄杨树的数量： 限制杨絮即杨树种子萌发的外界因素有： 3. 寻找小杨树苗活动：绘出或描述发现小杨树苗的区域位置，并描述小杨树苗的生长发育状况。发现并提出问题：（1）…… （2）…… 4. 做出假设： 5. 寻求证据： 6. 比较：高大杨树下、草坪里、花坛里和其他地方的小杨树苗的生长状况有什么不同，分析其原因。 7. 影响小杨树苗生长发育的外界因素有： 结论：生物生活的环境由和组成。 （二）水、阳光、空气、温度等是生物生存的环境条件 1. 水会影响生物的____、____、____和____等方面。 2. 阳光会影响植物的____、____；阳光会影响动物的行为，例如，____、____、____等。 3. 空气会影响生物的作用，还会影响绿色植物的作用。 4. 生物的生存需要适宜的温度，昼夜的温度变化会影响动物的行为。例如_____。 （三）生物之间也会相互影响 1. 小杨树苗与附近成年杨树苗的关系属于_____。 2. 分析小杨树苗、蚜虫、蚂蚁和瓢虫之间的关系。 3. 花坛里的玉簪、紫花地丁和小杨树苗之间的关系。 小结：1. 组成环境的非生物因素和生物因素。 2. 环境里的非生物因素和生物因素分别对生物的影响。 （四）宇航员在太空种植蔬菜不是梦。在太空种植食材，将很好地解决未来长途太空旅行中的一大难题：新鲜食物的供给。 请你尝试分析，影响太空蔬菜种植的非生物因素有哪些？怎样实现在太空成功种植蔬菜？ （五）请你分析：人类大量燃烧煤、石油和天然气，会对地球上的生物产生哪些方面的影响？

第三节　基于"项目教学"的实践教学新范式

首先，在厘清"项目教学"的本源内涵、应用发展和基本特点的基础上，借鉴和使用"项目教学"的理念，基于普通高中化学学科，构建了基于"项目教学"的普通高中化学实践教学设计原则、实施流程和评价标准。[①]

一、关于"项目教学"的本源内涵、应用发展和基本特点

"项目教学"的理念源于西方劳动教育思想，是校企合作办学思路的雏形[②]。因此其本源内涵是：由学校和企业共同组成项目小组，深入实际，在解决实际问题的同时学习和应用已有的知识，在实践的第一线培养解决问题的能力[③]。

项目教学倡导"工作过程导向"，学习者即为工作者，学习现场就是工作现场，让学生身临其境，充分体验到学习与工作的双重乐趣。因此，"项目教学"又称为"（工学）一体化教学"[④]。

由于"项目教学"可以有效实现职业教育的目标——培养专门的技能型人才，能够有效满足职业院校的学生希望掌握一些实用的、被市场和企业认可的技能的愿望，因此，"项目教学"在国内外职业教育中得以广泛应用。同时，"项目教学"具有注重知识的应用性，技能的实用性，学习的自主性，合作性、探究性以及实践性等特征，特别是实践性是"项目教学"最为突出的特点，而这些与基础教育教学改革所倡导的理念是一致的，将"项目教学"应用到基础教育阶段，虽然已经失去其在职业教育中使用的本源内涵，但也是值得借鉴和使用的。

---

① 赵玉泉，于乃佳 . 基于"项目教学"的普通高中化学实践教学 [J]. 中学化学教学参考，2019（2）:12-14. 北京市朝阳区教育科学"十三五"规划课题《基于核心素养的"六维度"和马扎诺理论的"四水平"高中化学课堂教学目标设计与实施的研究》（编号：YB1351021）研究成果。

② 仲瑶 . 项目式教学的实施过程研究 [J]. 科技视界，2015（36）：219.

③ 王春燕 . 项目式教学的研究与应用 [J]. 计算机教育，2007（9）：10-11.

④ 贾慧兰 . 浅析项目式教学实施过程 [J]. 教学实践探索，2017（10）：173.

二、基于"项目教学"的普通高中化学实践教学

普通高中化学课程属于基础教育课程的这一课程性质，决定了在课程建设与实施中要更加注重基础性，而实践性自然就会有所不足，为加强普通高中化学课程建设与实施的实践性，在实践中培养和锻炼学生的创新精神和实践能力，拟借鉴和使用"项目教学"的理念，构建基于"项目教学"的普通高中化学实践教学。因此，这里所说的普通高中化学实践（不是简单的实验）是基于一个真实的项目，综合应用以化学学科为主的多学科知识与技能（包括实验技能），来完成项目的设计、实施与评价的全过程。

（一）基于"项目教学"的普通高中化学实践教学设计原则

该教学设计的核心是一个真实项目的确定与设计，因此，在进行教学设计时要遵循以下基本原则：

1.项目来源要有"根"

项目要源于常规课堂教学，根植于必修课程和选择性必修课程之中，是对常规课堂教学的拓展延伸与应用实践，是为了达成具有一定研究性、社会实践性的、课上难以完成的高水平教学目标而开设的，这不是每一节常规课堂教学之后都需要有的，是在某一章或某一专题、某一学段结束之后才需要设计的，"有无"与课标要求、教学内容、学生发展需求等密切相关。

2.项目设计要有"魂"

再好的项目也不可能涵盖学生发展核心素养的全部，但是，任何一个项目都要至少重点发展学生核心素养六维度中的一个维度，发展学生核心素养是项目设计的"魂"，而创新精神和实践能力又是学生核心素养的核心，因此，培养学生创新精神和实践能力是项目设计的"灵魂"。

3.项目设计要有"谱"

一是要靠学生的"谱"。要密切结合学生"三方面"——"过去已有的""现在欲达到的""未来发展需要的"实际水平和发展需求，项目大小与难易适宜，让学生在实践时容易获得成就感。

二是要靠生活的"谱"。要密切结合学生的实际生活，项目要源于学生生活，又要服务于学生生活，让学生在实践时感兴趣。

三是要靠社会的"谱"。要密切结合社会发展的需要，项目要源于化学与 STSE（科学、技术、社会和环境）的关联，让学生在实践时能够体验到化学在社会发展中重要应用。

四是要靠学校的"谱"。对于普通高中来讲，既没有职业院校所拥有的实训室、实训基地、校企合作等，也没有长时间在校外真实工作环境中实习的课程与教学安排，因此，项目设计要密切结合学校各种资源的实际情况，让学生在实践时能够顺利实施。

（二）基于"项目教学"的普通高中化学实践教学实施流程

第一步是自主设计反馈。教师至少提前一周甚至更长时间发放具体项目的题目与要求，要求学生课前独立或小组合作完成项目设计。教师是学生自主设计的参与者、指导者，要对学生的自主设计进行及时反馈与评价，以准确掌握学生自主设计的实际情况，并依此确定教学的重点、难点、疑点，真正做到先学后教、以学定教。

第二步是合作探究评价。课上首先让学生对自主设计方案进行展示汇报，然后进行评价质疑，关键是合作探究释疑，目的是最终完善项目设计方案。需要注意的是，小组代表进行展示汇报后，要允许、鼓励组内其他成员进行补充，以及组间成员进行评价质疑；主要采用师生、生生、组间等合作探究的方式释疑并达成共识。

第三步是实践项目指导。以教师为指导、学生为主体设计实践项目方案。

（三）基于"项目教学"的普通高中化学实践教学评价标准

1. 达成度

基于教学目标的达成度来评价教学是各种教学评价最常用的标准。该类教学的课堂教学目标，是在已经达成的常规课堂教学目标基础之上综合的、难度较高的应用水平的目标，目标的难度水平是具有一定挑战性的，要着重考查应用能力的达成度。

2. 关联度

基于确定课程内容应遵循的关联性原则，一是要看综合应用到学科内知识与技能的关联度如何；二是要看学科间的联系与整合的关联度如何；三是要看活动设计与学生发展核心素养养成的关联度如何；四是要看与 STSE 的关联度如何。

3. 实践性

基于实践性是该类教学最突出的特点，实践是思维发展的动力，实践是创造性思维产生的源泉。一是要看实践中学生的创新性如何；二是要看实践中学生参与度的高低。

4. 获得性

获得性亦称"习得性"。基于"以学评教"的原则，该类教学评价的最终标准还是学生的实际获得，要看不同基础与个性的每一位学生是否至少在学生核心素养的某一维度有一定的实际获得及收获多少。

三、基于"项目教学"的普通高中化学实践教学案例

——运用色度计传感器测定富铁物质中铁元素含量①

（一）项目确定的背景

第一，学生已经学完高中化学有关铁元素单质及其化合物的内容。

第二，铁元素与人体健康密切相关，常见富铁物质（包括某些天然食品、铁强化食品、药品等）是与学生生活与健康密不可分的，是学生感兴趣的。

第三，比色法是用来测定某一待测组分含量的一种定量分析方法，是中学化学实验（如用 pH 试纸测定溶液的 pH 值）、社会生活（如碘盐含碘量快速检测）、医学检验（如尿糖试纸法检验尿糖）以及工农业生产（如用农药残留快速检测试纸检测某些农药残留情况）、环境保护（如对大气或水中的微量铅进行分析）等很多方面测定微量及痕量组分广泛应用的方法，但学生并没有较为系统地掌握有关比色法的知识与技能。

第四，现代传感技术在化学实验中的应用，必将给化学实验及其在实践中的应用带来重大变化，这是现代社会发展的必然，也是当今普通高中化学课程建设与实施中不足的。

基于以上几点，我校教师设计了一个基于传感技术、运用色度计传感器测定富铁物质中铁元素含量的实践项目。

---

① 赵玉泉.化学实验创新与探究能力培养 [M].上海：上海交通大学出版社，2018：130-141.

（二）项目设计的目的

第一，该项目中测定原理的设计是首要的设计核心，不仅要应用有关化学知识与技能，还要综合应用物理、数学等跨学科知识，激发和培养学生自主学习、合作探究的欲望和能力，尤其是培养学生综合应用多学科知识与技能解决实际问题的能力。

第二，选用学生生活中常见的富铁物质作为实验样品（如紫菜干、铁强化食盐、铁维隆口服液等），不同于中学化学实验中现成的实验试剂，需要将样品处理成可供实验检测的试剂，学生将在实践中掌握样品处理的目的、原则和方法，培养学生的实际应用能力。

第三，将现代传感技术应用到化学实验中进行定量测定，不仅可以培养学生对于数据的处理与分析能力，而且学生可充分体验现代科学与技术的进步，培养学生的创新精神与实践能力。

（三）项目设计的预案

1.测定原理设计

利用 Fe^{3+} 与足量的硫氰化钾在溶液中反应生成血红色的 $[Fe(SCN)_6]^{3-}$ 的显色反应：

$Fe^{3+} + 6SCN^- = [Fe(SCN)_6]^{3-}$（血红色），其完全符合比色法的要求；可以运用色度计传感器，通过测定血红色的 $[Fe(SCN)_6]^{3-}$ 溶液的透光率 (T)，而透光率 (T) 与吸光度 (A) 的关系为：$A = 2 - \lg(T)$；根据比尔—朗伯定律：$A = kc$，则有 :$2 - \lg(T) = kc$，即 $\lg(100/T) = kc$，k 为常数，与溶液的性质和比色皿的厚度等有关；c 为 $[Fe(SCN)_6]^{3-}$ 的浓度，单位为 $mol \cdot L^{-1}$；也就是说 $\lg(100/T)$ 与 c 呈线性关系。因此，用比色皿分别盛装浓度不同的 $[Fe(SCN)_6]^{3-}$ 标准溶液，放入色度计中测量它们的透光率 (T)，计算出相应的 $\lg(100/T)$ 的值，绘制 $\lg(100/T)$–c 曲线，即标准曲线（如图 3–18）。

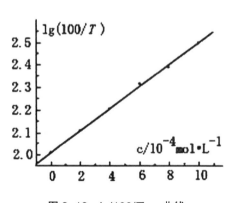

图 3-18　$\lg(100/T)$–c 曲线

将一定量（m g）的含铁物质样品中的铁元素完全转化为 Fe^{3+} 加入溶液中，并加入足量的硫氰化钾溶液（与配制标准溶液时加入的 KSCN 溶液的量相同），即可得到血红色的 $[Fe(SCN)_6]^{3-}$ 溶液，然后转移到容量瓶 (V mL) 中定容，从而得到准确体积的待测液，通过测定其透光率 (T)，计算相应的 lg（$100/T$）值，即可在标准曲线上查到其对应的浓度 c（$[Fe(SCN)_6]^{3-}$），也就是 c（Fe^{3+}）。

最后，根据 m、V、c 即可计算出该含铁物质样品中的铁元素的含量（w）：w= $\dfrac{56Vc}{m}$ × 100%（提醒：注意单位），$\dfrac{56Vc}{m}$ × 10^5 即表示100 g 样品中含有 $\dfrac{56Vc}{m}$ × 10^5 mg 的铁。

2. 测定仪器和试剂

色度计、数据采集器、天平、坩埚、容量瓶（100mL）、电炉或酒精灯、烧杯、胶头滴管、玻璃棒、研钵、过滤装置等；样品（紫菜干、铁强化食盐、铁维隆口服液）、2mol·L^{-1} 硝酸、饱和 KSCN 溶液、浓度分别为 $2×10^{-4}$ mol·L^{-1}、$4×10^{-4}$ mol·L^{-1}、$6×10^{-4}$ mol·L^{-1}、$8×10^{-4}$ mol·L^{-1}、$10×10^{-4}$ mol·L^{-1} 的 $[Fe(SCN)_6]^{3-}$ 标准溶液。

3. 测定步骤设计

（1）数据采集器设置与色度计的校正

连接色度计和数据采集器，色度计选用蓝色滤光片。在比色皿中加入蒸馏水，放入色度计中，开始采集数据，调节色度计旋钮，使数据采集器示数为100%。

（2）绘制标准曲线

用比色皿分别盛装浓度不同的 $[Fe(SCN)_6]^{3-}$ 标准溶液，放入色度计中测量它们的透光率（一般每种标准液要平行测定3次，再取平均值），计算出相应的 lg（$100/T$）值，绘制 lg（$100/T$）– c 曲线，即标准曲线 (如图3–18)。

（3）准确量取一定量的样品并处理成待测液

我们拟选择三种有代表性的富铁食物（紫菜干）、铁强化食品（铁强化食盐）和铁制剂药品（铁维隆口服液）为样品进行实验，当然，也可以选择你喜欢的、方便的其他样品进行实验。

①紫菜干样品处理

准确称取紫菜干10g，用手将其撕成小块，放入坩埚中用电炉（或酒精灯）灼烧，使之完全灰化；再用5ml 2mol·L^{-1}的硝酸溶解（硝酸可以将二价铁氧化为三价铁，并且有调节 pH 抑制水解的作用），过滤，再用少量稀硝酸洗涤滤渣2-3次，并向滤液（如果滤液颜色深，需先用活性炭进行脱色处理）中滴加足量的饱和 KSCN 溶液（与配制标准溶液时加入的 KSCN 溶液的量相同），充分搅拌后转移到100ml 的容量瓶中定容，即得到紫菜干含铁量测定待测液。

②铁强化食盐样品处理

准确取铁强化食盐5g，倒入烧杯中，加入5ml 2mol·L^{-1}的硝酸，再滴加足量的饱和 KSCN 溶液（与配制标准溶液时加入的 KSCN 溶液的量相同），充分搅拌后转移到100ml 的容量瓶中定容，即得到铁强化食盐含铁量测定待测液。

③铁维隆口服液样品处理

准确量取铁维隆口服液10ml，倒入烧杯中，加入5mL 2mol·L^{-1}的硝酸，再滴加足量的饱和 KSCN 溶液（与配制标准溶液时加入的 KSCN 溶液的量相同），充分搅拌后转移到100ml 的容量瓶中定容，即得到铁维隆口服液含铁量测定待测液。

（4）在洁净的比色皿中装入待测溶液，测量其透光率并记录，平行测定3次，取平均值，计算出 lg(100/T)，在标准曲线上查出对应的 Fe^{3+} 的浓度，再根据 Fe^{3+} 浓度计算出样品中铁元素的含量（如表3-3）。

表 3-3　数据记录与处理

样品名称	透光率（T）				lg（100/T）	Fe^{3+} 浓度	铁含量
	1	2	3	平均值			
紫菜干							
铁强化食盐							
铁维隆口服液							

综上，我们不难看出，基于"项目教学"的普通高中化学实践教学设计原则、实施流程和评价标准等均具有很好的普适性。因此，我校在化学学科的基础上推而广之，形成了具有学校特色的基于"项目教学"的实践教学新

范式，其实也是对"三生和谐"课堂教学中部分水平4的教学目标进行课后实践学习的一种实践与创新发展。我校开展了大量的教学实践活动，取得了良好的效果。

四、基于"项目教学"的数理化融合实践教学案例

——点亮一盏灯

王贵军、韩叙虹、吴卫东

STEM 是科学、技术、工程和数学四门学科的简写，它将原本分散的学科形成一个整体，以促进学生 STEM 素养的形成。STEM 素养并不是科学素养、技术素养、工程素养和数学素养的简单组合，而是把学生学习到的零碎知识与机械过程转变成一个探究世界相互联系的不同侧面的过程。项目式学习源于20世纪70年代的欧美国家，它强调以问题解决为中心、多种学习途径相整合，以实现向"学习者为中心"和"能力中心型"的教育转变。基于 STEM 理念的项目式学习，则强调为学生提供逼近真实，且富有现实意义的问题情境，打破学科界限，将物理、化学、数学、技术和工程等多方面的知识相融合，让学生通过多种学习方式，整合内化碎片化的、教科书式的知识，协作发展，学以致用，来训练和培养学生的创新思维能力。

以下以数理化三科教师共同执教的基于 STEM 理念的多学科整合的项目式学习的典型课例——《点亮一盏灯》（授课时间为100分钟）为例，详细介绍基于 STEM 理念的项目式学习的教学设计、实践过程以及由此引发的思考。

（一）教学背景和学情分析

电动势一直是高中物理教学的重点和难点，特别是电源内部存在非静电力，非静电力做功实现了其他能向电能转化，电动势就是表征电源中非静电力做功能力的物理量。但学生对非静电力是比较疑惑的，对于非静电力是怎么产生、如何"搬运"正电荷等问题一直以来都没有真正理解，导致学生头脑中不能形成电动势这一物理图景。因此《点亮一盏灯》这个课题，就是想通过物理、化学两门学科整合的力量，解析"非静电力"：以原电池实验为背景，从化学学科的层面"解剖"化学电源的内部结构，详细分析、阐释原电池的微观机制；再从物理的角度，结合分析内外电路的电势高低的变化，从

而给出电动势的概念，并做进一步的深入理解。从真实情境入手，以原电池为例，理解如何借助化学反应达到产生电动势的目的，这一过程真实、具体，很具有体验性，这样就很好地突破了"非静电力"和"非静电力"做功的教学难点。

闭合电路的欧姆定律的应用是恒定电流的教学重点。在本节中，该定律的应用贯穿始终，运用它完成电源电动势和内阻的测量；尤其是在测定电源电动势和内阻之后，又将它置身在真实的问题情境中——如何使一盏灯点得更亮？在学生提出用电源串联或电源并联的方法实施后，再运用定律分析、解决实际问题，是本节的又一大亮点。在这个教学环节，可以考虑以物理和数学两学科相互交融、相互整合的方式开展教学：运用学生熟悉的数学模型——一次函数做出回归直线方程，运用测量得到的实验数据求出电源电动势和内阻，再借助数学模型，进行推演，定量地分析、比较电池串联、并联的差异，从中获得使灯更亮的最佳解决方案。

（二）教学目标

1. 通过设计电池、点亮一盏灯、如何使得灯更亮、为什么灯会更亮的项目实施和讨论，完成化学电源与电路使用的融通，揭示原电池、电动势的本质，形成使用电池的数学模型。

2. 能理解并叙述原电池原理，绘制原理图，并根据所给实验用品设计、制作原电池。

3. 在制作电池的实验过程中体会、归纳改变化学电源电动势和电流强度方法。

4. 了解电路中自由电荷定向移动过程中，静电力和非静电力做功的情况，从能量的角度，理解电源电动势的概念和物理意义。

5. 了解闭合电路欧姆定律及其表达式，能对因内阻的变化而引起的外电压及电流变化进行简单分析。

6. 体验电池制作与使用，定性解释、定量测量评价电源。

（三）教学重、难点

重点：

1. 理解并叙述原电池原理

2. 通过对如何点亮一盏灯、如何使灯更亮的讨论，建立电池使用的数学模型

难点：

1. 理解电动势的本质。

2. 通过对如何点亮一盏灯、如何使灯更亮的讨论，建立电池使用的数学模型。

（四）教学过程

1. 开场白及课题引入

（1）介绍三位上课老师，指出在接下来完成项目的过程中，有任何问题，三位老师都会及时提供学科方面的支持和帮助。

（2）课题引入——点亮一盏灯

（设计意图：三科老师同上一节课，是学生比较陌生的方式，介绍可让学生明确本次上课的形式以及每位老师可以给学生提供什么样的帮助，明确项目）

2. 环节1——设计电池

（1）提问：要想使电路中产生电流需要什么条件？

答：需要提供电源并形成闭合回路。

（2）学生活动1：根据实验桌上的用品，设计原电池

①画出原电池的示意图（含电池的正、负极，电路中各种微粒的移动方向）

②从原电池组成及原理角度说出你设计的依据（写出相应的化学方程式）

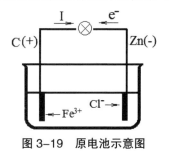

图3-19 原电池示意图

（3）学生观察、研究桌面药品及其他材料；讨论、设计化学电源；画出示意图。

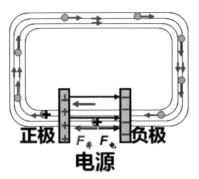

图 3-20　原电池电路中微粒移动方向示意图

学生分组汇报、交流，从化学的角度做定性分析，从原电池组成及原理角度说明通过化学反应可以产生电流，解释电子移动的方向和离子的流动方向的化学机理，电池中的反应方程式为：$Zn + 2Fe^{3+} = Zn^{2+} + 2Fe^{2+}$

（4）学生活动2：物理原理分析。

①从物理的角度出发，以正电荷为例，结合电路中正电荷的定向移动的方向看电路中电势的高低变化，借助受力分析，解释做功和能量转化的方向，总结电动势的概念和物理意义。

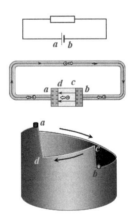

图 3-21　原电池物理原理分析

②比较电动势和电压的定义。

分析：a. 在外电路中，沿电流方向电势降低；在内电路中，一方面，存在内阻，沿电流方向电势也降低；另一方面，沿电流方向存在电势"跃升"。

从外电路来讲，导线中的正电荷在电场力作用下从正极向负极运动，电场力做正功，将电能转化为其他能，如内能。在原电池中，电源提供"非静电力"，将电荷由负极搬运到正极，"非静电力"做正功，使电源储存电能，从而将其他形式的能转化成电能。

电动势的表达式 $E = \dfrac{W_{非静电力}}{q}$，即将单位正电荷从电源的负极移动到正极所增加的电势能就是电动势。在数值上，等于非静电力将单位正电荷从电源的负极通过电源内部移送到正极时所做的功。电动势由电源中非静电力的特性决定，跟电源的体积、形状无关，与是否联入电路及外电路的情况无关。

b. 电压和电动势分别反映完全相反的能量转化方向。

电动势：W 表示正电荷从负极移到正极所消耗的化学能（或其他形式能），E 表示移动单位正电荷消耗化学能（或其他形式能），反映电源把其他形式能转化为电能的本领。电动势表征电源的性质。

电压：W 表示正电荷在电场力作用下从一点移到另一点所消耗的电势能，电压表示移动单位正电荷消耗的电势能，反映把电势能转化为其他形式能的本领。电势差表征电场的性质。

（设计意图：打破学科界限，通过复习化学的原电池原理和物理的电路中自由电荷定向移动过程中静电力和非静电力做功的情况，从能量的角度，正确构建电动势的物理图景。）

3. 环节 2——如何点亮一盏灯

（1）学生活动3：制作原电池

利用给定的器材，设计制作原电池，并连接灯泡，观察灯泡是否亮起来，让学生记录实验现象，思考原因，形成结论。（注意：在连接灯泡前，先用电压表测量电压和电流强度，以确保不超过灯泡的额定电压）

（2）分组实验。

（3）分组汇报实验现象及结论，评价各组点亮灯泡的情况。

分组汇报实验情况，由各小组长组成评价小组，评判各组灯的点亮程度。

小组1：浓度高的电解质溶液，极板近，灯亮（亮度第二）；

小组2：浓度低的电解质溶液，极板远，灯不亮

小组3：浓度高的电解质溶液，极板远，灯亮（亮度第三）

小组4：浓度低的电解质溶液，极板近，灯亮（亮度最低）

小组5：浓度高的电解质溶液，极板近，灯最亮（比较后发现该组倒入的溶液体积最大，即极板插入溶液中的面积最大）

（4）提问：如何调整实验参数，使电池性能更好？

学生从化学和物理两个方面对制作的化学电源的参数展开探讨，经过分析，得出结论：化学电源性能与电解质溶液的成分、电解质溶液的浓度、极板金属的活泼性、极板的面积、极板的距离等有关；对于特定的电解质溶液而言，浓度越大，极板越近，接触面积越大，电池的性能越好。

（设计意图：实验验证学生的设计——点亮一盏灯，实验探究、理论分析电池中改变电源参数的方法，采用开放式的思维教学给课堂留一个"缺口"，给后续的学习开一个"窗口"。）

4. 环节3——如何让灯更亮？

（1）提问：如果每组得到两个相同的原电池，如何连接可以使灯泡更亮？

学生答：电源串联或并联。

有的组认为串联效果更好，有的组认为并联效果更好，有的组认为不一定。

（2）学生活动4：探究让灯点得更亮的方法——分组进行电源串联、并联实验（实验在保证电路安全的条件下进行）

要求各组再制作一个相同的原电池，按电源串联、并联两种方式连接电源，进行实验，观察实验结果是否与你的猜测一致。

（3）分组实验；各小组汇报实验操作和实验现象、结论。

①无论是电源串联还是并联，灯泡都比单个电源时更亮。

②从串联电池和并联电池的效果来看：

小组1、2、5发现串联电池后灯泡比并联电池时更亮；

而小组3、4的结论相反，发现并联电源后灯泡比串联时更亮。

5. 环节4——为什么灯更亮？

（1）提问：电池串联或并联两种连接方式，为何会带来不同的效果？

电池串联或并联的输出功率不同，与各组制作的电池的电动势和内阻不一样。

（2）学生活动5：根据桌上提供的实验器材，设计测量电源电动势和内阻的实验电路图，说明实验原理。

（3）学生设计实验电路如图所示，实验原理：闭合电路欧姆定律 $E=U+Ir$。

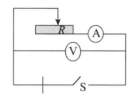

图 3-22　学生设计的实验电路

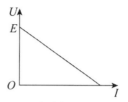

图 3-23　电动势数学模型分析

（3）用数学工具建立数学模型——图像法，分析如何通过图像得到电源电动势和内阻。

数学分析：对于给定的一个原电池，电源电动势 E 和内阻 r 可以视为常数，改变滑动变阻器的阻值，电流 I 与外电压 U 是一对相互依赖的变量。

用数学眼光看公式，舍去公式中字母的物理属性，当改变滑动变阻器阻值时 E，r 为常数，I，U 为变量，从数学上看公式的数学模型为函数（直线），E 为截距，$-r$ 为斜率。

具体求 E、r 的方法：只需测得两组值 (I_1,U_1)，(I_2,U_2)，即可求得 E、r 值，但这可能造成较大误差。如何更精确？可以测出至少五组数值 (I_1,U_1)，(I_2,U_2)，…(I_5,U_5)，求出回归直线方程 $U=-rI+E$，进而求出较为精确的 E，r 值。

（4）学生活动6：实验测量电源电动势和内阻，提供灯泡的铭牌（额定电压2.5 V，额定电流0.3 A），分别计算电源串联、并联时的输出功率值。

①学生分组实验。

②各组汇报实验测得的电池的电动势和内阻，以及计算得到的电池串联或并联的两种连接方式下输出功率的大小关系（或电流强度值），发现与之前的实验结果一致。即无论采用何种方式连接电源，串联、并联做法的优劣都由电源内阻和灯泡阻值之间的关系决定。

（5）数学模型定量分析电源串联时并联时与灯泡亮度之间的关系的原因。

数学思维定量分析：

由模型 $P=UI=I^2R=\dfrac{U^2}{R}$ 说明电流越大灯泡越亮

由模型 $E = U + Ir$，得 $I = \dfrac{E}{R + r}$ 说明如何通过改变 E，r 增大电流。

两个电池串联电流模型 $I_{串} = \dfrac{2E}{R + 2r}$，两个电池串联电流模型 $I_{并} = \dfrac{E}{R + \dfrac{r}{2}}$，

所以 $\dfrac{I_{串}}{I_{并}} = \dfrac{2(R + \dfrac{r}{2})}{R + 2r} = \dfrac{2R + r}{R + 2r}$

小结：

①当 $(2R + r) - (R + 2r) = R - r > 0$，即 $r < R$ 时，$\dfrac{I_{串}}{I_{并}} > 1$，串联时更亮。

②当 $(2R + r) - (R + 2r) = R - r < 0$，即 $r > R$ 时，$\dfrac{I_{串}}{I_{并}} < 1$，并联时更亮。

（设计意图：该环节采用数理交融的方式展开教学，物理实验探究灯更亮的原因，数学建模定量比较串联、并联时的灯泡功率大小，得出结论：当电源内阻小时，串联亮；当电源内阻大时，并联会更亮。）

6. 拓展与展望（如何让灯持续更亮？）

（1）灯泡内阻是一个变量，它会随通电电压（或通电电流）变化而变化，因为它的电阻率随温度升高而升高，一般只有合金的电阻率是一个定值。

（2）提问：如何让灯持续地更亮？

影响电源的另一个参数——电池容量，即电池放电时能输出的总电荷量，通常以安培小时（A·h）或毫安小时（mA·h）做单位。

（3）介绍新能源电池。

观看视频，体验现行新能源汽车电池发展程度及瓶颈。

结束语：当下，新能源汽车研发的焦点集中在动力电池的材料、性能参数上。只有电池技术取得进步，新能源汽车才有转变能源需求的可能。可见，电池的研究能力反映了一个国家的科技水平。今天，同学们用自己制作的电池点亮了手中的灯，明天，相信我们在座的同学们一定会为我国的科技发展事业贡献自己的青春和力量，设计出性能更好、更优质的能源电池来！

（设计意图：教学"留有余地"，立德树人，激发学生继续探究的内驱力。）

（五）教学实践后的思考

1. 打破学科界限，实现多学科融合

物理和化学的整合落在原电池原理和电动势上，顺利化解了电动势教学难点。在设计制作电池环节中，以原电池原理为背景，从化学学科的层面"解剖"化学电源的内部结构，阐释原电池的微观机制；再从物理的角度，结

合分析内外电路的电势高低的变化，理解非静电力就是由化学反应提供的，从而建立电动势概念，揭示原电池、电动势的本质。

数学模型的运用是本节的一大亮点。物理与数学的融合体现在使用电池的数学建模上。在分析灯为什么更亮这个环节时，在应用闭合电路欧姆定律解决问题的时候，一反往常的教学惯例，改物理教学为数学教学，共有两处：一为学生熟悉的数学模型——一次函数，做出回归直线方程，求出电源电动势和内阻；二是借助数学模型，进行推演，定量地分析、比较电池串联、并联时通过灯泡的电流大小，探究使灯更亮的最佳解决方案。

2. 借助项目式学习，以知识学习为载体，以过程体验为核心，回归学科教学的本质

由真实情境出发，以项目为主线，以科学实验为基础，不断地用问题来驱动课堂，灯泡亮了吗？为什么亮了？如何更亮？为什么更亮？在"原理—分析—设计—实践—改进—再修正"的过程中，有机地融合了化学、物理与数学三个学科的知识与理念，最终回归理性的思维。学生亲历做项目的过程，在重视能力培养的同时，同样注重学生知识的习得，做项目的过程也是学习的过程，使他们从中学习并感受科学的思维方法，让学生潜移默化地得到教育与启迪。回归学科本质的教学是重视科学思维和学习进阶的教学。

3. 综合多学科知识解决实际问题，是教育发展的趋向

人在解决问题的时候是不分学科的，这也是符合人的认知规律的。未来的教育是大概念的教育，对教师提出了更高的要求。不仅要求教师有更广阔的学科视域，也需要教师之间团结协作。

4. 教学的最终目标：为提高学生的核心素养而教

思考：教学的核心价值是什么？它在于促进学生实现三个转化：一是把人类社会积累的知识转化为学生个体的知识，使他们知道世界是什么样的，成为一个客观的人；二是把前人从事智力活动的思想方法转化为学生的认识能力，使他们明白世界为什么是这样的，成为一个理性的人；三是把蕴含在知识中的观念、态度等转化为学生的行为准则，使他们懂得怎样使世界更美好，成为一个创造的人。可见，无论是学科教学还是项目式学习，教学的最终目标都是提高学生的核心素养。

五、基于"项目教学"的普通高中历史实践教学案例

理财之争

——《王安石变法》的理财措施项目式教学设计

张燕

（一）项目设计的背景

在王安石变法内容的备课过程中，笔者原想把原始文献和前朝的实施情况记载做比对，来理清王安石变法的理财措施，但是发现，文言文内容多、难度大、超过课堂容量，仅靠课堂教学无法完成。所以，笔者想通过项目式学习的方法来进行课堂翻转，课下让学生阅读资料、补充资料、形成相关认识，课上分组展示，教师在此基础上总结提升，再提出问题，让学生形成新的思考。笔者认为，项目式教学既适用于专题性的长时段的教学实践，同样也可以有针对性地运用于某一课的特定内容。

（二）项目的准备

1.教学目标

水平1　通过小组学习和课上讲解，了解王安石变法的背景、内容和影响的相关史实，锻炼文言史料阅读能力。

水平2　通过对史料的解读，结合课本知识，能够回到北宋的特定历史环境中理解王安石变法，增强历史理解能力。

水平3　能够根据材料，运用相关学科知识，独立分析变法理财措施的积极作用和隐患，锻炼运用所学知识分析和解决问题的能力。

水平4　在对理财措施理解和分析的基础上，能够进行反思，形成自己的历史认识。并且通过学习，去体会中国古代经济思想的先进与博大精深，感受改革的艰难与不易，体会改革措施落地的重要性。

2.项目主体的选取及依据

（1）从教师教的角度

王安石变法的措施中，最重要也最具争议的部分是理财措施，需要深入梳理与分析，课堂时间不足，无法充分展开。

（2）从学生学的角度

学生通过对材料的梳理和理解，以探究的方式去追问每一项具体措施实

施的原因、具体的步骤、可能产生的利弊以及和前朝措施之间的对比，可以对该措施的来龙去脉形成完整的认知链，有利于形成最终的历史解释。同时，这一过程可以充分培养学生的各项能力，调动他们学习的积极性。

（3）从和现实联系的角度

今年是改革开放四十二周年，改革仍在进行中，古往今来的改革都是不断在反思中前行的，那么，古人的经验教训会给我们什么启示？尤其是王安石的理财措施，其经济思想和理念都超越了时代，今天我们在更好的环境中进行实践，同学们都有相关的现实生活的经验，让他们能够通过自身的现实生活经验，回到北宋，在特定的时代条件下理解和分析这些理财措施，并做出自己的评价，这是笔者想尝试的。

3. 项目学习资料的准备

（1）文本阅读资料

表3-4　全体学生阅读材料

	参考资料	设问	积极作用与隐患
本朝	九月丁卯，行青苗法。初，陕西转运使李参以部内多戍兵而粮储不足，令民自隐度麦粟之赢，先贷以钱，俟谷熟还官，号青苗钱。经数年，廪有余粮。至是，条例司请："以诸路常平、广惠仓钱谷，依陕西青苗钱例，民愿预借者给之，令出息二分，随夏、秋税输纳，愿输钱者从其便。如遇灾伤，许展至丰熟日纳。非惟足以待凶荒之患，民既受贷，则兼并之家不得乘新陈不接以邀倍息。又常平、广惠之物，收藏积滞，必待年俭物贵，然后出粜，所及者不过城市游手之人。今通一路有无，贵发贱敛，以广蓄积，平物价，使农人有以赴时趋事，而兼并不得乘其急。凡此皆以为民，而公家无所利其入，是亦先王散惠兴利，以为耕敛补助之意也。欲量诸路钱谷多寡，分遣官提举，每州选通判幕职官一员，典干转移出纳。仍先自河北、京东、淮南三路施行，俟有绪，推之诸路。"诏曰："可。"乃出内库缗钱百万，籴河北常平粟，而常平、广惠仓之法遂变为青苗矣。 ——（明）冯琦曾《宋史纪事本末·王安石变法》 "今陛下始立成法，每岁常行，虽云不许抑配，而数年之后，暴君污吏，陛下能保之欤？……且常平官钱，常患其少，若尽数收籴，则无借贷，若留充借贷，则所籴几何，乃知常平青苗，其势不能两立，坏彼成此，所丧愈多，亏官害民，虽悔何逮。" ——《苏轼文集》卷25《上神宗皇帝书》	青苗法实施的原因？ 如何实施？	积极作用： 隐患：

续表

前朝	籴甚贵伤民，甚贱伤农。民伤则离散，农伤则国贫，故甚贵与甚贱，其伤一也。……是故善平籴者，必谨观岁有上中下孰，上孰其收自四，余四百石；中孰自三，余三百石；下孰自倍，余百石。小饥则收百石，中饥七十石，大饥三十石。故大孰则上籴三而舍一，中孰则籴二，下孰则籴一，使民适足，贾平则止。小饥则发（开仓）小孰之所敛，中饥则发中孰之所敛，大饥则发大孰之所敛而粜之。故虽遇饥馑水旱，籴不贵而民不散，取有余以补不足也。行之魏国，国以富强。 ——《汉书·食货志》 （刘）晏又以常平法，丰则贵取，饥则贱与，率诸州米尝储三百万斛，岂所谓有功于国者邪？ ——《新唐·刘晏传》	宋代的青苗法和魏国平籴法、唐代的常平法有何异同？	

表3-5　免役组阅读材料

	参考资料	设问	积极作用与隐患
本朝	它是针对北宋差役的严重弊端而提出的。由于北宋政府加在农户头上的差役繁重，广大农户（包括农户和一部分地主）濒临破产的境地。 按民户家的贫富分为五等，乡户三等以上、坊郭户（坊郭户民分为十等）五等以上，一律按夏秋两税按等第输纳役钱，名为"免役钱"。过去不应差役的官户、女户、僧道、单丁及未成丁户，也要输纳役钱，"助役钱"。 为了防备荒年欠阁，各州县在按前条征收免役钱时，应于实际价值需要之外，另收十分之二，名"免役宽剩钱"。 ——何林陶《关于王安石"免役法"的几个问题》	免役法实施的原因？ 如何实施？ 北宋与前朝相比有何共同之处？	积极作用： 隐患：
前朝	自魏、晋以来，因兵乱不息，民户耗散之故，政府征发劳力，恒有供不应求之势。故人民对于政府之应役皆属现役，或汉时以钱物代现役（更赋）之情形，久已中断。北齐文宣即位"始立九等之户，富者税其钱，贫者役其力"。 ——李剑农《中国古代经济史稿（中）》 凡丁岁役二旬，若不役，则收其庸，每日三尺（绢布）。 ——《旧唐书·食货志上》		

表3-6 均输组阅读材料

	参考资料	设问	积极作用与隐患
本朝	秋七月辛巳，立淮、浙、江、湖六路均输法。条例司言："诸路上供，岁有常数，年丰可以多致而不能赢余，年歉难于供亿而不敢不足，远方有倍徙之输，中都有半价之鬻，徒使富商大贾乘公私之急，以擅轻重敛散之权。今江、浙、荆、淮发运使实总六路赋入，宜假以钱货，资其用度，凡上供之物，皆得徙贵就贱，因近易远，预知在京仓库所当办者，得以便宜蓄买，而制其有无。庶几国用可足，民财不匮。"诏以发运使薛向领均输平准，专行于六路，赐内藏钱五百万缗，上供米三百万石。 ——《宋史纪事本末·王安石变法》	均输法实施的原因？ 如何实施？ 宋代的均输法和汉代均输法有何异同？	积极作用： 隐患：
前朝	弘羊以诸官各自市，相与争，物故腾跃，而天下赋输或不偿其僦费，乃请置大农部丞数十人，分部主郡国，各往往县置均输盐铁官，令远方各以其物贵时商贾所转贩者为赋，而相灌输。 ——《史记·平准书》		

表3-7 市易组阅读材料

	参考资料	设问	积极作用与隐患
本朝	熙宁五年三月二十六日，诏："天下商旅物货到京，多为兼并之家所困，往往消折。至于行铺裨贩，亦为较固取利至多，穷窘失业。宜令在京置市易务，选差监官二员、提举官一员、勾当公事官一员，召诸色牙人投状，充本务行人。牙人即不得拘系衔唔，非时勾集内行人供自己或借他人产业金银充抵当。五人以上为一保，遇客人贩到物货出卖、不行愿卖入官者，官为勾行牙人与客人两平商量其价，据行人所要物数，先支官钱收买。愿折博官物者亦听。随抵当物力多少，令均分赊请，立一限或两限送纳价钱，半年内出息一分，一年即出息二分，并不得抑勒。若非行人见要物，然遂可收畜变转，委本司官同相度指挥收买，随时价出卖，即不得过收利息。其三司、诸司库务年计物若比在外科买得省公利烦费，亦就务收买。其置务，令三司相其地，以官屋充。其余条约，委三司、本司官申中书详定施行。" 《九朝纪事本末》：赞善大夫、户部判官吕嘉问提举在京市易务，仍赐内藏库钱一百万缗为市易本钱，其余合用文钞及折博物，令三司应副四月。先是，三司起请市易十三条，其一云："兼并之象，较固取利，有害新法。"令市易务觉察，申三司按置以法。御批："减去此条，余悉可之。" ——《宋会要辑稿·食货 五五》	市易法实施的原因？ 如何实施？	积极作用： 隐患：

续表

	参考资料	设问	积极作用与隐患
前朝	置平准于京师，都受天下委输。召工官治车诸器，皆仰给大农。大农之诸官尽笼天下之货物，贵即卖之，贱则买之。如此，富商大贾无所牟大利，则反本，而万物不得腾踊。故抑天下物，名曰"平准"。 ——《史记·平准书》	3.市易法与平准法的差异。	

表3-8　方田均税组阅读材料

	参考资料	设问	积极作用与隐患
本朝	八月甲辰，颁方田均税法。帝患田赋不均，诏司农重定方田及均税法，颁之天下。方田之法，以东西南北各千步当四十一顷六十六亩一百六十步为一方。岁以九月，县委令佐分地计量，随陂、原、平、泽而定其地，因赤淤、黑壤而辨其色。方量毕，以地及色参定肥瘠，而分五等以定其税则。至明年三月毕，揭以示民；一季无讼，即书户帖，连庄帐付之，以为地符。均税之法，县各以其租额税为限，旧尝收蹙奇零，如米不及十合而收为升，绢不满十分而收为寸之类，今不得用其数均摊增展，至溢旧额。凡越额增数，皆禁。若瘠卤、不毛及众所食利山林、陂塘、沟路、坟墓，皆不立税。凡田方之角，立土为峰，植其野所宜木以所方置田为正。今既具，乃以巨野县尉王曼为指教官，先自京东路行之，诸路仿焉。 ——《宋史纪事本末·王安石变法》	方田均税法实施的原因是什么？ 如何实施？	积极作用： 隐患：
前朝	（仁宗）景祐至嘉祐（1034—1063年）约三十年间，凡三试三罢。景祐时，谏官王素言天下田赋，轻重不等，请均定。其后欧阳修因言前在滑州时闻秘书丞苏琳言，曾往洺州肥乡县，与大理寺丞郭谘创千步田法，并无欺隐，愿召二人。……于是遣谘往蔡州。谘首括一县、得田二万六千九百三十余顷，均其赋于民。 ——李剑农《中国古代经济史稿（下）》	仁宗年间为什么要三试三罢？试的原因是什么？罢的原因可能是什么？	

（2）拓展资料

学生可以自行查询相关资料，建议网站：中国知网。

（三）项目的实施步骤

1.自愿结成小组

青苗组：张添越、邹晓天、田旭德、赵梓靖

免役组：乔雨菲、匡奕霖、王馨、晏燕、陈蓦然

市易组：刘骁、孟星扬、屈跃、吴苏舒、郭羽翔、曹辰辉

均输组：乔宇宸、缪锦仪、李家玉、段佳杰、王鹏月

方田均税组：刘昕瑶、商舒雨

2.时间

周二发材料，周三针对各组问题课下辅导，周四做展示准备，周五展示。

（四）项目的成效和问题

1.学生成果展示

【青苗组】

（1）原因

①"青黄不接"时，农民资金缺乏；

②民间高利贷盘剥严重。

（2）内容

①在此期间官府发放低息贷（20%~30%），收获后归还钱粮；

②荒年延缓还贷期限；

③根据贫富差距设定限额；

④贫户须有富户为其担保。

（3）对比

①平籴法、常平制均为纯粹的赈灾救民的社会福利措施；

②青苗法兼具财政增收和保护农户的作用。

（4）积极作用与隐患

积极作用：

①帮助困难农户渡过难关；

②抑制土地兼并；

③保护农业生产；

④增加财政税收。

隐患：

①国家资金分配问题；

②措施不到位，荒年强行收缴还款；

③官员以此为功绩，强行摊派农户贷款；

④地方官趁机敛财。

【免役组】

（1）表演（台词）

第一幕

农民甲："哎哟，我家的地快收成了，可我还得在这服役。"

农民乙："可不是嘛，我老婆孩子还等着我回家种地，养活全家呢！"

农民丙："哎，老王，老匡！（跑了过去）你们还在这干什么，咱们快回家种地去吧！"

农民甲："开什么玩笑？"

农民乙："你说什么呢？"

农民丙："你们不知道？官府新发布的规定，不想服徭役的，交点钱就行了！"

农民甲："真的吗？"

农民乙："还有这种事？"

农民丙："骗你不成，我先回家种地了。"

农民甲、乙："走，咱们也看看去。"

第二幕

农民："官爷您来啦！"

收免役钱的："嗯。"

农民："官爷您是来收钱的吧？"

收免役钱的小吏："嗯，知道交多少吧？"

农民："知道知道，在这儿，您拿好。交了这些钱我们就不用服役了吧？"

收免役钱的小吏："嗯。"

农民："官爷您慢走啊。"

收免役钱的小吏："王大人。"

官员："你怎么来了？"

收免役钱的小吏："大人您有所不知，官府新发布的规定，即使是像您家这样不用服役的，从今往后也得交点免役钱啦！"

官员："什么破规定，我回头就给朝廷上书。燕儿，给他拿钱！"

丫鬟："是。"

收免役钱的小吏："那大人我就先走了。"

官员："快走快走。"

第三幕

收免役钱的小吏："嘿嘿，今年收的挺多，可以自己多留点了。"

小吏的上司："今年的钱都收齐了吧？"

收免役钱的小吏："收齐了，都在这呢。（小声）不仅齐了，还给您富余了点。"

小吏的上司："你可真是个小机灵鬼儿啊。行了，快走吧。"

小吏的上司："可算没白受那几个官老爷的气，今年的辛苦钱不少。"

（2）积极作用

①有利于经济发展（农民摆脱了劳役的束缚，使人身相对自由，促进社会经济尤其是商品经济的发展）；

②打击大地主官僚；

③增加国家财政收入；

④促进农业发展（减轻了农民的徭役负担，保证了生产时间）。

（3）弊端

①免役钱的负担对农民依然繁重；

②使大地主官僚利益受损，有怨言；

③政府人员借机贪污。

【均输组】

（1）背景

①宋代赋税部分征收实物；

②纳税人购买商品时，大商人从中把持，加重纳税人负担，并影响国用；

③贡品重复；

④长期运输导致贡品损坏、变质。

（2）内容

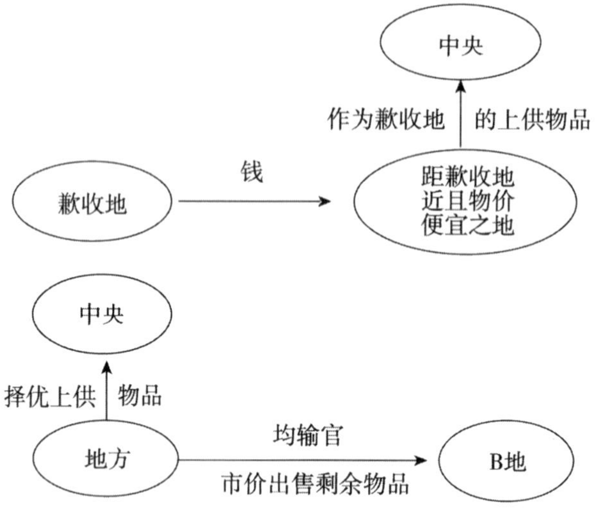

图 3-24 王安石变法中的均输法变革

汉代的均输法：

①政府获得巨额利润；

②均衡物价；

③打造官营商业体系。

宋代的均输法：

①协调供需关系；

②减轻农民负担；

③打击商人操纵市场的行为。

（3）宋代均输法的进步之处

①盈利；

②解决物资运送和汴京供给问题；

③革除旧的运输系统的弊端。

（4）弊端与隐患

①折钱过重；

②易出现官员任用问题。

【市易组】

（1）实施背景

神宗时期，大商人势力发展，在各行业实行垄断经营，囤积居奇（囤积大量商品，等待高价卖出，牟取暴利）、操纵物价，欺凌、压榨外来商人，盘剥、勒索本地行铺稗贩。

魏继宗指出：富商"擅开阖敛散之权"是矛盾的根源。

（2）具体内容

诏在京诸行铺牙人，召充本务行人牙人。凡行人令通供己所有，或借他人产业金银充抵当，五人以上充一保。

——收编"牙人"、商人

遇有客人物货出卖不行，愿卖入官者，许至务中投卖，勾行人牙人与客平其价。

——收购滞销商品

若非行人现要物，而实可以收蓄转变，亦委官司折博收买，随时估出卖，不得过取利息。

——收购滞销商品

据行人所要物数，先支官钱买之。行人如愿折博官物者，亦听以抵当物力多少，许令均分赊请，相度立一限或两限送纳价钱，若半年纳即出息一分，一年纳即出息二分。

——官府向商人贷款

其三司诸库务年计物，若比在外科买省官私烦费，即亦就收买。

——为中央采买物资

以上并不得抑勒。

——禁止强买强卖

（3）继承"平准"，有所发展

"置平准于京师，都受天下委输。召工官治车诸器，皆仰给大农。大农之诸官尽笼天下货物，贵即卖之，贱则买之。如此，富商大贾无所牟大利，则反本，而万物不得腾踊。……名曰'平准'。"

"以国家职能兼行商贾之事。"

——政府是最大的商人

（4）理论作用

市易法除能限制大商人对市场的控制外，还有利于稳定物价，可促进商品交流，进而有利于增加政府的财政收入。

（5）弊端

①封建政府的垄断经营削弱了市场配置资源的能力，阻碍了中小商业的发展；

②中央与各级官吏的目标不一致：前者追求财政收入的最大化，后者追求的是个人利益的最大化；

③市易务加剧了"冗官""冗费"的痼疾，增大了政府的财政支出；

④市易法增加了交易成本，导致一定数量的商品价格上升，使本来不滞销的商品都成了滞销商品；

⑤市易务在借贷方面损害了中小商人和城市居民的利益。

【方田均税组】

（1）背景

景祐年间，郭谘和孙琳丈量肥乡县的土地，"除无地之租者四百家，正无租之地者百家"。发现有八十万的逃赋，随后郭谘在蔡州又清查出两万六千九百三十多顷的漏税田亩。郭谘总结了四十条清查田亩的方法步骤等。不久招致豪强的强烈反对，清查工作遂不了了之。

（2）内容

方田是一种清丈土地、整理田赋地籍的制度。具体办法是以东西南北各千步，相当于41顷66亩160步为一方。每年9月县令派人分地丈量，按照地势和土质的肥瘠分为5等，依地之等级和各县原来租税数额分派定税。至次年3月丈量完毕，公之于众。

均税是对清丈完毕的土地重新定税，要做到：

①纠正无租之地，使良田税重，瘠田税轻；

②对无生产的田地，包括陂塘、道路、沟河、坟墓、荒地等都不征税；

③一县税收总额不能超过配赋的总额，以求税赋的均衡。

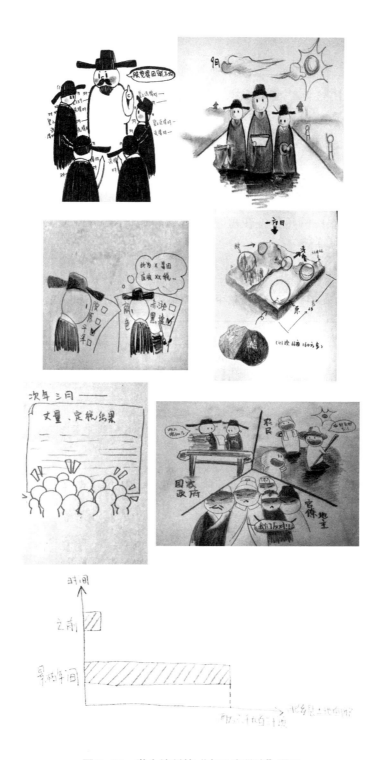

图 3-25 学生绘制的"方田均税法"漫画

（3）三试三罢

方田均税法的推行，遭遇豪强阻挠、官吏徇私舞弊等问题，障碍横生，到元丰八年（1085年）被迫停止，共推行了14年。先后所方之田，仅及五路，所清丈的田达2484349顷，占当时全国垦田总数的一半以上，是中国古代历史上丈量田亩的一次壮举。

（4）历史意义

方田均税法的施行消除了隐田逃税现象，丈量出大量隐瞒土地，在一定程度上减轻了农民的负担，在短时间内大幅增加了国家赋税收入；而且方田均税法采用梯级纳税，比较科学。

2. 教师深化总结

表3-9 王安石变法中的理财措施及其积极作用和隐患

理财措施	积极作用	隐患
青苗法	保护贫农；抑制兼并；促进生产发展；增加政府收入	资金分配问题；强行摊派问题
免役法	减轻无地、少地农民负担；保证农时，促进生产发展；增加政府收入	触犯大官僚、大地主的利益
均输法	协调供需关系；减轻农民负担；打击商人操控市场的行为	官员问题
市易法	打击富商巨贾；稳定物价；增加政府收入	损害中小商人利益；强买强卖；官员问题
方田均税法	均赋税；减轻无地、少地农民负担	触犯大官僚、大地主的利益

设问：这些措施旨在打击谁的利益？保护谁的利益？运用了什么样的经济思想？

解答：打击富商巨贾，部分调整大官僚大地主的利益，抑制兼并；保护农民，促进生产发展；发挥国家的宏观调控作用，合理调配和利用政府资源，平抑物价，增加政府收入。

设问：存在的隐患可以归结为几个方面的问题？

解答：制度设计问题；制度执行问题；利益冲突问题。

教师：王安石的理财措施有利有弊，最终解决财政危机了吗？

材料：

熙宁、元丰（宋神宗的年号）之间，中外府库，无不充衍，小邑所积钱米，亦不减二十万……

——（元）脱脱等《宋史·安焘传》卷三百二十八

教师：财政危机虽然解决了，但是变法措施中的隐患在执行过程中均爆发了，导致政策的走形和变质，最终，在宋神宗死后，新法全部被废除。

教师：其实关于理财问题的争论由来已久。汉昭帝时曾召开过盐铁会议，专门讨论汉武帝时期，桑弘羊的理财措施。王安石变法之前，关于理财问题，也有过激烈的争论（见图3-26）。那么争论的实质是什么呢？我们可不可以把争论的实质归结为这样两个问题：在当时，除了赋税之外，政府能否采取其他经济手段干预经济？政府能否直接参与经济运营？

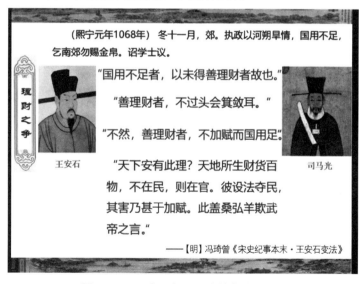

图3-26　王安石与司马光的争论

教师：王安石采用了哪些赋税之外的手段干预经济？

学生：均输法、市易法、青苗法。

教师：你们认为国家有必要采取这些措施干预经济吗？

学生：有必要，这是一种国家宏观调控的方式，国家可以调节供需关系，充分利用政府手中的资源，开源节流，也有利于发展生产。

提问：市易法和青苗法的争议较大，一定程度上就是因为政府直接参与了经济运营，当时很多人认为这是"与民争利"的行为，应该禁止。你们如何看？

学生：这两项措施除了增加政府收入之外，还可以调控物价，补充农业生产资金的不足，总体上是有利于经济发展的，可以实施。但在实施过程中要注意适度的问题，比如市易法，如果市易务依靠国家行政力量过度垄断市场，就会严重打击中小商人，抑制民间市场经济的活力。

教师：王安石的理财思想中，除了开源节流、增加政府收入外，其实隐含了他作为儒家学者的另一个更大的目标，大家请看下面这段材料：

材料：

"合天下之众者财，理天下之财者法，守天下之法者吏也。"在他看来，有了完善的法律和守法的官吏，就可以使天下的财富得到合理的分配，就可以凝聚人心。否则的话，势必造成"有财而莫理"，导致贫富不均。

——樊树志《国史十六讲》

这个目标就是在国家掌控经济后，达到财富的合理分配，以凝聚人心。他的理财措施中的"抑制兼并"的目标就是这种观念的一种体现。

材料：

"盖聚天下之人，不可以无财，理天下之财，不可以无义。夫以义理天下之财，则转输之劳逸不可以不均，用度之多寡不可以不通，货贿之有无不可以不制，而轻重敛散之权不可以无术。……稍收轻重敛散之权，归之公上而制其有无，以便转输，省劳费，去重敛，宽民力，庶几国用可足，民财不匮矣。"

——宋·王安石《乞制置三司条制》

这段材料充分体现了王安石"以义理财""均贫富"的思想。但是，由于时代的局限性，王安石理财的这一终极理想无法实现。所以，有人说王安石的经济思想离古人比较远，离今天的人比较近，你如何看待？

学生：王安石的理财理念很先进，出发点很好，但是由于时代和北宋现状的局限性，没有合理完善的配套措施，好的措施无法落地；而今天，我们有比较好的配套措施、良好的法治环境，王安石的经济思想我们在今天可以比较顺利地实现。

教师：

熙宁二年　二月拜参知政事，

　　　　　七月行均输法，

　　　　　九月行青苗法，

　　　　　闰一月行农田水利法

熙宁三年　十二月行保甲法

熙宁四年　二月改革科举，

　　　　　十月行募役法，行太学三舍法

熙宁五年　三月行市易法，

　　　　　五月行保马法，

　　　　　八月行方田均税法

熙宁六年　六月置军器监

熙宁七年　九月行将兵法

——据钱穆《国史大纲》整理

图 3-27　王安石变法措施推行时间

从王安石变法措施推行的时间可以看出，变法存在过急、过快的问题。王安石并没有说服当时以司马光为首的大多数的官员，他们在理财理念上是不认同王安石的，至于普通民众，王安石没有这个时间，也没有机会去做理财理念的宣传，而且，思想观念的转变也不是一朝一夕能够完成的。因此，在管理经济的理念上，王安石离古人比较远，离今人比较近。

3. 课后思考题

结合本课学习体会，运用所学史实（不限于本课），自拟主题论证。要求立论合理、逻辑清晰、论据得当、表达清晰。

学生回答：

赵梓靖：即便变法本身是正确的，先进的，如果与时代情况不适应也难成功。在王安石的变法过程中，他推行青苗法、均输法、市易法等先进法令。虽然一定程度上缓解了国家财政危机，保护了农业生产，却也因官僚阶层监管不到位而助长了徇私舞弊之风，最终导致变法沦为众矢之的，难以进行。

从这些法令中我们甚至可以窥见现代经济学的认识，但由于北宋吏制混乱，国民素质不足，变法以破产告终。

张森：新思想传播往往受旧势力反对，但终究影响后世。宗教改革时马丁·路德的理论、加尔文的先定论掀起了宗教改革的浪潮，却被教会猛烈抨击；伽利略为日心说提供证据，但在审讯和刑法的折磨下，被迫在法庭上当众表示忏悔，同意放弃哥白尼学说；达尔文提出进化论，却被当世嘲讽抨击为猴子；王安石的经济思想也受到了传统儒家知识分子的抨击。这些新思想虽然一时不为世人所接受，却是推动历史进步的重要因素。

白一帆：为什么说熙宁变法更适用于现代？因为变法强调政府宏观调控、政府监管的作用，现代有法律及相关措施与之配套，可促进执行的效率与效果。变法本身有先进性、超前性。如理财，"钱生钱"思想，当时的人们还不能理解，变法在思想文化方面阻力重重。

吴苏舒：拥有与改革内容相适应的社会条件是改革成功的前提。王安石变法虽然失败，但无法否定，他的变法，也具有一定积极意义。变法失败其中一个原因就是当时的社会制度不够发达，法律不够完善，这个问题使官员对农民层层盘剥，使制度的施行不够顺利。再看中国史上其他变法，如商鞅变法，因迎合了当时一些社会需求，产生了很大的影响，也有许多变法是由于与社会现实脱节而失败的。可见拥有与改革内容相适应的社会条件是改革成功的前提。

4.目标实现情况

（1）学生成果展示与教学目标的关系

学生通过小组的自主阅读分析，充分锻炼了自身的史料阅读和历史理解能力。小组展示的方式多种多样，更贴近学生的思维方式，生动有趣，比单纯的教师讲授的学习效果更好。

（2）教师专业发展与教学目标的关系

教师需要搜集王安石理财措施的原始材料和相关的前朝的历史资料，同时自身也要厘清材料的内涵，并设置适当的问题，引导学生阅读；在学生研读史料的过程中，给予适度的解读和引导；在学生分组展示后，要对理财部分的内容进行归纳总结，并且设置合适的问题，达到关联古今、思古鉴今的目的。这些对教师的专业基础和设计能力提出了相当专业的要求。笔者在准备此课的过程中阅读了大量的资料，对古代的经济思想和实践先有了一个宏观的认识。但是，同时也感到自身在经济理论和经济史方面的不足，这对我自身今后的提升起到激励作用。

（3）本项目学习与核心素养的结合情况

能比较好地锻炼学生的史料阅读和历史解释能力

5.项目的总结及反思

（1）学生展示部分

青苗组和市易组的PPT介绍部分，学生应进一步锻炼表达能力，增强表达的逻辑性和语言的清晰性。

（2）教师总结部分

王安石的经济思想还蕴含了一种充分利用国家资源、动态理财的现代经济学思想，在此设计中没有得到体现，是值得进一步探讨和改进的地方。

六、整合的力量

——核心素养导向下的高中语文教学

石丰

随着课标的落实与课改的深入，"学习任务群"一词逐渐深入人心。2020年最新修订的《普通高中语文课程标准》指出，"语文学习任务群"以任务为导向，以学习项目为载体，整合学习情境、学习内容、学习方法和学习资源，引导学生在运用语言的过程中提升语文素养。从前些年的单元式、专题教学设计，到如今的"学习任务群"，整合，已成为高中语文教学的一股潮流。除常见的读写结合外，根据近年来的思考和实践，笔者将语文教学中的整合分为两种：一是教材中课文与课文之间知识能力点的整合，二是在核心素养范围之内，跨越学科界限的学习内容整合（跨界统整）。

（一）教材中课文之间的整合

教学中的整合，首先是立足文本，立足学科特点，在学科内进行整合。最新的部编版高中语文教材，较从前以文体、时代作为单元划分依据的单篇式教学，在单元教学内容中更充分体现了主题教学、任务驱动的特点，在学习任务中也更明确地提出了"整合"的要求。这一新的改变,有利于学生探寻学科规律,使教学向更深处迈进,同时也对现实中的教学提出了更高要求。

教材中课文之间的整合,可以是同一作家不同时期的作品的整合。以高二语文选择性必修中册为例,第二单元的人文主题是"苦难与新生",第6课整合了《记念刘和珍君》与《为了忘却的记念》,学习提示中写道:"二者都提到了'忘却'……二者都带有很强的抒情性,但前者的抒情直露显豁、汪洋恣肆,后者则使用了不少曲折隐晦的笔法。"在学习时,就要从主题、思想感情、写作对象、写作背景、语言风格等多个角度引导学生进行比较式的阅读,同时也引出了散文阅读欣赏的方法。特别是以文学为切入点,让学生更好地"认识历史,把握当下"(出自本单元导引)。这两篇课文的写作背景对文章内容思想的影响非常明显,但学习这样的课文,应引导学生从文中读出时代,从具体的文本中比较出时代的变化,不宜先入为主,急着补充写作背景。如《为了忘却的记念》,鲁迅先生在文章的开头写道:"当时上海的报章都不敢载这件事,也许是不愿,或不屑载这件事,只在《文艺新闻》上有一点隐约其词的文章。"在记述完五位青年作家牺牲一事后,只用了"原来如此"四个字表达自己内心的悲愤。相比之下,《记念刘和珍君》则直接写道:"一是当局者竟会这样地凶残,一是流言家竟至如此之下劣,一是中国的女性临难竟能如是之从容。"此外,"三一八"惨案发生后,当时各界也都纷纷发表文章来表达纪念或谴责政府。相比之下,再去思考《为了忘却的记念》那"曲折隐晦的笔法",就更容易理解文章背后的时代背景,既可以读出不同时期、不同背景下文章风格的变化及原因,也可读出变化中的不变,即鲁迅先生对牺牲了的进步青年的痛惜与赞美,对反动派的愤恨,对国家民族命运的关心与思考。

又如,高二语文选择性必修下册第三单元第10课中选取的是《归去来兮辞》,在教学过程中,可以将初高中所学的陶渊明诗文打通成一个"专题学习任务群",通过研读《归去来兮辞(并序)》一文,带动整个"任务群"的学习。如在导入新课时可以这样设计问题:从初中到高中,已先后学习过陶渊明的《五柳先生传》《桃花源记》《饮酒》《归园田居》等作品,请根据过去所学,用一两个词或一两句话简单说一说你印象中的陶渊明是个怎样的人,他的作品有怎样的特点。这样既可以唤起学生对过去所学的记忆，又便于了解学情——本次学习活动的起点。再比如，学习陶渊明的诗文，应当充分解读陶渊明归隐田园的原因，全面客观地认识陶渊明的形象，这样才能深入理解陶渊明诗文的价值。对陶渊明的田园生活的认识，不能只停留在自然美好的理想状态上。要知道，陶渊明的田园生活，在另一层面上就是现实中普通农夫的生活，辛苦乃至艰难；也正是在这样的生活中，才充分体现了他安贫乐道的精神。这是学习中的一个难点，但相关内容在《归去来兮辞》中表现得不多，仅有"将有事于西畴""或植杖而耘耔"，以及《序》中的"饥冻虽切"等句，此时就可借助陶渊明归隐后的其他作品来辅助理解，如《归园田居·其三》（种豆南山下）、《五柳先生传》等初中学过的诗文，以及《乞食》等诗篇中均对于生活的艰辛以及安贫乐道的精神的鲜明表现。

教材中课文之间的整合，还可以是不同作家、相近主题的作品的整合。高二语文选择性必修下册第三单元，选取的是魏晋到明代的六篇经典散文，其中第9课将《陈情表》与《项脊轩志》整合在一课中。单元导引中对这两篇文章的共性做了概述："以情见长，至情至性，感人肺腑。"《陈情表》陈忠孝，《项脊轩志》志悲喜，两篇文章在抒情方面各有千秋，同时都注重从细微之处传达深厚的情感。所谓细微之处，包括一些借以传情的物象、语言动作心理方面的细节、精心锤炼的某些字词，也包括那些最是寻常的情感、幽微隐晦的情思。两篇文章文体不同，写作目的不同，但作者都通过精妙的文字，表达出了内心深处的情感，都是对内心深处最真实情感的记录。因此，教学中可以在整体把握两篇作品主要内容情感的基础上进行整合，披文入情，重点研读作品如何由细微之处传达深厚的情感。异中有同，同中有异，通过整合比较，也可以进一步看到，由于写作的内容、对象和目的不同，两篇文章的风格也明显不同：《陈情表》主要是写给帝王陈述请求的，故其情显；《项脊轩志》是写给自己留下回忆的，故其情隐。

（二）跨界统整

"没有跨领域就没有创新。"这是著名的计算机专家王选说过的一句话。笔者带领学生学习京教版选修一教材中《王选的选择》一文时，对这句话印象非常深刻。王选一生经历了7次重要的选择，对他本人而言，最重要的一次选择是从熟悉且获得了一定成就的计算机硬件领域跨行到几乎完全陌生的软件领域。一个人能将理性的目光投向远方，从熟悉的环境中主动走入陌生，是勇气，也是智慧的体现。

近年来，从课改提出的综合性学习、研究性学习，到域外传入的STEAM、PBL，引发了教学领域一次又一次的学习与讨论热潮。教学究竟是应该跨学科、跨领域，依靠统整的力量来培养系统性的思维，还是应该"术业有专攻"，依靠鲜明的学科特色来提升专业素养？这正是笔者这些年的教学工作中始终存在的一个迷思。

著名教师宁鸿彬先生曾举过一个教学实例——初中语文教材中曾收录过华罗庚的《统筹方法》一文。很多老师在教授完这一课后，都会留这样的作业：仿照文中所提到的统筹方法，设计自己的一日生活。但宁先生认为，这样的作业是数学学习，不是语文学习。宁先生的设计是这样的："统筹方法"作为一种复杂的数学方法，为什么我们读完这篇课文就能马上明白它的特点呢？（作者是怎么写的）你能不能依照这种方法来证明一个观点（或解说一种概念）？

这个设计让笔者当时心中一震——原来自己的教学常常是在"为他人作嫁衣"，语文课真正应该教给学生的东西反而没有体现出来！此后的相当一段时间，笔者都在教学中极力体现学科特点，或者说，努力地在教学设计中将语文的工具性体现出来。读有读法，写有写法，学生从中获益也不少，有的学生升入大学，还非常感念在中学时学到的那些概括、表达的技巧。

然而，语文教学仅止于此吗？"术业专攻"是否能解决所有的问题？语文教材和试题中的选文，常常会涉及不同学科，教师教学生读懂这些文章，是希望他们也能写出这样的文章，还是希望他们认识文中介绍的事物，学会其中提及的方法、技能？还是说，希望学生能理解文中的情感、态度、价值观，进而成长为怎样的人？哪一条是语文教师应该或不应该帮助学生实现的学习目标呢？

新颁布的课程标准中提出了"核心素养"一词，包括语言能力、思维能力、审美情趣和文化修养四个方面，其实涵盖了所有学科的学习，旨在培养更完善的人。学习《统筹方法》这样的课文，当然也可以由此来发展自己的思维能力，如练习一下统筹方法在日常生活中的运用，锻炼类比推理能力。

此外，在现在的背景下，只追求单纯的学科特点是不够的，比如新教材中的一些单元，也在单元提示中明确指出要"知人论世"，联系相关背景；但是，如果想要统整各个学科，对教师教学的挑战也将是无法想象的。毕竟，教师的教育背景、教材、课时、考试评价等都是教学中必须面对的问题。要求教师摇身一变成为博采百家之长、学贯中西、兼通文理之人，也是非常不现实的。统整，不是杂合，在现有的情况下也并不意味着完全打破学科界限，它应当是学科之间的"合作共赢"。

比如，高二选择性必修中册第二单元第7课《包身工》，在学习时我设置了这样一个问题：根据文章内容，谈一谈为什么会产生"包身工"（制度）。学生在梳理文章内容时发现了"在一种特殊优惠的保护之下"这句话，但又不明白这句话的含义。学生对那个时期的中国社会特征有一定理解，但不具体，课文中也没有给出相关注释。这时，就必须补充超越学科范围的相关背景资料，包括夏衍写此文的时代背景、国际国内形势、官僚（买办）资本主义的特征等。可以由班中选考历史的同学来解答，教师也可以简要地给出学习支撑材料。又如，高二语文选择性必修上册第四单元"逻辑的力量"，与高二政治选择性必修3《逻辑与思维》的内容有着不少交叉，在教学时就可以进行跨学科的整合、合作。

从过去的教学实践来看，近十年来，北京市一部分区县采用的是京教版的高中语文教材，京版课本里收录了一些让人耳目一新的课文。比如鲁迅的《范爱农》、萧伯纳的《贝多芬百年祭》、加缪的《西西弗的神话》等。这些课文都有相当大的难度，既有文字上的，也有写作背景上的。在有限的课时里，很难说能把这些课文彻底教明白。所以多数语文教师在做教学设计时都面临着艰难的取舍。但若仅从语文学科的角度考虑，想让学生明白"这篇课文写了什么""怎么写的"，这样的目标还是相对容易在很有限的课时里达成的。至于"为什么要写这样的文章"这个问题，实际上涉及了历史学科的知识，比如辛亥革命、法国大革命、"二战"等。语文教师通常会直接补充简要的（且往往不够专业的）历史背景知识，或由学生自己搜集（散乱的、更不专业的）相关背景，不会把这些当作主要的教学内容来对待。然而，这些文章之所以成为经典，首先就在于它们闪耀的时代魅力，而又比"历史"更细致地描摹出了时代的特点。比如，《范爱农》一文是在借人物的经历写辛亥革命前后的时代特征。如果不能"披文入史"，或不能由历史背景知识来反观文字，就大大减损了读者的阅读收获。毕竟，我们留在脑海中的知识，不可能是那些空洞陈旧的表象，必须是深入人心、震撼心灵的。然而这些仅靠语文课的有限时间是不可能完成的。

同样，中学历史教师在处理史料时，也很少会花时间让学生细细阅读。我曾经听过一节精彩的历史课，但教师在为高一学生讲解秦的中央集权政治时，以《过秦论》《六国论》《史记》等选文作为导入，其预设是学生已经在语文课上学习过这些文章——实际上并没有，这些课文或在高二，或根本就不存在于现行的教材中。学生面对这样的导入一脸茫然。这样尴尬的局面不与语文课捉襟见肘的课时与艰难的教学内容取舍相同吗？

在教学实践中，统整学科所面临的若干困难，其中第一个就是"没有时间"。那么，如果能够实现相关学科的统整与合作，比如跨学科的集体备课，这个问题是不是就可以有更好的解决之道？

基于这样的思考，当我们在学习《范爱农》一文时，可以在开始学习之前，询问学生对辛亥革命的认识，然后再去读作品，看看鲁迅先生对辛亥革命的认识是怎样的，讨论他这种写法的意义何在。还可以从文学写作的角度教学生尝试这样的写作方法，或者在教师的指导下搜集同时代、同题材的文学、史学作品来比较阅读。可以将自己的阅读收获在历史课、语文课上交流，看一看自己的结论与教材、资料中体现出来的观点有何异同。这样的学习，一定是需要更多的时间投入的，但学生从中获得的体验，得到的印象，一定会更加客观而深刻。很多时候，单一学科实现不了的目标，可以统整各家之长，相互借力，这样不仅能实现共赢，还能在思维培养上有很大的突破。

比如，诸子百家传统文化的内容，在语文、历史、政治学科中都有所涉及，是不是可以将教材内容进行整合，实现三科的协同教学？《红楼梦》既可以作为小说来欣赏，又可以从中窥得清代政治经济发展的特征，还可以从音乐、美术、戏剧表演的角度展开学习。（换句话说，如果曹雪芹只是个纯粹的文学家，对历史、政治、哲学、艺术、民俗、医药……概不过问，怎么可能写出这样的经典巨著呢？很多学生写记叙文，一些编剧创作影视剧，出来的作品总让人觉得"不对味儿"，不就是因为他们很"能写"却不能博古通今吗？）高中语文教材中的《兰亭集序》，既是文学经典，又是书法杰作，其中蕴含着的哲学思想也有着鲜明的时代特点，在学习时是不是可以统整语文、历史、哲学、艺术课程？

"整合"是一种思维方式。打破单篇教学的限制，打破分科思维的模式，破除传统的老师主导教学，构造以自发、自觉为主的教学方向。术业有专攻，但学习不能钻在单一的专业里；突出学科特点，不等于将培养目标仅仅设置为培养本学科专业的人才。为了学生的长远发展，整合，势在必行。

第四节　融合信息技术的新型教与学模式探索

与时俱进，不断深入推进课堂教学改革，无论是对于学校还是教师来说都是一个永恒的研究课题。学校始终坚持以培养自主学习能力和思维能力为重点，以促进学生学习方式转变、提高教学质量为目标，推进教师课堂教学方式变革，积极开展课堂教学改革。

课堂教学改革不仅需要新的教育教学思想、观念的引领，要把先进的教育教学思想、观念转化为优质的教学行为，而且也受到各种教育教学技术手段的影响和制约。现代教育教学技术的迅猛发展，尤其是现代信息技术和互联网的快速发展及其在教育教学中的运用，不断转变着传统的教与学的方式。特别是近几年来，学校高度重视提升每一位教师的信息技术素养，2015年，学校开展了全员（包括职员在内）信息技术素养提升工程，大大促进了教师专业化发展——TPACK："整合技术的学科教学知识"(Technological Pedagogical And Content Knowledge，简称 TPACK)。它包含七个维度：TK、PK、CK；TPK、TCK、PCK；TPACK。我校以课题研究为引领，开展了"以信息技术为支撑实现教学供给侧结构性改革"的校本专项课题研究，以信息技术为支撑，以"六维度四水平"课堂教学目标设计与实施为抓手，以《北京市第八十中学"三生和谐"课堂教学文化》为指导；进一步深化课堂教学改革，落实学校核心素养，实现"六维度四水平"课堂教学目标（如图3-28所示）。

自2016年起，每年5月举办一届信息技术与学科教学深度融合教学展示研讨活动，快速促进了信息技术与教学的深度融合。以转变学生学习方式为核心，建设"学生自主学习交流平台"，有力地促进了学生学习方式的快速转变，培养了学生自主与终身学习能力。以信息技术现代化引领学校现代化发展已成为全校共识，基于教学改革、融合信息技术的新型教与学模式不断涌现出来。

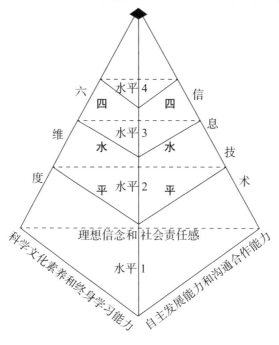

图3-28 以信息技术为支撑实现"六维度四水平"课堂教学目标

信息技术与自主学习深度融合的思考与探索

北京市第八十中学校长 田树林

北京市第八十中学信息化发展过程大致经历了起步应用、应用完善、融合创新、云应用四个阶段。

初步建成了校园网、六个特色实验室、移动图书馆、鲲鹏学习平台、人脸识别系统电子班牌、智能阅卷系统，为教学与信息技术深度融合打下了基础，教师中也涌现出一批乐于探索的积极分子。我校2009年被北京市教委评为"北京市教育信息化工作先进单位"，2017年被中国计算机学会评为"信息学奥林匹克基地校"和"全国信息学奥赛特色校"；2018年援建雄安，"规划智慧校园"方案获得雄安新区评选第一名，2019年被北京市教委评为"信息化融合研究基地校"。

虽然取得了一些成果，但信息化建设与教学改革基本在各自轨道上运行，二者融合频率低、深度不够。

2015年秋季我校开始用课题研究推进"信息技术与自主学习的深度融合"。当时主要开展了三方面工作：一是对学生寒暑假自主学习进行网络支持；二是配合我校推进翻转课堂改革要求，对学生进行微课辅导，提高教育教学质量；三是从"网上直播课堂实录"模式开始，试图确保雾霾停课后能按时完成教学任务。

我校的"网上直播课堂实录"经历了否定之否定的过程，老师品过了卡顿、学生网上逃课的苦恼。效果甚微，课题停滞。

2020年1月，新型冠状病毒性肺炎疫情暴发，教育部做出了2020年春季学期延期开学的决定，并要求各学校采取措施，让学生"停课不停学"。我们意识到：从某种意义说，这是吹响了八十中向未来学校转型的冲锋号。

什么是未来学校？不是因为你的技术是新的技术，叫未来教育，而是因为我们正在努力地用技术去实现更加美好的教育的目标，这才叫未来教育，才叫未来学校。

我们在推动未来教育发展的过程中，始终应该遵循三条主线，第一条，理解什么是学校，学校就是要为学习者创设真实世界；第二条，理解什么是学习，学习最本质的要求是需要更好地激励和驱动学习者自主学习；第三条，如何去解决教育与社会与经济、与产业之间的关系，即推动教育和社会的系统性整合。

信息技术与教育的深度融合，重点之一就是建立以学习者为中心的学习制度，使学校从传统的教变成自主的学，从原来的单一化、标准化变成多样化、个性化，从以供给侧为主，变成以需求的引领为主。

我们过去一直在讲"以学生为主体"，一直在讲"以学习者为中心"，怎么实现呢？在现有的体制机制和技术的框架下，实际上是没有办法实现的，新冠疫情下不得已的居家学习，把我们教育者逼上了必须从讲台走向指导学生自主学习的平台。

接到延期开学"停课不停学"任务后，学校决定趁此机会继续推进"信息技术与自主学习深度融合"的课题研究。这次"停课不停学"期间，发生了五个改变：一是缩短课时。在总结以往经验教训的基础上，不再采用直播45分钟课堂实录方式，而是采用线上点播——学生根据自主学习的情况按需浏览微课视频，每节微课视频只有15~20分钟，画面以PPT为主。这样大大减少了网上所占空间，有效解决了网络卡顿问题，即使在开学第一天上午，全市学生线上学习的高峰时段，八十中学生线上学习过程依旧顺畅进行。

二是增强教学针对性。线上自主学习模式，教师主要是围绕学生学习内容进行重点、难点的解析和共性答疑，指导学生明确学习目标和流程。老师还要确定与目标匹配的评价任务，实现学—教—评的一致性，进而解决学生在无人看管的情况下，自主学习坐得住、学得完、有成效的问题。

学校在"信息技术与自主学习深度融合的研究"基础上总结出了北京市第八十中学"线上线下融合式自主学习"模式（如图3-29）：

图3-29 北京市第八十中学"线上线下融合式自主学习"模式

在这种新的学习模式下，学生学在前，不懂的地方可以反复看，还可以随时停下来思考、查询相关材料。比以往拥有更多的选择，学习也更主动。

有问题首先鼓励同学间在线讨论，还可以向老师求助、答疑解惑。学生很自然地成为学习的主人，教师成为学生学习的支持者——这不就是教育改革所向往的初心吗？没有想到，转变教学方式和学习方式，在防疫的特别时期如此悄然发生了。

三是教师的课堂教学质量普遍大幅提高。备课组内教师分工更加细致，初露未来教育教师角色新样态；团结协作成为工作的基本条件。

四是信息技术人员与任课教师的协作关系变得不可分离。围绕线上教学一系列技术的使用，完全是在真实解决教学需求（疫情使教学活动必须依赖线上平台方能进行），而不是为展示技术功能需要、使教师附加在教学中的任务。这是信息技术与教育深度融合必须解决的方向性的革命和变化，即教育教学必须驱动信息技术创新。

五是线上教学管理，线上授课有其自身的规律和要求（授课时间以20分钟以内为宜），教学管理要抓住微课"短"这个关键，促进教师深入研究学生需求，精准整合教学资源，变知识传授者为学生自主学习的支持者。

八十中疫情期间，教师们给本校学生辅导的微课程、初中部分学科、高中九科课程通过教育部国家云平台，免费向疫区和全国的中学生开放。2020年我校中考、高考都取得了好成绩，初中部学生考入本校人数比往年增加了40多人。这应是对老师们把学习主动权"交"给学生的鼓励吧。

新冠疫情期间，我们采用了线上教学的模式，深刻体验到线上教学的优势。我们没有因为师生返回校园就又使课堂教学"涛声依旧"，我们开始思考如何融合线上与线下教学的优势，促进学生的个性化学习与自主发展；促进学生在课堂上充分展开高阶思维活动，引导学生进行深度学习；进而提升课堂教学效率，实现高效课堂。

课前的线上教学主要承担课前预习、学情调研、达成知识与技能提取目标、达成部分理解目标的任务。线下的课堂教学主要承担高阶思维活动、深入思考、深度学习的任务。课后的线上教学主要承担巩固提升、落实答题方法和技巧、推送个性化学习资源的任务。

我们教育工作者虽然是因为疫情的偶然因素意外进入了未来教育的"超车道"，但从工业化时代的教育，向数字化时代教育的转变却是历史的必然。在这个过程中间增加了一个非常重要的维度，就是人工智能，所以从教师和学习者的二维关系转向了教师、学习者和人工智能的三维关系。这种三维关系不是简单增加了一个角色，而是一个革命性的变化，是一个维度的变革。我们要深入地去思考，让今天我们任何一个重大的教育创新都依赖于技术的创新，技术的创新才有可能去实现我们所追求的教育变革的目标。同样，教育技术的创新者，也必须认识到用现有的创新的技术加载到现有的教育方式上是没有意义的。在应试教育的这个层面上，做的技术创新越多，对儿童的发展、对教育的发展可能造成的损害就越大。所以任何一个技术的创新，学校任何一个技术的引进购置，都要思考它将如何实现更加美好的教育。

做我们今天能做的事情，又让这个能做的事情始终沿着一个正确的方向发展，这就是当代教育工作者应当努力把握的。

第五节　学生发展指导

一、抓住改革新契机　促进师生同发展 [①]

北京市第八十中学　田树林　赵玉泉

在"一人一天地，一木一自然——让生命因教育而精彩"的办学思想的指导下，学校坚持认真贯彻落实立德树人这一根本任务，在教育之路上"守本"，在改革之途中"培根"在创新之举下"铸魂"；抓住高考综合改革的新契机，以落实学生核心素养为抓手，积极促进师生共同发展。

（一）在教育之路上"守本"

新时代教育为谁培养人？培养什么人？应该说党和国家都给予了明确的回答。坚持教育为社会主义现代化建设服务、为人民服务，把立德树人作为教育的根本任务，全面实施素质教育，培养德智体美劳全面发展的社会主义建设者和接班人。全面贯彻落实党和国家的教育方针，这是我们每一位教育工作者的职责，我们必须守住这个本分。

《普通高中课程方案（2017年版）》中明确指出普通高中的培养目标是：在义务教育的基础上，进一步提升学生综合素质，着力发展学生六大核心素养（理想信念、社会责任感、科学文化素养、终身学习能力、自主发展能力、沟通合作能力），使学生成为有理想、有本领、有担当的"三有"时代新人。这更加深入、具体地回答了普通高中培养什么人的问题。认真贯彻落实普通高中课程方案，这是我们每一所普通高中学校的职责，我们必须守住这个本分。

将学生培养成"有理想、负责任、会学习、善合作的创新型人才"这是

---

① 田树林，赵玉泉. 抓住改革新契机 促进师生同发展 [J]. 北京教育，2019（5）:18-20.

我们北京市第八十中学的育人目标，也是对党和国家的育人目标以及学生核心素养的校本化表达与诠释（如图3-30）。认真贯彻落实学校育人目标，这是我们每一位八十中人的职责，我们必须守住这个本分。

图 3-30　北京市第八十中学育人目标与学生核心素养体系
一个核心、四个方面、六大素养、十八个基本点

（二）在改革之途中"培根"

新时代教育如何培养人？这是每一所学校都要必须深入回答的问题，也是立校之根本。教育部在《关于全面深化课程改革落实立德树人根本任务的意见》中指出："要研究制订学生发展核心素养体系和学业质量标准。……深入回答'培养什么人、怎样培养人'的问题。……各级各类学校要从实际情况和学生特点出发，把核心素养和学业质量要求落实到各学科教学中。"因此，如何在学科课堂教学这一课程实施的"主渠道""深水区"落实"学生核心素养"，解决"怎样培养人"的问题已成为当今广大教师面对的一个重要研究课题。

高考综合改革可以说有效地促进了新课程改革的进一步深化，倒逼普通高中必须进行分类分层走班制教学、必须加强对学生发展规划能力以及选择课程能力等的培养与有效落实。

1. 实施分类分层走班制教学"水到渠成"

早在2007年北京市刚刚进入新课改时，我校就开始探索分类分层走班制教学，并首先在全校体育与健康课程中全面实行，在2014级高一年级数学学科开始探索分层教学试验，在2015级高一年级开始进行信息技术、通用技术、美术、音乐、舞蹈、奥赛以及所有校本课程的分类分层走班制教学，因此，到2017级高一年级正式开展新高考综合改革下的分类分层走班制教学，就成了一件"水到渠成"之事。

2. 推进分类分层走班制教学"清淤导流"

积极稳妥地推进分类分层走班制教学，需要"清淤导流"。

（1）"清淤导流"之一：提升学生的自主选择能力

新高考综合改革的最大亮点之一就是给予了学生一定的课程选择权，但是，学生并不具备很好的自主选择能力，在选择课程时容易陷入迷茫，这是推进分类分层走班制教学的一个重要"淤点"。而这种课程选择能力的培养，不是一蹴而就的事，选择最终呈现的是一个结果，但这需要的是一个过程，需要在不断选择的实践过程中提升学生自主选择能力。

首先学校做到了给予每位学生最大自主选择权：一是从学生接到高一新生录取通知书开始就唤醒学生和家长的选择意识，设计了一直到高三第一学期结束共五个学期十个学段，每位学生可以进行11次"六选三"的选择，给予每位学生最多的自主选择机会和时间；二是学生每次可以选择0—6个科目，逐步实现"六选三"，给予每位学生最大的自主选择空间。

其次是大力培养学生的自主选择能力。开设学生发展指导课程，并采取集中与日常、理论与实践相结合，必修与选修、班主任与任课教师相补充、专职与兼职、教师与专家相配合等多种形式的课程，培养学生的自主选择能力。变多年来高一新生入学军训时间（改为高二开学前进行）为集中开设新高一学生发展指导课程的时间，其中每位任课教师都要上两节连排（共90分钟）的学科与学生发展指导融合课；开展学生发展指导主题活动，如职业嘉年华，包括职业分类、职业发展，模拟职业招聘等；建立学生发展规划意识，促进自我探索，进行第三方专业测评，包括学生的性格、兴趣、能力、价值观，及其与学生学科学习优势和未来大学专业与职业选择的建议等；为学生和家长进行选科指导，讲解高考制度、学科探索、升学路径、大学设置的相关信息，包括专业分类、专业排名、学校排名、大学录取要求、如何选择合适的大学或者专业等。

（2）"清淤导流"之二：提升教师的指导选择能力

指导学生科学地进行"六选三"，显然对大多教师来讲也是一个新课题，涉及学生和学科特点，以及大学的要求和未来专业与职业选择等方方面面的新问题，教师指导选择的能力也很薄弱，这是推进分类分层走班制教学的又一个重要"淤点"。为此，学校一方面聘请了相关专家培训与提高教师的指导选择能力，另一方面要求每位任课教师开设学科与学生发展指导课程（绪论课），并贯穿在日常教学全过程，在实践教学中锻炼教师的指导选择能力。共享各种学习资源以及组织开展的相关测试评估数据，为教师提供指导依据，科学指导学生进行选择。

（3）"清淤导流"之三：行政班与教学班管理并重

我们认为，目前阶段行政班的作用还是用其他形式的管理无法替代的，因此，学校采取了行政班与教学班并存的方式进行管理，但是，这两种班级都表现出不同程度的管理弱化问题，比如，行政班主任教不全自己行政班的学生、学生集体荣誉感被削弱等问题，教学班的纪律、卫生、作业收发与辅导等问题，在分类分层走班制教学下得到放大，这是推进分类分层走班制教学的第三个重要"淤点"。那么，如何实现行政班与教学班管理并重，达到增效提质的目的呢？学校进行了一系列的实践探索，结合班主任老师所任学科以及学生选课情况，有效确保了行政班学生的相对稳定、保障每位行政班主任能够教到自己行政班的所有学生；规范了教学班教师职责要求、成立教学班相应的学生组织，确保每位教学班教师承担起应尽的部分班主任的职责，并辅以人脸识别系统，运用智能化管理，实现了"1+1 > 2"的效果。系统制定了学—教—考（课程—课堂—评价）"三位一体"的《北京市第八十中学新课程实施方案（试行）》，且运行平稳、效果良好。真正实现了"一生一表一特长，一师一课一特色——让师生共同发展"。

3. 深化分类分层走班制教学"固本培根"

分类分层走班制教学不仅仅是学生分类分层走班学，而且教师必须分类分层走班教。面对不同类与层的学生进行教学，选择等级考的教学班无论是从教学内容深广度、学业质量标准要求，还是学生对学科教学的要求，显然都要远高于选择合格考的教学班，这对任课教师来讲是一个新的挑战。因此，这就要求必须与时俱进、守正创新，不断固本培根，努力提高自身专业化发展水平，积极开展课堂教学改革。因为，无论是高考综合改革还是课程改革，只有在课堂教学这一实现改革目标的"主渠道""深水区"落地，才真正标志着改革的成功。因此，紧紧围绕课堂教学落实改革目标，让改革目标在课堂教学中生新根、发新芽，它才会有生命生长的活力，这是不断提升教师专业化发展水平的"培根"过程，有根就不怕长不大。

提高教师专业化水平、建设一支高水平教师队伍，是学校和学生发展的根本所在，为此，学校构建并不断优化了整体提升教师质量的五大机制——高关注目标导向机制、高境界师德引领机制、高志向发展动力机制、高质效三课研训机制、高起点精准培育机制（如图3-31），从而有效推动教师发生六大转变（如图3-32）。"整体提升教师质量的机制创新研究与实践"荣获2017年北京市基础教育教学成果一等奖、2018年基础教育国家级教学成果二等奖。

图3-31　整体提升教师质量的五大机制

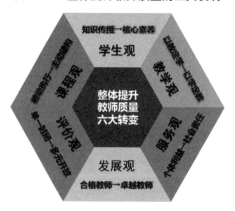

图3-32　教师发生的六大转变

（三）在创新之举下"铸魂"

高考作为人才选拔的一种方式，高考改革不是教育改革的目的，通过高考综合改革进一步深入推进课程改革，从而实现育人目标才是改革的初衷。基础教育课程改革的核心环节是课程的实施，而课程实施的主渠道是课堂教学，新课程改革势必要对传统的课堂教学进行变革，改革目标最终能否实现取决于课堂教学文化是否能够彻底转型，因为课堂教学文化对课程的变革起着决定性的作用，只有实现了课堂教学文化的转型，才能真正地实现改革的目的。

常言道：方向永远比速度重要。与时俱进，不断更新教育教学理念，牵住课堂教学目标设计与实施这一课堂教学的"牛鼻子"，准确把握课堂教学改革方向，不仅会形成独特的课堂教学风格，而且会在课堂教学实践中不断积淀、提炼出特色的课堂教学文化，铸就课堂教学之魂。

早在2014年，学校就专门立项校本研究课题"北京市第八十中学学生发展核心素养体系建构与落实的研究"，成立了以校长为组长的课题领导小组，以教学校长为负责人的课题工作小组，以特级教师和各级骨干教师、优秀教师为主要成员的课题研究与实施小组，以《关于全面深化课程改革落实立德树人根本任务的意见》为指导，以《普通高中课程方案》和《普通高中各学科课程标准》为依据，本着理论与实践相结合、中国特色与国际通法相融合的原则，根据学校的具体实际，建构具有学校特色的北京市第八十中学学生核心素养体系，以明确回答"培养什么人"；以落实学生核心素养为目的进一步深入推进课堂教学改革，以明确回答"怎样培养人"；进一步聚焦课程改革的关键领域和主要环节，确定从解决课堂教学这一关键领域中课堂教学目标的设计与实施这一主要环节中存在的实际问题入手，制定了以课题研究为引领，首先选取一个学科进行典型研究示范，采取边研究边实践、边反思、边总结提升，取得成功经验后再辐射、推广到全校所有学科，逐步实现"全科育人、全程育人、全员育人"的研究策略。

首先，在实施多年的高中新课程课堂教学中，多数教师在"三维度"课堂教学目标设计与实施上存在两个突出问题：一是目标的维度不融合，表现在三维度"彼此孤立""各自为政"，不仅使"过程与方法""情感态度与价值观"目标缺乏实现的载体，而且因为缺失"过程与方法""情感态度与价值观"，使"知识与技能"目标的落实成为机械记忆与训练的过程；二是目标的难度不清晰，表现在对目标难度"缺乏界定""混乱堆砌"，不知道哪些目标通过学生自主、合作学习就可以达成，哪些目标必须通过师生合作、生生合作与探究才能实现，在课堂上落实教学目标时"眉毛胡子一把抓"，既不利于培养学生各种学习能力，又不能突出重点、突破难点，更难以达成较高水平目标，课堂教学效益低下。这两个问题导致了"三维度"课堂教学目标不能有效达成。从这一关乎新课改目标在课堂教学这一课程实施"主渠道""深水区"能否"落地"的问题入手，学校邀请美国的马扎诺等教育教学专家，进行了"私人订制"式的以课堂教学目标设计与实施为核心的集体化理论培训与个性化实践指导，引导我们借鉴马扎诺的"四水平"学习目标理论以有效解决上述问题，即将中国新课程理念的"三维度"和美国马扎诺理论的"四水平"有机融合起来，作为课堂教学目标设计的理论依据（理论创新），创造性地提出"三维度四水平"课堂教学目标的概念（全新概念），主张以"知识与技能"目标为载体去融合"过程与方法""情感态度与价值观"目标，并将高度融合的"三维度"目标划分为四个难度水平，由低到高依次为：水平1——提取目标，水平2——理解目标，水平3——分析目标，水平4——运用目标。这样设计的教学目标既维度融合又难度分明，理论上很好地解决了中美教学理论的融合。那么，实践中如何设计与实施呢？我们以"十二五"规划特级教师专项课题"基于新课程理念的'三维度'和马扎诺理论的'四水平'高中化学课堂教学目标设计与实施的研究"为引领，依托高中化学学科进行深入研究与实践，建构出"三维度四水平"高中化学课堂教学目标的设计思路与方法，确立起教学目标、学习目标和学习方式三位一体的"新大课堂观"，提炼出了以学生为主体的"新大课堂观"下实施"三维度四水平"高中化学课堂教学目标的基本方法和"三步两反馈"实施流程（均为首创），实践效果良好，新课改目标在高中化学课堂教学中真正"落地"，并形成了高中化学特色课堂，实践上很好地解决了专项课题的引领。

然后，学校又通过北京市"十二五"规划校本专项课题"北京市第八十中学'三生和谐'课堂教学行动研究"的引领、辐射，使研究成果得到了科学、快速的发展与推广，高中化学特色课堂由化学学科辐射推广到全校所有学科，并成为全校课堂教学常态，新课改目标在全校课堂教学中全面"落地"，形成了学校特色课堂并定名为"三生和谐"课堂。经过在大量课堂教学实践中边研究、边提炼、边完善，形成了独到的课堂教学思想、方法和观点：

一是"三位一体"的"新大课堂观"，即教学目标、学习目标、学习方式的合一。二是"三维度四水平"课堂教学目标观，即"三维度四水平"课堂教学目标是"三维度"与"四水平"的合一。三是"师生共同体"的课堂教学本体观，即课堂教学以师生共同体为本，是师与生的合一。四是"师生互为主"的课堂教学主体观，即课堂教学既不只是"教堂"，也不只是"学堂"，而是"教堂"与"学堂"的合一。五是"师生同发展"的课堂教学价值观，即课堂教学价值追求的是学生发展与教师发展的合一。六是"以目标为本"的课堂教学过程观，即课堂教学过程是"以目标为本"的课堂教学设计、实施与评价的合一。七是"教服务于学"的课堂教学方法观，即课堂教学方法的精髓就是教、学、做的合一。

这样，教师就会自主成长为有一定专业化思想和观念的教师，即有专业化文化的教师。我校出版专著《"三生和谐"课堂教学理论与实践》，形成了"三生和谐"课堂教学文化，并于2017年荣获朝阳区第一批学校文化特色品牌金牌项目，朝阳有线电视台、北京晨报、北京青年报等媒体也做了深入报道。"三生和谐"课堂教学文化正在将教师培养成有专业化文化的教师。

随着课改的不断深入以及教育教学理念的不断发展与更新，课堂教学目标已经从"双基"到"三维度"，现在又发展到了"核心素养"，那么，如何基于学生核心素养设计与实施课堂教学呢？

在厘清"学生核心素养""学科核心素养""高中所有学科核心素养"等几个核心概念及其关系，以及捋清"三维度""学生核心素养"课堂教学目标及其关系的基础上，我们得出以下几点认识：一是"学生核心素养"是基于学生发展提出的育人目标；而"学科核心素养"是学科育人价值的集中体现，是学生通过学科学习（途径）而逐步形成的正确价值观念、必备品格和关键能力。即通过落实"学科核心素养"这一途径，在学科教学中实现"学生核心素养"。二是课堂教学的最终目的是育"人"而不是培养"学科核心素养"。

三是在"学生核心素养"的"六维度"（理想信念、社会责任感、科学文化素养、终身学习能力、自主发展能力和沟通合作能力）之中，"学科核心素养"应包含于"科学文化素养"之中。因此，我们可以得出一个研究结论：以"双基"为载体（"船／水"），以落实"学科核心素养"为途径（"航道"），以实现"学生核心素养"为目标（"岸"）来设计与实施课堂教学目标——"六维度"课堂教学目标。为此，我们又开展了基于落实学生核心素养的学科课堂教学目标设计与实施（"牛鼻子"）的研究，又开始走上对"三生和谐"课堂教学文化的创新与发展的"铸魂"之路。

"行有道，达天下"，改革之"道"是一条"守本""培根""铸魂"之路，路永远在脚下，要脚踏实地走自己的路……

二、学生发展指导课程建设与实施

北京市第八十中学党总支书记　刘强

北京市第八十中学创建于1956年，1978年被认定为"北京市重点中学"和"北京市对外开放单位"，2003年被评为"北京市示范性普通高中"，在2011年受到时任国家主席胡锦涛的称赞和视察。

学校秉承"一人一天地，一木一自然——让生命因教育而精彩"的办学思想，尊重每个学生的天赋优势，这高度契合了生涯发展指导教育的内涵。在教育改革进程中学校通过课程供给侧改革，为学生提供多样化的课程学习，促进学生个性化学习，同时将生涯理念植入学校教育教学的全过程中，帮助学生发现个人兴趣、激发个人能力，通过生涯指导帮助每个孩子寻求个人发展方向，过有意义的人生。如果说高中课程改革和考试改革为学生提供了选择，那么生涯指导就是帮助、指导学生学会选择，在选择的过程中磨炼心智，在选择的过程中培养责任意识，在选择的过程中赋予学习意义，自主发展。

我校学生呈现多元的发展需求，以2016级学生为例，学生在霍兰德职业兴趣测试中呈现了这样的比例：研究型22.9%、艺术型30.7%、社会型22.2%、事业型10.9%、常规型6.9%、现实型6.4%，这要求学校教育要密切联系学生的实际，贴近学生的天性，帮助学生在自我认识的基础上自主选择，设计适合自己的生涯发展路径。

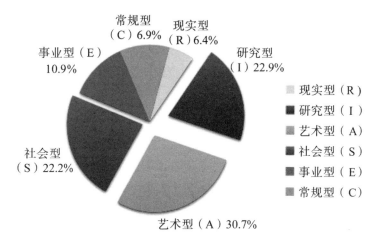

图 3-33 2016 级学生霍兰德职业兴趣的分布

（一）学校生涯发展指导教育支持系统的构建

《国家中长期教育改革和发展规划纲要（2010—2020年）》《国务院关于深化考试招生制度改革的实施意见》《北京市深化考试招生制度改革实施方案》等政策文件中，明确提出学校要尊重学生的选择权、促进学生健康成长，在新一轮教育改革背景下，生涯发展指导教育成为学校必须推进的一项工作。

学校从2012年开始，组织学生以自己的兴趣爱好为依据进行分类的职业体验活动，开启生涯发展指导教育。随着活动的开展，学校一步步形成共识，生涯发展指导教育必须进行学校的顶层设计、举全校之力来推行方能产生更实际的效果。

2013年，学校成立生涯发展指导教育领导小组。领导小组由校长负责，组织教育、教学、教务、信息、总务、教科研等各职能部门全面参与。

《北京市第八十中学六年发展规划（2015—2020年）》指出：成立学生生涯发展指导中心，为学生搭建丰富、多元的课程资源和实践平台，促进学生学会学习、学会选择、全面而有个性地成长。

此后，学校先后出台《北京市第八十中学开展企业社会实践活动方案》《北京市第八十中学生涯规划课程综合社会实践活动提升方案》《北京市第八十中学2017级高一新生生涯发展指导方案》《北京市第八十中学选课走班制度》等，从制度上保障生涯发展指导教育的落实。

另外，为了推进生涯发展指导教育的实施效果，学校引入第三方测评结构，定期组织专家督导，对工作进行及时有效的诊断评估。生涯发展指导诊断既肯定了学校生涯发展指导教育的效果，也指出了未来工作的方向。

伴随深化教育领域综合改革，配合我校课程改革，我校完成了生涯指导的工作架构（如图3-34）：

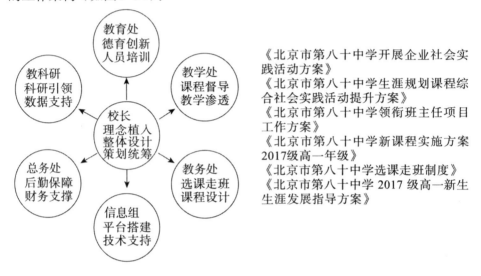

《北京市第八十中学开展企业社会实践活动方案》
《北京市第八十中学生涯规划课程综合社会实践活动提升方案》
《北京市第八十中学领衔班主任项目工作方案》
《北京市第八十中学新课程实施方案2017级高一年级》
《北京市第八十中学选课走班制度》
《北京市第八十中学2017级高一新生生涯发展指导方案》

图3-34　北京市第八十中学生涯发展指导工作架构

随后，学校自2017级高一年级学生开始，全面推进学生生涯发展指导。我们对2017级学生进行了入学初始问卷调查，结果显示77%的学生认为进行高中生涯规划十分重要，然而有80%的学生不清楚甚至没想过自己如何规划自己的高中学习和生活，有20%的学生清楚自己高中阶段的学习目标，但是对于如何选学选考、如何搜集和选学选考相关的信息、做出科学决策并不清楚。因此，我校从自我认知、环境探索、生涯管理与决策等方面设计活动，并以教师的生涯发展指导力提升为切入点，在学校教育教学过程中全面渗透学生生涯发展指导，以适应高考改革的需要，促进学生的优势和个性化的发展。

2020年随着北京市新高考的正式启动，我校生涯发展指导工作也得到了检验，进入了新的发展阶段。生涯发展指导教育是学校工作的系统工程，我校生涯指导整合学校、家庭和社会三个场景的资源，首先动员学校集体的力量和智慧，其次与家庭和社会力量紧密协作，形成合力，把生涯发展指导教育渗透到学校教育教学的每一个环节之中，创造利于学生自主选择、自由发展的校园环境。

（二）学校生涯发展指导教育的设计和实施

2011年9月，时任国家主席胡锦涛同志来到我校，在肯定我校的育人成果的同时指出："中学阶段是学生健康成长的重要阶段，中学教育是整个国民教育体系中承上启下的关键环节。办好教育关键在教师。"因此，八十中学广大教师不忘初心、牢记使命，重视教师在学生生涯发展中的指导作用，不断提升自己的生涯指导能力，让自己成为学生的生涯导师，让校园里的每一个生命因教育而精彩。

1. 组织全员生涯发展指导培训，形成学校生涯发展指导教育导师团队

生涯指导的关键在于解决"人"的问题，即学校人人参与，受传统教育观念的影响，我们的教师善于"教"——思想教育，善于"管理"——奖惩，但是在帮助学生解决问题、解决人生发展的困惑方面却存在不足，即不善于"导"，如何实现教师育人理念的转变，由"管"转向"导"，把自己的人生智慧转化为教育智慧，帮助学生学会选择、自主发展是生涯指导支持系统建立的关键。我们通过教师培训、导师教研等多种方式为教师的角色转变、理念转变提供支持。

（1）全员培训，学习教育改革精神，更新生涯发展指导理念

2014年11月，在教师普遍处于生涯发展指导教育空白疑惑的阶段，学校邀请英国南岸大学生涯发展指导教育专家对全校教师进行了"CLD"生涯发展指导教育系统培训，以唤醒教师的生涯指导意识。

2015年3月，学校邀请市区专家为广大教师开展教师生涯指导能力提升培训会，提升教师的生涯发展指导能力、立德树人。

2017年8月，面对北京市进行了新中考、高考改革的形势，学校聘请教育专家就新中、高考改革下的课程以及课堂教学变革对老师们进行面对面指导，使全体教师对选课走班有了充分的认识和准备。同时，学校启动生涯课程集体备课制度，从生涯独立课程、生涯班会课程、生涯学科渗透课程等多个维度设计生涯发展指导活动。

2018年8月，学校组织教师在雄安校区围绕新课标背景下如何培养学生

的核心素养、新高考分类分层走班背景下的教与考、三级立体生态课程体系下的学科课程群建设与实施等课题进行分组研讨。同时邀请北京市课程专家就新中考、高考改革下的课程以及课堂教学变革和最近两年开展学生指导的方法进行培训，不断改进教师教学方式和学生学习方式，以强烈的责任感和使命感立德树人，传递社会主义核心价值观，帮助学生健康快乐地成长。

2017—2020年，每年8月的暑假，学校班主任老师、学科教师都会组成备课小组，结合北京市课程和高考改革，结合学生特点和班级实际，结合学科特点和教师的教育智慧，积极组织生涯校本课程的内容和素材，帮助学生更好地理解高中生活、合理认识自我，体验不同学科的魅力和发展趋势，为科学选课选考打下坚实的基础。

这一系列目标明确、高质量的培训研修活动帮助教师更好地理解课程和考试改革，紧密贴近教育改革要求；通过指导知识和技能的学习，提升教师专业水平，促进教师理念转变和角色意识的转变。

（2）分层次、有重点地推进，打造学校生涯导师的梯队

在全员培训的基础上，学校组成包含生涯教师、班主任、学科教师骨干的教育团队，积极参加北京市、朝阳区的生涯发展指导教育研修或者培训，并在自己的教育教学过程中加以实验实施。

学科教研组通过集体备课，组织学科月活动，在学科教学中融合生涯发展指导教育的思想，展示学科生涯发展指导教育的影响力。

同时，学校继承"师带徒"的优秀传统，成立教师自主发展中心和青年教师研修班，通过多种方式帮助教师规划自身职业生涯路径，提升生涯发展指导教育技能。

经过多年的努力，学校基本形成生涯发展指导教师梯队：生涯教师—班主任—教研组长—学科带头人—骨干教师—优秀青年教师，在学校生涯发展指导教育的开展和学生个别化指导等方面发挥了重要的作用。

在不断研讨培训、实践反思的基础上，关于教师生涯指导力的认识和理解也进一步清晰：生涯指导力是教师承担学生生涯发展指导的有关素养和胜任力，主要包含四方面内容：第一是人生领航力，作为学生的生涯导师引导学生进行初步的目标规划，逐步确立自己未来的人生发展方向。第二是课程

开发力，教师不仅能够进行独立的生涯课程设计和实施，并且能够在自己的教育管理和学科教学中主动渗透生涯教育，立德树人，为大学和未来社会输送合格人才。第三是资源供给力，学生在自我发展的过程中，认识自己、了解社会是很重要的两部分内容；同时，学生也要掌握资源选择和使用的有效方法，丰富自己的信息资讯，做出更为准确有效的发展规划。第四是教育设计力，教师依据学生、学科和班级的特点，发挥自身的主观能动性，在生涯教育活动的开展过程中因材施教，灵活组织与实施，加强对学生和班级的个性化指导，让自己成为学生的生涯导师。

（3）立足班级教育，提升班主任指导能力，建设生涯导师的核心队伍

生涯指导要落实到学生，即针对每个学生的发展问题进行指导，帮助学生解决个性化的发展问题，就要立足班级教育，发挥班主任协调与组织的角色，开展班级活动，指导学生个人计划，协助学生解决个人问题。

学校鼓励班主任以教师发展目标"正身育德、宽容大爱、严谨治教、恒学善研"为方向，提升自身生涯发展指导能力。通过举办教育基本功大赛，组织班主任老师以学段为单位分组研讨，交流班级的现状和学生的心理需求、班主任开展生涯发展指导教育的想法和思路等，思考如何结合学校、班级实际设计生涯指导教育活动，构建具有学校特色的结构化生涯课程。

2017年10月，学校通过《北京市第八十中学领衔班主任项目工作方案》，引导、鼓励班主任以课题研究的形式，就生涯发展指导的理论、实施、困惑、解决途径等展开研讨，提升生涯发展指导能力。

2. 成立生涯发展指导教育课程小组，研发生涯发展指导校本课程

学校依据学科特点，通过课程渗透生涯发展指导，形成了以公共必修课、生涯选修课、社团课程为主体三级立体分层的课程结构，满足学生多样化的需求。

（1）完善课程结构，体现学校特色

依据"以人为本、多元开放、自主选择"的原则，建设生涯发展指导教育三级立体分层的课程结构。

公共必修课：关于生涯规划的通识教育，纳入学生课程体系。帮助学生了解生涯知识，掌握一般生涯规划技能。

生涯选修课：帮助学生了解社会，探索职业世界。以社会实践的形式进行，在假期供学生自主选择。

社团课程：针对有明确生涯规划方向的学生，将生涯规划和学科学习相结合，拓展学生的生涯视野，丰富其职业体验，在具体环境中进行职业选择的深入思考。

图 3-35　北京市第八十中学生涯发展指导三级立体课程示意图

（2）规范课程内容，按阶段有计划推进

初中阶段生涯指导的重点：以"学业规划""自主学习"为目标，教会学生初步了解自己、了解职业。

高中阶段生涯指导的重点：围绕"高一认识自我，学会适应；高二探索环境，不断超越；高三自主管理，成就自我"这一主线，帮助学生了解自我，探索环境，学会选择，科学规划，有的放矢地进行高中学习和生活，为将来的专业选择、职业规划做好准备。

（3）创新课程形式，提升学生参与热情

为提高生涯发展指导教育的实效，学校大胆进行课程形式的改革和创新，组织包括课堂小组合作学习、大学专业调查和职业人访谈等多种形式的延伸课堂教学。同时，以互联网为依托，开展"相约中国航天""相约金融科技"等线上课程，为学生提供了解时代发展前沿的相关行业信息。另外，聘请行业领军人物带领学生成立生涯工作坊，以任务驱动的方式激发学生对相关领域的深入探索。

3. 形成学校、家庭和社会的合力，开展生涯体验和实践活动

学校教育不能仅局限于学校之内、课堂之内，教育的开展离不开家长的配合和社会的支持。因此，我校在开发生涯发展指导教育过程中，注意挖掘各自的优势，形成学校、家庭和社会的协作局面，促进学生生涯抉择。

（1）系列教育引导学生具备生涯规划的意识

以"生涯规划"为主题开展系列教育活动：采用国旗下讲话、班会、校会、专家讲座等形式，以课程化的理念推动学生生涯概念的形成，通过教师的指导、学生主动的探索，促进学生发展初步的生涯规划的意识。

（2）举办生涯发展指导教育主题活动

按计划推进生涯教育主题活动：

4月社会实践：学生分组走进企业，了解现实中职业世界的特点和未来企业对人才的需求等。

5月初中生涯体验周活动：整合学校、家庭和社会等多方面的资源，为学生提供和职业人士、学科生涯导师、优秀校友面对面交流的平台，获得关于学习、生涯的有效指导。

9月初生涯人物论坛：感动中国人物、航天英雄、著名学者、社会精英、优秀校友等纷纷走进学校，为学生们带来精彩的讲座和报告，鼓励学生勤奋学习、树立远大志向。

9月底职业嘉年华活动：活动邀请优秀校友、企业代表、骨干教师、学生家长等职业人进校园，在参与活动的过程中帮助学生了解自己的优势和不足，澄清他们对于专业、职业、发展等方面认识的误区，合理调整自己的学习和发展方向。

（3）深度职业体验活动

高中阶段要为学生的成功生活和就业做准备，要帮助他们把人生志向具体化为职业志向，仰望星空、脚踏实地。生涯指导的关键在于帮助学生拓宽视野，帮助他们发现生涯发展的机遇和可能性，组织学生的生涯探索和职业体验活动是关键。把学生生涯学习的课堂拓展到社会，理解职业的价值，在职业体验中提升自我认知。

学校组织学生利用节假日进行为期一周的职业体验活动，深入地了解职业和岗位。随着学校组织活动时间的增长，学生对企业、职业的认识由浅入深，由感性认识上升到理性分析，并能在一定程度上思考自己的兴趣与未来职业的结合点。

为进一步将学生兴趣爱好和未来职业规划结合，学校进一步整合社会资源，与英特尔中国研究院、微软、宝马、小米、海尔等世界500强企业合作，由企业高管带领学生成立导师工作坊，在人工智能、金融科技、互联网、生命科学等领域以项目推荐的方式开展课题研究，将生涯规划推进到更高的层面。

4. 高考综合改革背景下的高一生涯发展指导教育及选课走班设计

高中阶段学生面临四个重要选择：选课、选考、选专业、生涯定向，这些选择与学生的发展息息相关。学生需要通过选择发现自己的人生道路，通过选择实现个性化的学习和自我塑造、自主发展。配合课程改革，尤其是2017级学生将面临新高考改革，我们更加重视选择指导。2017年6月，田校长组织相关部门和教师召开专题研讨会，系统设计高一生涯发展指导教育方案。方案为了引导学生自主、科学选科选考，利用新生教育时间进行高一学生生涯发展指导教育体验营活动，并将新高一军训调整到高二暑假。

图 3-36　北京市第八十中学 2017 级高一生涯发展指导进程图

2017年8月，学校正式开启高一年级生涯体验营。班主任设计并实施选择的智慧、时间管理的方法、创新思维训练、学科和专业选择等班级生涯主题教育活动，这有效激发了学生的兴趣和参与的热情，唤醒了同学们的学习热情和生涯规划的意识。学科教师利用学科绪论课和学生就学科的知识能力、学科素养、专业和大学选择、学科和未来职业发展、社会和国家的相关需求等话题进行了积极的探讨，引导学生领略各个学科的知识和魅力，激发学生的学习兴趣和学习动力，拓宽学生的学习视野，让学生主动学习，为未来而学。

2017年9月，高一学生的选课走班拉开了序幕。学校把选择的权利交给学生，让他们根据自己的实际情况进行选择。在6选3的选科中，选择的标准不同，选择的结果也呈现明显的差异化：有的学生已经有了自己的职业目标，或当软件工程师，或当律师，或当教师，他们将选考与选专业、选职业、选未来有机地结合起来，选定了三科，还有学生选择了第四科、第五科作为备选，名之"且行且思考"，当然也有犹豫不决而未做选择的学生。这说明绝大多数学生经过了生涯发展指导教育和学科指导，都具有了一定的选择意识和自我决策、自我管理的能力，能够对自己的人生负责。

此后每年的学生生涯指导工作更加有序和精进。2020届首届参与北京新高考的学生顺利完成高考之后，我们对学生进行了《北京市第八十中学2020届高三毕业学生生涯发展指导调查问卷》。调查显示，超过94%的学生认为中学生应该尽早做自我生涯规划，96%的学生认为学校开展生涯规划教育活动符合自己的成长和发展需要，对自己的高中生活感到满意。在学校开展的各项生涯教育活动中，学生对于社会实践、生涯测评、生涯课程、生涯拓展活动、教师个别化指导等活动的认同度比较高。超过96%的学生认为自己在选课选考的过程中得到了老师及时有效的帮助。同时学生也对学校生涯教育活动提出了建议：生涯规划要及早开始；在选择科目的时候指导学生不仅要考虑自己的爱好，也要考虑自己的成绩，看一看自己将来想学的专业需要学习什么科目，多方面进行综合再做决策；在高中阶段学生遇到问题要主动和老师沟通，养成良好的学习和行为习惯；学会自我管理，在高中学习中锻造好知识的武器，以便在未来生涯发展中一帆风顺、前途似锦！

（5）总结生涯发展指导教育经验，进行项目研发，促进学校生涯发展指导教育的特色化发展

2016年3月，学校申报北京市"十三五"规划教育科研课题"中学教师提升生涯发展指导力的实践研究"，并获得立项，2016年9月完成了课题开题和相关文献的整理和子课题的探究。

2018年6月，在积累的丰富的校园生涯课程资源的基础上，课题顺利完

成中期审查。目前，作为北京市、朝阳区的生涯校本研究项目，课题得到了广泛的关注，课题成果多次参与北京市、朝阳区的展示和交流。课题组老师们的多篇生涯课程设计入选北京市生涯发展地方课程优秀资源，并被收录于北京市中小学课程教材资源网，为学校生涯教育提供可借鉴的范例。我们期待通过生涯课题的研究，进一步总结我校生涯发展指导教育的经验，凝聚教师的生涯智慧，形成具有学校特色的生涯发展指导教育体系和模式。

（三）学校实施生涯发展教育的反思

1. 生涯发展指导教育在学校取得的成效

（1）传播学校的办理理念，做学生的生涯导师成为全体教师的教育自觉

经过多年的实践探索，我校教师对生涯发展指导教育基本形成了共识，2017年朝阳区中小学生涯指导现状问卷调查，我校调查结果统计数据如下：

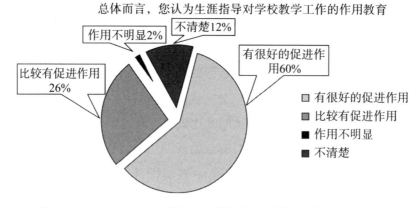

图 3-37　2017 年北京市第八十中学教师生涯指导现状问卷调查之一

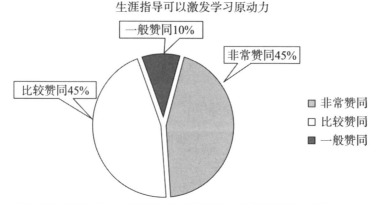

图 3-38　2017 年北京市第八十中学教师生涯指导现状问卷调查之二

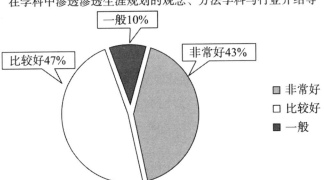

图 3-39 2017 年北京市第八十中学教师生涯指导现状问卷调查之三

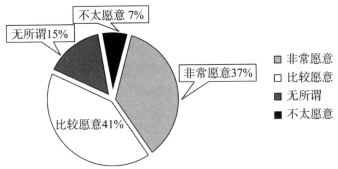

图 3-40 2017 年北京市第八十中学教师生涯指导现状问卷调查之四

在开展生涯培训的过程中，学校的全体教师在不同的岗位做着自己的贡献，比如我们新高一的班主任，在送走 2016 届毕业生后，马上投入新高一生涯发展指导活动的准备中。面对全新的事物，老师们首先接受市区级培训更新自己的观念，认识生涯发展指导的必要性和紧迫性，随后形成 2—3 人的集体备课组，研讨班主任生涯发展指导教育的内容、方法、形式，贡献集体的智慧撰写教案作为校本教材，这个过程贯穿了 2017 年的整个暑假，为新高一学生的生涯发展指导和选课走班做了最基础也是最重要的工作。目前，这一工作已经融入了学校管理的常规，每届新高一的班主任和学科老师都会借鉴前辈老师们的经验，融入自己的教育教学特色，为学生提供更为精准高效的生涯指导。生涯导师集体备课已经成为学校生涯指导的特色品牌研训活动，为老师们生涯指导力的提升提供助力。

学生对于学校生涯发展指导工作也给予了积极的评价和回应：

表3-10 2020届高三毕业学生的生涯发展指导问卷调查

N=187	A 非常符合	B 比较符合	C 比较不符合	D 完全不符合
高中阶段我能够依据自己的目标计划做好自我管理	39.03%	51.34%	8.56%	1.07%
我的高考志愿和我的发展规划基本相符	37.97%	49.73%	10.16%	2.14%
我对自己的高中学习生活感到满意	49.20%	46.52%	3.21%	1.07%

2020届高三毕业生认为学校生涯教育的开展十分必要，有助于自己高中阶段的科学规划和主动学习，比如生涯课程中老师对学科的解读，老师作为一个经历者，结合自身经历讲解了学科未来的发展方向，学生表示在这个过程中学习到了很多；生涯测评不仅有助于更直观了解自己状态，也能帮助选科考；"职业嘉年华"加深了自己对于职业和专业的认识和了解；模拟面试让自己提前体验职业世界的氛围，真正地了解了自己将来想做的事情需要的是什么能力，从而在高中阶段谋划布局；和同学一起参与"梦想过山车"的设计，完成了不可能完成的任务，懂得了合作的重要；"大学夏令营"令人印象深刻，因为可以认识到在目标大学学习的优秀学长，深入体验大学文化，确定学习目标与方向……作为学长，学生们对在校学习的学弟学妹们提出建议：生涯规划要及早开始。

（2）引导学生优势发展，教育教学质量进一步提升

近几年，八十中学生在学科竞赛、科技、艺术等领域硕果累累，高等院校招生中我校的北大、清华上线率，"双一流"建设高校录取率始终在朝阳区名列前茅。生涯发展指导教育的实施为具有优势特长的学生提供了发展的指导，并促使教师进一步思考如何在基础教育的过程之中关注学生个性化发展的需要，促进学生的优势发展。

（3）丰富校园文化，学校德育模式进一步创新

我校的生涯教育不仅是引导学生制定科学合理的生涯规划，还根据《中

国学生全面发展的核心素养》，在社团活动、主题班会、文体竞赛等校园文化活动中注重培养学生的创新思维、国际视野、家国情怀、责任担当……丰富校园文化，使学校德育模式进一步创新。

（4）强化家校联手，助力学生自主发展

在生涯发展指导教育实施的过程中，教师、家长作为生涯导师，从学生的角度引发学生自主发展的意识，师生关系、亲子关系更加融洽。通过生涯发展指导教育，更多的学生理解了家长，更多的家长走进了校园，成为学校教育的有力支持和补充，形成了学校教育的协同教育文化，成为学校生涯发展指导教育的亮点。

我校生涯发展指导教育成果的取得，源自全体八十人对相关政策的深入理解和全员对校长的办学思想的贯彻实施，源自教委的大力支持和专家的指导提升，也源自家长和社会力量的鼎力相助。

2. 生涯发展指导教育的不足

我校生涯发展指导教育取得了阶段性成果，但依然有教师坚持传统的知识传授、"成绩说话"的观点；依然有学生"两耳不闻窗外事，一心只读圣贤书"的案例；依然有家庭出于"功利主义"，给予学生错误的指导和管理……生涯发展指导教育还存在发展不平衡、不充分的问题。

同时，针对不同类型学生的差异性指导以及如何协助班主任和任课教师进行角色转变、生涯指导技能提升的具体策略等，也是摆在我们面前，需要我们进一步思考和探索的问题。

3. 生涯发展指导教育的展望

学校的生涯发展指导教育，必须站在立德树人根本任务的前提之下，必须坚持学生个体的自主发展，必须适应学生美好生活的需要！在党的十九大报告中，习近平总书记提出中国特色社会主义建设正在进入新阶段，生涯发展指导教育也必然紧随时代发展大潮进入新时代！

每个学生都有其独特的生命特质和生命历程，作为教师，我们要积极开展生涯发展指导教育，陪伴和关注学生的成长，引导学生发现自己的优势和特长，树立自主发展的信心和决心，把当下的学业和未来的发展结合，过有梦想、有追求的生活。因此，我们要把握机会，提升自己，助力当下，成为学生成长中的生涯导师，让校园成为学生梦想实现的摇篮，让生命因教育而精彩！

三、分类分层走班制教学的探索与实践

北京市第八十中学教务处主任　王学东

2017年秋天的校园一如既往地生机勃勃，423名高一新生满怀憧憬走进八十中，迎接他们的是为每一个人量身定做的课程，"先选后排""一人一课表"带领同学们走进八十中的"三级立体生态课堂"。前所未有的学习方式预示着2017级的同学们将成为北京市分类分层选课走班新课改的实践者和获益者。此时的八十中花木葱郁、笑脸辉映。

（一）政策引领，源头活水汇清渠

2016年5月27日，北京市教育委员会办公室向全市印发《北京市深化考试招生制度改革的实施方案》（以下简称《方案》），《方案》中明确指出未来北京市的教育改革目标为到2020年基本建立符合首都教育实际的现代教育考试招生制度，形成分类考试、综合评价、多元录取的考试招生模式，健全促进公平、科学选才、监督有力的体制机制，构建衔接沟通各级各类教育、认可多种学习成果的终身学习"立交桥"，全面推进素质教育，促进学生健康成长、全面发展。

《方案》中还指出要"推进高级中等学校考试招生改革"，从2018年起，中考考试科目和分值调整为：语文、数学、外语、历史、地理、思想品德、物理、生物（化学）、体育九门课程，满分为580分（不含加减分）。

语文试卷总分值为100分；数学试卷总分值为100分；外语试卷总分值为100分，其中60分为卷面考试成绩，40分为听力、口语考试，与统考笔试分离，学生有两次考试机会。物理（含开放性科学实践活动10分）、生物（化学）（含开放性科学实践活动10分）、历史（含综合社会实践活动10分）、地理（含综合社会实践活动10分）、思想品德（含综合社会实践活动10分）五门考试科目原始分满分均为100分。学生可以选择其中三个科目参加考试[物理、生物（化学）须至少选一门]，所选三科成绩，由高到低分别按照100%、80%、60%的系数折算为实际分数，即三科折算后实际满分分别为

100分、80分和60分。

体育成绩为40分，其中现场考试30分，过程性考核10分。

《方案》就普通高中的教学指出："主要任务和措施有二：建立高中学业水平考试制度和完善学生综合素质评价制度。"

（二）生源多元，生态课堂谱新篇

自2015年以来，北京中招招生呈现多层面、多层次的特点。为办人民满意教育，均衡教育资源，我校积极响应，认真落实招生政策。截至目前，我校高中部有校额到校、统筹一（跨区招生）、小语种、科学创新、特长、西藏、合作办学等7类学生，这些学生学习基础不同、学科素养各有所长、未来发展各具特色。这正如大自然的生命：春华秋实，夏风冬雪，赤橙黄绿，万紫千红……各美其美。每个学生都是独特的生命个体，教育是让每个学生发现自我、认识自我、不断完善自我。我们的办学理念是"一人一天地，一木一自然——让生命因教育而精彩"，这是对教育的深刻诠释，更是对生命的无上尊重。

基于这样的认识，我校第二个六年（2014年至2020年）发展规划提出构建"生态教育"课程，促进学生个性化发展。

1. 生态教育课程的基本原则：以人为本、多元开放、自主选择

学校的办学之魂来源于校长的教育理念，北京市第八十中学田树林校长的教育理念之魂，更多来源于作为一名生物特级教师从大自然中收获的对生命本质的认知及对生命的尊重和敬畏！她认为"每一个孩子都是一颗种子，都是一个生命的奇迹。学校的教育，不仅仅是给孩子什么，而更多的是给孩子创造一个和谐的生态环境，让孩子发现自己有什么，让孩子的生命基因得到正确而充分的表达，让孩子生命中原本就有的真善美得到激荡，让孩子的生命活力得到最自然地释放。尊重、保护孩子的天性，发展孩子的个性，让每一个孩子成为他自己，让每一个孩子，成为这个世界上不可替代的'这一个'，呈现生命的多样性和丰富性，这就是学校的作用"。

"一人一天地，一木一自然——让学校里的每一个生命因教育而精彩"是田校长的办学理念，也是我校的教育观和人才观，更是一种人与人之间和谐相处的方式：尊重与发扬学生的个性，尊重与发扬老师的个性，让"尊重、

包容、欣赏"成为八十中学生与学生之间、学生与老师之间、师生与校领导之间的相处方式，而这一方式我们把它总结为"生态教育"。

2. 选课走班形势下的生态课堂核心概念的界定

（1）选课走班的定义

选课走班是指学科教室和教师固定，学生根据自己的学习程度和兴趣愿望选择适合自身发展的层次班级上课。不同层次的班级，其教学内容和程度要求不同，作业和考试的难度也不同。

（2）选课走班的三层含义

①"走班"的学科和教室固定，即根据专业学科和教学内容层次的不同固定教室和教师，学科教师"挂牌上课"，学生流动听课（如选考和学考）。②实行大小班上课的多种教学形式，即讲座式的专题课程实行大班制，常规性的课程实行小班制，通过不同班级、年级学生的组合教学，增强学生的互助合作（如研究性学习、科技类课程大班集中上课，课下专题探究；常规课程选课走班）。③以兴趣为主导的走班形式，学生根据自己的兴趣选择上课内容，不固定教师与教室，主要发展学生的兴趣爱好，开拓学生的思维（主要是选修课和综合类走班上课）。

（3）选课走班形式下的生态课堂的特征：

尊重个性与共性之间的异同，关注变化与发展带来的动态。

（三）以选促思，因材施教重发展

个性化的学生呼唤个性化的教育，个性化的教育需要教育工作者转变教育观念，由追求"整齐划一"到关注"独特唯一"，要切实了解每个学生的需求，制定适合学生发展的课程。

我校已初步构建分层分类走班"4个阶段 + 自助餐"的选科模式。

第一次选课（预选）：

时间：8月初收到录取通知书时

要求：扫描新生录取通知书上的二维码，从6科选考科目中选择一门作为等级考科目

目的：了解本届学生的知识结构、对选课的认识，用于分行政班

第二次选课:

时间:9月第一周

要求:经过一周的生涯课程学习(学科生涯课程、班主任生涯指导、第三方生涯测评、专家讲座、学长经验分享等)、开学第一周的选考科目水平测试后,进行第二次选课,此次选课可以在6门选考学科中任意选择6门、5门、4门、3门学科作为高一第一学期的选学科目。

目的:引发学生思考如何选择选考的科目和学考的科目。选课的结果并不重要,重要的是引导学生思考,在了解自我的过程中,让学生对选课走班有初步的认识。在课程的设置上极大地满足学生的需求,已经选定的和未确定选定的,都将课时开足;明确学考的科目则按照合格考的教学内容设施课时和课程内容。每个学生的课程都是自己两次选择的结果,因此每个人的课表都是个性化的。

第三次选课:

时间:高一第一学期期末

要求:经过一个学期的学习,学生对高中知识有了进一步的了解,对自己的学习潜力、学习效果有了一定的认识,此次选课学生可以在6门选考学科中任意选择4门、3门学科作为高一第二学期的选学科目。

目的:明确学习方向,有针对地为学生设置课程。

第四次选课:

时间:高一学年末

要求:经过一个学年的学习,此次选课学生应在6门选考学科中确定3门学科作为等级考科目。

目的:确定等级考科目,有针对性地学习。细化综合素质评价工作,为个性化教学工作做好数据统计、分析工作。

以2017级为例,全年级423人,共有423张课表,考试时有423张准考证。例如2017级4班38号学生第一学期的课表:物理、化学、生物、历史、地理五科为选考,政治为学考。说明该生高一第一学期选考科目为5科。

4班 ■■(20170438)				
星期一	星期二	星期三	星期四	星期五
高一-政治学考-4班-一教304	化学17a选-3班-一教204	生物17a选-2班-一教301	高一-4班-外教	高一-4班-数学
升旗	历史17a选-2班-一教301	地理17a选-1班-一教301	高一-4班-语文	高一-4班-数学
高一-4班-数学	地理17a选-1班-一教301	物理17a选-1班-一教204	化学17a选-3班-一教204	高一-4班-外语
物理17a选-1班-一教204	高一-4班-体育	高一-4班-体育	高一-4班-体育	高一-4班-外语
班会	生物17a选-2班-一教301	历史17a选-2班-一教301	生物17a选-2班-一教301	高一-4班-体育
高一-4班-外语	高一-政治学考-4班-一教304	高一-4班-数学	图书馆自习	化学17a选-3班-一教204
高一-4班-外语	综合课	高一-4班-数学	物理17a选-1班-一教204	地理17a选-1班-一教301
高一-4班-语文	综合课	高一-4班-语文	选修	历史17a选-2班-一教301
高一-4班-语文	班内自习	高一-4班-语文	选修	

图 3-41　20170438 第一学期课表

2017级12班35号学生第一学期期中考试准考证：物理、化物、生学、历史四科为选考，政治、地理为学考。说明该生高一第一学期选考科目为4科。

高一期中考试准考证

姓名：　　　　　　　　　　　　　　　　班级：12 班　考号：201711235

时间	科目	考试时间	类型	考场号	座位号
2017-11-8 （周三）	历史	学 13:30~14:30 选 13:30~15:00	选考	08 考场	5
	生物	学 15:30~16:30 选 15:30~17:00	选考	09 考场	23
2017-11-9 （周四）	语文	8:00~10:30	选考	11 考场	25
	物理	学 10:50~11:50 选 10:50~12:20	选考	11 考场	27
	英语	13:30~15:30	选考	7 考场	11
	地理	学 16:00~17:00 选 16:00~17:30	学考	13 考场	13
2017-11-10 （周五）	数学	8:00~10:00	选考	5 考场	33
	政治	学 10:30~11:30 选 10:30~12:00	学考	12 考场	1
	化学	学 13:30~14:30 选 13:30~15:00	选考	09 考场	16

图 3-42　20171235 第一学期期中考试准考证

上面的一人一课表和一人一张准考证可充分说明八十中的选课走班落到实处，切实体现了"一人一天地、一木一自然"的生态教育。

除了高一年级的四次年级统一的选科以外，在高二、高三的学习中，依据学生的实际情况，做好充分调研，经教学领导小组批准，可以对选考科目进行微调。

具体操作方式见：附录1《2017级高一年级分层分类走班分班方案》、附录2《高一、高二学生申请调整行政班、教学班方案（试行）》、附录3《技术、艺术与综合实践活动分类走班教学设计方案（试行）》

（四）科技整合，信息管理助改革

分层教学实施以后，我校每个年级12个行政班，将近110个教学班，全校总计达到300多个教学班，班级数量的增加，给日常教学秩序的管理带来了巨大的挑战，如何对每个学生进行教学管理和过程性记录就成为一项难题。这就要求学校在教学管理上拓展创新，信息化管理则成为新形势下教学管理的必由之路。

1.巧用人工智能，过程管理数字化

（1）将传统教育、教学管理与人脸识别技术、人工智能技术和大数据分析技术进行深度整合和应用

通过移动端、智能班牌等交互终端，让任课老师、班主任、教学部门等即时随堂掌握教学班、行政班出勤、上课情况，并为改进教学提供即时的可视化数据分析，动态感知全校走班情况，解决分层走班所产生的教学组织管理的难题。

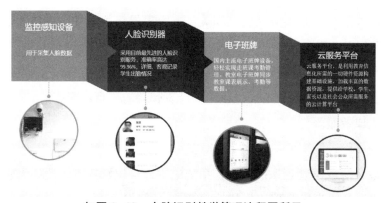

如图3-43 人脸识别教学管理流程图所示

过程化教学管理平台主要分为四个使用端，分别是：移动端（学校）、移动端（家长）、运营管理端、智慧班牌端。主要内容如图3-44功能概要图所示。

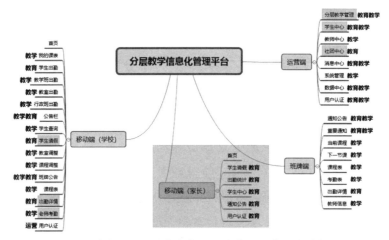

图3-44 功能概要图（灰色部分为有待进一步开发的部分）

移动端（学校）按照学校权限层级管理，实时掌握全校师生教室出勤情况、查看和发布通知公告、处理学生请假事宜（有待开发）、办理课程和教室调整、发布班牌公告、数据统计等。

移动端（家长）可与校方进行互动，比如请假、了解学生出勤及在校学习情况、查看通知公告、课程表信息等，建立家校互通新渠道。（有待开发）

运营管理端以分层教学业务管理为主，围绕分层走班管理、家长中心（有待开发）、学生中心、教师中心、社团中心（有待开发）、消息中心、数据中心等内容，完成日常后台管理工作。

班牌端展示该教室分层教学相关信息，提供相关模块，方便学生、老师随时查看分层走班信息。

有待开发：移动端（学校）处理学生请假事宜的功能；移动端（家长）功能；运营管理端家长中心、社团中心；班牌端的德育功能。

（2）成效显著

①提高管理效率

建设分层教学管理系统平台，系统应用人脸识别技术，达到无感知精准考勤，加强分层走班管理的智慧教学管理。通过移动端、智能班牌等交互终端，可以即时随堂掌握教学班、行政班出勤情况，提供即时的可视化数据分析，动态感知全校走班情况，解决了分层走班所产生的教学组织管理的难题。

②无感知不打扰

教室内设置人脸感知摄像设备，实现无感知全课时不间断的识别模式，准确率高达99.96%，上下课无须学生配合，无须专门签到。上课十分钟以及课程结束自动汇总本堂课的考勤信息，将结果通知到班主任、教学班老师以及学校管理层。

③数据汇总

即时汇总出勤情况，动态掌握分层走班情况。

主要内容如图3-45高二年级2019年1月7日至1月13日考勤情况所示。

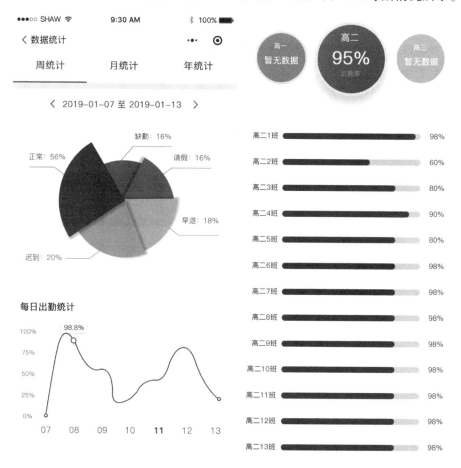

图3-45 高二年级2019年1月7日至1月13日考勤情况

2.初步构建网上阅卷、考试分析数据平台，科学有效助力学生学习

（1）借助数据平台，建立学习成长档案

网上阅卷目前已完成考试基础信息管理，考试活动管理，答题卡扫描，答题卡结构化处理，分配阅卷任务，阅卷监控和进度管理，教师阅卷，成绩统计，排考场，为系统间对接提供支撑，为学生提供成绩单及班级、年级排名等功能的开发。

考试分析目前可做到："语数英"行政班考试分析；选考科目等级赋分，包括学生选考科目分值转换、选考科目学生排名、选考科目教学班分析；教师可登录分析平台直接查看成绩分析报表；考试分析报告数据整理，按学校的成绩统计规格提供报表；教师试卷讲评；对不同类型学生进行不同层面的成绩分析。

有待开发：每一个学生的选科、成绩档案和有针对性的提升策略、题库等。

3.机遇与挑战

机遇：随着人工智能技术的发展，除了服务于教学管理外，人工智能还能给教育带来诸多机遇，如帮助学生提供个性化的学习，在学习者学习的过程中实时跟踪、记录和分析其学习过程和结果以了解其个性化的学习特点，并根据这一特点为每一位学习者选择合适的学习资源，制订个性化的学习方案。

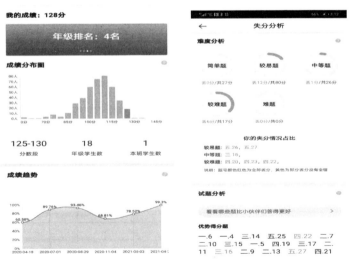

图 3-46 个人成绩与班级、年级学生对比　图 3-47 个人得分、失分情况

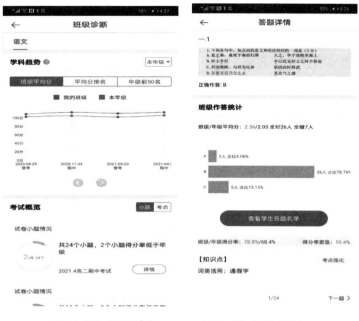

图 3-48　班级诊断　　　图 3-49　试卷讲评

挑战：在教育领域应用人工智能，存在诸多有利因素的同时，也存在相应的挑战。对教师来说，教育中加入人工智能，是否会影响教师群体的积极性，人工智能教育是否会和传统教学方法产生冲突并进一步融合；对学生来说，在教育中大量使用高新技术，会不会削弱教师与学生的交往或者不利于学生语言能力和沟通能力的培养等，都将是人工智能教育应用面对的挑战。

（五）综素评价，潜移默化促成长

综合素质评价是深入推进素质教育的一项重要制度，是发现和培育学生良好品行、促进学生健康成长的重要手段。我校进一步深化高考综合改革工作，明确"健全完善综合素质评价机制，促进学生全面发展"，强调普通高中学生综合素质评价是高考综合改革的重要内容，健全完善这项机制是保证和促进学生全面发展的需要。具体内容如下：

1. 科学确定评价内容

综合素质评价要记录学生各方面发展状况，主要包括学生的思想道德、学业成就、身心健康、艺术素养、志愿服务、社会实践和个性发展等方面的实际情况，客观记录学生的成长过程，整体反映学生德智体美全面发展情况和个性特长，引导学生培育和践行社会主义核心价值观，增强社会责任感，培养创新精神和实践能力。综合素质评价是学生毕业和升学的重要参考。

2. 完善评价手段和程序

进一步完善以电子平台为载体的学生综合素质电子档案，在学生成长过程中，观察、收集反映学生综合素质发展主要表现的相关事实材料，注重学生志愿服务的记录，高级中等学校以描述性语言方式对学生的突出表现进行评价，注重写实性，以电子平台为载体及时记录和储存评价信息，每学期结束时及时做好材料的遴选、公示、审核、监督。学生毕业时，提取经过审核、公示的相关资料形成学生综合素质档案，为高等学校选拔学生提供参考。

3. 科学合理使用评价信息

学生综合素质评价结果为学校改进教育教学、家长有针对性地引导帮助学生提高综合素质提供参考信息，为学生和家长选择适宜于学生发展的学校以及让学生在高一级学校更好地学习提供参考，同时也为高一级学校招生及新生入学后开展有针对性的教育提供参考。从2020年起，综合素质评价作为高等学校招生录取的参考，在使用过程中，坚持"谁用谁评"的原则，招生学校应提前公布具体使用办法，使用情况必须规范、公开。

4. 借助综合素质评价，促进班级管理

以2018级高一（9）班班主任 高中化学教师 李虹老师的感受为例

综素平台帮我实现班级"云管理"

2018年我开始担任高一班主任，同时也第一次接触学生综合素质评价的平台（以下简称"综素平台"），起初只是被动地填写学生的各项考勤和作业、劳动、文明礼仪等量化评价，后期随着登录综素平台次数的增加，我开始关注综素平台的巨大作用。

我所工作的高中是一所学生活动非常丰富的学校。高一新生入学报到后的第二天就有"破冰素质拓展"活动，新校服正在测量中，让学生身着原初中校服参加素质拓展，我拍下了孩子们第一次共同完成任务的团体协作过程；紧接着，第二天新校服发下来，孩子们开始身着统一的校服在操场上练操，在报告厅听入学教育，在礼堂上开学第一课，每一个瞬间都能

感受到孩子们的成长，我一一拍下照片记录，然后发到学生家长群中，很多家长也很开心，忙不迭地存下来，有时我也做成电子相册。10月，学校又有体育文化节，既有趣味的射门、投篮、踢毽，又有要求较高的长跑、实心球；既有团队协作的接力跑、拔河、跳大绳，又有个人出彩的跳远、跳高，最让人兴奋的是入场式全班学生的主题展示，服装、道具、班徽、剧情……每一个孩子、每一个角度都是值得记录的瞬间，我又拍了许多照片。

这时候我开始思考，这些照片发到我个人的朋友圈显然是不合适的，毕竟涉及孩子们作为未成年人的安全和隐私；即使发到朋友圈，孩子们的家长也不方便看到存下来。后来我又想申请一个网盘账号，作为班级照片的存储，可网盘上传下载也非常缓慢并且不稳定。

直到我看到咱们的综素平台有一项类似朋友圈发照片的功能，既能让每一个孩子都看到照片，又能限制只有同班或者同年级、同校的孩子才能看到，而且也能作为孩子们成长瞬间的记录，准确地解决了作为班主任发布学生成长照片的问题。于是，秋天的落叶、春天的繁花、迎着朝霞的跑道、伴着落日的球场，都留下了我们班级的合影；上学期的体育文化节、下学期的红五月合唱节，还有年末的联欢会、课本剧；大到孩子们作为学生代表参加北京市政协会议，小到一次15分钟的晨会总结，我都可以上传到综素平台，孩子们通过综素平台看到照片上有自己，也很开心地互相评论点赞，拉近了我跟孩子们的距离，也让我通过评论交流看到了孩子们之间的互动。

渐渐地，我看到孩子们也喜欢把自己在学习、实践和生活中的点点滴滴记录在综素平台上，我看到了孩子们周末组织出去骑行爬山，周末给家人做饭收拾卫生。有时我看到某几个孩子关系比较近，平时一起写作业，周末一起出去玩，那么在教学或者班级管理需要分组时，就会协调他们共同完成；有时我看到某个孩子上传了自己课余画的画，就会鼓励他加入班里的板报小组，施展一技之长……

总之，综素平台的照片上传功能非常有利于我们实时把握孩子们的动向，进行班级管理和建设，真正实现了班级"云管理"。

具体操作方式见附录4《北京市第八十中学综合素质评价工作方案（试行）2019年9月修改稿》

（六）且行且思，恒学善研伴成长

关注学科本质，尊重个性差异，构筑生态课堂

——生物学科分层走班教学策略

2020级高一生物组组长　高一（3）班班主任　靳思

习近平总书记在党的十九大报告中提出了，"建设教育强国是中华民族伟大复兴的基础工程"，"加快教育现代化"的要求。分层走班教学模式不仅是为了满足不同层次学生的需求，也是为了帮助学生顺利完成学业。世界不仅充满挑战，更充满机遇。面对新课程的挑战，唯有充分理解课改的意义，大胆尝试，不断反思，才能深入领会、贯彻新课改理念。

"分层"教学力求科学有效地了解学生的个体学习水平，尽可能帮助学生感受到学习的乐趣，取得更有效的成果，提升自身的成就感、社会责任感和自信心，帮助每个学生成为一名终身学习者。生物教研组基于新课标中生物学科核心素养，以及我校"一人一天地，一木一自然——让生命因教育而精彩"的理念指导，制定了生物学科分层分类走班策略（图3-50），帮助老师们有针对性地安排布置课程内容，更好地培养学生的综合素养，为教学注入新的活力，彰显分层走班的优势。

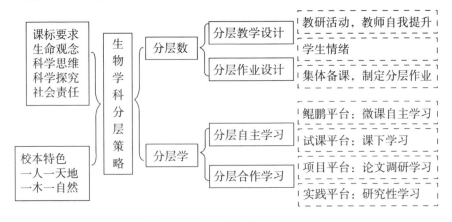

图 3-50　生物学科分层走班策略

1. 生物学科分层教学目标指定标准

第一，依据课程标准，基本达到重点中学教学要求，注重基本知识的落实、学习习惯的培养和学习潜能的开发。第二，适度拓宽加深，课余时间增加辅导，掌握基础知识，形成基本技能，使学生能达到学科水平性考试的良好水平。第三，养成独立自主的学习习惯，能达到学科选择性考试的优秀水平，最终能顺利通过合格考和高考。

2. 生物学科分层教学原则

善于发现学生的潜能和优势，用差异取代差距，让学生在可以伟大的道路上行走。

第一，自主性原则。教师会提前和学生说明这两周内的学习计划和目标。学生可以按照自己的节奏、方式、策略去学习，学习过程中不断评估自己与目标的距离，从而调整自己的学习速度。这个过程中教师不会拔高加速，而是关注学生差异，给有需要的学生提供学习资料和帮助，最终让每一个学生都能达到学习目标。第二，可接受性原则。从学生"最近发展区"出发设计教学目标，提出学习任务，精心设计教学过程，选择合适练习题。第三，递进性原则。学生的学习是动态的、可变的，鼓励低层次的学生向高层次发展，也支持学生从高层次向更高层次发展。第四，反馈性原则。根据学生学习的情况及时调整教学要求，加强个别辅导，使每个学生在原有基础上有较大的发展。

3. 分层走班管理

分层走班的管理在一定程度上，将管理权交给了学生。其实是有助于学生自我管理能力的提高的。第一，教师会给学生明确的学习任务布置，包括交作业的时间、地点。加强表扬，树立榜样，弱化批评惩罚。从心底里相信"每个学生都是了不起的"。学生也会接收到老师给的正向反馈。第二，建立走班的归属感。一个人可能会走得快，但一群人才可能走得远。走班制学生彼此之间关系不亲密，对教室教师的归属感也不强，这样学生的学习状态就可能涣散。所以老师在每节上课前，都要求学生为这间教室、为其他同学做一些事情，比如开窗、发作业等。让学生在潜意识中树立"为你付出，我很幸福"的观念，营造和谐班级氛围。

教育的过程就是拓展个人认知边界的过程，在分层走班的模式下，无论是学生还是教师，都可以向外延展，向内积累，让自己的认知边界通过多种形式进行延展，让生活更加多姿多彩，让生命因教育而精彩。

因材施教，让每一个生命因教育而精彩
——历史学科分层分类走班教学感受

2020级高一历史组组长，高一(7)班班主任　高中历史教师　张燕

1981年，美国著名的心理学家、教育家布卢姆主持了两个独立的实验，每个实验学生都是随机选择的，布卢姆为每个学生配备了专门的教师。在这种一对一的个别教学中，中下水平的学生超过了常规班中等生的水平，而在常规班级中，中等学生占了绝大多数。因此，布卢姆断定，在恰当的条件下，每一个孩子都可能成为优等生。这个实验实际上验证了孔子的"因材施教"教育思想。每个学生的智商和情商的特点都是不同的，理想状态下，每个学生都应该有适合其特点的个性化的教育方式；但是，由于教育资源的有限性，布卢姆试验中的一对一个别教学无法在学校教学中实现。但是，我们可以在整体性教学的前提下，兼顾个体的差异性，最大可能地为每个学生的充分发展创造条件。我认为，分层分类走班教学是实现这种兼顾的一种有效途径。

分层分类走班教学的前提就是学生的能力和知识储备的一个大致的分层；走班后班级中学生的学习能力和学习起点大致在一个起跑线上，这为教师制定有针对性的教学目标和实施不同的教学方式提供了便利。以历史分层教学为例：A层的学生初中所学知识掌握得比较扎实，在教学中对于某一具体的历史事件教师就不再需要过多地重述，可以让学生进行描述，也可以有针对性地提问，或者直接略过；而把教学重点放在更深层次的事件背景或者影响的分析上；在分析过程中，也可以充分调动学生的自主学习能力，提供资料，让学生进行独立分析，教师加以补充或强调。而对于B层的学生，就必须先进行基础知识的回顾，需要教师对具体历史事件进行简要梳理，唤醒他们的记忆；当然也可以通过下发资料等其他方式解决这个问题，但不管是课上还是课下的方式，这个环节不可缺失，否则就会影响他们对该事件的理解，进一步的分析也无法展开。在分析环节，对于B层的学生，提供资料后，教师就不能完全"放手"，而需要从思考角度或者方法上对学生加以具体的指导

和引导。但是，虽然教学过程和方法不同，最终，两个层次的学生都掌握了该历史事件。这就是分层教学的优势所在。从不同的起点出发，采取不同的方式，最终达到同样的教学效果。当然，对于 B 层的学生，每课的教学目标设置可能要低于 A 层的学生，因为根据"就近学习区"的原理，目标要设置在他们努力能够达到的位置，这样，他们在学习过程中就会更有成就感。但这只是一个阶段性的差异，B 层的学生在通过阶段性学习后，在其能力和知识提升的基础上，教学目标就可以进一步提高。分层教学不但能让暂时处于中下水平的学生按照他们的节奏去进行学习，更重要的是保护了学生的学习积极性和自尊心，让他们不再畏惧学习，对自己更加有自信。当然这对教师的施教能力也提出了更高的要求：教师要充分了解和掌握不同层次学生的学习情况和特点，要更精准地设置教学目标，要更灵活地运用不同的教学方法，还要随着学生的进步不断进行相应的调整。但是，我认为，这是值得的。在学生专注而灼热的目光中，教师收获了更积极和活跃的课堂，也收获了职业的幸福！

笔者认为，在师资配备和教学资源更充分的前提下，分层分类还可以更加精准化，分层分类的标准也可以尝试突破分数这一单一标准。比如，学期初，我们对学生进行了专业的学习能力的测评，学生各有所长，有的言语表达能力强，有的逻辑思维能力强，有的图像思维能力强；他们的学习类型有所差异，有的是听觉型学习者，有的是视觉型学习者，还有触觉型学习者。如果基于这样的测评数据进行分层，教学能更有针对性，当然也将开启一种新的教学尝试：一个班的学生虽然在知识储备和当前能力上有差异，但却是一个类型的学习者。有没有适合这样的班级的教学模式？这也值得我们去探索。

分班分层教学的探索还在继续，但是，因材施教的理念早已植根于我校的教学理念中，"一人一天地，一木一自然"。教育越是发展，就越会尊重学生的个体性和差异性，就越会追求每个学生的充分发展。教育过程不应该是个体的竞争与分化过程，而应该是每个个体实现自我的过程！我们期待每一个生命都能因教育而精彩！

分类分层走班制教学、班级管理的实践与探索

2018级高三（10）班班主任 高中化学教师 李虹

我国的高考制度改革一直坚决响应国家发展策略的迫切性和经济发展的多样性需求，尤其在科技领域与多元需求。《国务院关于深化考试招生制度改革的实施意见》于2014年9月4日正式公布，启动高考综合改革试点，考生根据报考高校和自身特长，在思想政治、历史、地理、物理、化学、生物等科目中自主选择。北京市自2017年9月1日起，从高一起实施以上改革，我校作为市级重点示范高中，在六门选考科目中率先实施分类分层走班制教学。2018年9月，我担任2018级班主任、化学科目的授课老师、化学竞赛教练。这一级学生是我校实施分类分层走班制教学的第二届，今年是本级学生毕业的一年，回顾三年来的教育教学工作，感触颇多。

1. 分类分层走班的思考

选修走班制最早在哈佛大学开始推行，由哈佛大学校长艾利奥特于1869年首先确立实施。

新高考改革后，我校在六门选考科目中实施分类分层走班制教学，以我所任教的化学学科为例，根据学生的兴趣与报考高校需求，分为"选考"与"学考"两个类型。"选考"班由计划将化学作为高考等级考（计分）科目的学生组成；而"学考"班学生只要求达到学业水平测试合格要求，化学不作为其高考计分科目。但高一学生刚刚步入高中，对于未来的生涯规划还不明确，因此，我所任教的2018级，允许学生在高一年级第一学期选择3—6门选考科目，第二学期选择3—4门选考科目，后续根据需要还可以进行调整。在"选考"类型中，又根据学生程度，分为A（实验班）、B（普通班）、C（竞赛班）、D（艺术班）四个层次。升入高二后，本学科的学业水平测试已完成，多数学生能够确定自己的高考选考科目，因此只有选考班，而分层教学又灵活地调整为A（实验班）、B（普通班）两个层次。

2. 学科教学探索与实践

在这三年的教学工作中，我承担过选考A班、选考B班、学考班的化学教学工作，另外还承担主要由选考A班和选考C班中有余力、有兴趣的学生组成的化学奥赛组织辅导工作。

课内教学工作，我们备课组内会先集体备课，研读《高中化学课程标准（2017年版，2020年修订）》（以下简称"新课标"），根据新课标的要求，确定本单元的教学任务和目标，并确定完成该教学目标和任务的时间范围。例如本周到下周中完成"氧化还原反应"的内容、到本月末完成第一章等。随后，我会根据集体备课的安排，准备一份详细而深入的课程内容，再根据自己所任教的班级类型选择适当的呈现方式。比如离子反应这一节内容，对于思考能力较强的A班学生，我会安排理论先行，在初中化学"复分解发生的条件"内容上深入，结合前一节"强弱电解质"的内容，提出"离子反应的本质是溶液中离子数目的减少"这一高阶思维任务，并结合电导率传感器，让A班学生直观地观察到导电率的减小，深入浅出地使学生对离子反应有更透彻的理解与掌握；而对于基础稍弱的B班学生，我则以缤纷多彩的离子反应实验，唤起学生初中化学的预备知识，再结合前一节"强弱电解质"的内容加以拓展和延伸，帮助学生自然获得"离子反应是离子之间的相互作用，推动力是生成难电离的物质"这一理解性知识；而对于选考班学生，我则是从生活实践出发，"醋为什么能够除水垢""潜水艇的氧气面罩里有什么"，选取一些近年来学业水平测试中常出现的情景内容，作为课堂引入，激发学生兴趣，既帮助学生掌握了知识内容，也渗透了化学学科的实用性，对学生生涯规划起到一定的指导作用。

对于化学学科而言，2018级的学生非常具有特殊性，他们恰逢中考制度改革，部分从外校考入我校高中部的学生根本没有接触过化学，基础非常薄弱，甚至连化学元素符号都没有听过、见过。因此，在本级学生中，我的教学工作会适当地加大基础练习的比例，课后还会额外对基础薄弱的学生进行基础知识的强化训练。

从教学效果来看，我所任教的学考班学生学业水平测试合格率100%，选考班学生学习化学热情较高，学科核心素养高，化学学科的学习自信心比较强。

3.走班科目班主任工作探索与实践

在选科走班制下，我同时担任高2018级9班（高二起变更为10班）班主任，在走班制教学大背景下，班级建设和管理遇到了新的挑战，学生有一半以上的在校时间是处于全年级的走班学习中。因此，我摸索出了"班级云管理"和"微班会"的班主任教育方式。

班级云管理，顾名思义，依托综合素质平台、教室的电子班牌以及微信、钉钉等社交平台，实现对学生的日常通知和管理。比如：（1）综合素质平台上我通常发布一些学生活动的照片，也通过平台查阅学生自己上传的一些活动内容，更好地把握学生身心动态；（2）本班教室门口的电子班牌，我摸索出两个常用用途：一是紧急发布一些学校和班级的临时通知，二是时不时上传一些教育教学视频，比如爱国教育、化学实验演示等，通过不定期更新的视频照片吸引学生关注电子班牌，当学生养成查看电子班牌的习惯后，通知信息就不会被错过；（3）微信群和钉钉群在疫情"停课不停学"期间发挥了巨大作用，结合我校智慧课堂系统，在网课、答疑、家长会等方面都有非常好的应用。

微班会，就是把握每天早读前的一点时间，我要求本班学生提前5分钟到校，一方面能让班级提前静下来，更好地利用早读时间；另一方面，我作为班主任也会提前进班，利用早晨这5分钟跟学生们交流一下，有时说说近期的一些学校通知和活动，有时候针对近期班级内出现的一些情况进行教育，也有时候安排学生简单地进行一些分享。5分钟的微班会拉近了走班制下班主任与学生的距离，也利于班级凝聚力的建立，有种大家庭每天在一起小聚一下的温馨感。

4. 展望

总而言之，分类分层走班制教学对于我们每一个教师都是挑战，同时也是我们学习和探索的契机，我们会努力探索和实践，争取在新形势下更好地完成"一人一天地，一木一自然——让生命因教育而精彩"的育人目标。

选课走班制下加强自我管理的实践性探究与思考

2017级高一（8）班班主任　高中历史教师　石岩

各位领导，老师，大家好！我是高一（8）班班主任，历史组教师石岩。今天我汇报的题目是选课走班制下加强自我管理的实践性探究与思考，以2018年教学基本功大赛高一（8）班主题班会个案加以分析说明。

本次主题班会按照领衔班主任工作室分组，根据本班学生情况，选择一个角度，做相关研究。我分在王学东老师班主任工作室，研究课题为"普通高中选课走班形势下的'生态教育'方法、途径的实践性探究"，本次教学基本功大赛研究方向为其子课题"分层分类走班下的学生管理（方法、途径、理论）的研究"，属于总课题研究的第一阶段第二部分。

我认真研读了总课题的开题报告，课题研究背景中提到"走班制"增加了学校德育开展的难度。在"走班制"的课程情境下，班主任很少见到自己的学生，全校各个年级、各个班、学校的德育工作如何落到实处？"分层走班"，学生流动而分散，如何开展集体活动，班主任如何及时发现学生身上呈现的德育问题，任课教师除上课外如何了解学生在学业、成长等方面的发展……这些问题不可回避地摆在我们面前。

作为高一年级的班主任、任课教师，对这些我有切实的感受。"选课走班"作为新高考改革的必然选择，给予了学生选择权。近一年，我们选择、接受并适应，使之成为我们生活的常态。但是由于选课走班凸显出来的学生管理问题也不可回避。

在这一背景下，我们做了班会准备：两次调查问卷设计、投放、分析、概括；情景剧编导；家长信、教师寄语征集。除家长信、教师寄语征集由我来负责外，其余全部由高一（8）班班委会策划、实施。

两次调研：班内问卷调研，是为了解决班集体建设的现实问题，确定主题班会研究的具体方向。问卷题目采用填空式，全班34人，共计31人参与，参与度90%以上。根据此调查问卷我们召开了第一次主题班会——高一（8）班班集体建设班会（根据存在的班级管理问题制订班级公约，加强班级凝聚力）。

在这次班会上学生研讨了第一次调查问卷内容，合并同类项，自主设计并向全年级投放了第二次调查问卷——选课走班制下遇到的学生管理问题调查问卷（这个过程获得主管主任和年级主任的鼓励和支持，本来也是要班内投放）。共计202份有效问卷，无记名投票，数据来源于高一年级12个班级，共计14道选择题（单项、多项都有），1道填空题。

在充分调研的基础上，我们再次研讨，设计了本次班会流程。在这个过程中，我们充分调动了学生、家长的积极性，获得了任课教师的支持。首先，情景剧展示问题，由"八班最胖"剧组精彩演绎，学生根据剧情分析、总结问题。第二个环节说明班会准备，情景剧剧情来自调查问卷结果，分析数据，概括主要问题。第三个环节组内讨论，代表分享。这个环节学生分组分析问题根源，提出解决方案，画出思维导图，学生代表发言，指出这个问题虽然存在，班内仍然有做得很好的同学，请同学来分享经验。设计意图为全班参与，自我管理，发现问题，解决问题，锻炼学生表达能力，提升认识，加强自我管理能力，充分发挥学生主体作用和学生自我教育功能。第四个环节家校合力，生态教育。这个环节运用微课录屏技术，播放学生家长来信，展示任课教师寄语，形成合力生态教育。第五个环节深化认识，延伸教育。这个环节由全班总结选课走班的必要性和意义。

班会思考：不能因为我们走得太远，忘记了我们为什么出发。

1. 一人一天地，一木一自然——让生命因教育而精彩

选课走班与自我管理。没有选课走班，要不要自我管理？有了选课走班，为什么要加强学生的自我管理。选课的背后始终存在着一个"大爱"的生命观：关注生命价值，肯定生命意义，始终以成全每一个健全和富有个性的人为根本目的，让学生在未来拥有蓬勃的"选择力"。

学校培训与班级工作。本次主题班会课上学生能够熟练绘制使用思维导图源自高一入学前的生涯教育专题四思维训练——绘制思维导图。学生家长信录屏使用了信息组杨洋老师提供的微课录屏软件和指导文案。

任课教师支持和作用。选课走班制下，综合课老师做班主任，没有语文、数学、外语老师跟学生见面多，怎么获得这三科老师对班级工作的支持，让他们以各种形式参与到班级管理中来？我们班语文王月红老师为老师开设了微信公众号"红姐的语文课"，以文字、语音等多种形式发表我班学生作品，语文组举行了各种以班级为单位的学生活动如《雷雨》课本剧、辩论赛等，加强行政班级凝聚力。数学组石景林老师每天以诗歌的形式激励学生，集体鼓励、团体鼓励、个体鼓励，还激励家长。英语组左卫军老师每周两次英语早读，7点钟就进班，帮我完成晨检，合唱节亲自指导八班学生练歌。我经常与教学班老师单独沟通，老师们主动反映孩子学生情况，关心学生的生活。

或许我们不必把走班后师生关系的疏远想得太可怕。政治课属于走班课程，学生一样可以与老师建立深厚的感情，从老师身上学习追求卓越的精神，成就自我。

2. 坚信每个学生的心灵深处都是你的助手，你也是每个学生的助手

家校协同建生态教育。家长是孩子的第一任老师。教育是合力，从来就不是独立前行的。我班西藏学生德央的妈妈为本次主题班会主动写来了家长信，从学习管理、情绪管理、沟通管理、身体管理四个角度给德央，也给所有孩子提了建议。她的文章有温情、有理性，在孩子成长的关键时刻，给孩子们留下了终生难忘的回忆。

充分调动学生积极性。由于过去几年一直在高三，我已经有几年没有做过班主任，而且从未接手过起始年级的班主任。所幸教育处老师和年级两位主任，伊立君老师、姚强老师、高玉兰老师、吴卫东老师、潘荣杰老师、桑寿德老师这些老班主任教会了我很多。他们告诉我，学生能做的，老师不做。能力是在实践中、锻炼中一点点增长的。学生视野扩大了，综合素质提高了，沟通起来要容易得多。研究学生的需要，守护自己的内心，培养学生自我教育的能力。主题班会的最后，我告诉孩子们：成长的道路上，我们一路前行。我承诺给你们陪伴和爱，但是，你的成长，别人无法替代！

（七）愿景

选课走班教学形式是课程建设的重要组成部分，是尊重学生个性的表现，体现我校"一人一天地，一木一自然"的办学理念，切实做到"让校园里的每一个生命因教育而精彩"。

我们的共同愿景：信息化助力教学。

尊重学生的个性发展，助力学生自主学习；

激励教师的专业发展，促进学校的特色形成。

2017 级高一年级分层分类走班分班方案

为体现因材施教原则，落实我校"一人一天地，一木一自然——让生命因教育而精彩"的办学理念，鼓励学生努力学习，全面发展，在认识自我的过程中不断超越自我，成为最好的自我。特制订此方案。

一、领导小组

组长：校长、书记

组员：教学校长、纪检校长、德育校长等校务会成员

二、工作小组

组长：教学校长　副组长：教务主任

组员：教学主任、教育主任、年级主任、教务处全体成员

三、高一分行政班的时间、班级范围、标准及程序

1. 时间：每年 8 月 20 日前完成（遇特殊情况时另议）

2. 班级范围：行政班 1 到 12 班

3. 标准：

（1）依据当年的录取情况，确定实验班和普通班的数量、班级类型。

（2）1 班、2 班为"2+4"项目班，3 班为管乐班

（3）班主任必教本班课

四、操作流程

1. 课程设置及安排：构建"阶梯式分级、模块式分类、分层分类走班制"课程。

2. 具体的做法：

（1）选课分行政班

新生接到录取通知书后，每位学生都要从政治、历史、地理、物理、化学、生物六个学科中选择出自己最感兴趣、最有潜质、最有发展的1到3科作为将来参加等级性考试的科目，3科要按照自己的兴趣排出顺序；学校将综合新生选课情况、中考成绩以及学校的历史与现实情况进行分班。

（2）"生涯规划"学生发展指导课程

将多年来新高一入学军训时间改为高二开学前进行，原军训时间改为开设新高一学生发展指导课程时间。具体时间和课程安排，由书记和教育处负责落实，其中每位任课教师都要上学科与学生发展指导课，生涯规划课程形成完整的体系，开发校本教材。

生涯规划课程分为两个阶段：

第一阶段：新高考新课程培训，具体内容由专家讲座、班主任生涯指导课、生涯测评、学科生涯课程、优秀校友进校园、教务处选课指导等构成。

第二阶段：新生入学教育，具体内容有校史、校纪、校规、校歌、校徽等学习，图书馆、实验室、计算机房等特色教室的常规使用，练操、急救知识学习，开学典礼的准备等。

（3）通过四次选课，确定等级考试的三门科目

接到录取通知书进行第一次选课（预选），选出一门最感兴趣、最有发展、最有潜力的学科，用于分行政班；经过一周的生涯规划指导课程的学习，8月底学生进行正式的选课（第二次），本次选课的原则是：最大限度地满足学生的要求，学生可以从6门必选科目中选3—6门。所选的科目在课时上开足开齐，让学生充分体验感受高中各学科的特点。

一个学期结束后进行第三次选课，经过一个学期的学习，学生对高中的知识有了进一步的了解，对自己的学业水平也有了一定的认识。此时学生可以从6门必选科目中选3—4门；再经过一个学期的学习，最终高一学期期末进行第四次选课，确定未来参加等级性考试的三门。

（4）非高考学科选课走班，构建"宽领域、厚积发"的走班模式

6门等级性考试科目的选课我们采用了"循序渐进、由多到少、由宽到

窄"的选课方法；非高考科目（通用技术、信息技术、舞蹈、音乐、美术、综合实践活动、体育、科技等）的选课走班我们采取了"分组走班，齐头并进，尊重个性，鼓励卓越"的选课方式。

分组：

体育学科按照"模块"，同一个课时全年级打通选课学习，每天的体育学习不少于一个小时；通用技术、信息技术、艺术三门课程全体教师同时开课，学生在两年内既要选满三个学科所有模块的内容，同时在高一的第四学段和高二的第四学段还要选择一个模块进行"专项"学习，以达到特长突出的目的。

综合实践活动包括进入大学实验室、博物馆、非物质文化进校园、研学旅行、与课内各学科的整合等活动，形成完整的课程体系，编制了《研学手册》《综合实践活动手册》等。

五、西藏学生分班原则

为均衡教育资源，办好民族教育，在学生本人及家长提出申请的前提下，在高一新生中选拔2—3名优秀学生进入实验班。

未尽事宜，由校务会商议后执行。

北京市第八十中学

2017-8-14

附录2

高一、高二学生申请调整行政班、教学班方案(试行)

为体现因材施教原则,落实我校"一人一天地,一木一自然——让生命因教育而精彩"的办学理念,鼓励学生努力学习、全面发展,在认识自我的过程中不断超越自我,成为最好的自我。特制订此方案。

一、工作小组

组长:教学校长

组员:教学主任、教育主任、教务主任、年级主任

二、申请调整行政班的时间、班级范围、标准及程序

1. 时间:高一、高二学年末最后一周

2. 班级范围:高一、高二

说明:2019级13班是合作办学班,学生需要单独组班,故不在申请调班的范围内。

3. 标准:

(1)普通班的学生在高一或高二四次大考(两次期中、两次期末)综评成绩在年级前100,日常表现优秀,无违纪现象,心理适应能力强,可以提出调班申请,进入相应的实验班学习。

(2)实验班学生高一或高二四次大考(两次期中、两次期末)综评成绩在年级后1/3,或感觉压力大、不适应实验班学习,可以提出调班申请,进入相应的普通班学习。

4. 程序:

在符合上述条件的情况下,经本人及家长提出申请,经班级、年级审核后,以年级为单位,上交教务处。

教务处汇总高一、高二两个年级的申请,上报教学校长,经工作小组综

合考评后，依据学生的综评成绩、选科情况、班主任任教学科的情况，安排学生进入相应的班级学习。

三、西藏学生申请调整行政班的原则

为均衡教育资源，办好民族教育，在高一或高二学年末，在学生本人及家长提出申请的前提下，至少选拔一名综合表现优秀的西藏学生和一名援藏干部子女进入相应的实验班学习。

四、学生申请调整6科（物理、化学、生物、政治、历史、地理）教学班的原则

1.调整的原因：因走班出现班级人数级差；为学生提供适宜的走班学习环境。

2.标准：

每个学期期末综合两次大考成绩，普通班单科（非班主任学科）综合排名在年级前五十的学生，日常表现优秀，无违纪现象，心理适应能力强，可以申请单科进入实验班学习。

每个学期期末综合两次大考成绩，实验班单科（非班主任学科）综合排名在年级后1/3的学生，可以申请单科进入普通班学习。

3.原则上高三不再进行教学班的调整。

未尽事宜，由校务会商议后执行。

北京市第八十中学

2019-9-14

附录3

北京第八十中学技术、艺术与综合实践活动分类走班教学设计方案（试行）

为适应新的课改形势，进一步满足学生多元化、个性化的发展需求，拓展学生的选择空间，完善丰富多样、选择性强的学校课程体系，我校决定在2017至2018学年度在高一年级的通用技术，信息技术，艺术（舞蹈、美术、作曲、声乐），综合实践活动等学科实施校本化课程改革。拟构建模块课程群组，采取分类走班的形式进行教学。将这四个学科合理组合，采用分段选课、学分管理的形式，使学生在完成高中课程标准要求的前提下，根据学生的不同兴趣、潜质、需求、发展方向为学生提供相应课程。

一、具体安排

1. 模块课程群组的建设分学科进行，每一学科均应建设2至4门模块课程，每一模块课程均按8学时进行设计。

2. 每个模块课程每学期按两个月安排教学，每周两课时（连堂课）。同一领域课程群组的所有模块课程将集中安排在同一时间段。学生在必选学科的基础上，可以任选教师，每位教师的教学内容不同（可以体现层级的不同，也可以体现内容的创新）。

3. 高一年级共12个班，分成5个群组，两个时间段分类走班：

周二下午第7—8节课：

A组：2班、5班、7班120人　B组：1班、4班、6班120人

周三下午第8—9节课：

C组：10班、11班、12班93人　D组：8班、9班65人

E组：3班　33人

4. 开学之初，学生按照班级的组别(A、B、C、D、E组)从模块课程群组中自主选课，确定每一个学段修习的学科及模块。

（1）第1周为综合实践活动选题、开题周和分层走班选课周。

要求：

①本周在教师的指导下完成综合实践活动的选题和开题工作；综合实践活动安排两次年级集中活动，即学期初的内容选定及开题，学期末的结题展示，其他时间安排在平时的课下。学生按照教学安排，依照节点完成相关综合实践活动的内容，获得2学分。

②完成三个学段的选课工作，每名学生通过三个学段的学习在通用技术、信息技术、艺术三个学科中轮流选课。

③第四个学段为高一第二学期中考试后，此学段为高端培养，师生双向选择。

（2）学段安排：

高一第一学期期中考试前为第一学段，高一第一学期期中考试前为第二学段，高一第二学期期中考试前为第三学段，高一第二学期期中考试前为第四学段。

（3）考核时间：每个学段的最后一周

（4）考核方式：

通用技术、信息技术：学段考勤＋考核

综合实践活动：研究过程＋结题报告＋展示

艺术：学段考勤＋作品＋展示

二、前期准备

第1周　课程介绍及选课；综合实践活动前期准备

9月12日（周二）下午第7—8节课

高一1、2、4、5、6、7班综合实践活动开题及选修课指导

地点：报告厅

负责人：吴万辉、赵胜楠、王学东

9月13日（周三）下午第7—8节

高一3、8、9、10、11、12班综合实践活动开题及选修课指导

地点：报告厅

负责人：何斌（3、8、9），任伟佳（10、11、12）

9月14日（周四）下午第9节

高一全体学生会（3班学生不参加），分层走班选课指导

地点：报告厅

负责人：王学东、何春生

三、上课时间

第一学段：每周2课时，每人必选一门，共8周。

周二第7—8节

A组（2、5、7班120人）：通用技术、信息技术（必选其一）

B组（1、4、6班120人）：舞蹈、美术、作曲、合唱（必选其一）

周三第8—9节课

C组（10、11、12班93人）：通用技术、信息（必选其一）

D组（8、9班65人）：舞蹈、美术（必选其一）

E组（3班35人）：乐器、合唱（必选）

第二学段：每周2课时，每人必选一门，共8周。

周二第7—8节

A组（2、5、7班120人）：通用技术、信息技术

（必选其一，要与第一学段的科目不同，如第一学段选的是通用技术，此学段必选信息技术）

B组（1、4、6班120人）：舞蹈、美术、作曲、合唱

（保持第一学段所选的科目，如第一学段选的是舞蹈，此学段依然选舞蹈）

周三第8—9节

C组（10、11、12班93人）：通用技术、信息（必选其一）

（必选其一，要与第一学段的科目不同，如第一学段选的是通用技术，此学段必选信息技术）

D组（8、9班65人）：舞蹈、美术（必选其一）

（保持第一学段所选的科目，如第一学段选的是舞蹈，此学段依然选舞蹈）

E组（3班35人）：乐器、合唱（必选）

第三学段：每周2课时，每人必选一门，共8周。

周二第7—8节

A组（2、5、7班120人）：舞蹈、美术、作曲、合唱（必选其一）

B组（1、4、6班120人）：通用技术、信息（必选其一）

周三第8—9节

C组（10、11、12班93人）：舞蹈、美术（必选其一）

D组（8、9班65人）：通用技术、信息（必选其一）

E组（3班35人）：乐器、合唱（必选）

第四学段（高端培养）：每周2课时，每人必选一门，共8周。

周二第7—8节

A组（2、5、7班120人）：舞蹈、美术、作曲、合唱（必选其一）

B组（1、4、6班120人）：通用技术、信息（必选其一）

周三第8—9节

C组（10、11、12班93人）：舞蹈、美术（必选其一）

D组（8、9班65人）：通用技术、信息（必选其一）

四、任课教师、教室及课堂人数

信息：赵辉（实验楼405，不超过28人）；邹爽（实验楼402，不超过35人）

通用：刘永红（实验楼513，不超过22人）；南星（实验楼514，不超过36人）；何斌（实验楼515，不超过36人）；黄凯（实验楼516，不超过18人）

舞蹈：肖燕（艺术楼一层舞蹈教室105，不超过40人）；王靖雯（艺术楼一层舞蹈教室105，不超过40人）。

美术：徐德义（艺术楼四层美术教室403，30—50人）

声乐：张岳（艺术楼二层音乐教室201，不超过50人）

作曲：陈曦（国际部四层音乐教室410，不超过35人）

管乐：胡玉红（艺术楼管乐班训练教室，35人）

综合实践活动：吴万辉（2、5、7班），赵胜楠（1、4、6班），

何斌（3、8、9班），任伟佳（10、11、12班）

附录4

北京市第八十中学综合素质评价工作方案（试行）

一、指导思想

深入贯彻落实党的十九大精神，积极践行国家、市、区"十三五"教育发展规划纲要，以教育综合改革的有关精神为指导，落实市教委关于《北京市普通高中学生综合素质评价实施办法（试行）》等文件精神，遵循教育规律，落实"立德树人"根本任务，积极创新并稳妥推进新高考、新课程改革，以实施素质教育为主题，以学生为中心，以促进学生全面而个性化发展为目的，推进学校综合素质评价工作的全面提升。

二、组织机构

领导小组：

组长：刘强（总支书记）、赵玉泉（教学副校长）

副组长：王学东（教务主任）、闫竞（教务主任）

工作职责：负责贯彻文件精神，落实各项任务，制定学校综合素质评价工作方案，指导、督促、检查方案的落实情况。

工作小组：

组长：赵玉泉（教学副校长）

副组长：王学东（教务主任）、闫竞（教务主任）

组员：陈曦（团委书记、教育管理员），刘永红（教务员、教育管理员），年级主任，教研组长，班主任

工作职责：负责落实学校综合素质评价工作方案，指导、督促、检查各教研组、年级组、班级、教师、学生工作的落实；向领导小组汇报工作落实情况，发现问题并进行工作改进。

监督、考评、仲裁小组：

组长：赵玉泉、刘强

成员：王学东、闫竞、年级主任

工作职责：构建学校综合素质评价工作考评机制，建立评价体系，定期督查与评估；负责质疑、复议的仲裁工作；负责综合素质评价工作考评并及时向领导小组和校务会反馈，为校务会科学决策提供准确信息，促进学校综合素质评价工作和谐、科学、规范地可持续发展。

三、评价工作要求

《北京市普通高中学生综合素质评价实施办法（试行）》（京教基二〔2017〕14号）指出：通过综合素质评价，促进学生全面而有个性的发展，激发每一个学生的潜能优势，鼓励学生不断进步；促进高中培养模式转变，构建开放性、多元化、发展性的评价体系；适应考试招生制度改革，为高校招生录取提供重要参考。

评价内容：思想品德、学业成就、身心健康、艺术素养、社会实践。

评价程序：学校每学期对内容进行审核，并进行不少于5个工作日的校内公示和确认。学校指导学生做好成长记录和自我评价，培养学生自我反思、自我管理的良好习惯，发挥学生的主动性，引导学生及时发现和正视自身优缺点，做好生涯规划。

完善学校保障：学校结合办学目标和学生身心发展特点，细化关键指标内容，注重发挥班主任、学科教师、学生成长导师等对学生的指导作用。

四、责任中心分工

成立综合素质评价工作领导小组、工作小组，拟订实施方案；深入组织学习培训，明确综合素质评价的重大意义，清晰工作程序、内容、形式、时间、方法及注意事项，统一评价尺度，步调一致；围绕"可行、可信、可用"三条途径来"做实、做细、做到位"，工作落在平时，随时记录，遵循"谁评价谁负责，谁监控谁负责"的原则。

一是形成"教育处—年级组—班主任—学生"四级管理，重点落实"记录维度管理"中"思想品德、身心健康、艺术修养、社会实践"四个模块，责任处室是教育处；二是形成"教务处—年级组—任课教师—学生"四级管理，重点落实"记录维度管理"中"学业成绩"模块，责任处室是教务处。

五、主要内容

（一）登录方式

1. 三个年级的学生用户名：教育 id（8 位数字）

2. 密码：初始密码为出生年月日（八位）

3. 网址：https://gzzp.bjedu.cn/

（二）教师端主要功能

1. 班主任评语：每学期填写一次

2. 任课教师：评价数据导入（用于学生课堂表现、作业表现、课堂考勤的录入），勾选等级填写相关评语。

（三）学生端填写内容要求

学生：点击添加记录，根据系统的维度填写，每学期最少 20 条。包括：思想品德、学业成就、身心健康、艺术素养、社会实践。

（四）教师端填写要求

1. 登录方式

网 址：https://gzzp.bjedu.cn/ （高中综评四个字的首字母）

用户名：教育 id 号（8 位数字）

密 码：初始密码为出生年月日（八位）

2. 任课教师主要完成内容

（1）评价数据：用于学生的堂表现、作业表现、课堂考勤的录入及学生学业评价，勾选好等级，填写相关评语，然后点击"发布"。期中、期末对所教的每名学生的作业表现、课堂表现、课堂考勤、课程班值日至少各评价 1 次（即一学期 2 次），任课教师可以在"个人中心"查看评价汇总表。

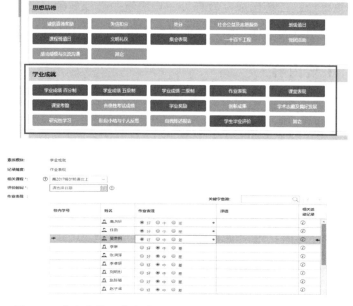

图 4-1 北京市普通高中学生综合素质评价电子平台教师端

（2）对学生发布的进行评价：每位教师至少发布10条评价记录。

学生在期末前发布，请各位任课教师在期末阶段对学生发布的"同学圈"进行评价。

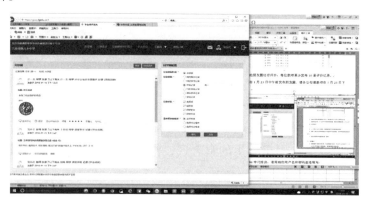

图 4-2 学生"同学圈"

（3）成绩：老师填写教务处下发的电子表格模板，综素系统中的成绩由教务处导入。

（4）班主任的评价将由教育处统一要求。

3. 具体工作要求

（1）综素数据不能跨学期补录，学期数据只能在放假前录入，寒暑假学段，将不能填写本学期内容。

（2）综素内容将作为高三学生高校录取的评价标准之一，老师务必高度重视此项工作。

（3）请在每学期及时填写综素中相关内容。

（4）提倡个性化的过程积累。

（五）高中综素平台相关人员权限及建议工作职责

表 4-1　高中综素平台相关人员权限及建议工作职责

人员	对应的系统权限	区级工作建议
学生	进入公示期后，可以查看同学的"同学圈"，并提出疑问。	每周最少发 1 条"同学圈"，每学期最少发 20 条"同学圈"。
管理员	系统维护、技术指导：齐久志 教务：刘永红 教育：陈曦	在规定时间内完成学生、教师数据对接，导入课程。 督促任课教师、班主任、体育教师、校医上传数据。 每学期结束后向领导小组汇报工作进展。
普通教师	"同学圈"评星级	每学期结束时，至少对 10 名学生的"同学圈"进行点评。
任课教师	"添加记录"添加课程班级学生的过程性评价记录，"添加记录"添加学生课程成绩"工具箱—学业成绩批量导入"批量导入学生课程成绩，"个人中心"查看评价汇总表，"个人中心"查看成绩汇总表。	期中、期末对所教的每名学生的作业表现、课堂表现、课堂考勤、课程班值日至少进行各 1 次评价（即一学期 2 次），并在考试结束后 2 周内，将学生成绩导入。
班主任	"添加记录"添加行政班级学生的过程性评价记录，"个人中心—我的学生"查看行政班级内学生综评分数统计。	期中、期末对行政班的每名学生的班级值日、集会表现、文明礼仪至少进行各 1 次评价（即一学期 2 次）。
年级主任	"年级教师评价统计"查看本年级教师的评价统计，"添加记录"添加本年级按行政班级划分的学生过程性评价记录。	期中、期末对本年级教师及学生的填报情况进行检查，并上报领导小组。

教务主任、教育主任	"学校教师评价统计"查看本学校教师的评价统计。	明确分工，做好校级统筹，定期听取管理员汇报；每学期结束后，对全校的综评填报情况进行检查，填写过程性反馈表交至基教二科。
奖励提交教师	"添加记录"添加学生获奖记录（诚信道德奖励、学业奖励、体育奖励、艺术奖励、社会实践奖励）。	每学期结束前，将诚信道德奖励、学业奖励、体育奖励、艺术奖励、社会实践奖励填报完成。
质疑/复议仲裁小组教师	"个人中心—待裁决的质疑/复议记录"查看本校学生待裁决的质疑/复议记录，"个人中心—已裁决的质疑/复议记录"查看本校学生已裁决的质疑/复议记录。	在规定时间内完成质疑/复议仲裁。
教育处、班主任	"添加记录"添加学生处分记录。	每学期结束前，将学生处分记录填报完成。

注意：研学老师、体育教师、校医要及时、准确上传数据。学校要向全校师生公布综评得分模板。

（2019年9月修改稿）